FEITO PARA CRESCER

ARTHUR RUBINFELD, o arquiteto da expansão da Starbucks, ajudou a tornar a empresa uma das marcas mais importantes do mundo.

Como vice-presidente executivo da Starbucks, Rubinfeld traçou o perfil multifacetado de suas lojas e projetou a organização com talento, processos internos e os necessários sistemas para uma rápida expansão.

Sob sua liderança, a Starbucks passou de 100 lojas para aproximadamente 4 mil em todo o mundo, e estabeleceu conceitos de inovação, co-*branding* e co-locação com diversas empresas, desde a Wells Fargo até a Barnes & Noble. A capacidade de desenvolvimento das lojas da Starbucks permanece como o padrão pelo qual a indústria mede a apresentação de marcas, a seleção de locais, o *design* de lojas e a gestão de construção e propriedades.

Em 2002, Rubinfeld fundou a Airvision, uma das líderes mundiais em inovação de posicionamento de marcas integradas, *design* de varejo, estratégia e operações. Desde sua fundação, a equipe da Airvision tem trabalhado no desenvolvimento de várias das marcas mais conhecidas nos Estados Unidos, como Oakley, Gateway, Adidas e Washington Mutual.

Arthur Rubinfeld pode ser contatado pelo endereço arthur@airvision.net.

COLLINS HEMINGWAY é mais conhecido como co-autor, com Bill Gates, de *Business @ the Speed of Thought*, e trabalhou na área de negócios e tecnologia por 30 anos. Como diretor de desenvolvimento de negócios e *marketing* internacional da Microsoft, Hemingway desempenhou um papel importante na empresa que virtualmente definiu a revolução digital. Com a Escape Velocity Ventures, atualmente realiza apresentações e escreve sobre assuntos variados, como administração, aviação, medicina, avanços tecnológicos e a importância da consciência na criação de empresas lucrativas.

Collins Hemingway pode ser contatado pelo endereço collinshemingway@hotmail.com.

R896f Rubinfeld, Arthur
    Feito para crescer : expandindo seu negócio na esquina ou no mundo / Arthur Rubinfeld, Collins Hemingway ; tradução Eduardo da Costa Goerl. – Porto Alegre : Bookman, 2007.
    352 p. : il. ; 23 cm.

    ISBN 85-60031-11-1

    1. Administração de empresas. 2. Empresas – Crescimento. I. Hemingway, Collins. II. Título.

    CDU 658

Catalogação na publicação: Júlia Angst Coelho – CRB 10/1712

ARTHUR RUBINFELD
COLLINS HEMINGWAY

FEITO PARA CRESCER

Expandindo seu negócio na esquina ou no mundo

Tradução:
Eduardo da Costa Goerl

Consultoria, supervisão e revisão técnica desta edição:
Gustavo Severo de Borba
Doutor em Engenharia da Produção pela UFRGS
Professor de Administração da Unisinos

2007

Obra originalmente publicada sob o título
Built for Growth: Expanding Your Business Around the Corner or Across the Globe
© 2005, Pearson Education, Inc.

ISBN 85-60031-11-1

Tradução autorizada do original em língua inglesa publicado por Pearson Education, Inc. sob o selo Wharton School Publishing.

Capa: *Paola Manica*

Preparação do original: *Sandro Waldez Andretta*

Leitura final: *Elisa Viali*

Supervisão editorial: *Arysinha Jacques Affonso*

Editoração eletrônica: *New Book Editoração Ltda.*

Reservados todos os direitos de publicação, em língua portuguesa, à
ARTMED® EDITORA S.A.
(BOOKMAN® COMPANHIA EDITORA é uma divisão da ARTMED® EDITORA S.A.)
Av. Jerônimo de Ornelas, 670 – Santana
90040-340 – Porto Alegre – RS
Fone: (51) 3027-7000   Fax: (51) 3027-7070

É proibida a duplicação ou reprodução deste volume, no todo ou em parte, sob quaisquer formas ou por quaisquer meios (eletrônico, mecânico, gravação, fotocópia, distribuição na Web e outros), sem permissão expressa da Editora.

SÃO PAULO
Av. Angélica, 1.091 – Higienópolis
01227-100 – São Paulo – SP
Fone: (11) 3665-1100   Fax: (11) 3667-1333

SAC 0800 703-3444

IMPRESSO NO BRASIL
PRINTED IN BRAZIL

Este livro é dedicado a meus pais, Max e Jeannette,
por me estimularem a "voar com minhas próprias asas".

E a Ellen, Benjamin e Lauren –
obrigado por enriquecerem minha jornada.

Agradecimentos

Este livro começou quando conheci meu agente, Kelli Jerome, por intermédio de uma amiga em comum, Anne Whitney. O encontro com Kelli foi fundamental. Nossas conversas validaram o conceito deste livro, e a validação de um conceito é tão importante para o desenvolvimento de um livro como o é para o desenvolvimento de uma idéia no varejo. Kelli montou uma equipe excepcional, que se dedicou a esta obra desde seu nascimento, construindo também seu *website* e realizando os esforços de *marketing* e publicidade.

O co-autor Collins Hemingway foi importantíssimo na construção e na renovação de um assunto extenso e complexo como o varejo. Ele me desafiou a articular minhas idéias com o maior escopo possível, enquanto assegurava que fossem expressas de maneira concreta e significativa. Seu conhecimento e sua experiência em negócios contribuíram significativamente para o conteúdo, e nosso entendimento pessoal encorajou-nos à medida que debatíamos inúmeros rascunhos, quase sempre até tarde da noite.

Muitos outros profissionais merecem nossos agradecimentos, começando com Tim Moore, editor da Wharton School Publishing, que acreditou no potencial de nosso livro. Agradeço também a Paula Sinnott, que entrou no projeto e o conduziu com entusiasmo. Da mesma forma, Russ Hall leu incansavelmente algumas das primeiras versões do manuscrito. Seu retorno permitiu-nos desenvolver um conteúdo mais completo. Os comentários criteriosos de William Ghormley e Stephen J. Hoch levaram-nos a melhoras substanciais. Somos gratos a muitos outros na Wharton School Publishing, que ajudaram a produzir, comercializar e vender a obra.

Dan Fraser, da CKA Creative, produziu a arte do livro e Mark Anderson criou o *website*. Megan McKenzie, da Mackenzie Worldwide, foi fundamental no processo de publicidade. E também agradeço os esforços de Amy Hatch em ajudar a nos mantermos no caminho.

Agradecimentos especiais a Jayson Tipp, Dave Barrows, Mark Austin e Ada Braswell, meus colegas na Airvision; a M. Mark Albert, meu parceiro na AV Capital; e a Bill Sleeth e Shauna Stinson na Vizwerks, por suas importantes contribuições e apoio.

Várias pessoas estimularam minha carreira. Sou muito grato a Jeff Brotman, que compartilhou seus conhecimentos e conselhos por anos a fio, e também a Michael Epsteen, que generosamente empreendeu seu tempo e energia aconselhando-me no processo de entrada nos negócios relativos ao varejo.

Como você logo irá aprender, alcancei a maturidade profissional quando trabalhei na Starbucks Corporation. Em relação a minha experiência lá, sou profundamente grato a Howard Schultz, Orin Smith, Howard Behar e Dave Olson. Foi uma honra pertencer àquela equipe extraordinária e inspiradora. Também merecedores de reconhecimento são Michael Casey, Georgette Essad, Cydnie Horwat, Nancy Kent e muitos outros parceiros da Starbucks.

Muitas pessoas compartilharam seus *insights* e experiências comigo ou contribuíram para o livro. Obrigado a Pat Ackerman, James Allard, Joel Benoliel, Wayne Bettis, Colin Baden, Kjirsten Doole, Amy Dowless, Robert A. Fulton, Irving Getnick (*in memoriam*), Neil Getnick, Wendy Hemingway, John Heubusch, Mike Hislop, Mark Jaffe, Thomas S. James Jr., Tom Jednorowicz, Bryant L. Keil, Dave Lorenz, Katheleen Mazzocco, Mike McClure, David Meckler, Mike Morgan, Link Newcomb, Jeff Obtsfeld, Danny Piecora, Michael Raskin, Steve Rosen, Ellen Rubinfeld, Engle Saez, Bruce Simon, Todd Simon, Brad Shaw, Stuart Skorman, David Smith, Craig Tall, Richard Cogan e Denis Woychuk (da TMB), Bob Tiscareno, Ted Waitt e Gary Wenet.

Prefácio

Quando comecei no varejo, há muitos anos, primeiramente na loja de roupas de meu pai, e depois trabalhando com meu irmão, eu teria aprendido muito com o livro de Arthur Rubinfeld. *Feito para crescer: expandindo seu negócio na esquina ou no mundo* é uma valiosa contribuição em todos os aspectos do varejo: marca, localização, pessoas, finanças, gestão de propriedades, estratégias de expansão e pensamento com foco no longo prazo. Ele entende as dificuldades do pequeno varejista iniciante e do empresário experiente que tenta manter sua marca. Este livro contém muitas informações que não são óbvias para a maioria das pessoas. Mesmo um varejista maduro deve parar e refletir sobre os *insights* de Arthur, fruto de muitos anos de experiência em todos os aspectos do ramo. (Arthur e eu nos encontramos pela primeira vez no início da década de 1990, quando ele dirigia a expansão da Starbucks no varejo e eu pertencia ao quadro de funcionários da empresa.)

Na Costco, seguimos muitos dos preceitos descritos por Arthur nesta obra. Fazemos análises de dados em vez de apenas seguir nosso instinto, mas a alta administração também é muito ativa. Visitamos todas as lojas e procuramos saber o que está acontecendo em cada uma delas, tanto quanto nossos parceiros de vendas. Estamos muito ligados às pessoas envolvidas na avaliação e na seleção de nossos produtos. Estou pessoalmente incumbido dos imóveis e da seleção de locais, que permanecem como uma de minhas grandes responsabilidades. Como a Costco tem bem menos lojas do que a maioria das empresas de varejo, cada decisão é extremamente importante. Por isso, recomendo que os altos executivos mantenham contato com o funcionamento cotidiano dos negócios de sua empresa, sobretudo quando o assunto for a localização. Reunir uma equipe de primeira também é importante, assim como tratar bem os empregados. Nossa equipe gerencial está junta desde a fundação, há mais de 20 anos, e nosso pacote de benefícios estimula a permanência dos empregados. Neste livro, Arthur explica as vantagens de tais práticas no varejo para empresas de todos os tamanhos, enfatizando como os investimentos em qualidade proporcionam um retorno de capital maior do que o tradicional corte de custos.

Feito para crescer será útil para muitas pessoas, especialmente para aquelas que não estão acostumadas com as práticas varejistas e que desejam começar seu próprio negócio. Os conselhos práticos são bons, e o livro fornece conhecimentos profundos sobre o tema marca, uma perspectiva interna sobre estratégias de varejo e uma abordagem profissional para a estruturação de negócios. *Feito para crescer* também é de fácil leitura, e o entusiasmo de Arthur e sua curiosidade intelectual permeiam toda a obra. Concordo com ele quando diz que o varejo é mais difícil do que parece. Quando você está lá sozinho, começando seu negócio, não sabe o quanto desconhece. Arthur, porém, preenche essa lacuna.

Jeff Brotman
Presidente da Costco Corporation

Sumário

INTRODUÇÃO: O NEGÓCIO FÁCIL MAIS DIFÍCIL QUE EXISTE	15
PARTE I: NÃO FAÇA PLANOS MODESTOS	**23**
1 SOBRE SEUS VALORES	25
2 OPORTUNIDADES, IDEALIZAÇÃO E CONCEITOS	48
3 A IMPORTÂNCIA DA PRIMEIRA LOJA	68
4 MAXIMIZANDO A EXPERIÊNCIA NO VAREJO POR MEIO DO *DESIGN*	81
5 CONECTANDO O *DESIGN* À MARCA E MANTENDO O ORÇAMENTO	96
6 *MERCHANDISING*: MAXIMIZANDO SEUS LUCROS	112
7 PERSONALIZANDO O SERVIÇO AO CONSUMIDOR	135
PARTE II: VÁ LONGE	**143**
8 O PLANEJAMENTO DA EXECUÇÃO	145
9 LEVANDO SUA ORGANIZAÇÃO LONGE	162
10 COLOCANDO O MODELO ECONÔMICO EM FUNCIONAMENTO	180
11 FONTES PARA A EXPANSÃO	196

PARTE III: SEJA DONO DA MELHOR ESQUINA 213

12 COMO CRESCER RAPIDAMENTE SEM TROPEÇAR 215

13 PONTOS QUENTES, MANCHAS DE ÓLEO E A LOCALIZAÇÃO PERFEITA 233

14 O PROCESSO DE *LOCATIONING* 257

15 IMÓVEIS: QUEM PRECISA MAIS DE QUEM, E QUANDO 270

PARTE IV: EMPURRE O ENVELOPE 297

16 INOVAÇÃO COMO CAMINHO PARA O CRESCIMENTO 299

17 DEFININDO SUA MISSÃO NA NOVA ERA DO VAREJO 320

ÍNDICE 337

Fazemos um vaso com um pouco de argila.
É o espaço vazio dentro do vaso que o torna útil.
Fazemos portas e janelas para um quarto.
É o espaço vazio que torna o quarto habitável.
Assim, embora o tangível tenha vantagens,
é o intangível que o torna útil.

– Lao-Tzu

Introdução: o negócio fácil mais difícil que existe

Quem não deseja ter seu próprio negócio, sua própria loja? Se você é jovem, deve pensar nisso de vez em quando. Se é mais velho, arrepende-se de não ter aberto uma pequena loja antes de seus filhos nascerem, ou então planeja abrir uma quando se aposentar. Todos queremos controlar nosso destino, expressar nossa criatividade, construir algo que dure.

Mas como iniciar uma operação de varejo? Essa é a pergunta que mais ouço. Como criar uma empresa ativa, que irá crescer e construir valores no longo prazo? Essa é outra pergunta comum. *Feito para crescer: expandindo seu negócio na esquina ou no mundo* traz a resposta a esses e outros questionamentos relacionados. Este livro foi concebido para ajudar o empreendedor varejista a expandir rapidamente seu negócio a fim de obter uma poderosa presença de mercado. Entretanto, os mesmos princípios que guiam um empreendedor iniciante podem também revigorar a marca de uma cadeia de varejo existente e até despertar um novo crescimento. Esses princípios também ajudam varejistas que querem manter seu negócio em pequena escala a identificar um nicho lucrativo e que possa ser defendido de potenciais invasores de mercado. Os pequenos varejistas devem ser ainda melhores do que os concorrentes maiores no entendimento e na aplicação de alguns princípios básicos, pois não têm uma rede de lojas para ajudar a estabelecer sua marca ou para compensar um fraco resultado financeiro.

O varejo é um negócio fácil de entrar, mas difícil de manter. As pessoas têm uma idéia, se estabelecem em algum lugar, compram um estoque e abrem as portas. Elas esperam ter sucesso, acreditando que o negócio irá fluir. No entanto, na maioria das vezes, os negócios não fluem, e o empreendimento desmorona. Dado o jeito desorganizado com que a maioria dos empreendimentos começa, o fato de muitos obterem sucesso é um atestado de sua energia e determinação. No entanto, cerca de metade de todos os negócios termina dentro de um ano. Em princípio, por falta de caixa; mas a causa fundamental é não saber evitar armadilhas, não saber pensar o negócio, não definir o posicionamento da marca, não saber como operar eficientemente o negócio e como construir sistematicamente novas lojas. Resumindo, não saber criar, estabilizar e manter uma marca varejista que possa sobreviver no curto prazo e ter sucesso no longo prazo.

As coisas não são muito fáceis para os varejistas. As grandes redes e os vendedores pela Internet derrubaram a margem de preços de um número crescente de produtos. Poucas grandes marcas estão dominando os conceitos que ainda não se tornaram *commodities*. Varejistas comuns – todos os outros – são asfixiados pelas pressões que vêm do topo e também de baixo. Muitas marcas varejistas bem estabelecidas têm balançado nos últimos anos, algumas mesmo após um século de existência. Elas têm perdido na guerra dos preços ou falhado em manter sua importância para os consumidores de hoje. Dois excelentes exemplos são a Kmart e a Sears, que, depois de anos de briga em separado, decidiram unir esforços para competir com a Wal-Mart. Mesmo novos varejistas, que tiveram um bom começo, com sucesso em mercados locais, não entendem por que seus conceitos fracassam quando entram em novos mercados, ou por que o custo de desenvolvimento de novas lojas entra em uma espiral crescente enquanto as vendas nessas lojas não correspondem às expectativas.

Cabe salientar que existem soluções para todos esses problemas, desde que cada um deles seja analisado dentro de seu contexto. Todo varejista precisa de uma abordagem *holística* para conceber, arquitetar e levar o plano de negócios para o varejo. É preciso entender como criar um conceito instigante e fazê-lo amadurecer, obtendo sucesso no mercado local; como se expandir rapidamente de um mercado local para dominar outros em nível regional, nacional ou mesmo internacional; como manter a marca sempre atual e relevante à medida que ela amadurece. *Feito para crescer* aborda esses assuntos e utiliza exemplos de alguns dos mais inovadores e respeitados varejistas do mercado. Neste livro você encontrará uma nova maneira de pensar o varejo, uma abordagem que incorpora fortes valores pessoais, criatividade direcionada a conceito, abordagem artística de *design*, metodologia científica para análise de questões financeiras e de mercado e tradicionais serviços ao consumidor que visam a personalizar a experiência. *Feito para crescer* oferece uma estratégia abrangente para diferenciar sua marca e uma definição de ações práticas e oriundas do mercado para atingir o sucesso.

EM BUSCA DE NOVAS IDÉIAS

Em um dia normal no escritório, posso propor a um CEO várias maneiras de estender seu negócio do varejo e sua marca, ambos valendo 2,5 bilhões de dólares, antes que seu conceito atual perca o rumo. Posso aconselhar um fabricante de doces reconhecido nacionalmente a expandir para uma área aparentemente diferente, a fim de manter seu conceito relevante. Posso aconselhar, também, o executivo de uma grande cadeia de *fast-food* sobre formas de redefinir sua proposição de valor para chegar ao topo de seu concorrido mercado. Minha paixão é fazer um negócio de varejo crescer e trabalho com empresas para desenvolver novos conceitos varejistas ou trazer novas idéias para conceitos já existentes. Minha experiência vem de mais de 20 anos de trabalho com posicionamento de marcas e expansão de mercados. Por 10 anos, liderei o crescimento da Starbucks Corporation, de 100 lojas para mais de 4 mil, evoluindo de uma única e relativamente desconhecida loja de café para uma das marcas mais conhecidas do mundo. Desde que comecei a trabalhar sozinho, tenho ajudado muitas companhias a crescer ou expandir seu sucesso no varejo em uma grande variedade de mercados, de engrenagens a serviços de alimentação a artigos femininos. *Feito para crescer* destila o que aprendi numa visão abrangente do processo de abrir um conceito vencedor no varejo. Este livro mostrará:

- Como combinar os valores centrais de cada indivíduo e da empresa com sua experiência em negócios para criar uma marca significativa.
- Como utilizar criativamente sua presença no mercado para capturar a essência de sua marca e desenvolver fidelidade nos consumidores.
- Como identificar a melhor localização para seu conceito.
- Como montar sua equipe gerencial, sua organização e sistemas – para apenas uma loja ou mil.
- Como executar planos de maneira sistemática e agressiva.
- Como operar com sucesso seu negócio de forma a manter seus consumidores fiéis.
- Como inovar e renovar sua marca.

Outros livros lidam com um ou dois desses tópicos, mas nenhum levou a visão holística para o desenvolvimento do varejo, combinando idéias teóricas e práticas para cobrir todo o escopo necessário para obter sucesso no varejo.

CONSTRUINDO GRANDES PRINCÍPIOS SOBRE IDÉIAS SIMPLES

Este livro está dividido em quatro partes, baseadas em princípios fundamentais. Cada uma aborda um aspecto maior da estratégia varejista, na ordem que você normalmente irá experimentar, à medida que seu negócio crescer. São elas:

PARTE I: "NÃO FAÇA PLANOS MODESTOS"

Imagine, aposte e acredite que você pode se tornar uma marca nacional. Marcas mundialmente conhecidas começaram como pequenas operações administradas por pessoas não mais experientes do que você. Algumas não tinham experiência alguma. Ray Kroc, por exemplo, vendia máquinas de *milkshake* para a loja de hambúrgueres dos irmãos McDonald quando percebeu que a operação no varejo tinha mais potencial do que a venda de equipamentos. Howard Schultz, por sua vez, mais de um quarto de século depois, estava vendendo contêineres de café para uma pequena cadeia de lojas chamada Starbucks Coffee quando teve um *insight* similar. Cada um deles acabou comprando o negócio e... bom, o resto você sabe. Outras pessoas talvez tenham sido tão talentosas quanto eles, mas Ray Kroc e Howard Schultz tiveram a habilidade de pensar em seu potencial e também a energia necessária para levar suas marcas adiante. Ambos mostraram capacidade de tomar grandes decisões a longo prazo. Uma parte importante de sua visão foi o otimismo. Pensar grande traz esperanças e uma visão positiva do mundo, bem como boas idéias para melhorar cada vez mais.

Fazer grandes planos tem outros sentidos também. É preciso pensar grande sobre conceitos, pois os que são óbvios já estão prontos. É necessário reinventar conceitos e categorias. Esta primeira parte descreverá passos que você pode tomar para adentrar nos valores centrais, para entender o que realmente é bom – tirando proveito disso – e para saber traduzir seu conhecimento em um conceito único e autêntico. Pensar grande também significa ser criativo no *design* e no *merchandising*, de modo a não plagiar a concorrência. Para isso, serão descritas maneiras de criar apelo visual distintivo para atrair consumidores. Também será explicado como construir lojas com grande apelo, usando materiais de alta qualidade, sem estourar o orçamento.

PARTE II: "VÁ LONGE!"

Esta frase (*go long*), que tomamos do futebol americano, significa fazer passes longos para atacar e marcar um gol rapidamente, abatendo o adversário. As equipes do San Diego Chargers, do Oakland Raiders e do St. Louis Rams aperfeiçoaram a estratégia em diferentes épocas. No varejo, "ir longe" é uma estratégia delineada para obter pontos (lucros) e rapidamente deter futuros concorrentes. Assim como no futebol, o "vá longe!" não é um balão para a área – um esforço desesperado de marcar pontos quando se está em desvantagem –, mas uma tendência e um plano de jogo traçado de forma a estar sempre à frente do oponente. Seu plano, seus investidores, sua organização, seu modelo econômico e sua estratégia de expansão são elementos que permitem ir fundo. Esta segunda parte mostrará como – *uma vez preparada a expansão desde o começo* – atacar com velocidade e crescer rapidamente quando se decide expandir.

PARTE III: "SEJA DONO DA MELHOR ESQUINA"

"Esquina *Main & Main*" era uma expressão que usávamos na Starbucks para descrever qualquer esquina urbana que oferecesse tráfego intenso de consumidores, grande visibilidade e bons inquilinos (empresas conceituadas perto de nós). Por termos conseguido os melhores locais, obtivemos não somente vendas significativas, mas também destaque para a marca, o que ajudou a alavancar as vendas em locais subseqüentes. Com o tempo, a expressão *Main & Main* ganhou um significado mais amplo – o melhor lugar em qualquer zona de negócios, urbana ou suburbana, em esquinas ou *shopping centers*. Esta terceira parte descreverá como procurar os melhores mercados, como determinar as melhores áreas em cada cidade, de acordo com a demografia, e como identificar os melhores locais em determinadas áreas, de um ponto de vista tanto técnico quanto de vivência. Também incluirá especificações detalhadas e realistas que demonstram os princípios. Aplicando a lógica *Main & Main*, você manterá seus concorrentes constantemente ao seu alcance.

PARTE IV: "EMPURRE O ENVELOPE"

A última parte do livro mostrará como um varejista pode manter a liderança de sua marca com o passar do tempo. Será detalhada a importância de revigorar todos os aspectos do conceito – produto, *design*, serviço e qualidade –, o que exige constante inovação. Também será descrito o futuro do varejo e a função que este tem na revitalização das cidades e das capitais americanas.

Como qualquer assunto complexo, alguns capítulos deste livro poderiam ser colocados em mais de uma parte. Dependendo de seus interesses ou de onde você está em relação ao crescimento do seu negócio, você poderá querer ler o capítulo sobre aluguel de imóveis e locatários ou o dos modelos econômicos. Se você já tem algumas lojas, o capítulo sobre desenvolvimento de planos estratégicos para o crescimento poderá despertar mais o seu interesse. Por isso, sinta-se à vontade para ler na ordem que achar mais conveniente, mas observe que alguns capítulos se agrupam e, portanto, devem ser lidos em seqüência. Isso deve ser observado particularmente em alguns dos capítulos de abertura sobre o desenvolvimento de um conceito e nos que abordam o progresso na busca por novos mercados e as localizações certas em cada mercado.

Além disso, diversos capítulos fazem referências a cartas de intenções, acordos de aluguel, avaliação de locais, modelos de demonstrações financeiras e vários outros formulários e *checklists* de interesse geral da comunidade varejista. Modelos desses e de outros materiais de apoio podem ser encontrados em www.builtforgrowth.com.

IDEALIZANDO, CRIANDO E EXECUTANDO

Um esquema, ou *framework*, é necessário para abordar um tópico tão complexo como o desenvolvimento do varejo. Uma abordagem de três etapas assegura a combinação certa de criatividade e disciplina. A abordagem holística seria idealizar, criar e executar. Costumo expressar isso, porém, como uma unidade apenas – *idealizarcriarexecutar* –, pois tudo se relaciona e uma coisa flui com a outra. *Idealizar* é o ato de gerar idéias, imaginar todas as possibilidades diferentes para o negócio, pensar sobre seu conceito de todas as maneiras possíveis, examinar de todos os ângulos, desafiar suas suposições, pensar sobre todas as opções e fazer um *brainstorming* para buscar as possibilidades de desenvolver o conceito. Idealiza-se quando se procura renovar ou mesmo recriar um conceito existente. Todos os aspectos dessa fase devem ser construídos sobre seu propósito estabelecido e seus valores.

Criar é o próximo passo. Consiste em desenvolver uma solução específica para o negócio que incorpore seu conceito e expresse seus valores e marca. É o que você quer fazer, o tipo de abordagem varejista que deseja e a maneira como irá proceder. No processo de criação, você faz a pesquisa, estabelece o modelo financeiro e desenvolve o plano estratégico de operações.

Executar é aplicar seu plano, começando com o *design*, a localização e a abertura da primeira loja, que continuará durante a construção de todo o negócio. A execução inclui *feedback* dos consumidores e avaliar o sucesso do conceito e dos vários produtos vendidos, revisando e atualizando a marca sempre que necessário.

Idealizarcriarexecutar é o mecanismo que guia o trabalho a ser feito nas principais partes do livro. Cada problema e oportunidade começa com a idealização, seguida da criação e concluída com a execução. Para qualquer conceito atingir o máximo de seu potencial, o varejista deve ser hábil na condução desses três passos dentro de cada uma das quatro fases do desenvolvimento de um negócio no varejo.

Minha carreira no varejo começou em uma loja de cartões de felicitação, onde aprendi lições de comercialização com o proprietário, Sr. Levy, e em um restaurante italiano, que tinha uma grande demanda de clientes, onde aprendi a importância dos serviços ao consumidor. Minha paixão por desenho de construções começou no interior do estado de Nova York, aonde meus pais levavam meu irmão Josh e eu todos os verões para nos tirar do calor do Brooklyn. Brincando em volta das fundações de concreto das novas casas da área rural, comecei a pensar sobre o espaço e a função das construções, e aquilo curiosamente me levou a uma carreira de arquiteto. Depois, trabalhei como arquiteto projetista e gestor de construção para The Palace Hotel, em Manhattan, sob o Helmsleys, antes de partir para a carreira no desenvolvimento de imóveis para o varejo, na Costa Oeste. As viradas e as mudanças na minha carreira conduziram-me de volta ao varejo de concreto, onde tinha começado ainda jovem, mas agora com a experiência em todos os aspectos do negócio. *Feito para crescer* pretende traduzir minha paixão neste campo e o aprofundamento do conhecimento do trabalho. Nada do que eu já tenha profissionalmente experimentado me dá mais prazer do que ajudar as pessoas a criar e desenvolver com sucesso organizações de varejo.

Este livro, no entanto, não é uma receita de sucesso. Ninguém tem a fórmula para instantaneamente criar uma boa marca ou enriquecer. Qualquer um pode afirmar: "Acrescente talento, imaginação, disciplina e trabalho duro", ingredientes raros e mágicos. *Feito para crescer* fornece uma metodologia para tratar dos problemas mais complexos do varejo, *insights* sobre as melhores maneiras de proceder nas horas mais difíceis e, também, inúmeras abordagens práticas de problemas que *funcionam*. O livro tem muitas dicas e avisos sobre tropeços comuns, mas o mais importante são os princípios em si. *Feito para crescer* é um recipiente onde você poderá colocar suas melhores idéias e de onde surgirá uma estrutura coerente e instigante para o crescimento. Depois, você deverá trilhar seu próprio caminho para desenvolver a próxima grande marca do varejo. E, com um pouco de sorte, estará abrindo em breve.

Parte I: Não faça planos modestos

Não faça planos modestos, eles não conseguem mobilizar e provavelmente não serão postos em prática.

Faça grandes planos, mire alto na esperança e no trabalho, lembrando que um desenho nobre e lógico, uma vez gravado, nunca irá se apagar.

– Daniel Burnham

Sobre seus valores

Certa vez, em uma noite quente de verão, levei minha família a um restaurante de atendimento rápido, uma franquia conhecida por seu sorvete. O lugar estava sujo. O serviço, lento. Outros clientes faziam fila atrás de nós. Quando finalmente fomos atendidos, tivemos de esperar até que nossa mesa fosse limpa. Os empregados pareciam não se importar que os clientes estivessem esperando. Podíamos até ouvir suas conversas atrás do balcão. Algumas pessoas, indignadas com a demora, retiraram-se antes de serem servidas. Quando nosso pedido finalmente chegou, comemos com pressa, e o que poderia ter sido um programa agradável acabou sendo frustrante. Meses depois, a prefeitura dividiu a avenida bem naquela esquina. A obra causou problemas temporários para todos os negócios vizinhos, mas esse restaurante acabou fechando para sempre. O franqueado reclamou no jornal local que a cidade havia quebrado seu negócio. Lembro-me de ter pensado que o que havia falido seu negócio fora ter o pior estabelecimento e serviço da cidade.

Esse tipo de coisa ocorre no varejo com muita freqüência – uma falta de conexão entre a promessa da marca varejista e sua execução. Péssimo atendimento e mesas sujas não deixam os consumidores felizes. Às vezes, as faltas de conexão são acidentais ou imprevisíveis. Talvez o restaurante não valorizasse as pessoas e sua equipe de atendimento estivesse exausta depois de uma jornada dupla de trabalho (mas será que eles não poderiam ter nos dado pelo menos um sorriso exausto?). Com freqüência, os resultados ruins estão associados a um entendimento superficial da marca, a um pensamento mágico ou a um total descaso do fornecedor. Você não pode prometer qualidade e seguir com uma execução mais ou menos. Imagino quantas vezes o dono da franquia procurou saber o que havia de errado em seu estabelecimento. Se ele realmente verificou suas operações depois que suas vendas começaram a cair, suspeito que tenha sido muito tempo antes das obras naquela rua.

O que testemunhamos como consumidores aquela noite foi o colapso de uma marca. O colapso de uma marca ocorre por falta de valores corporativos ou de esforços suficientes para executar os valores desta. Este capítulo começará com uma breve discussão a respeito de marcas, seguida das relações existentes entre marca e valores centrais. Será mostrado também como os valores centrais auxiliam na elaboração de um conceito convincente, no desenvolvimento de uma missão significativa e na criação de experiências convincentes fora dessa missão.

"Marca" é um conceito complexo porque, para os varejistas, consiste tanto na imagem dos produtos vendidos por uma marca quanto na apresentação desta nas lojas. Para uma empresa que vende apenas (ou principalmente) sua própria marca de produtos – roupas Armani, café Starbucks ou pneus Goodyear, por exemplo –, a situação é mais simples, mas a marca de varejo mais abrangente ainda tem dois elementos: o nível de qualidade e embalagem dos produtos e como estes são apresentados e vendidos dentro da loja. A maioria das discussões sobre marca tem seu foco somente no que se vende – produtos – e não na maneira como isso é oferecido ao público. Mesmo quando se trata somente dos produtos, a discussão recai em aspectos superficiais ou temporários, como a criatividade do logotipo, a qualidade da embalagem ou a vitalidade das campanhas publicitárias. Tal abordagem banaliza a marca do produto e não ataca o conceito de marca à medida que se relaciona com o varejo.

Por essas razões, é necessário definir brevemente o conceito de marca, levando em conta que o termo se relaciona tanto com produtos quanto com varejo. Além disso, devemos também discutir os assuntos que afetam ambos.

Para um produto e para a empresa que o vende, a marca é o produto ou a imagem corporativa, o posicionamento declarado em várias campanhas de *marketing* e apoiado pela qualidade do produto, pelos serviços ao consumidor e pelo comportamento geral do negócio. Uma marca varejista é construída sobre esses mesmos elementos, beneficiando-se da qualidade e das características do produto, da embalagem e de outros itens relacionados ao *marketing*. O comportamento geral do varejista também influencia na percepção do consumidor a respeito da marca. Porém, a marca varejista é muito mais do que qualquer um desses elementos. Ela é, por exemplo, o *design* e a apresentação de seu prédio. É a sua capacidade de entregar o produto no tempo e de forma consistente. E, também, é a política de sua empresa sobre devoluções e trocas (isso inclui a facilidade e a satisfação dos clientes com o atendimento no caso de devolução ou troca de produtos). É se você oferece estacionamento pago ou gratuito, bem como manobrista ou algum tipo de ajuda para estacionar. É o nível de comodidade que seu estabelecimento fornece enquanto os clientes fazem suas compras. É sua equipe de atendentes e suas atitudes, como eles se vestem e até mesmo como sorriem. É se eles sabem quando ajudar os clientes e quando deixá-los à vontade. É o conhecimento deles sobre seus produtos. Quando os clientes deixam a loja, a marca também se faz presente se os empregados dizem "obrigado" de uma maneira que estimule a volta. Por fim, um produto é considerado adequado pelos consumidores pela sua qualidade ou valor. Uma marca de varejo é a experiência completa dos consumidores dentro da loja, onde a qualidade do produto ou seu valor é apenas uma parte.

Para o sucesso no longo prazo, todas as atribuições da marca de um produto devem estar alinhadas, mas uma imagem positiva e forte de um produto é capaz de deixá-lo por ainda mais tempo na mente do público. A imagem corporativa pode carregar o produto de uma companhia por algum tempo, trazendo clientes dos competidores, e a qualidade do produto pode carregar a empresa por algum tempo quando a imagem corporativa não for bem posicionada. No entanto, uma vez que a marca varejista tem relação com uma experiência real, pessoal e abrangente, nenhum elemento pode carregar todos os outros. Um consumidor potencial fica cara a cara com todos os aspectos de uma marca de uma só vez. O leiaute das lojas e sua aparência, a qualidade dos produtos, sua apresentação e os serviços ao consumidor vão se sobrepor a qualquer impressão anterior. *Para os varejistas, a experiência na loja é a marca.* Como o consumidor está *lá*, na loja, a reação a qualquer deslize em qualquer atributo da marca é imediata. A loja de sorvetes falhou tanto na aparência quanto na prestação de seus serviços, o que abalou nossa confiança na marca numa única visita, apesar de seus bons produtos.

Mais do que para um produto individual, no atributo de marca para uma loja não se pode simplesmente colocar uma etiqueta que diz: "alta qualidade". Seja qual for sua definição de negócio, o consumidor deve ter certeza de que você cumpriu sua promessa. A marca não significa um posicionamento único – a melhor, a mais brilhante, a mais rápida, a exclusiva. Ela não poderá manter por muito tempo sua credibilidade apenas alardeando "novo e melhorado!", se o produto é antigo e não apresenta mudanças; nem um varejista conseguirá sobreviver por muito tempo com anúncios que proclamam as últimas tendências da moda com uma linha de roupas que tem o mesmo estilo ano após ano. Talvez o seu verdadeiro posicionamento tenha que ser a velha máxima da revista *Mad* – "nosso preço é barato" –, mas pelo menos será honesto. Seja lá o que sua marca apresente, deve ser uma parte intrínseca de quem você é, empresa ou varejista.

Para tornar uma marca poderosa, todo conceito varejista deve se basear em fortes valores pessoais e de negócios. Pela natureza pessoal do varejo e pela presença direta do consumidor, você não pode fingir quem é nem para que está disposto. À medida que você procurar criar uma nova marca no varejo ou revigorar uma já existente, deverá se voltar para suas próprias idéias e padrões. Não faça planos pequenos nem tenha valores pequenos. A palavra "valor", aplicada a marcas, pode significar tanto *princípios* (do negociante ou da empresa) como *preço* (para o consumidor, como na proposição de preço). Aqui, o "valor principal" significa uma combinação desses dois elementos, pois seu preço para o consumidor deverá provir diretamente de seus princípios. Honestidade e sinceridade com seu consumidor são dois lados de uma mesma moeda.

Cada conceito novo e instigante começa com uma idealização – geração de idéias –, e o primeiro passo para isso é determinar os valores principais. Sem construir seus próprios valores, dificilmente você criará um conceito que se diferencie de pelo menos uma dúzia de outros já existentes. Basear o conceito em um valor principal proporciona uma diferenciação fundamental e sustentável. A diferença não está num valor passageiro, como um *flash* de um programa de *marketing*, ou mesmo no produto que você vende, por melhor que seja. É o jeito de lidar com o negócio que determina o produto e também *outros atributos* (marca) que você incorpora. Valores principais levam a valores corporativos. Valores corporativos levam a valores de produto e da loja. Valores de produto e da loja levam à definição da marca da loja. A definição da marca da loja leva à criação de uma marca corporativa. A marca corporativa reforça os valores corporativos. Todas essas idéias levam à criação de um círculo de perpetuação de valores, ação e percepção. Um exemplo específico ajuda a ilustrar como os valores principais pertencem tanto à definição da marca de produto quanto à marca no varejo.

A marca esportiva Adidas começou com os valores de seu fundador, Adi Dassler, um praticante entusiasta do futebol que passou a vida inteira criando equipamentos para atletas. Começando com seu primeiro tênis feito à mão em 1920, Adi criou pessoalmente a categoria de sapatos esportivos. Ele fez o primeiro tênis de corrida; as primeiras travas de chuteiras, que ajudaram a Alemanha na conquista da Copa do Mundo em um campo enlameado; o primeiro tênis para trenó de corrida; a primeira bota para salto de esqui e o primeiro tênis ultraleve para *sprint*, além de outras invenções. Certa vez, assistindo aos Jogos Olímpicos de Montreal, ele chamou Alberto Juantoreno e o aconselhou a ajustar suas travas para evitar escorregões nas curvas – um problema que havia discutido na televisão –, e, assim, o corredor cubano tornou-se o primeiro a conquistar a medalha de ouro na prova dos 400 e 800 metros.

A paixão de Adi pelos atletas está presente no posicionamento de marca da Adidas até hoje. Com mais de 700 patentes em equipamentos esportivos, o foco da Adidas permanece nos atletas e nos equipamentos que lhes proporcionem um desempenho melhor, seja por meio de um novo *design* para uma bola de futebol ou de um tênis especial para saltadores. Nas lojas da empresa, esses valores são celebrados de duas formas. Uma delas é a loja dedicada à história da empresa, com cerca de 360 metros quadrados. Essa loja apresenta diversos ícones, como protótipos históricos de alguns tênis de Adi, para assegurar que o legado da empresa seja transmitido ao varejo. O outro conceito que define a marca é o formato de suas grandes lojas, entre 1 mil e 2,3 mil metros quadrados. Essas lojas apresentam uma linha completa de equipamentos e vestuário para todos os esportes, desde *trekking* até futebol, golfe e esportes na neve. Em ambos os conceitos, o conhecimento técnico dos funcionários complementa o *background* da empresa, garante uma experiência positiva para os clientes e ajuda a posicionar a Adidas na liderança da categoria.

Especialmente para o varejista, a definição da marca volta ao seu sentido original de *selo de origem*. A marca representa as diferentes maneiras pelas quais você pode tocar o consumidor, e o ato de *marcar* representa a experiência global que seus consumidores têm com você. Os aspectos de embalagem, anúncios,

TRADIÇÃO NO ESPORTE

DESEMPENHO NO ESPORTE

ESTILO ESPORTIVO

FIGURA 1-1 O legado de Adi Dassler, que inventou um calçado esportivo para quase todas as categorias de competição, levou à criação da primeira marca esportiva, a Adidas, e também a um dos logotipos mais conhecidos do mundo, o trevo da empresa (*topo*). As bases sólidas da marca, a missão e os valores corporativos ajudaram a Adidas a inovar por mais de 80 anos. A força da marca levou à sua extensão e do seu logo para roupas de alto desempenho (centro) e de moda/estilo de vida (embaixo).

logotipos e cartazes nas lojas – todos os estímulos visuais e sensoriais possíveis – somam-se a essa experiência, mas não a substituem. Nem mesmo um bom produto pode maquiar uma experiência negativa dentro de uma loja. Mas se a experiência for boa, o logotipo, por exemplo, pode tornar-se um ícone que atrairá consumidores. Se não for, poderá desviá-los para a concorrência. O varejo é o aqui e agora, a qualidade da experiência *hoje*. O poder da experiência no varejo é o motivo de muitas marcas preferirem um contato direto com seus consumidores, em vez de confiar em outra empresa para apresentar sua marca ao público. É também o que leva muitas marcas, de tênis a roupas e computadores, a abrirem suas próprias lojas após testarem seus conceitos dentro de lojas de terceiros para determinar seu fator de diferenciação e seu melhor ponto tanto para precificar como para apresentar. O poder do varejo explica por que muitas companhias que vendem inicialmente para outros varejistas abrem suas próprias lojas. No caso da Adidas, além de enfatizar a história da empresa e mostrar aos consumidores todo o leque de produtos da marca, as lojas de varejo também demonstram a outros revendedores de seus produtos maneiras únicas de comercializá-los.

Em contraste, o poder da experiência varejista explica como uma loja pequena pode ser prejudicial a uma marca. A sorveteria a que fomos naquela noite de verão era apenas um dentre mais de uma centena de outros bons pontos espalhados pelo país, mas a experiência lá vivenciada ficou gravada na memória. Atualmente, escolhemos outros lugares para ir. Meu trabalho exige um olhar mais aguçado do que o da maioria, mas foram meus filhos que tomaram a decisão de não voltarmos mais aos estabelecimentos daquela empresa.

Claramente, o responsável por aquele ponto não trazia consigo os valores que a franquia tentava criar em âmbito nacional. Também, não se esforçava para transmitir esses valores a seus gerentes ou empregados. Talvez esse esforço não tenha sido necessário no passado. A franquia por algum tempo fora a única sorveteria na cidade e sua localização era ideal. Os consumidores aglomeravam-se para tomar sorvete, mesmo com as deficiências do restaurante. No entanto, com o passar dos anos, outros estabelecimentos similares foram surgindo, e as novas estradas construídas diminuíram o valor daquele local. É lógico que, uma vez que existam alternativas, os consumidores procuram outros lugares. Assim, naquela loja, a marca do varejo faliu.

Quando se comete um erro – produto pobre, valor pobre, comportamento pobre –, quebra-se a promessa com os consumidores, uma promessa baseada no *marketing* ou nas experiências deles. Você estará longe de manchar sua marca com erros ou inconsistências se basear seu comportamento corporativo nos seus valores centrais. Na Starbucks, nossa determinação em ser o "principal fornecedor do melhor café" levou a uma abordagem fanática da qualidade em tudo que fazíamos. Além de prover, manter e servir o melhor café, buscávamos as melhores localizações e usávamos materiais de primeira em tudo – dos gráficos nas paredes e materiais de limpeza, até os lustres e o *design* das mesas. Quando enfrentávamos restrições financeiras e *trade-offs* na construção de uma loja, nos voltávamos aos conceitos "premium" e "o melhor" para guiar nossas decisões. Dados os nossos valores principais, estas normalmente eram fáceis. Outras empresas talvez tenham "preços baixos" como o principal valor para seus clientes. Isso não significa que o varejista ignore a qualidade, mas que os *trade-offs* podem ser diferentes. Embora este livro descreva diversas maneiras de incorporar materiais de alta qualidade em lojas baratas, um varejista com foco no preço ainda expressará menos qualidade em termos de ambiente de loja e mais em termos de mercadorias boas e preços com descontos. Ou seja, valores diferentes levam a escolhas diferentes.

DEFINIÇÃO DE PRINCÍPIOS SIGNIFICA DEFINIÇÃO DE MARCA

Toda empresa de sucesso estabelece um conjunto bem definido de princípios. Por exemplo, as seguintes companhias definem suas idéias como:

- 3M – Resolver problemas de maneira inovadora
- Merck – Preservar e melhorar a vida humana
- Walt Disney Corporation – Fazer as pessoas felizes

Examinaremos agora a importância da definição de tais princípios e como os varejistas podem desenvolvê-los. Exemplos tanto de novos varejistas quanto de empresas já existentes mostram como a definição de princípios tem um impacto profundo na missão da companhia e em sua marca. Os exemplos mostram como princípios bem definidos ajudam na definição do propósito do varejista – e, assim, no significado da marca – e, ao mesmo tempo, expandem a visão deste sobre o papel que pode exercer além da obtenção de lucros.

Jim Collins, autor de *Built to Last: Successful Habits of Visionary Companies*, trabalhou muito com a Starbucks depois que atingimos 1 bilhão de dólares em vendas em meados da década de 1990. Jim tinha um desafio substancial para nós. "Vocês querem ser o maior vendedor de café do mundo. Pois bem, e daí?", ele disse. "Qualquer um pode ser isso. Em que vocês são diferentes?" Ele reiterou um de seus conceitos mais importantes: com o tempo, o principal produto de uma companhia é ela mesma. Jim define os valores principais como o "dogma duradouro – um pequeno conjunto de princípios sem relação temporal que não exigem justificativa externa" e percebe que uma empresa "não precisa ter o serviço ao consumidor como valor central (a Sony, por exemplo, não tem), ou o respeito aos indivíduos (que a Disney não tem), ou a qualidade (a Wal-Mart não o faz), ou a correspondência de *marketing* (inexistente na HP), ou o trabalho em equipe (a Nordstrom também não tem), etc. O segredo não está em quais valores centrais uma empresa tem, mas no fato de que eles existem". Eu acrescentaria que esses valores devem partir dos indivíduos que operam a empresa.

Quem é você, e que tipo de empresa quer ter? Sua resposta deve começar com uma análise rigorosa e sincera de si mesmo. Determine o que realmente é importante para você, para ter claro o que de fato lhe interessa, não apenas nos negócios, mas na vida. Essa auto-avaliação deve incluir um olhar rigoroso dos seus pontos positivos e negativos, que são a expressão de seus valores. Se você não está seguro de sua força, diga a seus amigos e sócios no negócio que quer começar com sua própria companhia. Pergunte a eles em que tipo de negócios você poderia se sair bem e que tipo de pessoas seria bom ter por perto. Você talvez acabe descobrindo que outras pessoas identificam pontos fortes seus que você mesmo nunca havia reconhecido, ou fraquezas que não consegue perceber. Não se deixe abater por opiniões desestimulantes. Haverá muita informação a considerar. Certa vez, por exemplo, fiquei surpreso ao ouvir que eu precisava ser mais atento para saber se as pessoas queriam apenas mostrar suas opiniões ou se estavam buscando ajuda para resolver seus problemas. Parecia que, se alguém mencionasse uma dificuldade para mim, eu diria algo como: "Certo, aqui está o que você precisa fazer". Esse *feedback* – proporcionado por minha esposa – melhorou a minha comunicação com outras pessoas.

Para ir além dos aspectos quantitativos de seu negócio, mergulhe profundamente nos aspectos qualitativos *humanos* de desejo, impulso e atitude. O objetivo é encontrar os valores centrais, determinar conexões entre as pessoas e seu negócio – para ir além das apresentações públicas e do afinado "observações para atribuições" e chegar à alma de sua empresa. Os líderes são forçados a cargos gerenciais e organizacionais em que se sentem compelidos a falar e atuar "racionalmente". Eles habituam-se a responder a tantas perguntas formais sobre suas empresas que entram no piloto automático. Começam a pensar sob a perspectiva "da companhia". Tendo usado a máscara de suas empresas por tanto tempo, e repetido o discurso corporativo por anos a fio, eles esquecem quem são e o que a companhia realmente representa. Também esquecem a sua paixão original ou de ficar em contato com a paixão original da empresa. É preciso ver muito mais do que isso.

Questione-se a respeito de:

- Onde você cresceu? Quantos irmãos e irmãs tem? Você é o mais novo ou o mais velho? Como a dinâmica de sua família modelou sua visão de mundo?
- O que você faz fora do trabalho?
- O que você identifica como seu maior sucesso e por quê? O que você vê como sua maior falha? Por quê?
- O que você pensa sobre contribuir para sua comunidade?
- O que você pensa sobre se comprometer com a excelência?
- No que você, como presidente ou fundador, junto com seus principais gestores, acredita?
- Como sua empresa deve e pode ajudar o mundo?
- Que tipo de pessoas você deseja ter a sua volta? Como você vê seus colegas? Gostaria de tê-los numa trincheira junto com você?
- Qual sua atitude e a de sua equipe em relação à vitória? Você prefere vencer de qualquer jeito ou se esforça em soluções ganha-ganha?
- Quais são seus principais valores pessoais? Quais são os valores centrais de sua empresa? Eles estão alinhados ou você vê uma descontinuidade entre eles?
- Como você transmite esses valores aos seus empregados e consumidores?
- Que parte da experiência do consumidor sua empresa realmente valoriza?

Vamos considerar, por um momento, um restaurante *kaiten* de *sushi* chamado Blue C Sushi. Um restaurante *kaiten* oferece *sushi* nos pratos por meio de uma esteira que percorre seu recinto, apresentando continuamente as opções aos consumidores. Os clientes escolhem o *sushi* na esteira enquanto os pratos vão passando. Quando comecei a trabalhar com James Allard e Steve Rosen, dois amigos do ensino médio que eram os principais sócios da Blue C Sushi, perguntei o que os havia levado àquele empreendimento. Não estava certo de como seus empregos anteriores – ambos haviam trabalhado para uma nova empresa de Internet – os fizeram investir no ramo do *sushi*. A pergunta gerou uma profunda discussão sobre motivação, e James logo começou a falar sobre sua admiração à cultura japonesa, particularmente seu senso de honra, dignidade e poder de recuperação. Ele sempre fora intrigado com o Japão desde a infância, embora não tenha demonstrado seu interesse até chegar à universidade. Em vez de estudar seu segundo ano de francês, um impulso o fez inscrever-se para língua japonesa. Isso fez com que acabasse passando um ano no Japão enquanto cursava a faculdade de Direito. Lá, com um "mísero orçamento de estudante", comia regularmente em um restaurante *kaiten* barato localizado na mesma quadra de seu apartamento. Quando voltou aos Estados Unidos, terminou a faculdade de Direito, exerceu a profissão por três anos, entrou na área de operações da Microsoft, e tornou-se vice-presidente sênior de operações da Go2Net, quando esta passou de 100 para 500 funcionários. Mas, mesmo com todos esses "empregos de verdade", James nunca se esqueceu daquela casa de *kaiten sushi* que servia comida barata e saudável. Quando ele e Steve deixaram suas funções na área de alta tecnologia, James achou que era hora de fazer algo diferente. Quanto mais ele pensava em trazer um pouco dos saudáveis hábitos diários japoneses – muitas proteínas e pouca gordura – para seus amigos mais próximos, mais eles se interessavam pela idéia. Assim, acabaram se convencendo.

Quando me falaram sobre a idéia, dei-lhes uma tarefa, que deveria ser feita antes de despenderem qualquer energia no conceito em si, nos *designs*, nos processos de localização ou em qualquer outra coisa. "Descubram seus valores centrais", disse. Eles foram a uma cafeteria (vocês sabem qual) e dedicaram-se ao trabalho. Aqui está o que me trouxeram:

- Fornecer o melhor *sushi* tanto para quem nunca experimentou como para aqueles que já conhecem
- Ter o melhor *sushi* de todos
- Agir com honestidade em absolutamente tudo
- Oferecer serviços de primeira para os consumidores (de maneira amigável e com valor)
- Demonstrar responsabilidade corporativa e ambiental

Seus valores centrais e seu comprometimento com o conceito apontavam que teriam muito trabalho a fazer.

Uma conexão profunda e persistente une o espírito dos fundadores ao da empresa. Se você conhece quem está no topo, tem uma boa idéia sobre a empresa e sabe como ela funcionará em tempos bons e ruins. Se você sabe que Howard Schultz, atual presidente da Starbucks, viveu nas vizinhanças mais pobres do Brooklyn e começou a trabalhar com 12 anos para ajudar a família, imaginará que qualquer empresa que ele dirija tratará com respeito seus empregados. E não apenas com gentilezas de corredor: a Starbucks garante anualmente opções de ações para muitos funcionários, e foi a primeira grande companhia dos Estados Unidos a oferecer um plano de saúde à maioria de seus empregados de tempo parcial.

Na realidade, a Starbucks é um bom exemplo de como você pode usar os valores principais de uma empresa estabilizada para revigorar sua organização e auxiliá-la a crescer. Antes de Jim Collins trabalhar conosco, nossa missão dizia que tínhamos de nos expandir geograficamente, mas não de uma forma significativa. Queríamos ser o fornecedor líder do melhor café do país, do continente e, depois, do mundo – objetivos ousados, com certeza. No entanto, nosso propósito de vida não deveria ser mais do que ter o maior monte de grãos? Em um retiro com os gestores seniores, Jim dividiu-os em duas equipes de cinco pessoas. Eu estava no time encarregado de desenvolver uma nova missão para a companhia. Cada um de nosso grupo devia traçar uma missão atualizada. Quando nos juntamos para ler nossas composições individuais, algo esplêndido aconteceu: dos cinco componentes do grupo, quatro tinham incluído a palavra *spirit** em suas proposições de missão.

Spirit! Este foi um momento importante para mim. Quase todos nós que fizemos parte da força-tarefa incorporamos um valor maior à nossa visão de como a empresa poderia ou deveria se direcionar. "Ser o fornecedor líder do melhor café do mundo e educar e inspirar o espírito humano" foi a missão que desenvolvemos naquele exercício. Meses depois, graças a isso, elaboramos a frase formal da

---

* N. de R.: Alma, princípio vital; coragem, entusiasmo.

missão, usada até hoje: "Estabelecer a Starbucks como a mais importante fornecedora do melhor café do mundo, mantendo nossos princípios fixos à medida que crescemos". (A frase "educar o espírito humano" pareceu grandiosa demais para a missão formal, mas constou em vários documentos internos e na capa dos resultados anuais de 2003.) A missão expressou nossas relações com as comunidades locais onde tínhamos nossas lojas.

Essa nova declaração de valor era algo que todos os empregados poderiam introduzir em suas interações diárias com os consumidores. A declaração também afetava diretamente nosso comportamento corporativo. Por exemplo, embora já apoiássemos fortemente a CARE, uma associação beneficente, expandimos nosso envolvimento com a comunidade local, da seguinte maneira:

- Com o adiantamento do livro que estava escrevendo sobre sua carreira, Howard criou a Fundação Starbucks para apoiar programas de alfabetização em todos os lugares onde a empresa tiver uma loja. Formamos também uma aliança com oito empresas para fornecer mais de 320 mil novos livros para crianças.
- Fizemos uma parceria com Earvin (Magic) Johnson para abrir cafeterias em cidades do interior.
- Estabelecemos uma parceria filantrópica de 1 milhão de dólares com a Jumpstart, uma organização nacional que encontra tutores para crianças que precisam.
- Desenvolvemos uma série de programas para ajudar vários cafeicultores independentes e pequenos nas regiões que produzem café.

A Starbucks continua fazendo isso e muito mais em diversas comunidades locais em todo o mundo. A empresa inteira se reuniu em torno de um ponto de vista comum de nossa função – uma companhia de sucesso tem responsabilidades e oportunidades de usar sua riqueza para fazer algo bom para a sociedade.

Fazer uma avaliação sincera sobre a missão de uma companhia é uma boa maneira de descobrir em qualquer ponto de seu desenvolvimento se ela está no caminho certo. Em uma recente reunião de clientes, por exemplo, pedi a 18 gerentes seniores para escrever o que eles pensavam que era, ou deveria ser, a missão de suas empresas. Também pedi que completassem a seguinte frase: "Nossa companhia fornece a seus clientes…". Os resultados foram seis diferentes declarações de missão e seis diferentes declarações aos consumidores. Isso mostra que falta à empresa uma visão convincente. Outro ponto relevante é que 10 das 18 declarações diziam, de diferentes maneiras, "ser lucrativo" ou "produzir lucros". As questões relacionadas ao consumidor eram poucas. Após a reunião, disse ao presidente que, enquanto todos não estivessem cantando a mesma música – a qual significasse algo em que acreditassem e quisessem cantar –, a companhia não alcançaria o sucesso que poderia ter.

Inicialmente, a declaração da missão define a companhia e mostra o rumo a seguir. Com o tempo, durante as diferentes fases de crescimento, rever a missão permite que a empresa atinja mais do que o produto ou o serviço em si. À medida que a Starbucks crescia, ficou claro que poderíamos alavancar cada passo do crescimento para realizar manifestações mais ambiciosas de nossos valores. Isso incluía novas parcerias, novos produtos e iniciativas corporativas voltadas a assuntos globais relevantes tanto para nós como para nossos clientes.

TRADUZINDO VALORES CENTRAIS EM MISSÃO E AÇÃO

Pense na declaração da missão como a forma que a sua empresa traduz os valores centrais em diretrizes para a ação. A missão do Blue C Sushi foi definida como:

> Proporcionar a nossos clientes a melhor experiência possível com *sushi* orientada a **valor**, como um reflexo da **pureza natural** de nosso produto, da **elegância** de nosso ambiente e do **orgulho** de nossos *chefs*. Servimos nossa comida com **cortesia** e tratamos nossos clientes com **honra** e **dignidade**.

Muitas pessoas cometem o erro de acreditar que a missão deve ser um *slogan* ou uma máxima. Pelo contrário. Devem ser evitadas frases feitas ou verbos inexpressivos, e utilizadas quantas palavras forem necessárias para expressar completamente tudo o que a empresa é, o que está disposta a fazer e o que faz. O objetivo deve ser completo, acurado e aspiracional.

Para garantir que você elabore sua missão de maneira abrangente, liste todos os consumidores e elementos que sua empresa atende, os benefícios que ela (ou seu produto) proporciona, e como eles são recebidos. Uma matriz simples ajudará nesse passo. Por exemplo, uma farmácia tem pacientes que se beneficiam dos seus remédios, prescrições, e equivalentes genéricos; médicos e postos de saúde que se beneficiam de um bom farmacêutico; e companhias seguradoras que se beneficiam dos modernos sistemas de contas de pagamento que uma farmácia deve ter. Não se esqueça de incluir parceiros, funcionários e acionistas (ou investidores) e a maneira como eles se beneficiam. O objetivo é aumentar a consciência do que você realmente faz enquanto tenta descrever sua atividade em termos concretos. À medida que você preenche a matriz de consumidores e benefícios, elabora um quadro completo de como realmente atua e, assim, pode ver os conceitos maiores que englobam todos os elementos.

A partir dessa descrição, escreva tudo o que você faz. A declaração inicial da missão da farmácia pode ser assim:

> A farmácia Hankins Hall reconhece que seus consumidores atuais querem mais do que apenas prescrições. Eles buscam um estilo de vida saudável e informações completas sobre seus remédios. Nós prestamos os melhores serviços farmacêuticos, educamos nossa clientela e oferecemos produtos adicionais para melhorar sua saúde e bem-estar. Garantimos que os consumidores entendam suas prescrições e possíveis efeitos colaterais, e estamos sempre atentos a conflitos entre prescrições. Oferecemos alternativas de baixo custo quando possível. Tratamos nossos empregados bem e provemos o treinamento mais atualizado possível para garantir a satisfação dos consumidores. Utilizamos os sistemas mais modernos para assegurar a prontidão na compra e na entrega de medicamentos e no processo de pagamento. Lutamos para maximizar os retornos aos investidores mantendo bons padrões de cuidado com a saúde.

Uma boa declaração, com certeza. Não há dúvida a que a farmácia se propõe e dispõe. A partir disso, é relativamente fácil elaborar uma declaração mais curta de missão ou (minha preferência) um mantra de três palavras ou frases breves que definam a essência da marca ou da empresa.

A declaração formal da missão pode ser assim:

> Fornecemos os medicamentos de melhor qualidade com o menor preço possível, educamos nossa clientela sobre suas prescrições e as implicações

que têm na saúde, e oferecemos serviços e produtos adicionais para apoiar escolhas mais saudáveis. Proporcionamos o melhor treinamento possível para nosso grupo e o remuneramos adequadamente. Lutamos para atingir um retorno adequado mantendo bons padrões de cuidado com a saúde.

O mantra de três palavras para essa empresa pode ser o seguinte:

QUALIDADE
Oferecemos os melhores remédios, serviços pessoais e educação.

VARIEDADE
Oferecemos serviços e produtos para saúde e estilo de vida.

ATIVIDADE
Oferecemos programas de saúde e educação física para promover vidas mais saudáveis.

IMPLEMENTANDO O MANTRA NA PRÁTICA

Quando bem construído, o mantra de uma empresa varejista pode servir como um mantra corporativo também, assim como para outros estabelecimentos já existentes. Isso fica evidente, no exemplo da farmácia, pelas palavras "qualidade, variedade e atividade". Se essa empresa tivesse outros grandes canais de vendas, como atacado ou pedidos por correio, então, para os nossos propósitos – que são desenvolver um novo negócio no varejo ou revigorar um já existente –, o mantra deveria focar primeiramente o varejo. Todos os aspectos de gerenciamento da marca devem estar alinhados com o mantra da mesma maneira. Um mantra que fale de "qualidade" levará a um certo conceito de *design*, e a embalagem para os produtos solicitados pelo correio deve estar de acordo com essa visão. Não basta usar o mesmo logotipo da corporação no serviço de pedidos pelo correio se a sua apresentação for de qualidade inferior a do varejo. O consumidor deve ter sempre a mesma impressão da marca, independente de como a venda foi realizada.

Para empresas já existentes, costuma ser fácil passar rapidamente de uma declaração de missão e de valores pronta para um mantra de três palavras. Os seguintes exemplos ilustram como *idealizamos* com os clientes para criar um mantra de três palavras que transmita os principais valores. O mantra pode servir como um foco no desenvolvimento da estratégia do negócio. O tema planejamento estratégico será abordado no Capítulo 9, mas outros capítulos também estão ligados a muitas outras ações que derivam da estratégia. Devido aos possíveis percursos relacionados à *experiência do consumidor*, veremos como o mantra pode ser traduzido em expressões físicas da idéia varejista.

CAFETERIA E PADARIA IL FORNAIO

Il Fornaio é uma cadeia de restaurantes estabelecida principalmente na costa oeste. Procurando expandir a marca para um mercado de comida rápida e casual, a Il Fornaio começou a trabalhar em um conceito de cafeteria e padaria que não comprometesse a qualidade da marca perante a categoria de restaurantes. Os valores principais relacionavam-se às raízes da padaria Il Fornaio na Itália: uma tradição toscana autêntica que evoca simplicidade, qualidade, uma combinação de sofisticação e proximidade, e um desejo de ser a marca de cafeterias dominante. Esses valores levaram ao seguinte mantra:

AUTENTICIDADE
Os ideais toscanos de estilo, simplicidade, beleza e utilidade.

ACOLHIMENTO
Um local de encontro aconchegante, amigável e confortável.

FRESCOR
Um produto distinto, de alta qualidade, que é rapidamente feito para venda e entrega com serviços excepcionais para o consumidor.

OMAHA STEAKS

A Omaha Steaks produz e distribui uma variedade de carnes, aves, frutos do mar e outros alimentos há cinco gerações, e hoje tem mais de 1,6 milhão de consumidores, a maioria pelo serviço de entrega a domicílio. Buscando expandir seu negócio no varejo, a Omaha Steaks começou a fazer uma reavaliação de seu conceito varejista, dos produtos que oferecia e de seu próprio *design*. Para estruturar o processo, idealizamos o seguinte mantra:

PREMIUM

A qualidade da Omaha Steaks me inspira a criar grandes pratos para mim e para minha família.

DESPENSA

A loja da Omaha Steaks lembra a despensa de minha casa (há um estoque de produtos relacionados, e sei como achar tudo que preciso).

CONVENIENTE

Comprar aqui torna mais fácil planejar as refeições da minha família.

Para a Il Fornaio, o conceito de *design* de uma nova cafeteria e padaria que surgiu do mantra foi "ideal toscano". Diferente de um conceito romano, altamente ornamentado, o *design* de valores do ideal toscano será um conceito de alta qualidade mais honesta e simplificadamente expresso. Para a Omaha Steaks, o mantra leva a um conceito de *design* que irá criar mais razões para o consumidor usar a linha de produtos já existente, desenvolver um novo ambiente de loja e melhorar a consciência acerca das refeições que a empresa oferece e da variedade de seus produtos, tornando mais fácil a exploração da loja. Esses valores aumentariam as compras e elevariam o nível da marca.

Ambos os projetos ainda estavam inacabados quando este livro foi concluído, e muitos aspectos desse trabalho estão descritos em capítulos posteriores. Particularmente, o resultado do esforço em *design* da Il Fornaio está descrito em detalhes no Capítulo 4, "Maximizando a experiência no varejo por meio do *design*". O mantra torna-se a base a partir da qual você pode idealizar, criar e executar um novo conceito de loja, como será descrito no próximo exemplo, envolvendo a Gateway Computers. Embora o resultado da experiência varejista da Gateway tenha sido inesperado – e, para nós, desapontador –, o processo mostra como os valores principais devem guiar todo o pensamento que conduz a uma nova abordagem varejista.

GATEWAY COMPUTERS

Ted Waitt, o fundador e presidente da Gateway, retornou à empresa como CEO depois de três anos de ausência, e convidou minha empresa para ajudar em uma ambiciosa virada e reinvenção da organização. Ted queria criar uma nova categoria – uma ligação direta entre a Internet e a televisão de tela plana – e transformar a Gateway de uma montadora de computadores em uma empresa que integrasse as marcas para todos esses produtos. Ele procurou uma companhia que pudesse ajudar os consumidores a interligar seus vários sistemas domésticos para obter mais educação e entretenimento a partir deles – computadores, DVD *players*, televisores de alta qualidade, componentes de som, jogos, impressoras, telas de plasma, etc. A abordagem criaria uma alternativa forte às lojas Best Buy e Circuit City, com seus estabelecimentos grandes e impessoais, sobrecarregados de aparelhos de TV e monitores, mais corredores e corredores de outros equipamentos.

Assim como com outros clientes, usamos o processo de idealização para obter as três palavras-chave que moldariam a experiência varejista e o *design* da loja a partir da idéia de Ted:

CONVIDATIVA
Uma atmosfera pública, confortável e receptiva.

ENERGIZADORA
Um lugar instigante que faz o indivíduo sentir-se criativo e produtivo.

EDUCACIONAL
Uma experiência interativa e divertida que promove a aprendizagem.

No centro do nosso conceito de *design* estava o que chamamos de "coração", uma área na entrada parecida com uma sala ou um recanto que convidava os consumidores a entrar na loja. Os sofás, as bancadas e a mesa de coquetéis passavam uma mensagem subliminar de que aquele era um lugar para relaxar. Um lado era todo de madeira, expondo diversos itens, como uma tela de plasma. Os produtos encontravam-se na ordem como normalmente são utilizados, para que os consumidores pudessem ver o que precisavam e o que estava envolvido no ato de unir um sistema. A definição estimulava a compra porque os itens eram vistos da maneira como os consumidores tinham em suas casas, e o treinamento fazia parte daquele pacote. Incorporamos o novo logotipo da Gateway, uma variante do botão *on* (ligar) do computador, em vários *displays* gráficos junto com novos ícones exclusivos da empresa e sutilmente incluimos a antiga matriz em preto-e-branco.

Fizemos mudanças ambientais físicas de baixo custo de implementação na loja, para que fosse possível mudar rapidamente a apresentação pública do conceito em 180 lojas. Uma ornamentação modular facilitou o *design* e sua replicação nas outras lojas para manter o esquema de baixo custo. Fomos da idealização a um *design* completo do conceito em menos de 90 dias, e a primeira loja abriu cinco meses depois de termos conversado com Ted pela primeira vez. (Ver Figura 1-2.)

Em pouco tempo, as lojas remodeladas tinham feito 5% mais negócios do que anteriormente, e algumas novas lojas-piloto estavam fazendo 42% mais negócios comparadas às lojas já existentes. No começo de 2004, porém, Ted me disse que a Gateway iria encerrar suas atividades no varejo. A empresa havia comprado outra montadora de computadores, a eMachines. Tal aquisição deu à Gateway uma vantagem estratégica de preço que aumentava muito suas chances de distribuição mundial por intermédio de outros varejistas – e sem o canal substancial de conflitos criado por suas próprias lojas. Ironicamente, o projeto de *redesign* da Gateway ganhou um prêmio SADI (Desempenho Superior em *Design* e Imagem) na mesma semana em que a companhia anunciou o fim de seu canal de varejo.

Orgulhosos como estávamos do nosso trabalho de renovação do conceito varejista, entendemos que a companhia precisava tomar outra direção. Em negócios, às vezes conflitos estratégicos podem acabar com a função de qualquer canal de venda, não importa quão promissor seja.

DISPOR-SE A ALGO E CUMPRIR

Os valores principais da Il Fornaio, da Omaha Steaks e da Gateway tornaram-se pedras fundamentais literais e figurativas de suas experiências varejistas. As apresentações e os materiais únicos de suas lojas, mais os leiautes exclusivos, levaram a uma experiência única também. Para qualquer companhia, descrever o espírito de suas operações varejistas em três palavras serve como uma disciplina útil e assegura um foco para as decisões do negócio, para o *marketing* e para atividades operacionais que ainda serão adotadas (muitas das quais serão vistas neste livro). Igualmente importante, o mantra de três palavras capacita todos os indivíduos de uma organização a se unir em torno da missão da empresa de uma forma única.

CAPÍTULO 1 ■ SOBRE SEUS VALORES **45**

FIGURA 1-2 O *design* "coração" das lojas da Gateway era como uma sala de estar ou um aconchegante recanto que convidava os consumidores a entrar. O ambiente confortável permitia enxergar os sistemas digitais instalados na casa do cliente, o que levou ao aumento das vendas e a um prêmio de *design*. No entanto, um conflito estratégico de negócios levou a Gateway a retirar-se do mercado varejista logo após a abertura das primeiras lojas, deixando uma lacuna no mercado de eletrônicos de alta tecnologia. (Foto de John Durant, reimpressa com permissão.)

Onde houver uma declaração de missão com problemas, haverá uma empresa com problemas. Toda companhia deve estar disposta a algo, e a declaração de missão deve explicitar isso. Não importa quão mundano esse conceito possa parecer, a companhia deve estar disposta a algo especial e específico a respeito do que oferece. Um restaurante local pode não pretender ser a próxima grande cadeia nacional, mas pode aspirar a ser mais do que um "fornecedor de comida gordurosa": "Servimos o melhor café da manhã da cidade". Seu objetivo pode traduzir-se em algo maior, que *toque* os consumidores.

"Como parte do café da manhã", sua missão pode dizer, "nós lhe proporcionamos 15 minutos de muito prazer antes de começar seu dia de trabalho." O objetivo pode ser colocado em prática com sistemas que facilitem as compras. "Utilizamos os mais modernos equipamentos e sistemas para garantir a pronta entrega de refeições quentes e a satisfação de nossos clientes." O objetivo da empresa pode ser traduzido na maneira como trata seus empregados e no modo como estes atendem os consumidores. "Para garantir uma experiência prazerosa, investimos no treinamento contínuo de nossos funcionários. Tratamos bem nossos funcionários para que eles tratem o cliente ainda melhor."

Os valores corporativos, que derivam de pontos pessoais fortes e fracos, são intangíveis, mas também são qualidades absolutamente necessárias, que afetam a maioria das decisões contínuas e as operações da empresa. Você deve ser capaz de olhar para dentro de si para entender seus principais valores e desenvolver seus propósitos a partir deles. Feito isso, já terá percorrido um longo caminho em direção à criação de uma marca duradoura. Valores e negócios centrais, ou o propósito da empresa, aplicam-se tanto se você vai partir para uma nova iniciativa, como se vai dar adotar uma nova estratégia de crescimento para algo já existente. Valores centrais levam a princípios direcionadores que determinam a declaração de missão da empresa e todos os aspectos de uma marca. A existência de valores centrais fortes fazem o varejista cuidar dos componentes que constroem a marca e criam a experiência do consumidor. Os valores centrais expressam-se em todos os detalhes da implementação e da operação de cada loja, não importando se a empresa tem apenas uma ou milhares de lojas. Como a Adidas e a Starbucks ilustraram, uma empresa fundamentada em valores fortes tem uma estrutura sólida como referência para avaliar decisões operacionais e de gerenciamento da marca e uma maior probabilidade de implementação consistente dos valores desta em cada loja varejista. Como observamos no caso da sorveteria, no início do capítulo, uma única falha na conexão dos valores ao posicionamento da marca pode ter sérias conseqüências. Assim, o controle de qualidade e a consistência tornam-se assuntos relevantes para toda cadeia, e para cada novo conceito varejista que procura crescer. A prova dos valores centrais está na aceitação do varejista em concentrar esforços e tempo para conseguir um controle de qualidade em todas as definições do varejo. Proteger e projetar a marca torna-se muito mais fácil com valores fortes. Eles são o centro das empresas. Se você acredita, como eu, que o crescimento é um processo orgânico e dinâmico, então os valores centrais são a semente de uma organização. De uma semente pequena – desde que certa – uma árvore forte irá crescer.

VALORES CENTRAIS CRIAM PROPÓSITOS CENTRAIS

- Adidas – Ser a marca líder em esportes
- Cargill – Melhorar o padrão de vida no mundo
- Fannie Mae – Fortalecer o tecido social para a contínua democratização da casa própria
- HP – Fazer contribuições técnicas para o avanço e o bem-estar da humanidade
- Lost Arrow Corporation – Ser um modelo para mudanças sociais
- Mary Kay – Enriquecer a vida das mulheres
- McKinsey – Ajudar corporações e governos a terem mais sucesso
- Sony – Experimentar a alegria de desenvolver e aplicar tecnologia em benefício das pessoas
- Wal-Mart – Dar a pessoas comuns a chance de comprar as mesmas coisas que as pessoas ricas

2 Oportunidades, idealização e conceitos

Assim como algumas pessoas sabem desde cedo que serão médicas, advogadas, escritoras ou artistas, outras sabem que querem ter seu próprio negócio. E há também aquelas que entram no mundo dos negócios por acaso. Isso aconteceu com um amigo que instalou uma parede de gesso acartonado em minha casa há alguns anos. Ele começou sozinho seu negócio quando descobriu que era bom na instalação de gesso acartonado e que não queria depender de outras pessoas. O desejo de independência leva muita gente aos negócios – do faz-tudo que abre sua própria loja de peças, ao mecânico que abre seu negócio de peças de reparo.

Como para essas pessoas, seu negócio deve derivar diretamente daquilo que você faz hoje para os outros. Sua melhor oportunidade pode estar em uma área que representa uma pequena parte do que você faz, mas que aprecia imensamente. Talvez esteja à margem de seu conjunto atual de habilidades, a próxima extensão lógica de seu trabalho. Um *chef* pode pensar: "Preciso abrir meu próprio restaurante". Porém, pensar grande significa pensar além do óbvio, da escolha humana natural. Você pode ser um *chef* famoso, mas se for temperamental talvez não tenha a habilidade necessária com pessoas para ter um restaurante. Talvez você se dê melhor com a variedade de um serviço de *buffet* do que com a rotina de um restaurante. Talvez você adore ensinar e deva abrir uma escola para cozinheiros. Ou, talvez, sua habilidade real seja com grandes organizações, caso em que poderia investir no fornecimento de produtos alimentares para os melhores restaurantes.

Minha própria história – arquitetura, que me levou à construção, que me levou ao desenvolvimento de imóveis, que por fim me levou ao desenvolvimento de negócios no varejo – indica que algumas das melhores oportunidades surgem com as muitas habilidades que se acumulam em diversos cruzamentos de trabalhos. Isso geralmente ocorre na interconexão das coisas mais interessantes e desafiadoras que você empreendeu sozinho. Olhe bem para essas áreas. Tenho um conhecido que trabalhou como comerciante e representante de uma empresa de alta tecnologia. Seu passatempo eram os aviões. Ele poderia ter conseguido inúmeros trabalhos na indústria de computação, mas percebeu que gostava mais de se envolver com os consumidores na manufatura. Assim, combinou todos os seus interesses para conseguir um cargo sênior em uma produção manufatureira de aeronaves. Ele foi em busca de sua felicidade.

Quando eu era mais jovem, pareceu-me importante tomar um rumo específico. Naquela época, para ter sucesso era comum escolher um campo e se fixar nele. Alguém que transitasse por diversas carreiras era considerado sem objetivo. Essa visão não cabe mais ao mercado atual, e não estou certo se realmente coube alguma vez. Muitos empreendedores seguem um caminho tortuoso, o que não significa aborrecimento ou frustração com o que fazem, mas sim que é chegada a hora de aprender coisas novas. Por isso, quando pensar em seu negócio, pergunte o que o mercado quer que ninguém mais, além de você, pode oferecer de maneira única.

O Capítulo 1, "Sobre seus valores", descreveu o primeiro passo do desenvolvimento de um conceito como a definição dos valores centrais. O próximo passo é idealizar as possibilidades de maneira mais abrangente. Encontrar a oportunidade perfeita para você é a principal razão da separação entre idealização e criação. Se você quer considerar todas as possíveis idéias antes de começar a formular uma noção concreta do que fará, deve balancear o real e o possível. Sua mente precisa ser aberta, não vazia. Se você não sabe o que quer fazer, terá alguma dificuldade no começo. Porém, se focar uma idéia logo no começo, limitará sua visão. Atirar-se de imediato a uma idéia limita suas possibilidades.

Assim, a idealização deve se centrar em como diferenciar seu conceito dos demais. Os próximos capítulos discutirão o planejamento estratégico e elementos relacionados, diversas questões legais e operacionais, a necessidade de entender a situação competitiva e o potencial do mercado local, e assim sucessivamente. Essas e outras questões são parte do necessário para levar um conceito de varejo adiante, mas, antes que o planejamento estratégico possa prosseguir, o varejista tem de se certificar de que o conceito desenvolvido é único, atual e defensável contra os concorrentes. Por essa razão, este capítulo enfatizará como os varejistas podem criar um conceito único que tenha as melhores chances de se estabelecer em um mercado lotado. Os dois passos mais importantes rumo à diferenciação é fazer o seu conceito "autêntico" e "dentro da tendência". A autenticidade, que deriva diretamente dos valores centrais, é fundamental para assegurar que o conceito encontrou seu nicho. Estar na tendência é importante para prover a base de clientes necessária para o conceito prosperar e crescer. As seções seguintes abordarão essas idéias mais detalhadamente.

AUTENTICIDADE E ALTO CONTATO

À medida que a competitividade aumenta, o "alto contato" torna-se uma maneira de se diferenciar de qualquer outra proposta varejista. Como exemplo de contraste, vamos analisar o crescimento da Web, um ambiente "sem contato". Os pioneiros da Web, como a Amazon.com e o eBay, vendem exclusivamente pela rede. A Amazon e o eBay têm a poderosa marca dos varejistas de sucesso, mas a Amazon atende os consumidores com o anonimato de uma distribuidora e o eBay funciona como um intermediário disfarçado de leiloeiro invisível. Vendedores que negociam apenas na Web são plataformas de *softwares* que permitem o comércio. Eles levam produtos a outros indivíduos e servem como um eficiente canal de distribuição. Talvez sejam um novo mecanismo para a administração da cadeia de suprimentos, mas ainda estão se desenvolvendo como comerciantes. Não descobriram uma maneira de se conectar – no sentido pré-digital de mundo – aos seus clientes. São as lojas de conveniência nas superestradas da informação. Uma pequena fidelidade à marca existe. O preço e a conveniência determinam a compra. Se uma barra de chocolate barata é vendida na via digital, você se dirigirá para lá, provavelmente o quanto antes. A natureza impessoal e genérica do mediador empurra os preços para baixo, o que é bom para os consumidores mas torna a diferenciação difícil para os negociantes. Por isso, muitos dos que vendem somente pela Web, além de sugar as vendas dos varejistas normais, têm de obter lucros significativos.

Por tudo que vivem no mundo virtual, não tenho dúvida de que a Amazon e o eBay adorariam uma existência física para ter vantagens com a identidade de sua marca palpável. Porém, não podem. No momento em que uma loja da Amazon.com abrisse, ou o eBay comprasse uma loja já existente, suas avaliações entrariam em colapso. O modelo de negócios para empresas que operam somente na Web é muito eficiente, pelo menos em teoria. Sua avaliação de estoque é baseada na idéia de que, sem despesas com os locais de armazenamento físico, sua capacidade de crescimento dos lucros é exponencial. Porém, muitos empreendimentos atuantes na Web têm dado duro para gerar lucros. O eBay, a empresa de maior sucesso, não vende nada diretamente – fica com uma parte do que os outros vendem. Muitas empresas com locais de armazenamento físico estabelecidos têm migrado para a Internet para complementar suas lojas físicas; as atividades reais e virtuais reforçam a marca. Alguém poderia considerar que um varejista da Web poderia ir na direção contrária para explorar outro canal de distribuição. Porém, Wall Street interpretaria a abertura de uma loja física como um sinal de fraqueza de uma loja com base na Web. As ações dessas lojas entrariam em colapso, e nenhuma delas até o momento arriscou esse desastre. As mais inteligentes, no entanto, devem estar atentas para possíveis parcerias com empresas "físicas", assim como a própria Amazon já começou a fazer.

A segunda categoria de vendedores na Web é composta por tradicionais varejistas que usam a Internet como apoio a seus locais físicos. Esse grupo inclui os vendedores de catálogo que utilizam a rede de computadores como uma melhoria do que sempre fizeram. Geralmente, são grandes marcas nacionais. A maioria dos grandes varejistas tem conseguido elevar o nível de suas marcas com promoções pela Internet e lojas virtuais. *Websites* são válidos como um *outlet* para a ponta de estoque e os produtos com descontos, e o correio eletrônico (*e-mail*) tem se mostrado uma ferramenta promocional barata e poderosa. O número de empresas que são verdadeiramente uma mistura de lojas físicas e no formato Web é pequeno, mas vem aumentando. A Barnes & Noble, por exemplo, é uma empresa que faz a realidade física e a virtual serem intercambiáveis. Seus clientes podem solicitar produtos tanto numa loja física como numa virtual, e devolvê-los a qualquer uma delas. O cartão de descontos B&N Reader's Advantage e vários outros semelhantes são aceitos tanto nas lojas virtuais como nas físicas. Porque a experiência do consumidor é integrada, a experiência intangível da Web e a tangível da loja física reforçam uma marca com a qualidade de ser "fácil de comprar".

Os vendedores na Web fornecem itens difíceis de encontrar, como roupas em tamanhos ou modelos diferentes. É muito mais fácil procurar no Google por "suéter com pelo de rena", pesquisar no eBay por "espadas de *O Senhor dos Anéis*", ou mesmo ir a um *website* de um varejista e achar calças em tamanho especial, do que ir a diferentes lojas em busca de um determinado modelo, do tamanho que você quer. Esse é um valor agregado único da Web.

No mundo real, somente três categorias varejistas têm algum futuro. Cada uma envolve diferentes graus de percepção dos consumidores e "contato" – interação humana.

VAREJO DE EXCLUSIVIDADES

Estes varejistas (Cartier, Furla, Prada, Tiffany's, Williams-Sonoma e outros) oferecem produtos bem-acabados, normalmente feitos à mão, algumas vezes exclusivos, que os consumidores não encontram em outro lugar. Eles são os líderes das tendências da moda. Seu atendimento ao consumidor é pessoal. Os preços refletem a qualidade elevada. Essa categoria também inclui os restaurantes finos.

VAREJO DE ESTILO DE VIDA

Estes varejistas (Adidas, Banana Republic, REI, Starbucks, The Body Shop, Victoria's Secret e outros) são relevantes para os consumidores de alguma maneira. Eles são geralmente descontraídos e reforçam o estilo de vida do indivíduo. Seu atendimento não é pessoal, mas as lojas menores capacitam seus funcionários a abordar os consumidores pessoalmente. Essa categoria também inclui os restaurantes étnicos que não servem comida rápida. Um ponto importante de diferenciação é que esses varejistas conquistam uma profunda fidelidade e forte conexão com os consumidores por suas contribuições sociais, políticas e ambientais.

VAREJO DE PREÇO/VALOR

Os conceitos de Big Box estão tomando conta da maioria dos negócios de alto volume, sejam os produtos roupas íntimas, aparelhos de som ou suprimentos para solda. A maioria dos participantes de preço/valor utiliza auto-atendimento ou tem poucos atendentes em proporção ao tamanho da operação. Eles são de "baixo contato". Os varejistas de preço/valor (Wal-Mart, Target, The Home Depot, Costco, Best Buy, Circuit City e outros) usam grandes volumes para reduzir o preço a patamares que os varejistas menores não podem alcançar. Restaurantes de atendimento rápido seguem a mesma abordagem. Os varejistas de preço/valor movimentam tanto volume que podem baixar os preços de lojas de peças, doces ou bicicletas.

CAPÍTULO 2 ■ OPORTUNIDADES, IDEALIZAÇÃO E CONCEITOS **53**

PIRÂMIDE DA SOBREVIVÊNCIA DO VAREJO

- Cartier, FURLA, Tiffany & Co. ← VAREJO DE EXCLUSIVIDADES
- Banana Republic, REI, Starbucks Coffee, The Body Shop ← VAREJO DE ESTILO DE VIDA
- Target, Best Buy, Circuit City, Costco, The Home Depot, Wal-Mart ← VAREJO DE PREÇO/VALOR

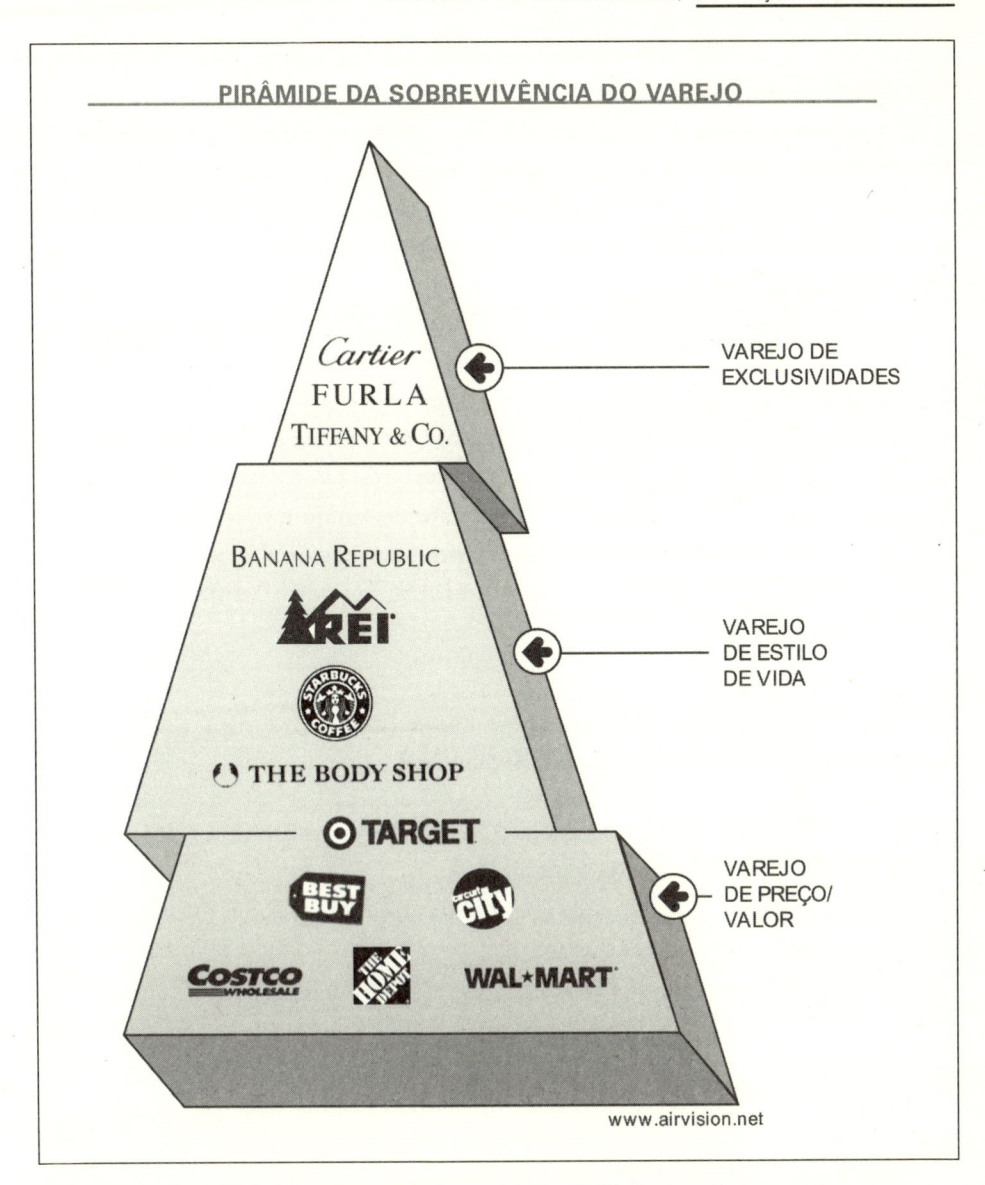

www.airvision.net

FIGURA 2-1 Somente três categorias de varejo têm viabilidade econômica atualmente: o varejo de exclusividades, no topo da pirâmide de preço; o varejo de estilo de vida, que faz, de alguma maneira, uma conexão com o consumidor; e o varejo de preço/valor, que compete por preço. Marcas representativas são mostradas em cada seção da pirâmide. A Target é uma das poucas empresas capaz de se posicionar na linha entre preço/valor e estilo de vida, pertencendo aos dois segmentos.

Com as empresas da Web pegando as vendas mais fáceis, os varejistas nacionais usando a Internet como lojas de desconto e os varejistas de preço/valor dominando as *commodities*, o varejo tradicional está perdendo fatias significativas dos negócios. A menos que seu conceito o leve a outra abordagem no estilo Big Box – as oportunidades são limitadas –, algum tipo de especialidade ou de estilo de vida fornecerá uma melhor maneira de criar e diferenciar uma nova marca. Nem uma experiência na Web nem uma de preço/valor são de "alto contato". Você só terá alguma chance de estar no meio – ainda que com a melhor qualidade ou o menor preço – se oferecer algo único. Quando uma categoria se volta a uma *commodity*, quando a conveniência e o preço são os únicos guias, é hora de encontrar um nicho. O varejo de exclusividades e o de estilo de vida são os únicos nos quais a maioria dos varejistas – pequenos ou grandes – pode esperar o sucesso. Se você está no varejo e não faz parte da categoria Big Box, é melhor ser único. Você precisará encontrar uma maneira de tocar os corações e as mentes dos consumidores. De outra forma, seu negócio terá vida curta.

O QUE VALE É A EXPERIÊNCIA, NÃO A TRANSAÇÃO

As categorias de nicho tiram vantagem do desejo dos consumidores de se conectar em um nível pessoal e serem tratados de modo diferenciado. Quanto mais tempo uma pessoa passa num cubículo negociando ao telefone, ou em frente a um computador, trabalhando na Internet, ou mesmo andando pelos corredores de uma loja Big Box, mais ela precisa se engajar em contatos pessoais. Poderia ser numa cafeteria, numa loja de sapatos, num banco ou até num *shopping center*. A necessidade de "interagir com alguém" é mais do que uma metáfora (e mais do que uma mera frase de *marketing* para uma empresa que nunca interagiu com ninguém). O simples conceito de "alto contato" agrega valor. Quando você encontra a roupa que procura numa loja de departamento, e um atendente vai buscar a cor e o tamanho que você deseja em outra loja, satisfazendo suas expectativas, essa experiência fica marcada. Chuck Willians, fundador da Williams-Sonoma, por exemplo, certa vez pegou um ônibus para entregar um bolo a um consumidor em pânico que preparava um jantar festivo. Uma lenda da Nordstrom diz que um vendedor certa vez aceitou a devolução de um jogo de pneus de uma senhora um pouco confusa, porém insistente. A loja em que trabalhava não vendia pneus, mas ele os levou até a loja que os havia vendido para a consumidora e esta foi ressarcida. Quando esse tipo de experiência ocorre, o impacto é positivo tanto para o varejista como para o cliente. É gratificante fazer algo diferente e com valor. Você acabará vendo seus clientes como mais do que somente rostos impacientes em filas de pagamento. Perceberá que vale a pena arriscar sair dos padrões para satisfazê-los.

É impossível dizer que um vendedor do tipo Big Box não possa proporcionar uma experiência significativa para seus clientes. Sam Walton era prático e objetivo, e o plano de expansão de varejo da Wal-Mart reflete sua personalidade. Atualmente, o sucesso da Wal-Mart é construído sobre uma plataforma eficiente de compras. Para dar humanidade às suas monstruosas proporções (uma área de aproximadamente 13 mil metros quadrados, que aumenta a cada ano), a Wal-Mart dispõe de três ou quatro empregados em frente às suas lojas para receber o público. Esses funcionários, geralmente de mais idade para dar confiança aos idosos, guiam os clientes pelos corredores certos, respondem suas perguntas e os auxiliam como podem. Porém, o propósito básico é dar as boas-vindas individualmente aos consumidores para criar uma atmosfera comunitária logo no início de uma expedição de compras potencialmente impessoal. A Lowe's, um conceito de loja-armazém, procura funcionários que conheçam projetos de reformas de residências. Embora eles geralmente sejam muito atarefados, sempre prestam ajuda quando disponíveis. De certo modo, um conceito de baixo contato pode gerar um momento, ou mesmo uma experiência, de alto contato.

A melhor maneira de proporcionar um alto contato é com autenticidade. Um bom exemplo vem da Potbelly Sandwich Works, uma cadeia de restaurantes de Chicago em franca expansão. Em 1996, ela foi comprada pelo empreendedor Bryant Keil. Naquele tempo, era uma simples casa de sanduíches na Avenida Lincoln. Ela havia sido originalmente criada por um casal para ser um antiquário, mas eles começaram a vender sanduíches para complementar as vendas. A comida fez tanto sucesso que se tornou o principal produto. Em sua primeira visita, Bryant encantou-se com a decoração e com a atmosfera do ambiente. Ele também ficou impressionado com os sanduíches tostados feitos com pães fresquinhos. Então, procurou conhecer os proprietários e, em certa ocasião, perguntou se já haviam pensado em abrir outros estabelecimentos.

"Ainda não encontramos a pessoa certa para isso", foi a resposta que ouviu.

"Pois acabaram de encontrar", disse, com a mão estendida para um cumprimento.

Os proprietários, porém, preferiram não se envolver em uma operação maior e venderam seu negócio por 1,7 milhão de dólares. "Por que você comprou uma loja de sanduíches?", todos os seus amigos perguntavam, exceto eu, quando percebi o que Keil planejava fazer com ela.

Embora o principal chamariz dos consumidores fosse a qualidade e os preços baixos, Bryant percebeu que havia a necessidade de algo mais, por isso aquela atmosfera peculiar da Potbelly o havia fascinado. Compartilhamos a idéia de que falta personalidade e charme em restaurantes de serviço rápido. Parece que todo esforço empregado é para serem mais baratos e fáceis de limpar. Eles refletem eficiência, mas nada da forma como serão usados: um ponto de recepção dos consumidores. A apresentação dos restaurantes de lanches rápidos é defasada – dos velhos letreiros luminosos e mesas sintéticas à maneira de falar dos funcionários, mais parecida com um roteiro decorado. "Qualquer um pode vender sanduíches", Bryant dizia. "Você precisa vender uma experiência." Eu estava de acordo. Os consumidores querem uma interação natural, não uma transação artificial.

O objetivo de Bryant com a Potbelly é fazer cada loja autêntica – um lugar onde você sente que pode puxar uma cadeira para perto do fogão e conversar. Quando ele atraiu capital de investimento e ampliou a empresa de uma única loja em Chicago para mais de 60 no leste do país, preservou e aprimorou a atmosfera da loja original. Os estabelecimentos da Potbelly tem prateleiras de madeira em vez de metal, pisos também de madeira, lustres ornamentais em vez de lâmpadas fluorescentes, móveis antigos e ecléticos e ótimos quadros e fotografias. Os famosos fogões e fornos à lenha também costumam estar presentes. Bryant não reproduz o *design* mecanicamente. Ele escolhe o leiaute, as mobílias e os ornamentos de acordo com cada lugar. Se a loja está situada em um arranha-céu com janelas de metal, ele provavelmente utilizará algum trabalho em madeira para amenizar o ambiente. Em vez de um piso de madeira, como faria em um prédio antigo de cimento, colocará um assoalho em forma de mosaico. Manter a autenticidade de cada lugar é a palavra-chave. Ele é o maior especialista do que chama de "controle de artificialidades", para assegurar que o *design* esteja de acordo com o ambiente. Em *campi* universitários, por exemplo, ele evita exageros. Na loja da Universidade de Michigan, toques de amarelo-queimado e azul, as cores da instituição, são trabalhadas naturalmente na decoração; já a Universidade de Maryland tem toques de terrapins (uma espécie de tartarugas) vermelhas. Nenhuma loja é idêntica à outra. Elas acompanham o ambiente. Mesmo diferentes, todas são acolhedoras e têm o mesmo tema e atmosfera "quente".

O ponto vital do alto contato é fazer com que seus clientes sintam-se em casa. Essa abordagem significa que você deve tratá-los com cortesia e respeito, para fazê-los sentirem-se mais como amigos do que visitantes comerciais. Repetindo: deve-se criar uma experiência, em vez de uma transação. Um sentimento autêntico de envolvimento pessoal com o cliente cria uma ligação de confiança com a marca. A autenticidade ajuda nesse objetivo. Como ela é difícil de fingir ou copiar, um conceito lhe dará um bom ponto de diferenciação, por definição. Você deve sempre se perguntar: "Que experiência única e íntima posso oferecer a meus clientes?".

SEGUINDO AS TENDÊNCIAS

Quando você estiver lendo este livro, mais da metade da população da Califórnia será de descendentes de hispânicos. Quando mencionei essa projeção demográfica a um amigo, ele disse: "Cara, agora é hora de abrir um restaurante especializado em comida mexicana". "Mas você não conhece a comida mexicana", observei. "Você nunca teve um restaurante e não conhece a vizinhança latina. Se não fosse por isso, seria uma ótima idéia."

Ninguém deve se apressar em abrir um negócio só porque é a tendência do momento. Porém, para não entrar na contramão, é preciso avaliar bem as tendências antes de abrir um negócio. Tendências significativas na população – o crescimento de um grupo ou mudanças em outro – podem ser mais relevantes do que acontecimentos econômicos de curto prazo como taxas de juros ou de inflação. Tais tendências podem fazer sua cidade crescer, enquanto outras encolhem ou entram em um período de estagnação. As tendências fornecem o contexto para seu conceito de negócio, uma avaliação da realidade para ver se o conceito obterá sucesso e, ainda, um *insight* para perceber como ele poderá funcionar melhor.

Assim, é improvável que a engenharia genética possa ter muito efeito na queda de sua linha de jóias, mas a locação de um centro científico de P&D pode lhe indicar a melhor vizinhança para uma loja de artigos de luxo. A tendência hispânica no sudoeste americano e em outros importantes mercados dos EUA pode ser uma grande oportunidade para seu conceito se você souber se comunicar com essa parte da população. O fluxo de clientes possivelmente será reduzido se você abrir um restaurante de comida alemã. Ou talvez seja neutro, dependendo de outros fatores. Primeiramente, você precisa aprender a reconhecer mudanças e tirar proveito delas. Se você abrir uma loja de roupas em um bairro hispânico, por exemplo, deverá oferecer roupas especiais que apelem para a juventude latina, ou pelo menos ter funcionários que saibam falar espanhol. Melhor ainda, pode oferecer roupas em tamanhos próprios para as mulheres hispânicas. Se seu conceito não tiver apelo para a comunidade hispânica, deverá ter um apelo *muito forte* para outro público em sua área.

De todas essas tendências, a mais importante a ser considerada é a geração *Baby Boomer*, que nasceu na década seguinte à Segunda Guerra Mundial. O tamanho absoluto desse grupo populacional, acrescido a um segmento de imigrantes de mesma idade, criou um impacto econômico jamais visto. Em meados da década de 1980, esse grupo comprou muitos imóveis e impulsionou o crescimento dos subúrbios, elevando os preços domésticos e conduzindo a dívida dos consumidores como um todo para além dos limites. Quando estavam com seus 20 anos, popularizaram o esqui, o tênis e outros esportes ao ar livre. Aos 30 anos, causaram o *boom* dos clubes de saúde. Na idade de 40 e 50, estão acelerando o crescimento do golfe. O poder de compra cumulativo guiou o consumo crescente e a propagação dos *shopping centers*, o hábito de comer fora, a proliferação dos restaurantes de atendimento rápido e muitos dos costumes que associamos à atual cultura popular. Os empresários inteligentes prestaram atenção neles. Joe Nevin, por exemplo, em Aspen, Colorado, notou que 80% dos esquiadores evitavam percursos mais difíceis por temerem lesões. Então, ele criou um programa especial para *boomers*, destinado a ensinar pessoas de mais idade a percorrer toda a montanha com segurança, incluindo áreas com obstáculos e marcações para corrida. Assim, ele espera reacender o interesse de um grande grupo que impulsionou a prática do esqui na década de 1970.

Um importante fato econômico dos dias de hoje é que os mesmos *boomers* estão atingindo o topo de seus rendimentos, reflexo de rendas altas e gastos relativamente baixos quando o último dos filhos sai de casa. Altos rendimentos disponíveis implicam itens de luxo, compras e serviços mais finos, viagens e atividades de lazer. Os *boomers* estão começando a se mudar para casas menores. Estão retornando aos condomínios urbanos, deixando a casa nos subúrbios para retomar a cultura das cidades, ou se acomodando em áreas não-urbanas que propiciam um estilo de vida ativo. À medida que envelhecem, os *boomers* criam novas oportunidades em atividades, serviços e facilidades de saúde para pessoas idosas.

Para uma boa visão dessa e de outras tendências, recomendo a leitura de *The Roaring 2000s: Bulding the Wealth and Lifestyle You Desire in the Greatest Boom in History*, de Harry Dent. Dent apresenta uma base sólida para a análise dos maiores ciclos de longo prazo envolvendo crescimento e movimento populacional, inovação tecnológica e padrões econômicos mundiais. Você pode até não concordar com todas as suas previsões e análises, mas antes de entrar na construção de subdivisões ou de *shoppings centers*, desejará saber quando a última criança *boomer* deixará o ninho (2009). Ou, então, quais áreas provavelmente permanecerão como território de *boomers* e terão um fluxo de jovens e prósperas famílias que ainda precisarão de casas grandes e *shopping centers*. Além das sugestões de Dent sobre locais específicos e oportunidades de investimentos, o maior valor do livro é a maneira como descreve seu pensamento acerca dos novos bens e serviços que essa rica década irá demandar, e onde essas áreas ricas provavelmente irão se localizar. Seja como for, uma cidade de *boomers* precisará tanto de varejos tradicionais como qualquer outra, além de muitos outros novos serviços convenientes a uma economia mutável, mais fortemente em direção a telecomunicações e pequenos centros de negócios.

Da totalidade do contexto econômico que cada tendência apresenta, é preciso extrair idéias concretas para aplicação a situações específicas. A grande maioria dos trabalhadores imigrantes, por exemplo, pode ter pouco interesse em um restaurante chique em determinado lugar, mas pode ser o público certo para um restaurante popular ou para um *shopping center*. Todos os consumidores – moradores antigos, imigrantes recentes e suburbanos bem estabelecidos – são historicamente fiéis a todo negócio que os atenda bem. Algum banco deveria investir em "demografias mais baixas" atualmente, oferecendo seus serviços a imigrantes para mão-de-obra pesada ou a famílias do interior para no futuro ter retorno deles quando se estabelecerem e tiverem de pegar empréstimos para a educação de seus filhos. O American Saving Banks criou em meados da década de 1990 uma rede de filiais que circundava a cidade de Los Angeles, sem ter nenhuma loja no centro. Quando atendeu aos desejos da comunidade e abriu uma filial no centro, esta se tornou a de maior produção no primeiro mês de atividade, o que continua até hoje. Uma concessionária de automóveis poderia adotar a mesma estratégia, vendendo carros antigos, porém conservados, em algumas áreas, sabendo que as pessoas de lá um dia os trocarão por veículos mais caros.

Se você quiser conquistar as famílias hispânicas de maior poder aquisitivo – a segunda, terceira ou quarta geração das que deram certo –, terá de desenvolver uma estratégia diferente. Os interesses e as necessidades desse grupo assemelham-se mais aos das vizinhanças não-hispânicas dos subúrbios de classe alta do que aos dos imigrantes recém-chegados. As tendências informam sua abordagem, mas não a definem.

Muitas oportunidades surgirão para servir os *boomers*, a próxima geração de "seniores". Atualmente, o conceito mais instigante para os "seniores" é o desconto: por exemplo, 10% na compra de produtos, até metade do preço em cinemas, em jantares, entre outros. Poucos negócios, além dos *resorts*, descobriram que essa geração – aqueles que estão chegando aos 50 agora – é mais saudável e rica do que as anteriores. (Esse subgrupo foi batizado de *Zoomers*, pelo seu estilo de vida ativo.) Talvez alguém ainda abra o primeiro ginásio de esportes em âmbito nacional ou agência de namoro internacional para idosos, ou mesmo uma cadeia nacional de dancetarias exclusiva para eles. A idealização de qualquer conceito deve pelo menos procurar antecipar o novo *boom* de veteranos que está por vir. A Merrill Garden Intrawest, que está construindo centros de retiro no noroeste americano dedicados à população mais rica, ilustra esse potencial. As pessoas podem querer se mudar para uma pequena residência ou para um condomínio fechado quando tiverem 55 anos e encontrar lá toda a assistência de que possam precisar para o resto de suas vidas. Serviços pessoais para todas as necessidades, desde a colocação de quadros nas paredes até atendimentos de enfermagem, são comparáveis em qualidade a um hotel cinco estrelas.

Assim como a Merrill Garden, você deve transpor uma tendência para o nível da aplicação. Considere, por exemplo, a atual popularidade da Altoids, a "pastilha curiosamente forte" que se tornou uma unanimidade em lojas de conveniência e supermercados. Alguns anos atrás, era um item não muito conhecido produzido por uma empresa britânica, com um público consumidor pequeno, mas fiel. A Kraft Foods percebeu que o crescimento do número de restaurantes mexicanos e tailandeses nos Estados Unidos significava que cada vez mais pessoas comiam refeições apimentadas, com muito alho, *curry* e coentro. E quanto mais café tomavam, mais ficavam com "hálito de café". Em geral, essa tendência não significava muito. Para a Kraft, porém, era uma oportunidade. Em uma jogada brilhante, ela adquiriu a *avó* de todas as pastilhas para bom hálito e a disponibilizou em larga escala. A Altoids é hoje parte do hábito diário de milhões de pessoas. Há dez anos, oferecer uma pastilha para o hálito a alguém poderia soar como um insulto. Hoje, graças à Altoids, esse ato transformou-se em uma cortesia. (Posteriormente, a Kraft vendeu a Altoids junto com sua marca Life Savers para a Wm. Wrigley Jr. Corporation com um lucro substancial.)

Procure identificar uma tendência crescente, não em queda. Assim que os *boomers* começaram a trabalhar, algumas previsões eram de queda nas vendas de roupas casuais e um *boom* na demanda por tradicionais, pois essa nova geração adotaria os ternos de seus pais e o estilo destes nos negócios. Porém, aconteceu o contrário: os *boomers* trouxeram suas preferências por roupas casuais para o escritório. Hoje, até os presidentes americanos aderem às vestimentas casuais, de forma que elas não parecem mais inadequadas. À medida que os filhos dos *boomers* ingressarem na sociedade, a exemplo dos pais, criarão mudanças similares de cultura e de gostos.

Estar "ligado" nas tendências implica também atenção aos conceitos e produtos de nicho. Digamos que você seja um perito em mecânica de bicicletas que deseja abrir sua própria loja. Você observou que os *boomers* estão começando a andar mais de bicicleta para evitar problemas nas articulações. Você também pode ter lido uma estatística de que o ato de andar de bicicleta está crescendo 15% anualmente em seu estado. Se você mora em Aspen, qualquer estatística sobre os *boomers* não apenas é relevante como, também, reforçada pela demografia local. Sua clientela será de magnatas da indústria e do cinema que querem somente do melhor. Seu negócio pode ser a venda de bicicletas feitas à mão ao custo de 5 mil dólares cada. Por outro lado, a tendência dos *boomers* pode ser irrelevante para uma loja de bicicletas em um bairro de operários em Oakland. A clientela principal, nesse caso, seria de crianças e jovens adultos, e o modelo certo de negócios, de alto volume e baixo custo de bicicletas. O importante aqui é saber se a área em questão pode manter seu negócio e se ele realmente lhe interessa.

CONDUZINDO TENDÊNCIAS COM SUCESSO

Nenhum dos exemplos anteriores é de um conceito novo. Todos são extensões de conceitos existentes e têm o objetivo de aproveitar tendências. O McDonald's não inventou o hambúrguer, mas foi o primeiro restaurante a servi-lo com rapidez e preços acessíveis em todo o território americano. Howard Johnson não inventou os hotéis de beira de estrada, mas foi o primeiro a reunir bons alojamentos e restaurantes nas novas estradas interestaduais americanas. A Starbucks não inventou as cafeterias, mas foi a primeira a aprimorar tanto a qualidade do café quanto a do ambiente em que é servido. Todas essas três companhias reposicionaram uma *commodity* ou um conceito antigo. As duas primeiras souberam tirar proveito da crescente facilidade de locomoção nos Estados Unidos. A terceira valeu-se do desejo dos trabalhadores urbanos de terem onde desfrutar um momento de descanso. A participação dos *baby boomers* foi fundamental nesses três casos.

Alguém poderia dizer que essas empresas se expandiram com base em um conceito existente para criar uma tendência, e então se concentraram no que haviam criado. Outros conceitos de sucesso seguem a mesma fórmula: expansões ou variações de conceitos existentes ou fusão de dois conceitos relacionados. Esses relatos de sucesso são um importante *insight* para quem está começando no varejo: não proponha um conceito que tente mudar o comportamento do consumidor; pelo contrário, proponha um que se construa a partir de um conceito existente. A Elephant Pharmacy em Berkeley, Califórnia, por exemplo, representa o cruzamento da profundidade e da seleção da Walgreens Drugs com a atmosfera humana de alto contato que a cadeia Whole Foods Market, de Austin, Texas, trouxe para os supermercados. Como o nome bem mostra, a Elephant Pharmacy é grande: 1 mil metros quadrados que incorporam 11 departamentos diferentes, de flores recém-colhidas a pastas de dente orgânicas e cosméticos naturais. A farmácia rapidamente mudou a experiência do consumidor. Em vez de ficarem parados atrás de um balcão, os farmacêuticos foram ao encontro dos consumidores. A farmácia é complementada por um grande sortimento de medicina alternativa e de produtos de beleza e para estilo de vida, incluindo um serviço completo de farmácia de ervas. Apenas um produto não é orgânico: o aluguel de DVDs, que integra ainda mais a loja à comunidade.

De muitas maneiras, a Elephant é uma loja de conveniência para pessoas saudáveis e cultas, mas sua missão principal é educar os consumidores sobre suas escolhas de saúde e beleza. Ela tem uma livraria com 3 mil títulos relacionados à saúde. Todas as prateleiras incluem informações sobre os produtos vendidos. A seção de vitamina C, por exemplo, apresenta dados científicos que mostram que quantidades massivas da vitamina nem sempre ajudam a prevenir resfriados. Isso pode não ajudar nas vendas de vitamina C, mas conquista a confiança do consumidor, o que é importante para outras vendas. Todos os dias, os consumidores podem fazer consultas gratuitas com um grupo rotativo de especialistas, que conta com enfermeiros, nutricionistas, médicos especializados em remédios naturais e homeopatas. Numa sala da loja são oferecidas mais de seis aulas livres por dia. Minha preferida, por exemplo, é a de massagem em bebês. Quem não gostaria de retornar a um lugar com mães e bebês sorridentes?

A Elephant Farmacy, assim batizada para lembrar um animal que é grande, inteligente e dócil, é um perfeito exemplo de varejo inovador que atende um nicho dentro de uma tendência: consumidores bem educados e dispostos a pagar pela atenção e pelos cuidados pessoais que uma farmácia de nível superior pode oferecer. O objetivo de qualquer companhia é descobrir tais oportunidades numa área de varejo que se torne estática, para então encontrar uma maneira de inovar. Algumas vezes, a solução é bem simples, como melhorar o *design* ou a estética de uma loja, ou modificar o posicionamento da marca para aumentar o nível de serviço ao consumidor. Outras vezes, a solução é melhorar a locação de lojas. Ou, ainda, reposicionar totalmente a marca. Muitas mulheres modernas que compram roupas Burberry ou bolsas Coach ficariam surpresas se soubessem que essas eram marcas de senhoras idosas alguns anos atrás. Às vezes, podem ser tentadas abordagens mais radicais. Recentemente, uma instituição financeira nos procurou para um conselho. Não nos pediram nada da moda, nem queriam saber qual seria a "próxima grande jogada". Perguntaram somente: como podemos expandir racionalmente nosso negócio? O que ainda não foi feito em nossa categoria? Como podemos continuar inovando em nossa categoria e conquistando a lealdade dos consumidores?

Propusemos que eles se redefinissem de "centro financeiro" para "centro comunitário", e passassem a oferecer serviços como preparação de impostos, cópias e remessas, acesso à Internet, serviços eBay (incluindo embalagem e entrega de produtos) e oferessem café e refrescos. Enfim, propusemos um conceito de *category killer*, que desdobra todos os demais relacionados em um conceito novo e maior (pense na Wal-Mart e em fazer compras, ou na The Home Depot e em *hardware*). Tais novos serviços podem parecer radicais para um banco, mas logo após nossa orientação soubemos que o ING Direct, um banco da costa leste, abriu três cafés, oferecendo *cappuccinos*, conexão à Internet e empréstimos hipotecários. Outros tipos de serviços em bancos não apenas atendem necessidades dos clientes, mas também proporcionam contato em um negócio que costuma ser frio. Redefinir um conceito é também um bom negócio. Você pode abrir mil filiais de um banco para aumentar seu faturamento geral, mas é a taxa de juros do governo que vai definir o lucro. Serviços não-financeiros criam novas fontes de rendimento com margens muito maiores.

Não somos os únicos a pensar em combinações ou extensões de conceitos, é claro. Muitas companhias de *fast-food* estão vendendo suas marcas de taco, frango ou hambúrguer juntas para tentar conquistar os consumidores, independente do tipo de comida que eles querem. Um pequeno restaurante serve um conceito de hambúrguer americano no almoço, escolhido pelo marido, e um conceito tailandês na janta, decidido pela esposa. A empresa de materiais para escritório Staples agora oferece serviços de despacho e entrega pelas lojas da UPS. Percebendo uma sinergia similar entre serviços de cópia e entrega, a FedEx comprou a Kinko's. (Chegamos a propor à instituição financeira que comprasse a Kinko's, e na semana seguinte a FedEx fez isso.) A UPS comprou a MailBoxes Etc. e está mudando a marca da maioria das lojas desta, fazendo a ponte entre serviços feitos nos bastidores (entrega e administração de estoques) e os de retaguarda e apoio (varejo).

Tais operações combinadas levantam questões complexas sobre marca. Cada conceito deve ter uma marca em separado? Uma marca deve desaparecer para o bem de outra? Uma nova marca deve ser criada para incluir uma nova entidade? Não há respostas imediatas. A UPS e a FedEx trazem qualidades diferentes para marcas que a Joe's Delivery não traria, mas a Staples e a Kinko's são bem respeitadas também. A decisão fica então no direcionamento estratégico das partes envolvidas. Por exemplo, se a Kinko's for simplesmente uma maneira de suprir os serviços de entrega da FedEx, deve permanecer uma marca separada. Se a FedEx quer expandir seu conceito para o consumidor, saindo da entrega para inúmeros outros serviços que também têm entrega como componente, deve absorver a Kinko's para que esta deixe de existir. A propaganda do serviço FedEx-Kinko's mostra a dificuldade de combinar marcas ou mudar de uma posição para outra. A combinação de nomes mostrava que a FedEx iria anular a Kinko's. O problema era que a interação com o consumidor geral (em vez do corporativo) era mais comumente feita pela Kinko's do que pela FedEx. Logo, o serviço da FedEx era parte da oferta da Kinko's, tornando a FedEx (psicologicamente) uma marca subsidiária. A combinação do nome não fluía na língua dos consumidores. A nova marca era um exemplo de empresa não-varejista, FedEx, perdendo pontos de contato com consumidores-chave? Ou esse estranho posicionamento era parte necessária de uma transição? No final, a FedEx teve de esperar o fortalecimento de sua própria marca para acabar com a confusão dos consumidores.

Para expandir seus serviços com credibilidade e rapidez, um banco pode estabelecer parceria com a Starbucks para abrir um café e com a FedEx-Kinko's para oferecer serviços de cópia e entrega. Mas, com o tempo, uma abordagem multimarca poderá acabar beneficiando mais os seus parceiros do que você mesmo. Se um grande mercado da Safeway tiver uma pequena cafeteria da Starbucks em sua entrada, não há dúvida de qual seria a marca complementar e qual a principal. No entanto, se três marcas com o mesmo peso dividirem o mesmo espaço, o banco talvez não tenha o retorno almejado. Os consumidores podem perceber a experiência como apenas uma ida a um pequeno mercado, quando o que você quer que eles pensem é: "Nossa, vejam o que o meu banco está fazendo por mim!".

Mudar a experiência significa mudar a marca, e você só poderá expandir sua marca até onde o consumidor permitir. A Safeway pode estender a venda de produtos de consumo para incluir a gasolina. As duas experiências são similares, e é conveniente para um consumidor parar somente uma vez para adquirir novos produtos que se relacionam (pegar algum produto comestível, e então gasolina). Os postos de combustíveis há tempos usam essa idéia, vendendo vários tipos de lanches em seus estabelecimentos. Uma empresa de serviços financeiros pode ampliar sua atividade com outros serviços que se relacionem com o negócio, mas emprestar dinheiro para a compra de um carro não tem nada a ver com venda de gasolina. São experiências que não convergem. Extensões de marca devem ser somente um processo de acréscimo. Pense nisso considerando a extensão da marca como um abraço de boas-vindas ao consumidor. Considere que a ampliação representa o que ele gostaria que você fizesse. No entanto, um grande salto entre áreas não-relacionadas irá diminuir, em vez de reforçar, a marca. Os consumidores não saberão suas intenções se os pilares de sua marca estiverem muito afastados. A ampliação da marca de serviços bancários para incluir café e outras bebidas é provavelmente a margem de aceitação dos consumidores. Um banco pode estabelecer parceria com a Starbucks para testar o conceito e determinar o momento mais adequado para oferecê-lo. Uma possibilidade final é criar uma marca secundária com o conceito de multisserviço para manter a marca primária intacta e superior. Tais decisões normalmente requerem saber a opinião dos clientes, assim como não ter medo de ousar.

BLUE C SUSHI: AGRUPANDO IDÉIAS PARA VALIDAR O CONCEITO

Depois de identificar o conceito e saber qual tendência ele vai perseguir, você precisa fazer uma pesquisa inicial para validá-lo. Steve e James, da Blue C Sushi, por exemplo, analisaram atentamente o mercado antes de começar seu negócio. Três casas *kaiten* no noroeste americano foram analisadas (James almoçava numa delas regularmente) e, é claro, havia ainda lembranças de James dos restaurantes no Japão. Eles conseguiram comentários, descrições, impressões e fotografias de restaurantes *kaiten* dos amigos de James que ainda estavam no Japão, e de outros que viajaram para lá naquela época. Tudo isso os capacitou a fazer uma reflexão estética sobre o Japão moderno. James e Steve também tiveram a oportunidade de ir a Londres para avaliar duas grandes cadeias de *kaiten*. Uma tinha três restaurantes que eram mais exclusivos e caros do que o previsto para o Blue C Sushi. A outra tinha 15 restaurantes de qualidade inferior (mas preços razoavelmente altos) ao que eles estavam planejando para o Blue C Sushi. Ambos os conceitos eram bem-sucedidos. Por último, os dois recorreram à Internet para analisar comentários e críticas aos restaurantes *kaiten* já existentes em busca de melhorias.

A primeira vez que Steve e James me mostraram o conceito, tive dúvidas: "Por que mais um restaurante de *sushi*? O que será diferente?" Mas eles me levaram ao *kaiten* local certa noite. Ficava em um lugar afastado. O restaurante era desordenado, com fórmica rosa-claro e telhas combinando com o piso. O interior era pouco iluminado. E não me pareceu muito novo. Ainda assim, estava cheio de gente, de diferentes perfis econômicos e étnicos. Eu nunca tinha visto um restaurante de *sushi* como aquele antes, e a flexibilidade e a informalidade das operações criavam uma atmosfera propícia a conversas e risadas.

Há muito o que dizer sobre o funcionamento de conceitos similares. (Não importa qual seja sua idéia, alguém já fez algo parecido o bastante para que você possa comparar.) Uma observação cuidadosa na etapa da idealização permite uma boa análise do mercado. Você poderá ter uma boa intuição sobre o funcionamento da economia, se valerá a pena investir. Examinando o fluxo de perto por alguns dias, pudemos calcular que o restaurante *kaiten* estava rendendo facilmente 1 milhão de dólares por ano! Esse e outros fatores foram suficientes para me convencer do apelo do negócio não apenas em Seattle ou na costa oeste, mas em todo o território dos Estados Unidos. A população do Japão, de 130 milhões de pessoas, contava com 5 mil restaurantes *kaiten*, ou 1 para cada 26 mil habitantes. A população americana, que é muito maior, poderia usufruir, teoricamente, de 10 mil ou mais desses restaurantes.

Nossa observação nos trouxe o último elemento para avaliar o mercado, que é enxergar o que não está visível. O objetivo é descobrir o calcanhar-de-aquiles do atual líder e se posicionar de modo a explorar suas fraquezas. Como você já deve ter percebido, a fraqueza dos competidores locais de restaurantes *kaiten* era a falta de qualidade. Não havia um *marketing* agressivo. Dos três restaurantes no noroeste, nenhum era líder de mercado. Os donos nada tinham feito em termos de localização, serviço, criação de marca ou expansão para buscar a liderança. Uma brecha é mais do que suficiente para uma nova entrada.

A oportunidade que o Blue C Sushi teve é um bom exemplo de como idealizar qualquer conceito no varejo. O conceito veio deles, de seus interesses e valores; a autenticidade, do conhecimento de James; a tendência, da população asiático-americana na costa oeste e de um desejo geral dos americanos por refeições mais saudáveis e diferentes. A partir de um conceito que já existia – o restaurante –, eles criaram uma variação e estabeleceram um nicho. Eles não planejaram um restaurante genérico de frutos do mar ou um restaurante-padrão de *sushi*, mas um tipo particular de restaurante, o *kaiten*. Eles escolheram um ponto de diferenciação: a qualidade. E fizeram pesquisas suficientes para constatar a sua viabilidade econômica. Com essas deliberações, estavam prontos para definir e validar seu conceito: uma casa de *sushi kaiten* de alta qualidade para vencer os competidores e com baixos preços para atrair o público em geral. A validação do conceito é o último passo na idealização. Depois disso, pode-se iniciar o processo de criação e o desenvolvimento do conceito de uma forma específica. Steve e James tiveram chance de ampliar seu conceito. "Façam isso da maneira certa", disse-lhes, "e ninguém será páreo para vocês." O mesmo se aplica a qualquer varejista que cria um novo conceito ou descobre uma variação original de um conceito antigo, que identifica as tendências para esse conceito, e que se concentra na criação de experiências autênticas e de alto contato.

3
A importância da primeira loja

Volta e meia encontro alguém que me diz ser um desenvolvedor imobiliário. "Sério?", pergunto. "Com quem você trabalha?" Geralmente a resposta é com a Trammell Crow, a Opus ou outra grande empresa de desenvolvimento imobiliário. Então, pergunto: "Você já botou seu próprio dinheiro em um projeto? Já teve de fazer um depósito de caução ou preencher um cheque não-reembolsável com seus próprios fundos?" Quase sempre a resposta é negativa. Então acrescento: "Se você nunca fez isso, não é um desenvolvedor imobiliário – apenas trabalha para um". Algo semelhante acontece com os homens de negócios nas corporações. Eles dizem que têm uma grande idéia para o varejo e que querem trabalhar sozinhos, mas ganham muito dinheiro, têm verba para gastar por conta da empresa e a segurança de gerir um negócio de 50 milhões de dólares. Falam em abrir seu próprio empreendimento, mas como não têm mais um "papai" que banque tudo, ficam com medo. Trata-se do *meu* crédito, *meu* pagamento de aluguel, *meus* gastos mensais, cheques de *minha* conta bancária, etc. Esse medo, que mantém muitas pessoas presas às corporações, cria um processo eficiente de auto-seleção de empreendedores. Lee Trevino, que já ganhava a vida com o golfe antes de se tornar profissional, disse nunca ter se sentido pressionado em torneios de 1 milhão de dólares. Pressão, diz ele, é apostar cinco dólares quando se tem apenas dois no bolso. Tudo muda quando é com seu dinheiro. Até você começar a se preocupar com o próximo pagamento ou com a folha de pagamento do mês seguinte, não estará realmente no negócio. Sua vida real neste só começará quando você pagar as contas do seu próprio bolso.

O preenchimento do primeiro cheque começa depois de você validar seu conceito e iniciar a discussão sobre o *design* e o desenvolvimento da primeira loja. O *design* o leva da etapa de idealização (geração de idéias) para a de materialização do conceito. As implicações e conseqüências da primeira loja são enormes, pois ela apresentará sua marca ao mundo, e você tem uma única chance de provocar uma boa primeira impressão. A loja estabelecerá o nível de qualidade e de serviço que os consumidores deverão esperar. Além disso, definirá seus diferenciais com relação à concorrência. Funcionará como um laboratório, um experimento vivo para testar os desdobramentos da operação e da comercialização. Apresentará o conceito de seu empreendimento em sua respectiva categoria varejista e demonstrará aos funcionários que tipo de pessoa você será para eles. A primeira loja também sinaliza a futuros investidores que você tem um modelo de negócios prático, com potencial e lucrativo. Assim como o primeiro filho representa mais do que um simples filho, mas a forma como você estabelecerá a base da vida de sua futura família, a primeira loja é a plataforma para o futuro de sua empresa. Mesmo que você planeje administrar apenas uma loja, as diretrizes para a criação serão as mesmas. Uma vez que seu cheque foi depositado, você deverá desenvolver a primeira loja com o mesmo cuidado especial que teve antes de comprar o primeiro carro com seu próprio dinheiro.

Quando desenvolvida adequadamente, a primeira loja terá uma outra função – a de história e perspectiva. De tempos em tempos, Howard Schultz visita a primeira loja da Starbucks no Pike Place Market, em Seattle. O local, um conjunto de prédios que contempla a baía de Elliott, é uma esquina de Seattle, um ponto turístico da cidade. A comissão de diretores do Pike Place Market não permite alterações de *design*. Como resultado, a loja original da Starbucks sofreu apenas pequenas mudanças desde 1976. Esse controle fez com que tanto o mercado como cada loja tenham mantido seu charme próprio e original. A alma da Starbucks é evidente nesse pequeno prédio, que está rapidamente se tornando um lugar histórico. Howard pode "voltar para casa" sempre que sentir necessário conectar-se à alma da marca. A primeira loja deve ser capaz de fixá-lo aos primeiros valores que definiram sua marca e seu conceito.

LOCATIONING: ESCOLHENDO O MELHOR IMÓVEL PARA APRESENTAR A MARCA

Os dois elementos mais importantes na criação da primeira loja são a localização e a apresentação de seu *design*. Dada a importância da localização para a primeira loja, este capítulo se concentrará inteiramente nesse tópico. O *design* e os assuntos relacionados serão abordados nos dois capítulos seguintes.

Muitas pessoas tratam sua primeira loja quase como um órfão, acreditando que um local "bom o suficiente" é o que basta para começar. Você deve ser disciplinado na sua busca pelo melhor local para abrir a primeira loja. Já conheci muitos empreendedores que optaram por uma localização "fora do alvo" porque queriam primeiro aperfeiçoar o conceito antes de apresentá-lo ao mercado. Isso não tem sentido! Nesses casos, o aluguel poderá até custar pouco, mas e daí? Você precisará pagar seus empregados e seus custos operacionais, bem como o aluguel, barato ou não. A única coisa que se pode aperfeiçoar em um local ruim é a falência. Regra número um: sempre abra sua primeira loja na melhor localização possível. Regra número dois: lembre-se da regra número um. Você precisa ser disciplinado em sua busca pela melhor localização. Seu objetivo é achar o melhor ponto em uma área de negócios excelente que gere o tipo de fluxo certo, ofereça grande visibilidade e tenha boa estética.

Os próximos capítulos detalharão a metodologia para desenvolver critérios na busca de pontos excelentes. Uma questão relevante a considerar é que existem outros atributos para definir um bom local, além das coordenadas X e Y em um mapa. Normalmente, em relação às lojas de varejo, as pessoas pensam apenas em duas dimensões: "o local na esquina *tal*", por exemplo (como se estivessem mirando um míssil). Para me diferenciar dos bidimensionalistas que falam em localização, falo em *locationing*, que define o prédio em termos de gerenciamento da marca.

> **Locationing: s.m.***
> A combinação de atributos físicos e estéticos de uma propriedade imobiliária que modela a reação do consumidor, estabelece o posicionamento de mercado da marca do varejo e indica fortemente o potencial de vendas.

Locationing é a combinação da localização do estabelecimento propriamente dito com seu leiaute físico e suas características – a atmosfera dos arredores, a fachada do prédio e a maneira como o prédio e a sua localização mostrarão sua marca ao consumidor. *Locationing* considera todos os componentes que o capacitam a criar algo fisicamente único e especial para o conceito. Os exemplos neste capítulo mostrarão como são grandes as chances de encontrar bons locais para estabelecer bons posicionamentos ou até modificar o local para melhorar o posicionamento da marca – ou seja, criar um local com sua marca em um espaço que antes passava despercebido.

---

* N. de R.: Termo criado pelo autor, ainda sem tradução para o português.

Quando o processo passa para a etapa de *locationing*, as pessoas tendem a cometer deslizes. Tendo idealizado seu conceito, elas apressam-se para completar o primeiro passo e abrir a primeira loja, assegurando uma localização. Ter *disciplina* é a chave para realizar tal passo corretamente. Quando estiver procurando sua primeira localização, estabeleça os critérios para o local e não faça concessões. Por definição, sua primeira loja deve ser como um estandarte – ela deve estabelecer sua marca; é imperativo que você invista seu dinheiro em um local que impacte a comunidade. Se você tem um conceito da moda, sua loja-líder* ou seu grupo inicial de lojas precisa estar localizado no principal centro de negócios (se isso atende ao seu negócio), ou em uma área que abrigue "formadores de opinião", como indivíduos com alta renda, professores em uma cidade universitária ou jovens solteiros criadores de novas tendências.

Algumas vezes, os donos de imóveis, reconhecendo o benefício de ter um conceito instigante e novo em seu prédio (ou apenas querendo alugar o espaço), podem fazer ofertas tentadoras, como abatimentos na locação ou contratos com vantajosos termos de adesão. Ninguém em sã consciência comprará o produto errado só pelas condições de pagamento. Da mesma forma, um varejista não deve se estabelecer em um local que não seja o ideal somente por causa de uma boa oferta de aluguel.

As pessoas também têm medo de não conseguir pagar aluguéis altos por localizações melhores. Você não pode se permitir *deixar de pagar* os aluguéis mais altos pelas melhores localizações. Assegurar um ótimo local é sempre difícil. Em uma boa economia, achar a melhor localização possível é uma tarefa árdua e amedrontante. Uma economia em crescimento cria um mercado de aluguéis guiado pelos donos de imóveis, da mesma maneira que guia um mercado de venda de imóveis residenciais. Não desanime com as dificuldades. Não faz sentido economizar 30% em aluguel, mesmo que seja por mais de 10 anos, se a fachada do local for pobre e o baixo fluxo de movimento limitar as vendas potenciais do conceito. O pensamento de curto prazo sobre o valor do aluguel leva a desastres a longo prazo no faturamento da loja. Ficar a poucas portas da loja ideal pode ter sérias conseqüências. Existe ainda uma importante razão estratégica para garantir a localização preferida. Não ocupando o melhor lugar, você corre o risco de um dia ver seu rival instalar-se ali e tirá-lo do mercado, como um exército que garante a melhor posição com propósitos estratégicos.

---

* N. de R.: *Flagship store*, no original.

LOCATIONING: CONVENCIONAL *VERSUS* ETERNA

Suponha que você está avaliando dois locais para sua primeira loja. Ambos são idênticos em termos de demografia com fluxo de pessoas equivalente ao longo do dia – atributos de um bom ponto (sem considerar os atributos prévios de localização). Um deles é em um *shopping center*, com todas as características desse tipo de empreendimento: portas de metal, janelas com estruturas anodizadas, materiais exteriores de cimento com um metro e meio de fácia para cartazes (a fácia é o local na frente de um prédio onde o letreiro do proprietário ou do inquilino é montado. A fachada é a frente ou a face principal de um prédio). O outro é no prédio de um antigo banco. Construído em 1940, é de uma arquitetura única e rica em detalhes. Seu interior tem teto e paredes de gesso. Assumindo que se encaixa com o seu conceito, o bom gosto diz que você escolherá o banco. Bons negócios iriam confirmar tal decisão, ainda que lhe custasse mais para adaptar o prédio do banco ao seu novo conceito do que o local no *shopping center*. A questão é como o convencionalismo do centro comercial será percebido de fora em comparação com a eterna graça de uma arquitetura clássica e única. O varejista deve questionar-se: "como o consumidor irá reagir a primeira vez que ver e se aproximar da loja a pé ou de carro?".

Se bem construída, a fachada de um ponto em um centro comercial poderá apresentar sua marca adequadamente, mas essa em geral não é a melhor escolha para distinguir e estabelecer sua presença de maneira singular. Em Woodinville, Washington, por exemplo, um pequeno restaurante, conhecido como *Italianissimo*, conquistou uma clientela fiel para jantares, mas por sua localização, na esquina de um centro comercial, nunca se tornou *aquele* lugar para comer. Tanto que acabou se mudando para um local a pouco mais de meio quilômetro dali, em um pequeno e elegante centro novo, onde se tornou o estabelecimento-âncora. Agora, o restaurante costuma lotar nos finais de semana. É um lugar onde as pessoas querem ir. (O proprietário foi inteligente ao manter o antigo local como um bistrô para comidas leves.) É imperativo que sua primeira loja seja em um local que apresente sua marca ao consumidor de uma maneira que diferencie bem o negócio. Para definir a localização da primeira loja, é preciso tanto considerar os aspectos estéticos exteriores quanto buscar uma boa intersecção em uma ótima vizinhança.

CONFIANDO EM *DESIGNS* CLÁSSICOS

Confesso que sou adepto das boas arquiteturas e dos prédios de estilo clássico, com vitrais na fachada e detalhes feitos à mão. A Starbucks ainda estava crescendo quando os bancos regionais passavam por processos de fusão e aquisição. Muitas filiais de bancos estavam sendo fechadas em todo o país. Fomos a empresa que mais converteu antigos espaços de bancos em cafeterias ou varejo em geral. Se tivéssemos enviado todas aquelas portas de cofre para Seattle, poderíamos ter aberto um museu. (Como eu queria preservá-las de alguma maneira, pensamos em transformá-las em mesas para as cafeterias, porém tais portas, feitas de chumbo e aço, não são fáceis de se mover. Teria nos custado 5 mil dólares para remover e refazer cada uma! Então, as abrimos e mantivemos os espaços dos cofres para serem usados no armazenamento ou, em alguns casos, como áreas de estar isoladas.) Muitos bancos foram remodelados na década de 1950, escondendo detalhes originais e até o *design* dos prédios. É sempre interessante "descascar" as camadas existentes para redescobrir a antiga arquitetura. É incrível o que pode ser encontrado sob as superfícies de prédios mais antigos que foram "modernizados" ao longo dos anos – muitas vezes da maneira mais barata ou em desacordo com o estilo. Em uma das lojas mais novas da Starbucks em Nova York, por exemplo, descascamos várias camadas do teto e das paredes interiores para expor as paredes de tijolo originais. Aproveitamos esse traço único e demos um novo acabamento ao piso de madeira para criar uma área de estar aconchegante e confortável no segundo piso. Também acrescentamos um conjunto eclético de mesas, cadeiras e sofás adquiridos em *garage sales* de Nova Jersey. O custo total dos móveis foi de 1.200 dólares, dentro do razoável pela autenticidade. Faz parte da idéia de local adequado a escolha de um ponto que, já no dia da abertura, faça com que seu conceito seja percebido pelos clientes como se estivesse ali há anos.

Tão importante quanto manter a arquitetura do prédio é, em localizações urbanas, respeitar a vizinhança mais próxima. Sua loja será mais bem sucedida se integrada de maneira íntima ao ambiente local. Seu visual deverá estar em harmonia com os demais. Conseguindo o imóvel certo, o varejista deve apresentar a marca de uma maneira que promova seu negócio e cautelosamente o conecte ao perfil da vizinhança. Na Oak and Rush, no centro de Chicago, por exemplo, desistimos do aluguel de lojas próximas para projetar um novo prédio de dois andares em um terreno vazio. Orientamos nosso projeto pela disposição dos outros prédios de dois andares no mesmo quarteirão. A principal influência era o padrão de janelas e o apelo da loja da Barneys à nossa frente. O resultado foi uma loja-líder no grande mercado de Chicago, ajudando a nos posicionar como os líderes na categoria dos cafés.

Em Vancouver, British Columbia, redesenhamos um antigo restaurante; entre as mudanças, a reutilização das portas corrediças de uma garagem, que permitim aos clientes olhar para um lago através de um *design* interno/externo, que conectava diretamente nossa loja ao ambiente externo. Esse é outro exemplo do uso de elementos físicos únicos de *design* para construir marcas conscientemente. Uma fachada diferenciada desperta interesse nos consumidores, apoiando o posicionamento da marca aos olhos da comunidade. Em frente à rede de televisão ABC, nos arredores da zona oeste de Nova York, pintamos um mural com uma platéia de teatro olhando para os consumidores dentro da Starbucks – a maneira que encontramos para estabelecer uma conexão temática com o Lincoln Center e a vizinhança da ABC. O mural não apenas conectava nossa loja e nossa marca ao trabalho da maioria dos nossos consumidores naquele local, mas também servia como plano de fundo para as entrevistas da televisão que regularmente eram feitas na loja. Na Chestnut Street, uma das preferidas de San Francisco, fomos os primeiros a instalar janelas de vidro corrediças na fachada para conectar o ambiente interno ao externo. Em Seattle, transformamos uma precária loja de hambúrgueres abrindo as paredes e as camadas do teto para revelar as vigas e as colunas da estrutura do prédio. O *design* da loja combinou com o estilo arquitetônico do noroeste. Como muitas outras, aquela Starbucks tinha uma lareira. Vi muitos pais vestindo seus filhos para as saídas de esqui de finais de semana, pessoas se arrumando para encontrar seus grupos de viagem e até reuniões das mais variadas – tudo lá. Percebia nosso sucesso com os *designs* vendo os consumidores tão à vontade na loja como se estivessem em suas próprias salas de estar.

OTIMIZANDO A PRESENÇA FÍSICA

Mesmo que sua localização não seja um ponto de referência, você ainda pode demonstrar sua visão na maneira como usa a presença física do local para apresentar sua marca. Em vez de simplesmente aceitarmos um *design* de prédio já existente, construído para uma cadeia de *fast-food* em Vancouver, Washington, optamos por acrescentar-lhe uma torre de dois andares para mostrar a placa da Starbucks para os 60 mil veículos diários que passavam por ali. Aqui está novamente a idéia de "orientação para marca", de usar um imóvel para construir uma consciência para a marca. Usamos os elementos arquitetônicos das torres em outros lugares quando eles eram eficazes para destacar a marca. Em um *shopping center* em reforma, perto da Universidade de Washington, em Seattle, foi-nos oferecida uma ótima loja numa esquina. Criamos então uma nova fachada de dois andares, com cobertura de aço e vidro, que envolvia toda a parte frontal do prédio. O *design* era tão instigante que os varejistas vizinhos adotaram o mesmo motivo. Em Sacramento, Califórnia, acrescentamos uma pérgola a um prédio, que servia não apenas como painel para a marca, mas também para criar e incluir uma área de estar convidativa. Em Santa Bárbara, uma cidade muito conhecida por seu clima agradável, queríamos colocar mesas na calçada para nossos clientes. A loja estava localizada em um típico *shopping center* de bairro. Como a calçada era muito estreita para que colocássemos mesas ou cadeiras, simplesmente recuamos nossa fachada para abrir espaço para cinco ou seis mesas. Esse conforto para os clientes imediatamente diferenciou nossa loja.

Um dos maiores desafios para os restaurantes são códigos de obras municipais que dificultam áreas de estar ao ar livre. San Francisco é uma cidade onde você pode encontrar cafés ao ar livre. No entanto, durante muito tempo, San Francisco tinha leis que tornavam quase impossível abrir um novo restaurante. Na década de 1980, o prédio original do Gianini Bank, hoje conhecido como Bank of America, ficou vago e foi alugado para a franquia de hambúrgueres Carl's Jr. Os cidadãos, que sempre tiveram orgulho da cultura e da arquitetura da cidade, ficaram furiosos por que um de seus prédios mais antigos e importantes foi transformado em um restaurante de *fast-food*. Para evitar que outros *fast-foods* se espalhassem, a comissão de planejamento da cidade adotou uma regra contrária à conversão de qualquer prédio de varejo já existente em um serviço de restaurante com mesas. Assim, para abrir um restaurante em San Francisco, era preciso comprar um já existente, o que para uma cadeia poderia ser inviável do ponto de vista econômico.

Naquele tempo, eu era o diretor de corretagem imobiliária da Starbucks no norte da Califórnia. Em 1991, identifiquei três ótimas áreas disponíveis na cidade antes ocupadas por varejistas. As três tinham grandes vitrines, que poderiam ser usadas como bancos para até uma dúzia de consumidores. Como a linha de bebidas serviria eficientemente a maioria dos clientes, eu sabia que a Starbucks teria sucesso nessas unidades, mesmo com a falta de outros assentos. Mesmo assim, não acreditava que a cidade continuava coibindo o desenvolvimento de restaurantes. Eu já havia morado em San Francisco durante muitos anos. É uma bela cidade, ótima para caminhadas, um dos lugares dos Estados Unidos que mais permitem a vida ao ar livre, por sua atmosfera e visão da vida (ainda que naquela época houvesse pouca vida noturna e faltasse a mais visível característica das cidades mediterrâneas: os cafés ao ar livre). Quando entrei na Starbucks como vice-presidente sênior naquele ano, falei sobre minha idéia de tentar convencer a cidade a modificar seu código de obras para permitir um maior uso de mesas ao ar livre. A empresa apoiou. Contratamos um advogado e um perito em relações públicas que sabiam como conduzir mudanças pelo processo político. Nossa proposta permitiria que um espaço de varejo comum se tornasse um espaço para consumo de comida se a área para isso fosse limitada; a proposta final especificava que tais áreas não poderiam ultrapassar 36 metros quadrados com, no máximo, 15 assentos. O código de "casa de bebidas", como ficou conhecido, rapidamente recebeu apoio.

Quatro dias antes da adoção do código, um dos nossos apoiadores mudou de idéia e resolveu excluir da nova regra os arredores de North Beach, que tinha inúmeros restaurantes italianos e cafeterias que serviam *cappuccino*. As vizinhanças de North Beach também tinham outros restaurantes, e suas calçadas eram as mais movimentadas de toda a cidade. Esse apoiador, que decidira concorrer a prefeito, não poderia ser visto ajudando a Starbucks a "ameaçar" os restaurantes de North Beach, sua base política. Até hoje a Starbucks não tem lojas no distrito comercial de North Beach.

Obviamente, a Starbucks beneficiou-se da adoção do novo código. Além disso, abrimos espaço para muitas outras confeitarias, pizzarias, lojas de sucos, de biscoitos e inúmeros outros cafés. À medida que aumentava o número de restaurantes na região, aumentava o número de mesas ao ar livre facilitado com as novas regras. Levou alguns anos para a mudança ocorrer, mas em 1996 a vida nas ruas da cidade tornou-se mais rica. E foi assim que um fornecedor de café de Seattle ajudou a melhorar o ambiente urbano de San Francisco.

Podemos tirar duas lições dessa história. A primeira é que, se existirem regulamentações governamentais impedindo o desenvolvimento de uma atividade de varejo que possa melhorar a qualidade de vida local, você pode trabalhar dentro do sistema para alterá-las. Esse processo tomará tempo, energia e dinheiro, mas se você criar uma proposta que considere tanto as preocupações da população como as do governo, alcançará seu objetivo. A segunda é que não devemos nos deter diante de obstáculos. A Starbucks não se conformou com a dificuldade. Obtivemos sucesso realizando os passos necessários para criar prédios-marca para este mercado.

Para mostrar como a roda continua girando, San Francisco recentemente aprovou uma lei que pede que toda "forma de varejo" com 12 lojas ou mais – ou seja, qualquer rede de varejo – informe a comunidade sobre os planos de instalação de uma loja em sua vizinhança. O objetivo é permitir que os moradores discutam o processo de inserção das lojas, mas, na prática, impedirá que novos varejistas se instalem. O decreto também baniu cadeias inteiras de um distrito comercial. No mínimo, a aplicação dessa lei aumentará os custos para os varejistas e atrasará a abertura das lojas, e uma oposição ainda que de um pequeno número de ativistas pode impedir que qualquer ambiente comercial de novos investidores seja aberto. A lei também pode ter o efeito perverso de reduzir o crescimento dos negócios locais em rápida expansão, como o Andronico's, um supermercado na área da baía com 11 filiais. Ainda que seja compreensível que os cidadãos não queiram suas ruas e vizinhanças homogeneizadas por *designs* baratos e genéricos, o texto da lei é bastante severo. Seria melhor limitar cada cadeia a uma loja por bairro, com a definição de bairro a cargo do departamento de planejamento, e insistir em *designs* mais adequados à realidade de cada local.

A reação em San Francisco é um aviso de longo prazo aos varejistas da necessidade de conceitos interessantes, atuais, variados e com qualidade na apresentação das lojas. A mentalidade de um *design* padronizado, que se "encaixe em qualquer lugar", não é condizente com a realidade atual. A loja de uma grande cadeia nacional no bairro Capitol Hill, em Seattle, é um caso exemplar de insensibilidade visual. O padrão dos materiais usados no prédio não combina com as características do bairro. Sua placa de sinalização é a maior nas quatro quadras de Capitol Hill. O estacionamento é na frente, quebrando o plano da calçada por onde circulam os pedestres. A escolha de outros materiais, levemente diferentes, poderia harmonizar o *design* da loja com os prédios mais próximos. Uma placa um pouco menor permitiria uma boa visibilidade da loja, sem sobrecarregar a área.

O estacionamento poderia ser atrás do prédio, deixando a entrada de pedestres e a rua livres. Essas três mudanças, das quais apenas uma de alto custo, causariam um impacto extremamente positivo na imagem da empresa. Na maioria dos casos, um *design* amigável e condizente com o bairro eleva os custos para algumas cadeias. Porém, a aceitação local e a lealdade que cria provavelmente elevariam seu faturamento. É um equívoco pensar que todas as lojas de uma cadeia devem ser parecidas entre si.

DESCOBRINDO O SENSO DE LUGAR

Na primeira vez que conversamos sobre o Blue C Sushi, James Allard e Steve Rosen me disseram que esperavam abrir sua loja dentro de quatro a seis meses. Fazendo tudo da maneira correta, disse-lhes, vai demorar pelo menos três vezes mais. Eles riram de mim (a gargalhada é a marca de James). O restaurante abriu 18 meses depois.

Grande parte do tempo foi gasta na busca do lugar ideal. Eles visitaram mais de 50 pontos em Seattle. Levaram-me a todos que acharam interessantes para a primeira loja; eu os confrontava com nossos critérios e então os descartava. Eles queriam estabelecer-se no coração do centro de Seattle. Para um olhar inexperiente, o local era ótimo. Ficava na mesma quadra das lojas-líder da Nike e da Old Navy. No entanto, os outros locatários de menor porte não gerariam um fluxo grande de clientes para o Blue C Sushi nos dias de semana, e a fachada do prédio também não colaborava para chamar atenção para a loja, pois não tinha atrativos visuais. Se abrisse em um espaço de meia quadra, sem nenhum chamariz em sua fachada, o Blue C Sushi passaria completamente despercebido. Seria apenas mais um varejista numa rua do centro da cidade. A lição aqui é empenhar-se para ter uma fachada que sirva como *marketing* da marca. Quando estávamos construindo a marca Starbucks, escolhíamos esquinas bastante visíveis que chamavam a atenção dos passantes para o nome da empresa. Sempre procurávamos a "melhor esquina", que era como chamávamos esses pontos. *Locationing*, de novo. Ninguém deixaria de perceber a marca. Se James e Steve tivessem conseguido o espaço do outro lado da rua, eu teria aprovado. A razão é que o lado oeste oferecia mais oportunidades de *design* de fachadas e um maior número e variedade de lojas de varejo, o que resultava em um tráfego de pedestres *30% maior* daquele lado.

Eles também pesquisaram em Bellevue, uma comunidade abastada a 20 minutos de Seattle, na direção do lago Washington. Nos últimos 15 anos, no lado leste, a explosão tecnológica transformou o ameno centro de Bellevue em um grande complexo de aço e vidro com muitos andares. Seu maior *shopping center* é ancorado pelo Bellevue Square Mall, um conjunto enorme e em constante expansão. Muitos locais nessa área ofereciam um bom fluxo de pessoas e visibilidade, mas todas as localizações potenciais estavam em prédios atrás; grandes estacionamentos separavam as fachadas das lojas da rua. Os locais assemelhavam-se muito aos restaurantes *kaiten* já existentes na cidade. Um conceito de estilo jamais conseguirá modificar e levantar um imóvel pobre. Em contrapartida, uma loja pobre sempre derrubará um conceito de estilo. Além disso, nenhum dos distritos comerciais em Bellevue oferecia espaço num bairro que poderia estar cheio sete dias por semana e no qual o conceito poderia criar raiz e construir um segmento local leal. Em outras palavras, procurávamos uma localização voltada para o bairro e que também pudesse atrair consumidores de fora.

Por fim, Steve e James encontraram uma esplêndida área em Fremont, conhecida também como Greenwich Village of Seattle. Notória pelo ecletismo de seus varejistas, pela criatividade arquitetônica e pelas mostras de arte públicas nas ruas, Fremont é um bairro bem definido e em crescimento, desejado tanto por solteiros quanto por famílias. É considerado uma área bastante interessante para escritórios. Durante a semana, é grande o movimento de pessoas que trabalham nos prédios de escritórios, junto com os residentes locais e os compradores que circulam diariamente. É conhecido também como um bairro-destino, onde se pode sair à noite para caminhar ou para comer. Se você mencionar a área para qualquer um que conheça Seattle, certamente ouvirá: "Oh, Fremont... adoro andar por lá!". Existe uma espécie de "senso de lugar", uma identidade diferenciada e agradável que atrai as pessoas. Qualquer local onde as pessoas gostem de se reunir tem esse senso de lugar. Pode ser um quarteirão, um bairro ou mesmo uma rua calma. Bellevue, em contraste, não tem isso. O centro é constituído de uma série de escritórios barulhentos e ruas com várias pistas constantemente congestionadas. Os bairros vizinhos são, de um modo geral, suburbanos. Comunidades que têm um senso de lugar são muito mais ativas e oferecem experiências de varejo mais vibrantes.

A localização encontrada para o Blue C Sushi ficava na avenida Fremont, a principal via norte-sul ligando o centro de Seattle, ao sul, e o bairro popular Ballard, ao norte. O prédio era um complexo de altura mediana com estacionamento subterrâneo para os clientes. Seu *design* tinha uma fachada moderna e alta, de vidro e aço, condizente com o conceito definido para o Blue C Sushi. A vizinhança incluía uma cafeteria da costa oeste, uma confeitaria – parte de uma franquia local em expansão –, e uma sorveteria – parte de uma franquia nacional em desenvolvimento. O alto fluxo de pessoas garantia um grande público para o almoço e o jantar durante os sete dias da semana. O leiaute final resultou de vários ajustes, provando que os esforços de *design* podem superar a maioria das limitações físicas de um lugar. Não deixamos tais questões nos impedir de escolher o melhor local. Por fim, negociamos algumas concessões de aluguel que permitiam a James e Steve sublocarem o espaço se o restaurante não desse certo. É importante você se precaver para o caso de seu negócio falhar, ao assinar um contrato de longo prazo, o que veremos em maior detalhes no Capítulo 15, "Imóveis: quem precisa mais de quem, e quando".

O Blue C Sushi mostra claramente que a melhor maneira de evitar erros é uma abordagem disciplinada para a definição da *locationing*. Bryant Keil, da Potbelly, preferia não entrar em um mercado se sua única opção fosse instalar-se numa localização secundária. Ele sabe que os critérios de localização influenciam no sucesso e entende a importância de garantir que cada loja seja lucrativa. Para sua primeira loja, especialmente, lembre-se sempre do imperativo *locationing, locationing e locationing*. Se você não encontrar um bom local para alugar no seu mercado-alvo, espere até que bom surja. Um bom *locationing* aumenta o lucro de sua loja e compensa custos mais elevados em comparação com locais inferiores. Além disso, o ponto, sobretudo o primeiro, deve ser tratado como uma oportunidade de estabelecer a marca da maneira mais forte possível.

Maximizando a experiência no varejo por meio do *design* 4

Este capítulo poderia se chamar "A importância da primeira loja, parte 2". Se encontrar um bom local é o passo número um para o estabelecimento de uma marca poderosa com sua primeira loja, então o *design* adequado desta completará esse processo por meio da manifestação física da marca. Encontrar um *designer* com experiência e habilidades artísticas para transformar um conceito em realidade pode ser tão difícil quanto achar o local ideal, e o processo requer o mesmo nível de determinação e foco. Este capítulo apresenta várias considerações sobre *design*, explica os *trade-offs* para *designs* exclusivos e para lançamentos múltiplos, e introduz o conceito de "conjunto de partes", uma abordagem para produzir mobílias de alta qualidade e acessórios em grande escala a custos baixos. Para mostrar como as questões referentes ao *design* estão presentes nos projetos varejistas atuais, este capítulo primeiro analisa um projeto de *design* para uma iniciativa nova e depois um de *redesign* para uma grande cadeia de varejo. Juntos, esses exemplos ilustrarão as questões referentes ao *design* e os pontos com os quais devemos nos preocupar durante toda a vida de uma marca.

DESIGN PARA UMA OU PARA MUITAS LOJAS: A PRIMEIRA DECISÃO

Depois que Steve e James, do Blue C Sushi, encontraram o lugar para sua primeira loja, começaram a busca por uma empresa de *design* que conseguisse captar as suas idéias e criar soluções físicas para sua visão, um *design* ambiental que comunicasse o conceito e estabelecesse a posição da marca. Marquei para eles entrevistas com três empresas capazes de traduzir sua visão em realidade. Depois de algumas reuniões, eles escolheram a Foundation Design, de Seattle. Seu administrador, David Edelstein, era responsável pelo desenvolvimento da marca Tommy Bahama. Tendo viajado para o Japão, os diretores de *design* conheciam a arquitetura japonesa moderna, assim como a tecnologia, a cultura *pop* e a música – tudo que hoje torna o Japão atual e instigante. Quando James disse que queria abrir um restaurante *kaiten* de *sushi* com um "toque a mais", os diretores entenderam seu desejo de atualizar o ambiente de lanchonete típico das casas *kaiten* no Japão e nos Estados Unidos. À medida que os dois empreendedores expressavam sua idéia de mesclar a cultura japonesa com a ocidental, os *designers* identificaram a sensibilidade visual do norte asiático que eles procuravam. Acertaram em cheio, pois seus pontos de vista e personalidades combinavam com os dos fundadores do Blue C Sushi.

Estávamos quase alugando a primeira loja e precisávamos terminar o *design* do conceito. Fazíamos reuniões semanais com a Foundation Design, que nos mostrou várias alternativas em pouco tempo. Em uma das reuniões, James e Steve pareciam satisfeitos com o trabalho apresentado. O pensamento conceitual era excelente, mas eu estava inquieto. James percebeu meu desconforto e pediu que eu me manifestasse. Nas reuniões anteriores, ele e Steve tinham discutido seu desejo de abrir mais lojas se o conceito fosse bem-sucedido. "O trabalho tem alguns elementos bons", afirmei. "Mas não vejo materiais únicos nem combinações de vanguarda que poderiam nos diferenciar. Quero elementos de *design* que possamos ter e usar em mais de uma loja." Minha preocupação envolvia muitas coisas: da escolha dos materiais ao *design* das estantes aos elementos gráficos para as paredes. Estes eram em preto-e-branco ou azul-marinho, e mostravam uma série de mãos segurando os conhecidos palitos de madeira em diferentes posições. A idéia era de que os consumidores reconheceriam esses elementos e sentiriam-se bem-vindos (especialmente os não acostumados com *sushi*), ou considerariam as ilustrações arte *pop*. Porém, eu sentia que o trabalho visual precisava ser mais rico e interessante.

Os *designers* tinham projetado um restaurante bonito. Queríamos, porém, um *design* que fosse aplicável a muitas lojas. A primeira consideração prática para qualquer varejista é se o *design* será para uma única loja ou para muitas. Se for para apenas uma, os encaixes e a mobília poderão ser maximizados de acordo com a forma e o tamanho do local, mas nenhuma economia de escala ocorrerá na construção. Na verdade, o varejista pagará mais por todos os aspectos do projeto. Para várias, o mais importante é fazer um *design* visualmente atrativo e ao mesmo tempo adaptável, para dissolver os gastos entre todas as lojas. É essencial, na projeção de múltiplas lojas, utilizar a abordagem abrangente para design e execução chamada "conjunto de partes". A idéia é integrar todos os elementos de *design* – de cabines a prateleiras, cores, imagens visuais – de forma harmoniosa para criar uma impressão única do conceito. Assim, todas essas partes se encaixarão, minimizando o custo de ampliação para várias lojas. Uma vez que os componentes individuais podem ser utilizados em combinações tão diferentes, eles criam uma apresentação efetiva independente do tamanho e da forma do espaço – por exemplo, 135 metros quadrados ou até o dobro. Na abordagem "conjunto de partes", o objetivo é fazer cada prateleira pequena o bastante para se adequar a qualquer loja, mas grande o suficiente para ser manejável. Um armário de 1 metro provavelmente se encaixará em apenas uma de cinco lojas, enquanto um de 80 cm possivelmente se encaixará em todas as lojas.

Cada categoria de varejo tem diferentes preocupações com suas mobílias e acessórios. Lojas de vestuário precisam de balcões maiores, cabides de parede e cabides livres. Lojas artesanais, balcões menores e mostruários de parede. Restaurantes exigem uma variedade de armários, mesas e cadeiras. Lojas de jóias, mostruários grandes e áreas de estar onde os funcionários possam receber os clientes. Na Banana Republic e em outras cadeias, por exemplo, você notará um tamanho padrão de balcões para roupas, os quais podem ser encaixados para ficar menores ou agrupados para criar mostradores maiores. Tais características modulares são chamadas de elementos "mutáveis", que podem ser feitos ou comprados em grande quantidade. Essa abordagem permite que uma empresa obtenha descontos por volume comprado de fornecedores e contratantes. Quando a operação é grande o bastante – abertura de 30 a 50 lojas por ano –, o varejista deve gerar volume suficiente para ter entrega de componentes JIT de fornecedores importantes.

Quanto ao restaurante, minha preocupação com o trabalho da Foundation Design era que não havia um tema de *design* próprio do Blue C Sushi capaz de ser usado na segunda, terceira, quarta ou quadragésima loja, ou que atingisse uma economia de escala com as futuras lojas. Felizmente, os *designers* entenderam o *feedback*. Duas semanas depois, eles retornaram com um conceito que era intrinsecamente diferente. Tinha a mesma sensibilidade estética do trabalho anterior, mas incluía uma palheta de cores e materiais que poderia ser repetida de diversas formas em diferentes ambientes. O uso dos materiais era quase único, de modo que poderíamos nos apropriar de seus elementos como parte da apresentação do Blue C Sushi. Mais tarde, no *design* final, o arranjo físico facilitou o fluxo dos consumidores e dos funcionários, destacando o principal elemento da marca – o *chef* de *sushi* – na frente e no centro. A esteira, a parte central da loja, foi disposta para permitir a todos no restaurante ver o *chef* de *sushi* sênior, que prepara grande parte dos *sushis* servidos. Ele teria contato visual com a porta da frente e poderia cumprimentar os clientes que chegassem. Ficaria claro que o restaurante é um estabelecimento sério. Além do *chef* sênior, dois ou três *chefs* também estariam na frente. Em torno deles, a esteira do *sushi*. A maioria dos consumidores estaria voltada para ela, podendo pegar seus pedidos. A preparação da comida e as pessoas se olhando no ambiente do restaurante permitiriam uma experiência de refeição/entretenimento única e teatral. As luzes baixas enfatizariam o *sushi* na esteira, como se fosse um mostruário de jóias. As mesas seriam de madeira maciça preta, contrastando com os pratos levemente coloridos. Haveria ladrilhos à altura dos ombros nas paredes (na cor terra, pois o branco é muito institucional). Ladrilhos mais altos são especiais porque o ladrilho é geralmente usado em painéis decorativos a apenas 80 cm do piso. Ladrilhos acima de um metro e meio causam um forte impacto visual. Haveria uma pintura grande na parede de trás, mostrando o bairro de Fremont, feita por um casal nipo-americano de Los Angeles especializado na arte de contar histórias. Esse conceito de mural poderia ser utilizado para mostrar o bairro em todas as lojas futuras, integrando o restaurante e a marca à comunidade. Grandes janelas de vidro, mostrando o estabelecimento para a rua, convidariam os passantes a juntar-se aos clientes. Janelas grandes também servem como guias, especialmente à noite, quando as luzes interiores estão acesas. O conceito do restaurante seria inclusivo e convidativo. Os consumidores veriam o Blue C Sushi como um local para uma janta rápida e casual. No todo, o *design* construía um ambiente originalmente de vanguarda. O sentimento seria o de um jantar instigante, único, interativo e informal. Daqueles para convidar os melhores amigos.

CAPÍTULO 4 ■ MAXIMIZANDO A EXPERIÊNCIA NO VAREJO POR MEIO DO *DESIGN* 85

FIGURA 4-1 O *design* do Blue C Sushi cria uma combinação única de comunidade, entretenimento e comida de excelente qualidade e barata – tudo a partir de um conceito de *kaiten* (*sushi* na esteira) com os *chefs* servindo no centro. (Foto: Cortesia do Blue C Sushi.)

James e Steve conseguiram transformar as limitações físicas do local numa vantagem. O primeiro problema foi que o espaço incluía um mezanino de 60 metros quadrados não atendido pela esteira, mas pelo qual teriam de pagar aluguel. Até então, no modelo econômico do Blue C Sushi não havia um bar separado para bebidas alcoólicas. Cerveja e vinho viriam do refrigerador da cozinha. Assim, eles projetaram uma área para o bar no andar de cima, que geraria mais renda e permitiria às pessoas esperar até o balcão na parte de baixo estar disponível. Para utilizar melhor o mezanino, desenhamos uma rede de trilhos de aço para o espaço de cima que o faria parecer mais aberto, visualmente acessível e convidativo. A vista do mezanino do público eclético embaixo seria outro elemento teatral. O segundo problema foi que no andar de baixo, de 140 metros quadrados, não tinha espaço para uma cozinha e uma despensa. Tivemos de construir a cozinha no porão, junto aos escritórios e banheiros. Ainda assim, fomos bem-sucedidos. A solução final de *design*, como os consumidores o vêem, reforça a marca.

REINVENTANDO A MARCA COM O *DESIGN*

O processo de criação de um *design* forte e sua operacionalização de forma barata é semelhante tanto para uma cadeia já existente como para uma nova iniciativa. É óbvio que o processo é mais complexo, embora os varejistas com experiência também disponham de mais recursos. A Starbucks encarou o "envelhecimento" do *design* no início da década de 1990, embora fosse uma empresa relativamente nova. Um segredo pouco conhecido de seu sucesso é que ela tinha *designers* como funcionários desde 1991. A estratégia da "melhor esquina" – abrir lojas em esquinas bem visíveis – obrigou-nos a desenvolver *designs* customizados para vários tipos de espaço. Quando entrei na empresa, em 1992, era claro para mim que precisávamos desenvolver nossa capacidade de *design* interno para garantir o crescimento dos projetos. Começando com uma dúzia *designers*, contávamos com mais de 150 uma década depois. Entretanto, o negócio central da Starbucks é um conceito orientado para a aquisição de imóveis bons e bem localizados, assim, meu esforço como vice-presidente sênior era organizar e focar nosso grupo em direção à expansão nacional. Naquela época, a Starbucks estava passando de dezenas para centenas de lojas por ano. O *design* dessas lojas precisava ser reinventado para manter nosso posicionamento de marca inovadora, mas sem bons imóveis o *design* nada significa. Como nosso conceito original de *design* nos levaria a mil lojas, pedi aos demais gerentes seniores que me dessem tempo para colocar em ação a estratégia imobiliária e estabelecer escritórios de imóveis para executar uma expansão rápida e ordenada.

Ao mesmo tempo, sabia que nossos concorrentes estavam correndo atrás de nós e que aquele *design* não seria adequado para as próximas mil lojas. Embora cada unidade da Starbucks fosse personalizada, começamos a receber reclamações de que eram muito institucionais, lhes faltava um pouco de vida, eram padronizadas demais. Para uma empresa que tinha orgulho de criar uma conexão pessoal com seus clientes, ouvir suas críticas era importante. Além disso, nosso custo por loja estava aumentando à medida que tentávamos ser mais criativos, chegando a 350 mil dólares por loja. O desafio do *design* era complexo: criar um visual distinto e pessoal, compatível com cada lugar; reduzir custos e ser capaz de expandir-se por todo o país – e depois pelo mundo. Para capturar a essência do "terceiro lugar" – aquele onde as pessoas se reúnem entre o trabalho e o lar, mas sem a pressão de ambos –, precisávamos de *designs* modernos que diferenciassem a marca da Starbucks.

Pesquisei vários dos melhores escritórios de arquitetura de varejo no país. Na verdade, cheguei a contratar um deles, mas desisti depois de alguns meses. Muitos arquitetos com experiência comprovada em projetos residenciais, comerciais e institucionais afirmam poder projetar e construir lojas dinâmicas ou ambientes de restaurantes, mas não compreendem o modelo mental do varejista, nem a experiência no varejo. Mais uma vez, deparamo-nos com o problema de alguns *designers* pensando em duas dimensões em vez de três, de pessoas olhando somente para uma planta baixa em vez de para toda a experiência do consumidor, de uma falta de entendimento sobre como criar um *design* que reforce a marca. Além disso, muitos *designers* ou arquitetos desenvolvem um certo "estilo caseiro". Seus projetos tornam-se previsíveis. Mesmo trabalhos novos assemelham-se a anteriores. Essa repetição não dá espaço para inovações. Tais arquitetos podem até criar um espaço útil, mas falham em capturar a alma da marca, em criar uma atmosfera que irá conectar-se ao coração e à mente dos consumidores. Eles elaboram um *design* funcional e eterno. Você já parou para pensar como as lojas de roupa se parecem umas com as outras? A Gap se parece com a J. Crew, que lembra a Abercrombie & Fitch, e assim por diante. O problema não está no visual de cada uma das lojas da cadeia, mas no fato de que todas as cadeias são parecidas. A maioria dos arquitetos mantém-se nas tendências varejistas, não arriscando em inovações. O varejo, porém, está mudando tão rapidamente que os *designers* precisam acompanhar o ritmo. Em meados da década de 1990, por exemplo, os *bagels* tornaram-se o melhor conceito. Esperava-se que essa categoria atingisse sua maturidade em três ou cinco anos, mas isso acabou acontecendo em apenas dois anos. Na Starbucks, tivemos de encarar muitos concorrentes, tanto cafeterias independentes como redes regionais. Seus cafés talvez não fossem os melhores, mas seus ambientes eram confortáveis. Assim, tivemos de nos agilizar o quanto antes com os *designers*, que compreenderam o que a nossa empresa era.

Para vencer nossos desafios, decidi correr o risco e desenvolver novos protótipos de lojas internamente. Convidamos os melhores profissionais para entrar e compartilhar nossa cultura de café, nossos valores e nossa filosofia de *design*, para então definir a nossa loja do futuro. Trouxemos arquitetos, decoradores de interiores, *designers* gráficos e de iluminação, poetas, artistas, escritores e engenheiros. Entre aqueles que quiseram participar estava um grupo de *designers*, artistas e arquitetos *freelancers* que incluía um *designer* chamado Bill Sleeth. Esse grupo nos mostrou seus portfólios com uma atitude de "aqui está o que já fizemos, contratem-nos". E foi o que aconteceu. A primeira entrevista com Bill estabeleceu uma relação que prossegue até hoje, como será mostrado no Capítulo 5, "Conectando o *design* à marca e mantendo o orçamento".

Escondida em um sótão no prédio da Starbucks em Seattle, a nova equipe funcionava como um "projeto secreto", trabalhando sozinha com uma pequena vigilância interna para explorar novos *designs*. Eles se comunicavam com Wright Massey, o vice-presidente sênior de *design*, que mantinha contato comigo. Wright, além de artista, era arquiteto também. Ele tinha uma boa experiência em varejo, assim como em *resorts*, de quando trabalhou para a Disney. Ele compreendia que um bom *design* de varejo elevava a experiência do consumidor, e sabia como usar imagens gráficas para criar uma linguagem visual e, com isso, contar a história da marca.

O acesso ao grupo era limitado – poucas pessoas sabiam de sua existência. Nosso *designer* interno foi convidado a participar. O CEO Howard Schultz veio para explicar sua visão sobre o que a Starbucks deveria ser. O objetivo não era apenas apresentar um novo esquema de cores ou estilo de móveis e ornamentos, mas mergulhar fundo na cultura e na mitologia do café para capturar a essência do espírito por trás de nosso negócio. O grupo explorou a história da empresa, do uso e do cultivo do café, da mitologia do mar (Starbucks é o imediato do clássico *Moby Dick*), da sirene que avisava os marinheiros sobre as pedras. A equipe dissecou o significado de "terceiro lugar" para cada um de seus membros. Diversas abordagens visuais vieram à tona.

Wright preocupava-se com as mudanças que estava conduzindo. Em muitas empresas, o que não agrada é excluído, mas um bom gestor sabe que deve defender sua equipe da pressão de cima. A equipe de *design* já sentia o peso da responsabilidade pelo futuro do empreendimento. Meu trabalho era garantir que todos se mantivessem concentrados. Antes de apresentações importantes, visitava informalmente Wright e sua equipe para entender seus últimos direcionamentos e assegurar que eles estavam conjugando suas idéias individuais em busca de uma mensagem maior do negócio. Numa conversa com um casal de *designers*, que contava empolgados como usariam o tema do mar para criar visuais únicos, perguntei inocentemente, quando todos os demais estavam ouvindo: "Então, vocês estão criando uma iconografia que a Starbucks pode comprar?" "Sim!", responderam. Eram pessoas inteligentes que haviam entendido o porquê dos novos visuais para o negócio: ajudar a Starbucks a manter uma identidade exclusiva. Na apresentação no dia seguinte, eles expressaram tudo no contexto da marca.

Grandes momentos provem de pequenas vitórias. Muitas pessoas não percebem que uma arquitetura bem-sucedida inclui a necessidade de vender nosso ponto de vista aos consumidores. Precisávamos, a partir de pequenos atos, ganhar a confiança de Howard, assim como a de Orin Smith, então diretor financeiro e, posteriormente, presidente e CEO. Com a confiança deles em nosso potencial para o sucesso, receberíamos mais fundos para continuar nossa jornada. Defini como política para uso dos novos conceitos visuais a criação de quiosques. Apresentamos mais de 20 novos estilos de quiosques à administração, para que fossem analisados e mostrassem que estávamos na direção certa. Desse primeiro estágio surgiram os bares *breve* e *doppio* (nome de uma dupla rodada de expresso). O bar *breve* é projetado para saguões de escritórios ou em frente a supermercados; o *doppio* se encaixa em um espaço ainda menor, como um campus universitário ou uma feira de negócios, e pode ser montado e desmontado em poucas horas. Embora pré-fabricados, ambos os quiosques incorporavam a mesma alta qualidade de materiais e acabamento usado nas lojas-padrão. Tão logo Howard e os outros gerentes seniores ganharam confiança no ambiente e no visual dos quiosques como prova de nossa orientação para *design*, autorizaram-nos a continuar trabalhando em todas as novas lojas, o que nos rendeu outro mês de atividades.

CRIANDO OS PARÂMETROS PARA A CONSTRUÇÃO DA MARCA

O *design* é um processo. Muitas vezes, quando está começando, você estabelece parâmetros e objetivos de *design* mesmo que ainda não tenha idéia de onde irá chegar. Desse processo, nossos *designers* desenvolveram um grupo de parâmetros para a construção da identidade visual da marca, a partir da alquimia do café e dos conceitos tradicionais de terra, fogo, água e ar. Um parâmetro é uma palavra, frase ou imagem que capta a essência do *design*. Todos os trabalhos desenvolvidos depois da sua criação devem se referir a eles de uma maneira óbvia ou, às vezes, sutil. Cada um dos elementos estava relacionado aos estágios do desenvolvimento do grão de café, orientando-nos a uma paleta de cores distintas. *Terra*, que corresponde ao *crescimento*, com marcas de verde. *Fogo*, que corresponde ao *torrado*, em vermelhos e marrons profundos. *Água*, que corresponde à *fervura*, em azul e marrom (de água e café, respectivamente). *Aroma*, que corresponde ao *ar*, em tons claros de amarelo, verde e branco.

Esses novos parâmetros nos proporcionaram um visual mais orgânico do que comercial, sem riscos de ficarmos parecidos com os concorrentes. Não usamos materiais da moda. Detalhes e bordas mais pesados, assim como lustres metálicos, foram eliminados. Em seu lugar, detalhes mais claros, materiais naturais e cores suavizantes. As embalagens e a iconografia utilizada foram igualmente modificados para refletir os novos motivos. As lojas teriam papéis de parede ou murais pintados à mão. Mesas redondas seriam usadas no lugar de mesas com ângulos retos. Uma pessoa em uma mesa quadrada parece (e possivelmente se sente) solitária. Uma mesa redonda é menos formal, não tem assentos vagos, e a ausência de ângulos retos faz com que quem está sentado sinta-se menos isolado. Os novos *designs* celebram a arte das bebidas expressas usando um espaço para mostrar todas as bebidas em uma plataforma de madeira curvada, onde o *barman* as apresenta para os consumidores.

Dessas idéias básicas, elaboramos um pequeno livro de *design* contendo quatro modelos diferentes, quatro palhetas de cores distintas e quatro formatos diversos, e descrevemos como eles poderiam ser misturados e combinados para os mais variados efeitos. Esse livro tinha uma capa de borracha – uma tradição que Wright trouxe da Disney – e ficou conhecido como "o livro de borracha". Esse livro nos permitia criar 12 diferentes *designs* de lojas, variando facilmente do urbano para o suburbano, de um bairro de classe alta para uma área colegial, sem precisar desenvolver uma nova abordagem a partir do zero. Em Vancouver, British Columbia, por exemplo, temos duas lojas em diagonal uma da outra. Uma em um prédio tradicional de tijolos e a outra em um prédio recém construído e moderno. Usando esses novos *designs*, criamos duas atmosferas visuais bem diferentes: uma voltada para os freqüentadores do prédio de tijolos e a outra, para os freqüentadores descolados do prédio novo – permitindo que eles vissem e fossem vistos.

Com os novos *designs* aprovados por Howard e os demais, não tivemos tempo nem para comemorar. O trabalho tornou-se a comemoração. Definimos o valor de engenharia de cada componente para baixar o custo de produção em massa, o que tornou os custos totais de produção mais previsíveis. Em vez de tentar economizar uma ninharia de loja em loja, desenhamos e fizemos a engenharia dos componentes para gerar grandes economias em toda a cadeia. Esse esforço ficou conhecido como a abordagem "conjunto de partes", um componente de *design* modular para flexibilidade nos leiautes das lojas. Como nos restaurantes de atendimento rápido, padronizamos o máximo de componentes possível – *mas sem diminuir sua qualidade*. Focamos os equipamentos, ornamentos e móveis de madeira que cada loja teria, como prateleiras e gavetas para armazenar os grãos de café e mostruários para bolos. Com um *software* de *design*, definimos os elementos principais das novas lojas em formas modulares, usando painéis para preencher qualquer espaço remanescente. Com diferentes possibilidades de assentos para mesas pequenas até mesas grandes de bibliotecas, conseguimos desenvolver arranjos de assentos flexíveis para combinar quase todos os tamanhos e formas. A experiência nos ensinou que 80% ou mais de cada loja pode ser de componentes padronizados. Nossos *designers*, então, se concentraram na customização interessante e exclusiva dos 20% restantes.

Inicialmente, podíamos pré-estocar itens padronizados com descontos de 20 a 30% por volume. Mais tarde, passamos a trabalhar de maneira JIT com certos componentes, eliminando os custos de armazenamento de muitas peças modulares.

Durante todo esse tempo, a Starbucks não parou de abrir novas lojas. Estávamos já com cerca de 1.250 e abrindo outras mais. Meu maior medo era que, à medida que tentávamos terminar nosso estoque antigo e começar a trabalhar com o novo, o trem descarrilasse. Se você está para abrir, por exemplo, de 85 a 150 lojas e o novo mobiliário sob medida não é entregue a tempo, as datas de abertura serão adiadas e tudo poderá desandar rapidamente. Se não executássemos com exatidão, ou as novas lojas não abririam no prazo ou perderíamos milhares de dólares do estoque antigo. Porém, parar o processo de abertura de lojas para fazer todas essas mudanças teria sérias conseqüências financeiras. Assim, três em quatro possibilidades poderiam prejudicar todo o nosso trabalho (e o meu emprego, lógico).

Este foi um ponto em que coloquei pressão na equipe. Convoquei reuniões especiais para tratar estritamente da execução do calendário de novas lojas. Wright participava delas, junto com os diretores de *design* e de construção – todos que estavam no caminho crítico da entrega. Desenvolvemos cronogramas e tabelas de fluxo abrangentes para o *design*, a manufatura e o tempo de entrega de milhares desses itens. Afinal, não estávamos criando apenas um novo *design*, mas uma dúzia deles – todos dependendo de cores e móveis. Identificamos e rastreamos todos os detalhes, desde as datas em que cada fabricante precisaria dos desenhos das lojas até se realmente estavam produzindo as unidades necessárias dos componentes que precisávamos para nossos compromissos. A cada decisão, eu pensava no lado negativo. "E se isso der errado, qual a alternativa?" Identificamos todos os aspectos do *design* que poderiam ser encaixados se algo falhasse na entrega. Asseguramo-nos de que, se tivéssemos poucas peças no estoque da Califórnia, teríamos o bastante em Nova Jersey para cobrir a diferença, e vice-versa. Em alguns casos, não havia como compensar uma falha. O antigo piso de ladrilhos, por exemplo, não combinava com as novas cores. A remessa completa de ladrilhos tinha de chegar, e a tempo. Essas áreas foram consideradas prioritárias.

Na verdade, não institui nenhuma supertécnica de administração. Porém, consegui atenção extra dos gerentes para detalhes até mesmo dos menores itens que estivessem sob sua responsabilidade. Para cada entrega, perguntava: "E se?" E se o fabricante falhar conosco e não entregar ou produzir o item? Não sossegávamos até que todos os "e se" tivessem respostas. Revisamos cada item no cronograma e cada marco de entrega. Rastreamos todos os itens através do sistema: do *design* ao desenho das lojas à fabricação, das remessas para os depósitos às remessas dos depósitos para as lojas. O resultado foi gratificante. Os consumidores nos deram *feedback* positivo já nas primeiras lojas concluídas. Centenas de pessoas de dentro e fora da empresa trabalharam duro para trocar com sucesso todos os materiais e componentes, mas para a maioria do pessoal do Starbucks, a transição nem foi sentida.

Essa nova abordagem de *design* e construção também requeria mudanças de longo prazo em nossa organização e nas relações de trabalho nos escritórios e nas lojas. Nesse processo, organizamos nossa equipe de *design* em regiões, para que fosse desenvolvido um profundo entendimento dos assuntos de *design* específicos de cada parte do país. Contratamos gerentes de construção em cada grande mercado para coordenar os contratos de construção de múltiplas lojas simultaneamente. O retorno de todas essas mudanças foi uma diminuição no tempo de construção das lojas (de nove para seis semanas) e uma economia substancial no custo de cada uma. Antes da mudança, nossos custos por loja estavam aumentando porque os projetistas customizavam o *design* de cada loja. Centenas de lojas eram produzidas assim. Com a abordagem "conjunto de partes", os elementos-chave já estavam desenhados e os custos estimados, antes mesmo que a própria loja fosse desenhada. As únicas mudanças que os projetistas poderiam fazer eram na palheta de cores e no leiaute dos assentos. Ainda assim, para os consumidores, cada loja parecia ter um ar diferente – algo que manteve com sucesso o posicionamento da Starbucks como uma marca de alta qualidade. A esses benefícios juntaram-se os *designs* de última moda e alta qualidade que os concorrentes não conseguiram copiar, porque registramos nossos gráficos e jogos de luz.

Descobrimos o poder de nossos novos *designs* quando abrimos a primeira Starbucks no distrito *fashion* de Ginza, em Tóquio. Era o primeiro local fora da América do Norte, e nosso objetivo principal (além de vender café, obviamente) era ver se a marca Starbucks seria significativa no outro lado do Pacífico e se nosso *design* de lojas seria aceito e entendido por outras culturas. Memo com o calor e a umidade, que fazia o bairro se parecer mais com Atlanta do que Tóquio, a loja abriu para um grande público e permaneceu cheia o dia todo. Outras lojas internacionais começaram a abrir, todas com grande sucesso. A palheta de cores da loja, os ícones, os murais e os materiais de alta qualidade – todos os elementos vieram da mesma linguagem que havíamos desenvolvido para o mercado norte-americano. Sabendo que as lojas teriam grandes fluxos de consumidores, planejamos um ponto de venda e uma máquina registradora adicional para cada uma. Uma pesquisa de *marketing* mostrou-nos que deveríamos oferecer produtos assados mais familiares ao mercado. Continuamos variando os *designs* para combinarem com qualquer localização em qualquer parte do mundo, mas o ganho final de nossa revolução foi não precisar criar outros novos conceitos de *design* para sermos bem-sucedidos fora de nossa terra natal.

DESENVOLVENDO UM VALOR ÚNICO EM *DESIGN*

Trabalhar com um grupo de *design* para criar um visual exclusivo do conceito pode valer mais do que ter a melhor fachada ou o melhor espaço interior. Uma linguagem visual exclusiva permite estabelecer e diferenciar a identidade de sua marca e interagir com a maioria dos elementos físicos na adaptação visual de cada prédio ou vizinhança. Uma boa estratégia de *design* leva a uma solução até certo ponto padronizada para trabalhar com muitos espaços, mas flexível o bastante para tirar vantagem das características particulares de cada local. O uso de um livro de *design* e da metodologia "conjunto de partes" leva o conceito rápida e efetivamente adiante com o mínimo de custos e mudanças possível. Essas técnicas permitiram que a Starbucks montasse lojas em bancos históricos e estações de trem respeitando a história do prédio, do quarteirão e da comunidade, ao mesmo tempo que mantinha a alma de seu conceito – além de construir milhares de lojas por ano em todo o mundo sem perder o controle da qualidade e dos gastos. Todos esses fatores são importantes para o sucesso no varejo, mas a principal razão de se investir em um conceito forte de *design* é para criar uma linguagem exclusiva. Ela diferenciará sua marca; definirá sua empresa como criadora de tendências e inovadora. Alguém disse certa vez: "A arte é o processo de falar com o coração e a alma". O *design* no varejo é a conexão com o coração e a alma do consumidor.

Por último, uma visão geral pode ser duplicada, mas um *design* bem executado, com o seu conceito e seus valores como centro, é único. Ele não pode ser facilmente copiado pela concorrência. Quando fizemos mudanças incrementais em nosso *design*, nossos competidores certamente devem ter tentado roubar nossas idéias – os materiais, as luzes, etc. Porém, nosso grande *redesign* frustrou suas intenções. Uma empresa tentou copiar os ícones que havíamos criado, mas eles não faziam sentido em suas lojas, ficavam fora do contexto. A arte simplesmente não funcionava. Os concorrentes eram incapazes de traduzir nossas imagens em algo significativo para eles. Uma combinação apropriada do visual com o *sentimento* de um local – um integrante de sua marca – não pode ser copiada, e ainda permanece como uma vantagem estratégica. O *design* das lojas pode ser mais do que uma maneira de criar apelos visuais para os consumidores. Feito da maneira certa, pode criar um visual que seja reconhecido e aceito mundialmente. O *design* das lojas torna-se uma maneira fundamental de garantir que sua marca permaneça única, rapidamente identificável e protegida contra as investidas dos concorrentes e as tentativas de cópia: um dos posicionamentos de marca mais fortes que um varejista pode ter.

5 Conectando o design à marca e mantendo o orçamento

Depois de encontrar a melhor localização, todo varejista sabe o que um bom *design* de loja deve ter e o quão profundamente ele influencia no posicionamento de uma marca. Entende, também, a necessidade de, durante os primeiros estágios da criação de um conceito de varejo, pensar de acordo com a estratégia "conjunto de partes", para multiplicar as lojas com o menor custo possível, mesmo que a expansão não se concretize no curto prazo. Nesse momento, o varejista precisa identificar a melhor forma de proceder, trabalhando com o *designer*, descobrindo um empreiteiro que tenha uma visão global da definição do *design* e lidando com os desafios operacionais para a abertura da primeira loja. Todos esses temas pedem maior atenção se desejamos que a primeira loja tenha o impacto necessário para a marca.

O *design* não acontece de maneira abstrata. Para obter os melhores resultados no menor tempo possível, e com gastos mínimos, o *design* precisa de intensa interação entre o varejista e a empresa de *design*. O Capítulo 4, "Maximizando a experiência no varejo por meio do *design*", discutiu a importância de encontrar *designers* cuja personalidade combine com a do cliente, e cuja sensibilidade seja compatível com a categoria do conceito. Um alto grau de confiança deve existir entre o cliente e o *designer*. O processo de *design* não é inteiramente linear. Ele segue caminhos tortuosos. Antes de começar seu trabalho, um bom *designer* procurará entender a missão e a visão do negócio, todos os detalhes do conceito e os objetivos financeiros da empresa. Ao mesmo tempo, deverá determinar as necessidades técnicas e as exigências de espaço do conceito. O *designer* também deverá saber se o conceito será para uma única loja ou para muitas. Com essa informação, poderá fazer um orçamento para o projeto.

Depois que o projeto for aprovado, a primeira entrega do *designer* deverá incluir tanto a identidade da marca quanto os esboços nela baseados. A maneira como a Vizwerks, um grupo de *design* de Portland, Oregon, trabalha com seus clientes ilustra esse aspecto do processo de *design*. A Vizwerks foi criada por Bill Sleeth e sua parceira de negócios, Shauna Stinson, muitos anos após ter trabalhado comigo na Starbucks. Foram Bill e sua equipe que elaboraram o projeto da Il Fornaio, mencionado no Capítulo 1. Lembre-se de que o *design* era um "ideal toscano" em torno dos valores da marca de "autenticidade", "aconchego" e "frescor". Ao mesmo tempo, a Vizwerks também fazia uma inspeção informal do visual e do ambiente das lojas dos concorrentes para descobrir como poderia se diferenciar deles – a busca seria por um visual que não apenas reforçasse a Il Fornaio, mas que também fosse difícil de imitar. Tendo em mente o plano de negócios e o *mix* de produção, a equipe de Bill começou a trabalhar em um *framework* visual que apresentasse o conceito da marca. O objetivo era criar um *guard rail* em torno do conceito de *design*, de modo que este não seguisse a direção errada. Esse pensamento tornou-se a base dos desenhos iniciais, que apresentavam detalhadamente o ambiente físico. Os valores do *design* toscano mostrados na proposta usavam "materiais nobres" – mármore, terracota e vidros forjados, junto com outros materiais bonitos mas não ornamentados, escolhidos por sua durabilidade e praticidade. A mobília seria moderna, com linhas livres; as cadeiras seriam formais, mas confortáveis; a área de alimentação teria mesas próximas o suficiente para criar uma sensação de conjunto, mas não aglomerar os consumidores. Esses valores serviriam como o "vocabulário de *design*" da loja.

Pelo fato de os desenhos iniciais serem esboços, os varejistas muitas vezes não lhes dão a devida atenção. Psicologicamente, eles esperam um *design* mais maduro antes de se envolverem. No entanto, a primeira ou a segunda reunião, quando os *designers* apresentam os parâmetros para construção da marca, os conceitos visuais e os primeiros desenhos, são cruciais. O varejista e o *designer* precisam concordar na avaliação da marca e na forma como o *designer* pretende traduzi-la fisicamente. Embora durante o processo de construção muito mude, as alterações feitas no começo são sempre mais baratas, ainda que grandes. Assim, é importante dedicar tempo aos primeiros estágios do *design*.

Quando o cliente e o *designer* chegam a um consenso, o *design* evolui de uma idéia ampla a uma solução específica, de desenhos que mostram o arranjo geral de diferentes áreas da loja a desenhos que mostram o tamanho exato, a forma e a colocação de cada elemento. O *designer* deve mostrar o fluxo operacional e de clientes na loja, onde cada oferta de produtos será mostrada, onde os consumidores pagarão, e assim por diante. A seleção de materiais, palhetas, cores e gráficos torna-se mais importante. Um último desenho para a Il Fornaio, por exemplo, mostrava que, para manter o ideal toscano, os cartazes da loja e o menu deveriam ser escritos à mão, e todos os trabalhos de metal deveriam ser em estilo artesanal.

CONHECENDO SEU MERCADO-ALVO

Os varejistas iniciantes geralmente são seu próprio público-alvo. Isso não surpreende, pois eles costumam se engajar naquilo em que têm algum interesse especial ou conhecimento. Quase sempre, o primeiro encontro com um futuro varejista me ajuda a entender o tipo de público que ele deseja alcançar. Seja qual for o caso, o varejista deve ter um conhecimento prévio sobre seus consumidores potenciais. Saber para quem você quer falar reflete diretamente no trabalho de *design*. Um conceito voltado para mulheres com idade entre 25 e 50 anos em um mercado suburbano será visualmente diferente daquele para um mercado-alvo masculino em um centro urbano e que pratica *skate*. Ter boas informações demográficas capacita o *designer* a desenvolver uma biblioteca visual de onde o *design* pode surgir. A biblioteca deve mostrar o que os consumidores potenciais vestem, o que gostam de jogar e o que carregam consigo (celulares, *Gameboys*, ambos?), que música ouvem, como decoram seus quartos, e assim por diante.

Além disso, antes de contratar uma firma de *design*, os varejistas devem procurar em revistas fotos e ilustrações que chamem sua atenção. Devem arquivar tudo que seja interessante e apropriado para seu conceito. Normalmente, os clientes não têm o vocabulário para descrever como querem sua loja, mas se tiverem materiais visuais suficientes, podem dar dicas para o *designer*, que pode encontrar e utilizar elementos comuns.

O cliente deve se envolver no processo. Os varejistas de maior sucesso são aqueles que se apegam a detalhes. Isso significa aproveitar a contribuição de todos que tenham papel importante no funcionamento da loja. As maiores falhas de *design* ocorrem quando o lado operacional do negócio não está envolvido como deveria. Uma empresa ofereceu acesso à Internet a seus clientes como

CAPÍTULO 5 ■ CONECTANDO O *DESIGN* À MARCA E MANTENDO O ORÇAMENTO **99**

FIGURA 5-1 As primeiras versões de um conceito de varejo devem captar o padrão da marca – atributos importantes do *design* físico, como materiais, texturas e cores – bem como um leiaute que atinja os objetivos de *marketing*. Para a Omaha Steaks, o objetivo estético era criar um ambiente novo, mais aconchegante e atualizado, enquanto o de *marketing* era melhorar a compreensão sobre tudo que a empresa oferecia. (Versão de Don Lange.)

parte de um novo *design*, mas falhou porque a equipe de TI não queria correr o risco de expor os sistemas da corporação a problemas de segurança e vírus eletrônicos. Na Starbucks, mudamos a maneira de expor o café nas lojas, instalando um bonito funil de metal com alças grandes, parecido com os de lojas antigas. A idéia era fazer os consumidores pensarem em grãos frescos recém-torrados. Eles estariam perto do barista (o atendente da bancada) quando este usasse o mecanismo para liberar os grãos – um diferencial de alto contato. O funil de metal lembrava subliminarmente uma torrefadora de grãos de café. Jamais colocaríamos uma dentro da loja (perigo de fogo e queimaduras); porém, podíamos conectar mentalmente nossos clientes ao equipamento por meio do *design*. O *design* é mais do que o tratamento dado à superfície, aos móveis e à pintura. Ele deve conectar a marca à experiência do consumidor. Tem de estar perfeitamente integrado aos objetivos da marca e aos planos financeiros e operacionais. Os funcionários precisam entender e usar os elementos do *design* da maneira correta. Uma empresa gastou milhões de dólares em um *design* para incentivar uma maior interação entre a equipe de vendas e os consumidores, mas não treinou os funcionários para explorar a nova forma de relacionamento com os clientes. Na Starbucks, como a equipe de operação não abraçou a idéia, o funil de grãos nunca foi usado como deveria, tornando-se apenas mais um elemento na decoração da loja. A empresa teria ficado melhor sem ele, e foi o que aconteceu depois. No caso da Il Fornaio, pessoas com experiência em restaurantes e peritos operacionais regularmente revisavam o plano de desenvolvimento para a nova cafeteria e padaria. Às vezes, faziam tantas alterações que os *designers* tinham de dar duro para não estourar o orçamento. Seja como for, é sempre melhor as pessoas que fazem a loja funcionar se envolverem muito do que pouco.

REVISANDO MODELOS E PROTÓTIPOS

Geralmente, no final do processo, o *designer* cria um modelo físico colorido que é o mais real possível. A escala é bastante reduzida, de maneira que a maioria das lojas possa ser representada com um modelo do tamanho de uma mesa pequena. Esta é a última parte do trabalho antes do *design* ser aprovado e a construção começar. Porém, como sempre fazemos quando idealizamos um conceito e um *design*, encorajamos a Il Fornaio a executar mais um passo. Foi assim que eu e Bill nos encontramos com Mike Hislop, presidente e CEO da Il Fornaio, e mais um grupo de gerentes seniores em um depósito num dia frio de inverno em Portland, Oregon. Mike Hislop entendeu a importância de construir um modelo em tamanho real para trabalhar com sua equipe operacional.

Antes de entrarmos no depósito, tudo fazia crer que ali estava instalada a nova Il Fornaio, só que em chapas de partículas de madeira prensada. Na parte da frente o *pizzaiolo* trabalhava com a massa. Este era o símbolo do seu conceito – pão fresco, feito diariamente – e a primeira coisa que o consumidor veria ao entrar na loja. Ao lado, encontravam-se as prateleiras de pães, roscas e bolos, trazendo bons aromas e uma visão atraente. Na seqüência, café e expresso para complementar os bolos. Mais adiante, duas mesas grandes para a preparação de saladas. No final do corredor de compras havia um bar de sanduíches e de sopas. Se não fosse por estarmos congelados naquele dia frio, teria sido difícil distingüir aquela simulação da primeira cafeteria e padaria, inaugurada somente meses depois. Além disso, utilizamos gráficos de papelão para testar as linhas de visão da loja.

A Boeing talvez seja capaz de projetar uma aeronave usando somente uma ferramenta para desenho tridimensional de computador, em vez de um protótipo de escala real muito mais caro, mas um modelo em tamanho natural ainda é benéfico para uma loja que será ponto de partida para muitas outras. Pontos-de-venda de varejo têm um complexo fluxo de clientes para organizar. O leiaute do assoalho, por exemplo, precisa criar filas para os consumidores naturalmente. A preparação de alimentos envolve problemas clássicos de tempo e movimentação. O espaço deve permitir uma progressão suave do pedido ao pagamento à entrega em um lado do balcão, enquanto no outro os funcionários devem conseguir se movimentar com agilidade.

Mesmo com todo o trabalho da Vizwerks, do pessoal do restaurante de Mike e com a qualidade da apresentação da marca, a necessidade de mudanças tornou-se óbvia quando nos movimentamos pelo local. Duas bancas precisavam ser estreitadas para evitar esbarrões quando os clientes fossem servidos. Outra precisava mudar de lugar para abrir espaço aos empregados. Uma pia precisava ser trocada para permitir melhor acesso dos funcionários à área das saladas. A área de pedidos "para levar" precisava de maior destaque para lembrar aos consumidores que a loja possui esse tipo de serviço. Esses e outros tópicos surgiram enquanto simulávamos na loja o trabalho dos funcionários e o caminho a ser percorrido pelos clientes.

A construção de um modelo reduz possíveis erros de *design* e permite aos varejistas corrigir pequenos problemas antes de abrir uma loja. Os empreiteiros também podem vistoriar o modelo para apontar economias financeiras. Algumas vezes, mover parte de um equipamento ou mesmo trocar armários de lugar pode economizar milhares de dólares em custos de engenharia. Engenheiros e encanadores também podem identificar outras maneiras de reduzir custos. Com menos incertezas, as propostas dos empreiteiros terão menos compensações por contingências e custos menores. Mas o mais importante é que a loja poderá ficar pronta mais rápido e, assim, gerar renda mais cedo.

Do ponto de vista estético, o modelo ajuda a ver como a loja se encaixa em escala tanto natural como reduzida. Embora Mike estivesse satisfeito com o visual geral da cafeteria e padaria, ainda não estava de todo com o local onde seriam servidas as sopas e os sanduíches. Para esconder a área de trabalho atrás, havia um armário de madeira alto, largo e sem ornamentos. Vista em tamanho natural, parecia mais uma intimidadora fortaleza de preparação de sanduíches, o que não estimularia a aproximação dos consumidores. Mike, então, pediu aos *designers* que o lugar fosse mais aconchegante, testando alturas diferentes para os armários e acrescentando elementos de *design* vertical para disfarçar a insossa faixa horizontal. Em pequena escala, a equipe constatou que era preciso mudar o tamanho de vários elementos gráficos e o local para cartazes, assim como aumentar a altura do quadro de menu, para que a cabeça de nenhum empregado atrapalhasse a leitura da "sopa do dia".

Poucas empresas adotam o passo do modelo em escala real. A maioria pelos custos adicionais, ou por acreditarem que seu *know-how* é suficiente para evitar problemas significativos em ir direto dos modelos de escala para a construção. Nesse sentido, as perspectivas dos desenhos por computador são ótimas para visualizar o espaço e ter uma idéia de como a experiência do varejo ocorrerá. Não importa quão habilidoso seja o *designer* ou experiente o varejista, alguns problemas só serão identificados com uma caminhada pelo espaço físico *real*. Um modelo de escala real pode custar 10 mil dólares. Pelo fato de os materiais não serem caros, a maioria dos custos provém do trabalho em si. No entanto, a prevenção de apenas um erro material de *design* compensa esse gasto. É melhor resolver antecipadamente um problema do que tentar mover uma pia ou refazer uma bancada a poucos dias da inauguração de uma loja, ou ter incomodações e gastos com mudanças depois da abertura. Além desses benefícios, o modelo real também permite sentir a atmosfera da loja como ela será na realidade. Proporcionar a Howard e aos demais gestores seniores da Starbucks uma experiência direta com um modelo em tamanho real dos nossos novos elementos de *design* deu-nos uma segurança para prosseguir que de outra forma não obteríamos.

MANTENDO O *DESIGN* DENTRO DO ORÇAMENTO

Devido às inúmeras variáveis envolvidas, é difícil definir um orçamento específico para o trabalho de *design*. O conceito de uma loja pode ser desenhado por um valor entre 25 e 100 mil dólares. Um novo conceito complexo de *design* para uma cadeia nacional pode custar 250 mil dólares ou mais, dependendo dos elementos pedidos. É suficiente dizer que muitos trabalhos de *design* para projetos pequenos podem ser feitos por menos de 150 mil dólares, enquanto alguns projetos grandes podem custar o dobro. Além desses números, ofertas de diversas empresas irão garantir que as estimativas sejam realistas e competitivas. A menos que o *designer* justifique as diferenças, é preciso muita cautela com quaisquer propostas para mais ou para menos. À medida que você define uma lista com os melhores *designers*, verifique as referências com os principais clientes.

Uma boa regra para estabelecer o preço de um conceito de loja é calcular que o faturamento anual do projeto deve ser 2 ou 2,5 vezes maior do que o custo estimado de construção. Uma loja que projeta 1 milhão de faturamento deve investir não mais que 400 mil em *design* e construção. O estoque será extra. Claro que cada conceito tem diferentes custos e margens e requer um protocolo definido, o que será discutido no Capítulo 10, "Colocando o modelo econômico em funcionamento". Um varejista deve pensar em gastar talvez 15% dos custos de construção em elementos customizáveis. Além disso, deve definir um mínimo de 5%, de preferência 10%, do custo total para contingências não-previstas. Com uma estimativa, o *designer* primeiro desenvolverá o orçamento da construção conceitual baseado no *design*, na escolha dos materiais, nos acabamentos e assim por diante. Depois que os documentos do contrato estiverem prontos, os orçamentos de construção poderão ser revistos para concessões. Às vezes, é o cliente que orça a construção ou uma parte dela (por exemplo, certo equipamento). Independente de quem seja o responsável, a coordenação de perto por todas as partes é necessária. As atribuições de cada um – clientes e *designers* – devem ser definidas antes que todos concordem com o orçamento planejado.

Depois que o orçamento geral é aprovado, o cliente precisa garantir que ele, o *designer* e (posteriormente) o empreiteiro trabalhem em sincronia. Há uma lenda do cliente que inventa inúmeros acréscimos e alterações: "Podemos fazer isto?", ele pergunta, e o empreiteiro responde: "Claro". Mais tarde, o cliente pergunta novamente: "Podemos fazer isto?", e o empreito diz: "Claro". Todos os dias ele aparece com mais mudanças, as quais o empreiteiro acata. Quando o projeto está pronto, o empreiteiro entrega uma conta enorme das modificações pedidas. "Mas eu pensei que você tinha dito que podíamos fazê-las", protesta o cliente. "Claro", responde o empreiteiro. "Nós podemos fazer tudo, mas tudo custa dinheiro." Não autorize mudanças na construção sem antes receber por escrito do empreiteiro uma oferta detalhando os custos. Na verdade, antes de você executar um contrato de construção, peça ao empreiteiro uma lista dos componentes que não estão no orçamento e que, na opinião dele, serão necessários para concluir a construção da loja.

Mal entendidos desse tipo podem ocorrer durante a fase de *design*. Às vezes, os clientes solicitam abordagens visuais excessivas ou mudanças demais no *design*. Ou então o *designer* pode ter idéias radicais e criativas de mudanças e simplesmente presumir que o cliente sabe que a nova abordagem será mais cara para o *design* e/ou para a construção. "Eu pensei que você soubesse" é uma frase que você não vai querer escutar, especialmente no processo de *design* ou construção. Embora o *designer* e o empreiteiro devam avisar sobre qualquer mudança no orçamento, é o cliente que irá pagar e lembrar sua equipe das realidades fiscais. No final de nossa longa manhã de revisão do protótipo do Il Fornaio, nos reunimos brevemente para resumir as mudanças que havíamos feito. A última coisa que Mike disse para sua equipe de *design* foi: "Eu tenho apenas uma palavra para você: custo".

ESCOLHENDO OS MATERIAIS COM OS OLHOS DO CLIENTE

A escolha de materiais e de construção têm um grande impacto no apelo ao consumidor. Elas também representam a maior variável nos gastos. Pedras ou mármore de alta qualidade, armários arredondados, detalhes de juntas e pinturas artesanais especiais – tudo isso custa caro. Você deve investir em materiais com os quais os consumidores terão contato e interação. Selecione materiais especiais e detalhes para áreas que estão na "zona de contato" e na linha de visão dos consumidores.

Quando estiver desenhando seu espaço, considere os cinco sentidos: visão, tato, paladar, olfato e audição. Se você souber combinar vários apelos aos sentidos em um *design*, seus consumidores terão uma experiência única que diferenciará sua marca. Na Starbucks, usamos os mais finos materiais nas prateleiras e elevações frontais das bancadas; os lustres ornamentados da área de entrega dos pedidos eram feitos à mão. Porém, à medida que o número de lojas aumentava a cada ano, era importante que estabelecêssemos uma disciplina de controle de gastos. Assim, recomendei aos *designers*: "Não se atrevam a redesenhar algo que aumentará os custos, a menos que trabalhem junto com a manufatura e as compras para reduzir o custo de algum outro item pelo mesmo montante". Por exemplo, a parte de trás do bar, com a qual os consumidores não interagiam, era barata, laminada com cores escuras. Fiquei preocupado quando vi uma telha cara colocada atrás do bar e fora da visão dos consumidores. Recuse pagar mais por materiais colocados nesses lugares. Sempre que possível, compense materiais exóticos na linha de visão do consumidor com materiais acessíveis fora da vista deste.

O *design* do teto e os trabalhos de instalação provavelmente são os que mais causam aborrecimentos aos *designers*. É importante definir o plano global. Instalar tetos com reforços contra terremotos é muito caro, ainda que o resultado seja um teto acústico e suave. Na Starbucks, alteramos o *design* para deixar a área do teto exposta. Pintamos a parte superior com *spray* de cores escuras, para deixar o teto "morto". Usamos outros elementos de *design* para direcionar a atenção dos consumidores a outros lugares e manter seus olhos num plano de abaixo 2,4 metros. A área superior simplesmente desapareceu da visão dos consumidores. As economias dessa mudança pagaram o uso contínuo de materiais de alta qualidade e móveis de madeira exatamente onde os queríamos – em contato com os consumidores. Outra área de uma loja onde se pode economizar é o piso. Usamos pisos de concreto coloridos com algumas áreas atapetadas sempre que fosse possível economizar algum dinheiro. Pela forma e pelo arranjo da loja, o concreto desapareceu da visão dos consumidores. Fizemos isso em 1996, bem antes de virar uma prática comum na indústria.

É possível ir além com materiais de baixo custo. Por motivos de economia, alguns arquitetos têm usado o MDF, uma chapa lisa e barata, com ou sem revestimento, como material de piso. Mas tingir, instalar e selar o MDF (o material não é durável) custa mais do que um piso de mármore. É importante considerar com cuidado os custos iniciais de construção, levando em conta o valor de uso da engenharia e a vida útil dos materiais. Se o material desgasta logo e precisa ser reposto, os custos serão maiores. Quando a durabilidade e a manutenção são questões prioritárias, esteja preparado para gastar o necessário no investimento inicial.

GERENCIANDO A CONSTRUÇÃO DA LOJA

Tendo aprovado o *design* e partido para a fase da construção, é comum que o varejista sinta-se atortoado à medida que o projeto avança para a conclusão. Se você já construiu ou reformou uma casa, sabe como é isso, embora o processo de construção de uma loja seja mais difícil e complexo. Você não acreditará como ficará ocupado, sobretudo nos últimos 30 dias antes da abertura.

Assim como no processo de seleção da empresa de *design*, o varejista também deve entrevistar vários empreiteiros. Dado que a construção de uma loja ou restaurante exige habilidades diferentes daquelas da construção de um escritório ou residência, ter experiência na construção de varejo é um pré-requisito. O Blue C Sushi, por exemplo, avaliou diversos empreiteiros, cada um com diferentes pontos fortes e níveis de experiência. Por fim, pediram para três empresas orçarem a construção do projeto com base nos *designs* finais. Avaliamos as ofertas e levantamos questões sobre como cada empreiteiro realizaria o trabalho. Por exemplo, o *design* do Blue C Sushi exigia a instalação de folhas laminadas de bambu delineando a escada. O empreiteiro saberia como lidar com os vãos, ou recomendaria algum outro material na parede que dava para o mezanino? Pediria orçamentos de prováveis subcontratados para os trabalhos elétricos, mecânicos e de estruturação? A questão era se o empreiteiro seria de fato um parceiro, que estudaria o plano cuidadosamente para determinar os custos que poderiam ser vistos nos desenhos dos arquitetos, que ajudaria proativamente a resolver outros problemas antes que eles ocorressem na construção, e que ofereceria recomendações para garantir a abertura da loja no tempo determinado e no orçamento estabelecido.

James e Steven escolheram o empreiteiro que melhor detalhou suas estimativas e que também já tinha alguma experiência na construção de restaurantes. Eles verificaram as referências dos fornecedores pessoalmente com três clientes prioritários e visitaram seus projetos já concluídos. Como os produtos de carpintaria e a instalação tinham o maior potencial de variação no custo da construção, o Blue C Sushi trabalhou com a empresa de *design* e com o empreiteiro para garantir que ofertas múltiplas fossem obtidas para todos os itens especiais. O Blue C Sushi optou pelo uso dos materiais mais *cool* em cada categoria, mas também considerou algumas alternativas mais baratas. Talvez o melhor exemplo de trabalho em grupo tenha sido na criação da curva de aço pintada no nível do piso na base da esteira de sushi. A Foundation Design definiu o projeto, o empreiteiro o modificou para a aquisição, e a empresa de engenharia fez os desenhos finais de fabricação e o trabalho final.

Ao se planejar uma loja, deve-se consider a lei de Murphy (tudo que pode dar errado, dará) multiplicada por três. No caso do Blue C Sushi, a lei de Murphy valeu no momento de instalar o equipamento da cozinha. O *designer* da cozinha, responsável por projetar e pedir o equipamento, sumiu sem dar explicações, e Steve e James tiveram que arcar com os erros no pedido que eles descobriram na sua ausência.

À medida que o trabalho progredia e o dia da abertura se aproximava, todos os detalhes importavam. Discutíamos se as mesas deveriam ser arredondadas ou quadradas. Debatíamos sobre a altura dos assentos. Especulávamos sobre a textura e a durabilidade dos materiais. Muitas vezes, quando James e Steve estavam quase acabando alguma fase da construção, descobriam algo novo que não estava bom. Um problema com a localização de uma pia reteve o equipamento de instalação na cozinha por dias. Quando eles andaram pelo restaurante para tentar determinar o visual de cada assento, descobrimos que quando a porta da dispensa estava aberta, os clientes poderiam ver os funcionários preparando as sopas ou os drinques leves na sala de trás. No serviço de alimentação, a preparação da comida pode ser planejada como parte da apresentação; caso contrário, deve ser retirada da vista do consumidor. A única solução foi treinar os funcionários para sempre fecharem a porta ao passar por ela. A contratação e o treinamento dos funcionários ocorreram na mais agitada daquelas últimas semanas estafantes. Os fundadores do Blue C Sushi gastaram horas com a legislação trabalhista, estadual e federal, enquanto tentavam ter a lista de construção pronta antes da abertura.

É claro que, desde o começo, pensávamos no nome do conceito de *sushi*. Nomear um único restaurante não é problema. Selecionar um nome que funcione para várias unidades é outra coisa. O Blue C Sushi avaliou mais de 250, tentando encontrar uma palavra ou frase que captasse a essência de qualidade e descontração. Steve e James consideraram algumas das grandes marcas e tentaram entender o que fazia um nome memorável. Geralmente, não é o nome em si, mas o valor por trás dele. Eles rejeitaram nomes japoneses por serem muito usados em restaurantes de *sushi*, embora um dos finalistas fosse "Moto Sushi" – soava vagamente japonês e salientava o sistema de esteiras motorizado. "Blue C" sempre foi um candidato forte desde que surgiu. A discussão seguiu com os logotipos para os candidatos finais. O logotipo do Blue C Sushi, uma grande letra C desbotada semelhante a uma onda, encaixava-se no espírito e no visual natural que eles buscavam. O "C" é um forte símbolo do ocidente, enquanto a caligrafia pincelada fazia uma referência ao Japão. "Blue C" era um homófono para "Blue Sea" (Mar Azul), fonte de peixes frescos, e o grande caractere C poderia também representar a esteira* (o conceito principal) e criatividade e comunidade, dois elementos que viraram o lema do restaurante. Algumas pessoas achavam difícil pronunciar o nome, outras gostaram do "trava-língua" (diga "Blue C Sushi" três vezes rapidamente). Por fim, eles decidiram que o nome também captava o espírito de descontração que queriam. O que a marca significaria dentro de dez anos? Muito cedo para dizer. Eles perceberam, ao estudar as grandes marcas, que é responsabilidade do empreendedor criar uma excelente experiência em toda e qualquer unidade que dará significado à marca.

Em 21 de agosto de 2003, o Blue C Sushi abriu no bairro de Fremont, em Seattle. Era uma pré-estréia, o equivalente a um ensaio geral para uma grande peça. Essa pré-estréia serviria para os donos do restaurante afinarem seu grupo de funcionários e receberem um *feedback* dos clientes. Sendo novatos, James e Steve reservaram uma esteira completa para a família e os amigos por uma semana inteira. Algumas pessoas, no entanto, trouxeram amigos que não haviam sido convidados; outras simplesmente apareceram, e muitas permaneceram sentadas mais do que os planejados 45 minutos. O restaurante logo atrasou os pedidos e assim permaneceu o resto da noite. Para os donos e para os funcionários foi, nas palavras de Steve, "como beber água em uma mangueira de incêndio".

---

* N. de R.: *Conveyor*, em inglês.

O restaurante tem lotado desde então. O lado bom foi que o Blue C Sushi obteve lucro nos primeiros meses. O ruim, que eles não tiveram tempo de melhorar a operação. Todo o ajuste ocorreu em pleno vôo. Por exemplo, eles não tinham pensado sobre o processo de entrega de pedidos. Inicialmente, até planejaram aceitar pedidos por telefone. Porém, acreditaram que não havia razão para isso. Os consumidores poderiam vir ao restaurante e pegar o que quisessem da esteira. No entanto, o leiaute não considerava que os consumidores que estavam saindo bloqueariam a passagem principal enquanto esperavam para pegar seus pedidos. Então, foram acrescentadas bancadas junto à janela da frente. Agora, os clientes poderiam simplesmente atravessar o corredor para a esteira, escolher seu *sushi* e retornar aos balcões de espera. Tal processo não é uma grande inconveniência, e sua organização torna o serviço mais rápido mesmo quando os balcões estão lotados. Além disso, a área do bar poderia dar mais faturamento, então eles acrescentaram o *happy hour* para aumentar as vendas nos dias de menor movimento.

Outras mudanças não foram tão dramáticas, mas igualmente importantes para atingir o lucro. No Japão, os pratos são descobertos quando transportados pela correia. Nos Estados Unidos, eles precisam ser cobertos. As tampas de plástico originais eram 15 vezes mais caras do que as tampas descartáveis. As tampas mais fortes duravam um mês, mas precisavam de muito trabalho para limpar. As tampas descartáveis duravam somente um dia, mas não precisava de funcionários para limpá-las. A escolha da tampa os atormentou por mais de seis meses antes de trocarem para as descartáveis (mas recicláveis) para reduzir o trabalho de limpeza e dar maior visibilidade ao produto.

Os fundadores do Blue C Sushi entenderam a importância de acertar na primeira loja. Eles não começaram com um conceito pobre, na esperança de um dia tropeçar na fórmula certa. Isso raramente ocorre. Alguns poucos erros foram inevitáveis, mas imagine como teria sido mais difícil e dispendiosa a abertura se eles tivessem tido pouca disciplina ao procurar o local certo, criar um *design* adequado e uma conexão com a marca ou até mesmo ao contratar o melhor empreiteiro. Fazer tudo direito também significa começar com algo forte. Uma preparação sólida irá apoiá-lo depois da abertura. Tomar as decisões corretas aumenta as chances de obter sucesso. Além disso, cria valor para a marca desde o começo e torna as lojas subseqüentes muito mais fáceis de serem abertas e menos capazes de sofrer especulações financeiras. O primeiro restaurante Blue C Sushi provou o apelo estético e a viabilidade econômica do conceito, incorporando um *design* e um visual único que pode ser reproduzido. Trabalhar nas questões operacionais é uma tarefa contínua. Atingir a perfeição operacional é um objetivo eminente. Os empreendedores sabem que, para operar com sucesso um conceito de múltiplas unidades, eles devem completar o processo para garantir o sucesso na expansão.

Quando estão aprendendo a caminhar, os bebês empregam toda a sua energia no ato de dar o primeiro passo. Logo, eles estão andando pela casa. Depois do primeiro passo, o caminhar torna-se uma questão de repetição e variação. O mesmo ocorre com o varejo. Se você põe todo o seu esforço em fazer o melhor possível na primeira loja, logo estará correndo por conta própria também.

ENTENDENDO A QUESTÃO DOS CUSTOS *VERSUS* MARCA

Muitas vezes, a Starbucks gastou mais do que o projetado para construir uma loja em um espaço de varejo, portanto, pode parecer contraditório dizer que a maioria das pessoas gasta muito dinheiro para construir suas lojas. "Muito" é difícil de quantificar. "Qual o valor apropriado" é a questão que deve ser levantada em termos de gastos no estabelecimento de uma marca. Os custos de construção e de *design* devem sempre ser definidos para os objetivos de desenvolvimento da marca, assim como de eficácia operacional. Um varejista que não entender os conceitos descritos neste e nos capítulos anteriores gastará "muito" por não saber o que procurar ou como capacitar e controlar os processos de *design* e construção. Um varejista que falha em fazer investimentos substanciais de tempo trabalhando com um *designer* desde o início gastará "muito" por não fazer com que o *design* corresponda ao objetivo da marca ou devido a problemas operacionais. Um varejista gastará "muito" por não fazer um levantamento de preços para a construção ou não monitorar o trabalho em andamento. Um varejista também gastará "muito" quando o *designer* guiar o processo de construção e obter um *design* bom apenas para o seu gosto, em vez de um que aumente as vendas; ou um *design* tão caro de implementar que não dê retorno ao investimento. Os varejistas iniciantes tendem a investir em excesso sem considerar o valor do investimento ou sem projetar com acurácia o retorno deste.

É crucial saber o tipo de retorno de investimento que as melhorias trarão, seja nas vendas ou na construção da marca. Por exemplo, a estratégia da Starbucks era abrir uma loja-líder de alta visibilidade dentro do primeiro ano de entrada em um mercado. A loja-líder, localizada em uma grande intersecção no centro comercial, seria a primeira a abrir no mercado. Esse processo traria todas as atenções para a marca e permitiria o início de um *marketing* "boca-a-boca". Costumamos abrir lojas nos bairros urbanos cercados de subúrbios somente depois de a loja-líder estar funcionando. Os consumidores visitam a loja-líder durante a semana e a vêem todos os dias em sua ida e volta do trabalho. Tendo uma boa experiência com a loja do centro, eles também visitarão a loja de seus bairros nos finais de semana. As lojas suburbanas, embora com ótimo *design*, não requerem o tipo de investimento que uma loja-líder pede. À medida que o volume de vendas aumenta o suficiente para justificar lojas adicionais, abrimos lojas nos distritos centrais de negócios. Esses *designs* de lojas combinam com a média de custos das lojas da empresa.

Uma primeira loja, ou a loja-líder, é digna de um investimento adicional de *design* e construção porque o *design* estabelece e projeta a marca para um mercado inteiro. Sempre que a Starbucks reformava um prédio visando a retomar sua grandeza ou adicionar características para integrar adequadamente nossa loja à vizinhança, a empresa tinha uma estratégia para o desenvolvimento da marca. Não criávamos apenas um local onde os consumidores gostavam de ir; mantínhamos também um olhar cuidadoso na conexão da localização dos elementos com a apresentação da marca para o consumidor e no posicionamento estratégico da marca.

Pense em termos de "contenção de custos" para os elementos de *design* e de construção que os consumidores não vêem ou que não projetam a marca. Pense em termos de "gastar o quanto for necessário" para atingir o posicionamento de marca que você procura. Um posicionamento de marca superior compensará o custo com vendas e retorno de investimento crescentes.

6
Merchandising: maximizando seus lucros

Um debate sobre *merchandising* (ou comercialização) geralmente começa com alguns princípios básicos. Tenha linhas de visão limpas; isto é, distribua os móveis de forma que os consumidores enxerguem os principais *displays* e os corredores da loja. Facilite o deslocamento de uma área de compras a outra. Coloque uma atração visual, um ponto de foco, ou um produto essencial no fundo da loja para que os clientes tenham que passar por mais produtos. Trace uma boa rota através da loja e providencie um eficiente processo de saída para que os clientes partam com uma impressão positiva. Todas essas regras são importantes, mas também presunçosas, pois pressupõem que o consumidor já está dentro da loja e pronto para comprar.

O primeiro passo na arte do *merchandising* é fazer o consumidor reparar em você e dar o primeiro passo... entrando na loja! Como o Capítulo 5, "Conectando o *design* à marca e mantendo o orçamento", mostrou, o varejista deve criar um senso de lugar, um espaço onde o consumidor deseja estar. Um senso de lugar começa com *locationing* e a estética do prédio e dos arredores, e continua com o logotipo da empresa e a iconografia de apoio – imagens visuais que o cliente relaciona à marca – expostas de maneira elegante, de acordo com o posicionamento da marca. Se a iconografia é forte o suficiente e a marca desenvolveu uma identidade visual, o nome da loja, por si só, não precisa ser chamativo. A Abercrombie & Fitch (A&F) utiliza pôsteres de alta qualidade gigantes, com molduras de madeira, mostrando modelos atraentes vestindo as roupas da A&F como elemento característico para descrever o negócio da loja. Os pôsteres, colocados estrategicamente na entrada da loja, não deixam dúvida sobre o que a A&F vende. De forma semelhante, a Starbucks desenvolveu uma linguagem visual tão forte que seu disco verde, uma grande fachada envidraçada e um globo também de vidro, customizado, iluminando os ornamentos na janela, é o necessário para comunicar "ótimo café aqui". Em poucas cidades onde havíamos alcançado a maturidade como marca, com lojas lotadas, e onde a aceitação de nossos produtos era alta, brincamos com a idéia de dispensar inteiramente os símbolos de identificação da empresa na fachada das lojas.

A sugestão não é que você trate sua loja como aqueles clubes noturnos difíceis de encontrar das grandes cidades, que deliberadamente omitem suas marcas para mostrar que estão na moda. De preferência, o *merchandising* deve estar ligado à experiência do consumidor e ao seu senso de lugar, sendo que este começa com uma representação visual unificada e consistentemente executada de sua marca. O logotipo e a iconografia identificam a marca, mas uma apresentação visual ubíqua satura o cliente. A fachada da loja deve chamar a atenção e atrair o consumidor para o interior do estabelecimento – em outras palavras, a fachada seria o cenário e as pessoas no interior, os personagens. Para a maioria dos conceitos, isso significa uma fenestração máxima – o maior número possível de janelas na frente da loja. Janelas grandes criam mais oportunidades para expositores criativos e apresentação da marca. Permitem às pessoas olhar o interior da loja, despertando a curiosidade e o interesse para o que está acontecendo lá dentro. Acredite – pessoas atraem pessoas!

Na verdade, o único negócio que pode prosperar com uma fachada sem abertura, como janelas ou vitrines, é um bar. A proposta é proteger a privacidade de quem está tomando um drinque lá dentro. Os *outlets* de varejo de uma empresa chamada Illuminations não têm vitrines, evidentemente para criar um tipo de sedução para atrair clientes. Mas a maioria das pessoas nem sequer sabe que a Illuminations é uma empresa de velas. Assim, suas fachadas deveriam *iluminar*. As janelas deveriam ter belos expositores que chamassem a atenção dos passantes com as velas mais bonitas, usando o apelo visual inerente do produto para convidar a entrar e conhecer a loja. A Illuminations foi à falência no início de 2004 com a justificativa de expansão rápida demais. No entanto, estou convencido de que aquelas fachadas não ajudaram a conquistar clientes.

Um dos maiores nomes em varejo de moda, a Tiffany's, também não tem grandes vitrines. A empresa confia em sua reputação e em minúsculas janelas para destacar a exclusividade de suas jóias únicas. Os pequenos expositores, no entanto, significam que o *marketing* potencial de sua variada e belíssima linha de produtos não é realizado. A razão para as pequenas janelas é evitar roubos, o mesmo motivo pelo qual várias empresas de eletrônicos têm fachadas totalmente "vazias". Os varejistas temem que ladrões quebrem as janelas e levem consigo tudo que puderem carregar. Mas, ao minimizarem sua exposição à rua, estão reduzindo sua exposição também aos consumidores! Existem outros meios de prevenir roubos. Grades de rolagem de ferro são os mais óbvios, porque os ataques costumam acontecer após o expediente. Esse é o motivo pelo qual as lojas de departamento inventaram os *displays* de tamanho natural. As cenas retratadas descrevem os produtos da loja com cenários de estilos de vida de forte apelo visual sem expor os produtos mais valiosos aos ladrões. A Barneys de Nova York, para citar um exemplo, é famosa pelo uso de vitrines pouco convencionais. A decoração das vitrines está tão integrada com a marca que muitos clientes às vezes entram apenas para ver as mudanças, especialmente em dias de feriados. Independente de como você administra, as pessoas precisam ver o que está sendo exposto no interior de sua loja.

EMPREGANDO OS SENTIDOS, INDUZINDO EMOÇÕES

A partir do momento em que a marca se apresenta ou conecta ao cliente, a loja deve esforçar-se para cativar os cinco sentidos deste. Isso pode ser chamado de *metamerchandising*: o que o varejista deve fazer além de colocar o produto nas lojas. O *metamerchandising* consiste em todos os elementos que cativam os sentidos do consumidor e estabelecem uma atmosfera que propicia as vendas. No entanto, é o aspecto mais negligenciado no varejo. Tato, paladar, olfato, visão e audição – todos os sentidos criam fortes reações viscerais. O olfato é o sentido mais poderoso porque ativa a memória e a emoção, e os bons varejistas sabem tirar vantagem disso. Padarias, por exemplo, colocam seus ventiladores voltados para a calçada para estimular o sentido do olfato dos passantes e comercializar seus produtos. Uma grande loja, a Costco, reconheceu o poder do olfato e montou padarias para tirar vantagem da conexão humana entre cozinhar e ter conforto. A Sam Goody's, uma loja de música, usa incenso. Se a essência de produtos de couro não impregnar o ambiente de uma loja de roupas, você pode ter certeza de que um bom comerciante de tecidos terá uma mistura de perfumes para estimular o sentido do olfato. A Illuminations recebia seus clientes com um leve perfume de velas aromáticas. Em contrapartida, uma vidraçaria artística em portas apela para a visão; o tipo e o *design* da maçaneta, para o tato. Ao entrar, o cliente deve ser atraído por um ponto de foco visual. Nas lojas da Oakley, telões mostram cenas de esporte com os produtos da empresa. Lojas de roupa utilizam música que atraem o público-alvo. Quanto mais alta tocar, mais jovem o consumidor. A propósito, tenha certeza de que a música é adequada ao cliente, não aos funcionários. A seleção de músicas de algumas lojas é jovial demais para o público-alvo, o que se explica somente como uma forma de entreter os funcionários durante o tempo ocioso. (Um aviso para pequenos varejistas: ter um televisor ligado diminui a experiência do cliente.)

Outra forma de aguçar os sentidos é por meio do "teatro da experiência do varejo", engajando o cliente em algumas atividades que enriqueçam ou intensifiquem a experiência da compra. Empregados distribuindo provas de comida ou amostras de perfumes são um bom exemplo, assim como esteticistas que fazem maquiagens em balcões de cosméticos. Nos restaurantes Johnny Rocket, que utilizam um conceito de hambúrguer e *milkshake* da década de 1950, quando uma determinada música toca na *jukebox*, os empregados dançam para o público. Funcionários que cantam e tocam bateria para comemorar aniversários são outro bom exemplo de teatro, ainda que freqüentemente você preferisse que eles fossem mímicos. O espetáculo pode envolver os clientes. Os escorregadores para crianças, ou entretenimentos similares, em restaurantes *fast-food* são um teatro também, além de permitirem aos pais alguns momentos para aproveitarem a refeição em paz. O *karaokê* é uma idéia totalmente baseada no teatro. Algumas lojas de artigos esportivos deixam os clientes correr para cima e para baixo da rua em frente à loja para testar os novos tênis de corrida. Um teatro posto em prática. Uma tarde no parque temático da Disney com sua colorida exibição de personagens e variedade de entretenimentos ilustra o grau em que o conceito de teatro pode transformar uma experiência ordinária em algo mágico.

O uso do conceito de teatro deve ser bem planejado e executado. Em um restaurante italiano onde almocei certa vez, o leiaute colocava os *chefs* bem na frente, na linha de visão da maioria dos clientes. Uma disposição assim faz com que o preparo da comida seja intencionalmente parte da experiência dos clientes. Os *chefs*, entretanto, pareciam achar que estavam encobertos por uma parede. Nenhum deles estava barbeado, e suas roupas estavam sujas do trabalho da noite anterior. Um deles usava um chapéu de *chef*, o outro, uma rede de cabelo. Ambos calçavam tênis velhos. Um vestia calças cinzas puídas, o outro, um par de calças largas, com correntes penduradas (os clientes olhavam em suspense para ver se as calças não cairiam, o que provavelmente não fazia parte do *show*). Imagine a impressão dos clientes se, em vez de se vestirem como cozinheiros de um restaurante barato, os dois homens estivessem trajando calças e sapatos pretos, e uniforme e chapéus de *chef* brancos (trocando-os de hora em hora para mantê-los sempre limpos). Imagine o prazer dos clientes se o *chef* fizesse uma exibição da preparação dos pratos, se tivesse movimentos pequenos e ágeis e gestos precisos, se gracejasse com os garçons que viessem retirar os pratos. Os clientes não tinham escolha a não ser assistir aos *chefs*, mas estes fracassaram em agir como se estivessem em uma vitrine. Não sei dizer o que mais me desagradou: se a roupa inadequada ou a falha na representação. Sua loja é um palco, seus empregados são os atores, e os clientes são a platéia. Eles estão sempre assistindo!

Consciente disso ou não, tudo que você faz ou deixa de fazer em sua loja estabelece um clima e uma atmosfera. A iluminação pode criar um clima mais rapidamente do que a maioria dos demais atributos da loja; mas muitos varejistas insistem em usar uma estrutura genérica com lâmpadas fluorescentes por todos os lados. Esse tipo de iluminação é barata e monótona. O clima que ela cria é de sonolência uniforme. Intensificar a iluminação em algumas áreas dá ao espaço interior um visual escultural e destaca os melhores produtos. Além disso, lâmpadas incandescentes e fluorescentes diferentes produzem luz em partes distintas do espectro de cores, afetando a apresentação de forma sutil. As lâmpadas que produzem luz verde-azulada deixam as pessoas com um aspecto pálido e não-saudável e são inadequadas para provadores de roupa. Lâmpadas que iluminam no lado quente (vermelho) do espectro devem ser utilizadas para destacar comidas, especialmente carnes. Provadores exigem boa iluminação com poucas sombras; lâmpadas do lado vermelho do espectro fazem os clientes parecerem saudáveis enquanto experimentam as roupas. (Atores sabem que luz rosa os faz parecerem mais jovens.) Quanto mais saudável aparenta ser a pele dos clientes, melhor eles se sentem com relação ao produto. Utilize uma iluminação eficiente em custo-benefício, mas disponha-se a gastar um pouco mais para obter uma iluminação mais natural onde for necessário.

Todos os materiais que você escolher devem transmitir um sentimento distinto: expansivo ou intimista, de luxo ou valor. O mais importante em *design* e *merchandising* é o quão bem os materiais e o leiaute se ajustam aos valores da marca para criar uma experiência completa para o cliente. Para a Apple, por exemplo, a escolha de superfícies de madeira e caminhos com iluminação clara transmitem um sentimento de qualidade e valor em relação às lojas. A empresa também apresenta cada produto individualmente, como a Oakley faz com seus expositores de óculos. Um produto que "demanda seu próprio espaço" cria um senso de exclusividade, como duas ou três peças de joalheria em uma vitrine. A Costco, por outro lado, nunca utilizaria ornamentos caros, o que entraria em conflito com sua mensagem de "baixo custo". A maioria dos produtos fica empilhada em caixas, um em cima do outro. Essa disposição, além de facilitar aos clientes escolher o que eles querem – "pegar e levar" –, também faz o produto parecer uma grande barganha. A Target, por sua vez, tem aperfeiçoado o balanço entre preço promocional e posicionamento de marca de maior qualidade sem gastar muito nas mobílias da loja. Utilizando materiais um pouco mais caros e uma maior variedade de cores na pintura e acabamento de seus pisos, a empresa tem um *design* interior mais agradável e coordenado do que outras lojas de valor agregado. Além disso, a Target modificou o fluxo de seu tráfego e o arranjo e a orientação dos corredores para melhor apresentar suas ofertas; hoje ela se parece mais com uma tradicional loja de departamentos do que a Wal-Mart. Como resultado, seus clientes ficam plenamente satisfeitos em adquirir uma toalha de rosto de 3 dólares ou um bule caro de um *designer* famoso.

Papéis e produtos relacionados podem ser vendidos com o conceito de "suprimentos de escritório" ou como itens de moda luxuosos. Os varejos de massa têm lojas grandes e amplas, com prateleiras de metal altas cheias de papéis em caixas ou pacotes, criando uma atmosfera de negócios. Nas lojas Kate's Paperie em Manhattan, no entanto, os itens de papelaria são apresentados em instalações convidativas e em prateleiras de diferentes tipos de madeira, natural ou não, alterando o *status* do produto de um suprimento funcional para uma moda pessoal. O dono, Leonard Flax, sabe como apresentar o papel como um item de moda. Esse é um conceito muito importante. Em um mundo de *commodities*, tente descobrir uma maneira de apresentar suas mercadorias como sendo "da moda".

Independente do que você venda – comida mexicana, pneus ou abajures da Tiffany –, o *design* e o leiaute devem comunicar intrinsecamente a marca. Os restaurantes costumam investir muito dinheiro no *design* interno para criar um clima que complete a experiência da refeição. Meu restaurante preferido em Nova York chama-se Il Mulino. A sala de jantar poderia, facilmente, ter mais dez assentos. Em vez disso, os donos utilizaram o espaço próximo à entrada para uma exposição colorida de frutas frescas e antepasto. É um aviso claro de que você encontrará comida fresca e de alta qualidade lá. A rede de restaurantes Pei Wei, mais casual e barata, também fez um trabalho excelente com os detalhes de suas lojas. Com ricos motivos em vermelho-vivo laqueado, os restaurantes invocam o *design* de restaurantes chineses tradicionais. Todos têm um ícone principal em seu recinto: um antigo carregador de comida com cerca de um metro de altura entre a fila de pedido e a sala de jantar. Para mim, a característica mais bem bolada do Pei Wei são as persianas de madeira na janela da típica fachada de vidro e alumínio anodizado. Elas criam uma atmosfera mais íntima e luxuosa do que os clientes esperariam de *shopping centers* de rua, onde os restaurantes geralmente estão localizados. Poucos clientes vêem as persianas como um fator de diferenciação, mas todos percebem a experiência de uma boa refeição.

Perder o "clima" significa perder muito do que faz um conceito especial. A ascensão e queda das lojas de *bagles* é um bom exemplo disso. Essas lojas originalmente eram padarias especializadas, locais públicos e vibrantes para comer, que serviam pães frescos. As lojas mais bem-sucedidas desse segmento hoje sabem que a melhor estratégia é posicionar o balcão dos *bagles* bem na frente, onde a visão e o cheiro estimulam o apetite do consumidor. Mas, quando o conceito se popularizou, há cerca de uma década, muitas cadeias em rápida expansão acabaram homogeneizando o que havia tornado especial o conceito de *bagles*. Para se diferenciar, acrescentaram outros produtos comestíveis. A área de preparação da comida e os caixas foram deslocados para o fundo, assim como os balcões de *bagles,* com o objetivo de fazer os clientes percorrerem a loja. Também foi demonstrada uma grande falta de criatividade no *design* geral dos serviços. A introdução de bebidas de café e de barras de cereais homogeneizou novamente seu posicionamento. Assim, eles perderam a posição de donos da categoria de lojas de *bagles*, tornando-se apenas padarias genéricas. O que ganharam em eficiência, perderam em estímulo e intimidade. Distanciaram os clientes do produto que os atraiu pelo cheiro e visual. Perderam o senso de padaria da vizinhança e não o substituíram por nada que fosse único e interessante. Seu declínio começou muito antes da moda das dietas *low-carb* (com pouco carboidrato).

O "clima" é uma qualidade difícil de alcançar, mas é importante tanto no varejo geral como nos serviços de alimentação. Tudo a respeito da experiência deve estar alinhado aos valores da marca. Em minha vizinhança em Seattle, uma butique de *lingerie* faz um trabalho fantástico criando um senso de intimidade de acordo com seus produtos e serviços. A loja é pequena e aconchegante, com diversos espelhos discretos em provadores privados. A Victoria's Secret utiliza técnicas de *design* similares mesmo tendo lojas muito maiores. Eles usam *merchandise* e outros elementos para separar a loja em espaços pequenos e íntimos no interior do ambiente maior. Você experimenta algo completamente diferente ao entrar numa loja Crate & Barrel. As madeiras claras e as grandes janelas criam uma atmosfera estilizada, limpa e monolítica que expõe os móveis e os equipamentos para casa de forma simples e elegante. A Abercrombie & Fitch cria um ambiente cheio de vida para seu público-alvo de adolescentes e pré-adolescentes, assim como para os pais que os levam lá. A lojas apresentam um incrível *mix* de roupas em cabides e mesas que convidam o comprador a procurar, tocar e pegar. Há uma notável diferença entre o estoque pendurado e as camisetas empilhadas nas mesas. Uma mensagem está sendo transmitida. As melhores, e mais caras, camisetas e blusas estão em cabides. Essas roupas necessitam de mais cuidado, e quem estiver comprando uma delas vai levar um pouco mais de tempo. As camisetas mais baratas estão dobradas em mesas comuns. Como essas precisam de pouco cuidado, o cliente pode simplesmente "pegar e levar." Em uma mesa como essa, os produtos viram itens de conveniência, até mesmo de impulso. As pessoas estão sempre procurando uma camiseta barata e bonita para o dia-a-dia.

Cada uma dessas lojas tem uma maneira diferente de expor visualmente seus produtos, conforme os valores de suas marcas. O *merchandising* visual da Abercrombie & Fitch, por exemplo, utiliza um elemento despojado, uma atitude de *laissez faire* para com seu público-alvo de vinte e poucos anos, com arranjos belos mas informais. Os expositores enfatizam o estilo de vida e as roupas. O *merchandising* visual da Victoria's Secret, em contraste, foca-se "nela", na mulher bem-educada, bela e sensual – ou nas que desejam aparentar isso. O produto é secundário perante os exuberantes e caros *displays* fotográficos que enfatizam uma mulher bela em seus 20 ou 30 anos.

Cabe destacar que os recursos financeiros também entram no jogo. O pequeno varejista, por exemplo, não tem dinheiro para bancar as fotografias elaboradas da Victoria's Secret. O comerciante de *lingerie* local deve confiar na arte visual fornecida pelo fabricante. Impossibilitado de atingir um público maior específico, o pequeno varejista deve encontrar maneiras de atrair todo cliente potencial, independente da idade. Os *displays*, então, são mais genéricos, enfatizando a utilidade do *merchandise* através de todos os grupos de clientes potenciais.

Para obter sucesso nessa situação – um varejista local competindo contra a marca e as capacidades de *marketing* de uma cadeia nacional –, você precisa ser um grande comerciante. Às vezes, um varejista é um grande comerciante e outras, um grande operador. Raramente é ambos. Um bom comerciante compreende o que venderá no local de varejo – o que liderar e o que seguir em termos de vendas, o que estocar e como apresentar, e que mover um manequim 60 centímetros para a esquerda pode aumentar as vendas em 37%. Tudo que o comerciante faz gira em torno de criar o espaço certo para aumentar o ambiente de compras. Um bom operador é aquele que compreende como funciona a máquina das vendas. A atividade de operação da loja envolve a administração de imóveis, da estrutura e do espaço, o planejamento, a educação e o treinamento – todos os detalhes. O *merchandising* trata de tudo que acontece na frente da cortina; a operação, tudo que acontece atrás. O *merchandising* em nível local requer um olhar analítico, uma sensibilidade de *designer* que entenda de cor e composição, uma disposição para ir além das expectativas do cliente, e uma atenção impecável aos detalhes. O pequeno varejista, em particular, deve saber como promover o padrão de compra; por exemplo, tendo certeza de expor um manequim com três ou quatro roupas com cores coordenadas, acessórios e calçados. Explorando todas as possibilidades, o varejista maximiza o potencial de vendas. No caso da *lingerie*, que geralmente não pode ser exposta com outras roupas – porque estas normalmente a escondem –, o varejista precisa focar a intimidade da experiência de vendas, a qualidade do processo de prova e o atendimento pessoal.

FORNECENDO CADEIRAS, ESPELHOS E OUTROS CONFORTOS

As cadeiras centrais da Abercrombie & Fitch, além de confortáveis, permitem que os clientes (ou os pais) tenham uma boa visão dos *"shows"* que acontecem lá. Seus freqüentadores gostam de sentar e relaxar, mesmo sendo um estabelecimento de varejo. Não consigo entender por que a maioria dos varejistas de roupas não disponibiliza mais cadeiras ou bancos para que os homens possam esperar enquanto suas esposas ou filhas fazem as compras. Muitas lojas de moda têm alguns assentos, mas em geral priorizam mais o *design* do que o conforto dos clientes. Alguns varejistas, no entanto, estão acertando. Em uma viagem recente a Napa Valley, minha esposa e eu visitamos uma loja de calçados chamada Foot Candy. Além de terem uma ótima marca, os donos disponibilizam áreas para descanso no fundo da loja, no meio do departamento de calçados masculinos, onde se encontram assentos com televisão e acesso à Internet (os proprietários compreenderam que o público masculino da loja está ali apenas para acompanhar suas esposas ou namoradas ou, quando de fato fazem compras, terminam muito antes das mulheres). Ao me ver entretido lá no fundo olhando páginas na Internet, minha mulher decidiu não me perturbar. Ela saiu do estabelecimento para continuar suas compras nas outras lojas da rua!

O *design* também tem avançado quanto à utilização de espaços em paredes. Muitas lojas de roupas, por exemplo, têm limitado o uso de espelhos aos provadores. O motivo: usar o espaço que ocupariam com mais mostradores de mercadorias ou painéis. Freqüentemente, alguém quer segurar uma blusa, vestido ou camisa em frente ao espelho só para ter uma noção geral do estilo, da cor e do ajuste. Os clientes não deveriam ter que caminhar até os provadores, no fundo, fazer isso. Além do mais, as pessoas gostam de olhar para si mesmas. É parte do processo de fazer compras. Um único painel gráfico, exposto corretamente, pode ter mais efeito do que dúzias de gráficos menores posicionados sem nenhuma relação com a marca. Os painéis devem ser um ponto de foco, e não apenas preencher o espaço na parede. Se for assim, é melhor deixar os espelhos nas paredes para os clientes.

Outro aspecto da experiência de compra são os banheiros das lojas. O *design* e a manutenção de um banheiro é um indicador direto dos padrões operacionais de uma empresa. A limpeza e a delicadeza do toalete mostram sua atenção, íntima e pessoal, aos detalhes e sua consideração com os clientes. Ainda assim, é o primeiro lugar onde se busca a redução de custos. Poucos toaletes em lojas de varejo têm um acabamento melhor do que o de uma garagem, e muitos são menos limpos do que o necessário. Uma manutenção rigorosa de hora em hora é, definitivamente, essencial. Os próprios gerentes deveriam fazer inspeções nos toaletes de suas lojas em diferentes momentos. A limpeza é uma questão operacional, mas os varejistas precisam ir além da perfeição. É preciso pensar em todas as questões operacionais como uma oportunidade de melhorar a experiência do consumidor e, mais adiante, delinear a posição da marca da empresa. Em muitos estabelecimentos, os banheiros dos clientes se transformaram em depósitos. Nesse contexto, é importante considerar alguns indicadores, mesmo que óbvios:

- Nunca deixe alvejantes, desentupidores ou suprimentos da loja à vista do cliente.
- Transforme o banheiro em mais do que quatro paredes e uma luz brilhante. Coloque um piso de qualidade, que esteja além do padrão. Pinte as paredes nas mesmas cores que o resto do estabelecimento. Instale um lustre bonito (lembre-se, em um tom "quente").
- Acrescente pelo menos um elemento de *design* que faça referência direta à loja ou marca – painéis decorativos, papel de parede ou gravuras.

O banheiro deve reforçar a marca por ser tão convidativo quanto o resto da loja, não um lugar tolerado apenas nos momentos necessários.

A boa apresentação deve estender-se pela loja como um todo. Alguns pequenos varejistas têm excelentes produtos, mas péssima apresentação. Muitas vezes, ninguém se importa com a loja pela perspectiva do consumidor. Um bar que vende sucos, por exemplo, tem uma clientela cativa na comunidade universitária local e se orgulha de seu autêntico ambiente caseiro. O que vi, no entanto, foi desatenção. Uma coisa é ter rachaduras no antigo assoalho de madeira. Outra é ter sujeira e migalhas visíveis nas rachaduras. Uma coisa é ter vidraças antigas que não param retas. Outra é ter insetos mortos no peitoril da janela. Na minha opinião, os proprietários estavam equivocados. Não importa quão bom seja o produto deles, ele nunca se conectará comigo. Até mesmo varejistas que não se importam com o potencial de expansão deveriam ter mais orgulho com suas apresentações e seu trabalho. Para alguém que tem somente uma loja, ela é sua casa. Portanto, deve ser bem cuidada.

Todos os aspectos da apresentação devem se unir para criar uma experiência especial. Na Potbelly Sandwich Works, por exemplo, é o cheiro de pão torrado e os móveis variados, junto com os materiais únicos e as maçanetas interessantes nas gavetas do balcão. É a maneira de formar filas, que é fácil de entender; o quadro do menu, pintado à mão, fácil de ler. É a simplicidade na escolha dos sanduíches. É a ausência de plástico. Durante o almoço, músicos tocam para o público em um mezanino. A música ao vivo, um "presente surpresa" para os visitantes, retratando canções de diferentes épocas, é o teatro que diferencia a Potbelly de seus concorrentes. Se você fosse a um restaurante *fast-food* casual, provavelmente não gostaria de ver uma antiga namorada de escola lá. A menos que você estivesse acompanhando uma criança com menos de 10 anos, vocês dois sentiriam-se um pouco envergonhados. Mas na Potbelly seria diferente, porque é um lugar legal de se estar. Isso pode parecer muito sutil, mas é importante para as pessoas.

A EXECUÇÃO DO *MERCHANDISING*

Finalmente chegamos ao que a maioria das pessoas considera o *merchandising*. Dentre os conceitos básicos, os dois mais importantes são estabelecer linhas de visão e fornecer uma atração visual no fundo da loja que faça os consumidores passar por mais lugares do estabelecimento. Para criar um corredor de visão, mesas, mostradores e prateleiras devem formar caminhos físicos e visuais claros dentro da loja. Normalmente as filas são retas, mas pequenas curvas também funcionam. A loja não deve parecer cheia ou sem arranjo. A diferença entre uma loja de quinquilharias e uma de antiguidades é o cuidado com que cada produto é exposto. Em uma loja de quinquilharias os produtos estão mal organizados, enquanto numa loja de antiguidades com um bom *merchandising* são usadas técnicas de linhas de visão para atrair os consumidores aos seus tesouros escondidos. A maioria das lojas de departamentos dispõe as mercadorias de forma organizada, mas em períodos de maior movimento às vezes cometem deslizes. No último Natal um varejista colocou tantas prateleiras no departamento de roupas para crianças que não apenas o corredor de visão não existia como o corredor físico ficou tão estreito que o carrinho de compras não cabia. Para a maioria das operações varejistas, uma aglomeração desordenada é fatal.

Relacionada a corredores limpos está a idéia de "achar o caminho". O leiaute da loja, as linhas de visão, as placas e a localização dos sistemas computadorizados de auxílio à compra devem permitir que os consumidores trafeguem facilmente pela loja e também devem inseri-los num caminho já desejado. Os varejistas quase sempre podem melhorar a forma de achar o caminho. Se você alguma vez foi incapaz de dizer onde estava em um restaurante *fast-food*, ou se já entrou em uma loja de móveis ou roupas e de repente ficou inseguro com relação a qual caminho seguir, então já experienciou exemplos da utilização inadequada da idéia de "achar o caminho". A maioria das pessoas, quando entra em uma loja, tem a tendência de dobrar à direita. Certa vez, visitei uma loja que tinha uma coluna que impedia os clientes de virarem à direita com facilidade. Muitos ficavam confusos sem saber por que e um número surpreendente desistia de entrar na loja. Era necessário um novo design da entrada da loja. Sempre esteja de acordo com o comportamento do consumidor!

Os caminhos internos devem garantir que os consumires encontrem facilmente os produtos que desejam, mas num trajeto estabelecido por você. O novo *design* da Omaha Steaks, por exemplo, tem mostradores que atraem os consumidores para as áreas que exibem as refeições completas. Os mostradores reforçam a mensagem de que a loja oferece refeições completas e nutritivas, um aprimoramento do posicionamento da marca. A Omaha Steaks já é bem conhecida pela carne, pelo frango e pelos frutos do mar, que são mostrados dentro da loja. Se o consumidor quiser um pedaço congelado de carne, pode pegá-lo já pronto para consumo. Mas, se preferir a área das refeições completas, pode parar e decidir com tranqüilidade qual refeição deseja preparar à noite. Assim, para o consumidor há uma conveniência extra e para a Omaha Steaks, a oportunidade de melhorar o seu objetivo principal.

Os pequenos varejistas geralmente erram na comunicação da mensagem de suas lojas. Eles não sabem se destacam grandes itens de pouca venda ou camisetas e meias de baixa margem de lucro, porém alto volume, que servem como seu produto básico. Então, tentam alavancar ambos. Eles tentam mostrar e vender tantos produtos que acabam derrubando sua própria mensagem. Todo conceito tem que representar algo. Você tem um minuto para deixar visualmente claro ao consumidor que é especialista nesse *algo*. Assim, os grandes mostruários de *merchandising* têm dupla função. Em relação à marca, o objetivo é estabelecer sua especialidade. De um ponto de vista financeiro, é destacar aqueles bens com as maiores margens, que são normalmente os produtos que caracterizam a marca e estabelecem sua especialidade. Pense no *merchandising* desta forma: se sua loja sumisse da noite para o dia, como você seria lembrado? A resposta deve ser imediata e definitiva:

- "Lá eram vendidos os melhores doces da cidade"
- "Eles sabiam tudo sobre esquis"
- "Eles tinham os vestidos de seda mais finos que você pode imaginar"
- "Eles podiam consertar qualquer utensílio"

Se um consumidor entra na sua loja e não consegue determinar rapidamente qual a sua especialidade, sua estratégia de *merchandising* falhou. Os produtos que caracterizam a marca devem ter o maior destaque. Os demais devem apoiá-los. Uma combinação de leiaute, fluxo e vendas adicionais (que exigem funcionários treinados) garantirá a venda do mix de produtos necessário sem que se dilua o impacto da mensagem do *merchandising*.

Por exemplo, os produtos que caracterizavam a marca devem ser apresentados com manequins junto aos produtos relacionados ou nas mesas e prateleiras mais visíveis. Os mostruários de janela devem ser completos, mostrando três ou quatro produtos, mas não lotados com todos os acessórios possíveis. Mesas próximas das janelas devem ter *merchandising* relacionados. Os mostruários dos produtos devem apresentar um produto principal cercado de acessórios relacionados. Seja qual for o arranjo final da loja, você deve criar o máximo de impacto de marca e maximizar as vendas dos produtos de alta margem agrupando-os para criar uma apresentação visual integrada – camisas de cores similares, calças e suéteres todos juntos – e colocar os produtos menos glamourosos e de maior volume por perto, agrupados com mercadorias do mesmo estilo. Embora os consumidores raramente precisem renovar seus estoques de esquis, *snowboards*, bicicletas, televisores ou outros itens duráveis, uma apresentação única – com um item de grande valor no topo da pirâmide psicológica – faz com que você pareça um *expert* para o consumidor e, dessa forma, ele deve voltar a sua loja para comprar quando precisar daqueles produtos.

A DISPOSIÇÃO DOS PRODUTOS NA LOJA

No nível mais funcional, o *merchandising* é onde o consumidor vê o quê, quando. O *merchandising* é como todos os produtos se juntam, em contraste ao processo de "caça aos produtos" dentro da loja. Geralmente, os novos produtos devem estar expostos na parte da frente, em vitrines, prateleiras, mesas e outros espaços que permitam sua visualização de fora ou imediatamente quando se entra na loja. O mostruário da frente deve ser atualizado toda semana para sempre atrair os consumidores. Isso é importante, pois o cliente é agradavelmente surpreendido ao ver e conhecer novos produtos. A apresentação de produtos novos também diz aos consumidores que você é inovador e que eles devem visitar sua loja mais vezes. O centro da loja é primariamente uma área de vendas, onde os vendedores interagem com os consumidores. Se a área central é dividida em mais de um espaço, um vendedor deve estar disponível em cada um deles. A parte de trás da loja deve ser reservada para a venda de produtos mais antigos e menos lucrativos. O *merchandise* de menor movimento também deve estar na parte de trás, a menos que sejam bens de alta margem de lucro que você *queira* vender (com o tempo, você aprenderá quais produtos vendem pouco devido a uma má localização e quais vendem pouco por terem baixa demanda). Muitas variações das questões aqui discutidas relacionam-se com o tamanho e a forma da loja e com o número de departamentos diferentes ou de grupos de produtos que um conceito de varejo tem. Confeitarias e farmácias colocam leite, suco e itens promocionais na parte de trás na esperança de que você pegue mais itens à medida que caminha pelo interior da loja.

Os produtos também devem ser arranjados verticalmente de acordo com o valor. Os itens de maior lucro devem estar ao nível dos olhos para a máxima exposição. Os de menor valor devem ser posicionados um pouco abaixo, e os que estão armazenados devem ser postos abaixo da altura dos joelhos dos clientes. O que estiver abaixo dos joelhos é de valor reduzido (é como não ter consumidores no andar de baixo da loja; ninguém quer ir ou olhar para baixo). Coloque itens acima de 1,8 m somente se o objetivo for criar um apelo visual à distância. Geralmente, qualquer coisa acima dessa altura é um gasto desnecessário, embora vez por outra os produtos possam ser colocados acima para criar um efeito visual. Bons exemplos disso são os mostradores de moletons, camisetas ou chapéus em paredes. Na maioria das lojas, os consumidores precisam visualizar seu caminho de antemão. Por isso a Costco utiliza mesas baixas na entrada e no meio da loja. Prateleiras altas limitam o perímetro do ambiente.

Alguns varejistas têm o hábito de colocar seus produtos promocionais na frente da loja, para quem estiver passando os ver (ou ver outras pessoas se dirigindo a eles) e parar ali. Porém, essa abordagem tem o efeito perverso de

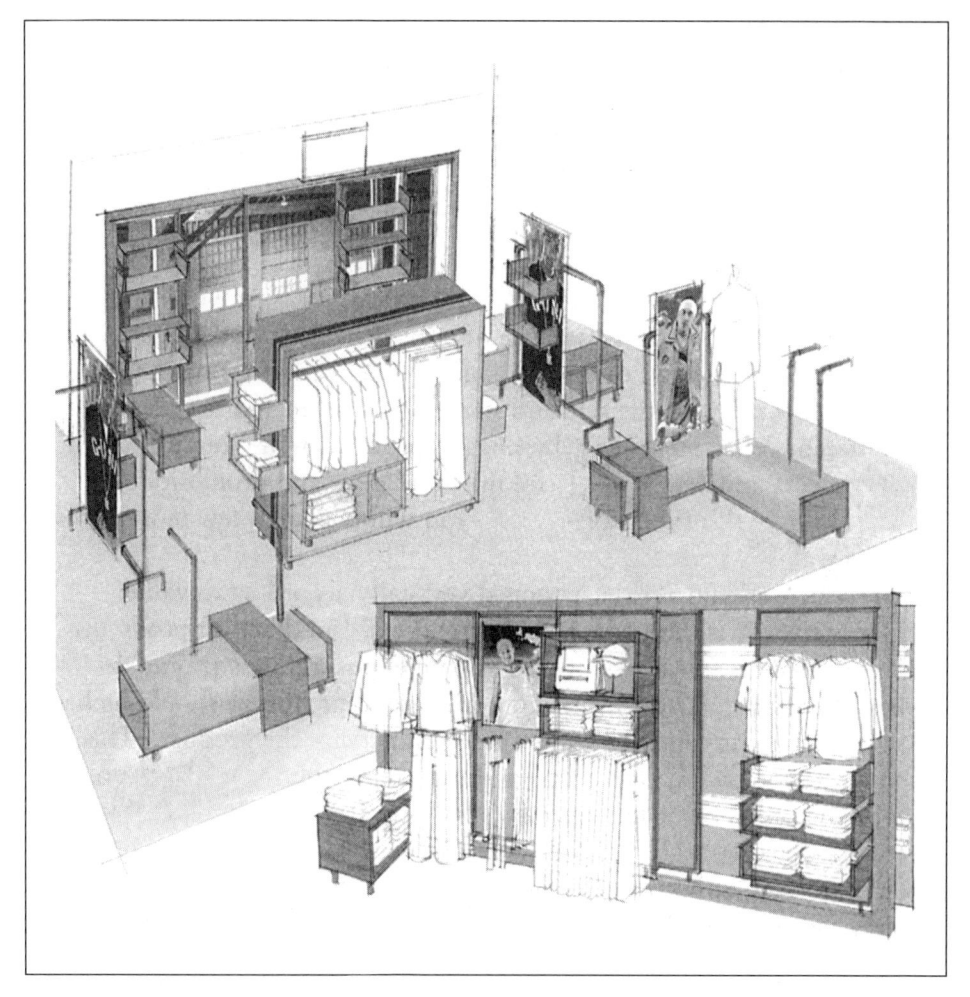

FIGURA 6-1 Um mostruário deve ter apelo visual que atraia os consumidores, bem como deve destacar os itens de alta margem de lucro que os varejistas desejam vender. Quanto mais perto um item estiver da altura dos olhos, mais consumidores tenderão a comprá-lo.

concentrar a atenção nas mercadorias mais velhas e com desconto. Anunciar a venda na frente da loja com cartazes e faixas faz sentido, mas lotar as prateleiras bloqueia as entradas da loja e desorganiza as áreas de vendas. Uma venda promocional "de calçada" pode ser interessante, mas em geral uma entrada congestionada e uma pilha de mãos tocando seus produtos não são a melhor maneira de promover sua marca. Colocar as prateleiras de venda no fundo da loja é outra forma de atrair os consumidores. Você também pode colocar uma prateleira de venda em cada área de compra de acordo com o tipo de produto para atrair os consumidores a outros departamentos. Observe como muitos varejistas colocam seus produtos promocionais nas laterais para não encobrir outros produtos.

A localização dos POS (sistemas computadorizados de auxílio às compras) e dos caixas deve ser cuidadosamente avaliada. Os restaurantes *fast-food* normalmente têm os seus caixas no fundo porque precisam formar filas gerenciáveis e ter o produto à mão para a entrega. A Starbucks usa filas em formato de L para minimizar a distância dos caixas e baristas do consumidor. Os POS para lojas de roupas geralmente encontram-se no meio, onde os vendedores são mais ativos e os consumidores não precisam andar muito para trocar de sala. Os POS às vezes são colocados na parte da frente para desencorajar o roubo nas lojas. Confeitarias, lojas de descontos e outras similares têm seus POS na frente para facilitar o processo para os consumidores com carrinhos de compra ou com malas pesadas, e também para sua segurança. A menos que, devido a um conceito, você tenha que colocar o POS em uma posição particular, eu prefiro colocá-lo de lado, para que o consumidor tenha o impacto total do coração visual da loja assim que entrar.

O *merchandising* culmina na maneira como sua loja se despede dos consumidores. Não importa o que você venda – doces, presentes, café, roupas, carros ou velas – é preciso desenvolver uma estratégia global, uma psicologia, para destacar o produto no final da venda. Na Starbucks, desenhamos uma bancada de bebidas que ficava à altura dos olhos, destacada por um globo de luz estilizado na parte de cima, para mostrar as bebidas de café aos consumidores. Assim, as bebidas eram apresentadas como uma parte artesanal de uma escultura. Alguns concorrentes tentaram copiar, posicionando uma prateleira onde colocavam seu café, porém não entenderam o que estávamos fazendo do ponto de vista da marca. A Tiffany's usa como embalagem caixas assinadas e sacolas, todas em azul-claro. Os europeus e os japoneses prestam muita atenção no ato de embalagem. É um deleite ver os vendedores empacotando o produto com papéis finos e fita como se estivessem preparando um presente. Demora apenas um minuto ou dois para que o produto se torne especial para o consumidor e para que ele sinta-se especial por estar comprando ali. Pode parecer bastante simples, mas é uma maneira de dizer obrigado e até logo. *Uma embalagem bem feita significa que você se preocupa com a apresentação do seu produto quando alguém leva sua marca.* Os consumidores querem algo especial para levar consigo. Dê tanta atenção a essa parte da transação quanto a qualquer outra. Quando os clientes retiram o produto do pacote, eles pensam de novo sobre a experiência na loja e sobre sua marca. Você se conecta a eles com sucesso mais uma vez!

ENCONTRANDO OS 20%

Não é suficiente para as estratégias de *merchandising* aumentar as vendas. Elas também devem maximizar as vendas dos produtos com as margens mais altas. Uma maneira de aumentar as margens, obviamente, é reduzindo os custos. Por seu volume, a Wal-Mart pode baixar o preço dos seus produtos. A maioria dessas economias é repassada ao consumidor, que, com o benefício, gera mais volume. Mas os varejistas de volume já baixaram tanto seu preço que quase não há outras possibilidades de cortes; de qualquer forma, a maioria dos varejos não é de volume. A solução é usar a gestão do *merchandising* para vender os produtos com margens maiores. Assim, as lojas precisam ser projetadas para as economias do conceito. Na Starbucks, nosso produto principal era o de maior margem. Maximizamos o rendimento na área do barista para produzir quantos cafés fosse necessário e buscamos ser o mais eficiente possível no balcão. Outro *merchandise* é limitado a 4,5 ou 6 m lineares, todos apoiando as vendas de nossos produtos principais. Estes produtos normalmente têm boas margens com um volume menor de vendas.

Cabe reforçar que normalmente não é o produto principal que dá o maior lucro. Em todos os conceitos de varejo, a regra 80/20 se aplica: 80% das vendas são decorrentes de apenas 20% dos produtos. Entretanto, com alguma freqüência os varejistas falham em determinar quais são esses 20%. Assim, as pessoas apenas estocam seu produto e vendem o que podem desse estoque. Analisar vendas e tendências no nível das unidades mantidas em estoque (SKUs – *stock keeping units*, a unidade de preço básica no varejo) implica sistemas financeiros de alto nível. Tais sistemas já estão dentro do alcance dos pequenos varejistas. Os varejistas também precisam ter um gestor com experiência ou alguns gestores focados em tais análises. Para lojas pequenas, provavelmente é o dono. Os resultados podem ser espetaculares. A Costco gastou muito tempo descobrindo os 4 mil SKUs que estocava. Algumas lojas com um quarto do tamanho da Costco têm de 35 mil a 40 mil SKUs. Os compradores da Costco são excelenres em descobrir o que estocar. Eles giram seu estoque uma dúzia de vezes por ano. A maioria das lojas estaria feliz com a metade de uma dúzia, e os varejistas pequenos com duas ou três. Geralmente, um varejista paga pelo estoque 45 ou 60 dias após a sua chegada. Se o estoque vende rapidamente, o varejista pode usar o dinheiro recebido durante algum tempo antes de pagar a conta. Se o estoque vende devagar, o varejista tem que pagar pela mercadoria antes de obter o faturamento. Um giro rápido permite que o varejista "viva flutuando", um processo que pode aumentar o fluxo de caixa drasticamente. Considere a vantagem para a Costco com o giro de estoque a cada 30 dias e com os pagamentos feitos a cada 45 dias. Determine os SKUs de melhor venda e os estoques inicialmente. Tudo que vier além disso é a regulação do estágio. Você quer um número suficiente de produtos de apoio e acessórios para destacar o conceito, mas não tantos que aumentem os custos do inventário e da logística e baixem o retorno global.

Você pode estar certo de que a análise da Costco não é realizada apenas para os produtos que ela mais vende, mas também para aqueles que dão maior lucro. A regra de lucro do varejista deve ser "X transações incluindo estes itens de alta margem", e o *merchandising* deve fazer o mesmo. Um conceito alimentício pode oferecer 10% de desconto se um consumidor comprar 2 kg de lagosta, por exemplo, ou pode oferecer o hambúrguer de graça se ele comprar um mínimo de 15 dólares de carne. As receitas médicas costumavam ser itens de alta margem, mas a competição, as empresas e planos do governo de cuidados com a saúde e outros fatores derrubaram as margens para as farmácias. Se 18% do lucro de uma farmácia vem das receitas e 50% de suas bolsas térmicas, o varejista precisa promover as bolsas térmicas, usando as políticas de *merchandising* aqui descritas. Observe as redes de farmácias durante os meses de verão. Você verá bolsas térmicas dispostas em todos os lugares. Agora sabe por quê.

Nesse contexto, o *merchandising* não é uma mera questão de posicionamento atrativo do produto, mas uma estratégia para vender bens de margem mais alta. Refeições promocionais são uma boa alternativa aos consumidores e também aumentam as margens de um restaurante *fast-food*, pois os clientes compram mais do que o normal. É a mesma idéia do lanche no tamanho gigante – agora com a popularidade em queda pela preocupação com a dieta. Os restaurantes *fast-food* adoram vender um pouco mais de batata frita e cobrar mais 19 centavos. Todo "pacote" trabalha com o princípio de que uma venda casada, seja para um sistema de computador ou para um jogo de móveis, aumenta a margem mesmo com preço baixo, pois aumenta o número de itens por transação. Os pacotes formais – dois ou mais itens com o preço combinado – são comuns em alguns conceitos e raros em outros. As lojas de vestuário geralmente têm os preços separados, mas mostram camisetas, blusões e calças juntos para criar a idéia de que o consumidor deve comprar todos eles.

Recentemente, minha empresa detectou problemas de margem na análise do *mix* de produtos de um varejo. De 200 SKUs, 89% eram responsáveis por menos de 1% nas vendas cada. Somente 6 SKUs – menos da metade de 1% – tinham mais de 2% de vendas. Além disso, os itens de maior venda tinham margens gerais que eram 7,5% menores do que os outros produtos. Recomendamos que o cliente desenvolvesse uma linha de produtos casados para aumentar a quantidade de produtos vendidos por transação. Também sugerimos que a empresa desenvolvesse uma nova linha de produtos para captar as últimas tendências naquela categoria. Propomos isso como uma extensão natural do negócio, que já tinha um produto da moda. Com o *marketing* apropriado dos novos produtos e com o *merchandising* correto nas lojas – que necessitaria de treinamento dos funcionários para incentivar esses produtos –, a empresa poderia aumentar as vendas dos artigos de maior margem e reduzir o número de SKUs improdutivos.

APERFEIÇOANDO A ARTE E A CIÊNCIA DO *MERCHANDISING*

Enquanto estiver implementando sua estratégia de *merchandising*, avalie a maneira como outros varejistas do ramo apresentam seus produtos e aprenda o que puder. Da mesma forma, observe de perto as lojas deles para entender suas fraquezas e saber se falham em questões de *merchandising* ou por adotar uma abordagem estática e padronizada. Libere seu talento criativo, porém, tenha em mente que o objetivo final não é agradar sua sensibilidade estética (ou a do seu *designer*), mas sim agradar o consumidor e facilitar suas compras.

A loja-conceito da Nike no centro de Seattle, uma das seis que a empresa usa como apresentação lider e para desenvolver estratégias de *merchandising*, é um bom exemplo de aprendizagem. Nesse caso, a aprendizagem da empresa por si própria. Descobrir a apresentação de *merchandising* certa não é fácil, mesmo para uma empresa de 1 bilhão de dólares. Inicialmente, a Nike dispôs seus produtos por esporte – tênis de corrida com roupas de corrida, tênis de futebol com roupas de futebol, e assim por diante. O arranjo físico fez sentido com a maioria das teorias de *merchandising*, colocando todos os elementos de um estilo de vida juntos. A abordagem, entretanto, foi problemática na prática. Todas as áreas de tênis ficavam lotadas e pequenas. A Nike usava um "elevador para tênis" para trazer do estoque os modelos do tamanho certo quando o cliente estivesse pronto para experimentar. Os corredores – que nesse contexto eram os empregados indo buscar os tênis, embora muitos fossem corredores de verdade – vinham de todos os lados para pegar os tênis dos elevadores. As pequenas passagens da loja logo ficavam lotadas e uma pressa constante criava um amontoamento. A música dançante do ambiente aumentava a sensação de barulho e congestionamento.

A Nike, então, levou todos os seus calçados para um grande círculo aberto no meio da loja. Os tênis ainda estão agrupados por esportes, mas a colocação central com corredores largos em volta convida os consumidores a dar uma olhada. Atualmente, manequins vivos de todos os tipos de corpos ficam atrás da área dos tênis, servindo de modelo para as roupas de cada categoria de tênis, e criando uma atmosfera mais leve para toda a área de peças da loja. Em vez de músicas agitadas, um som mais suave, não irritante, mas cuja batida faz você sentir vontade de estalar os dedos ou sair para rua com seu novo par de tênis da Nike. Quando presenciei essas mudanças pela primeira vez, comentei com um funcionário que a loja estava muito mais silenciosa depois que haviam retirado o elevador de tênis. Surpreso, ele me disse que o elevador ainda estava sendo usado – e, de fato, um novo par de tênis estava vindo naquele momento. As mudanças na apresentação e na música alteraram totalmente a experiência sensorial da loja. Esse exemplo reforça que devemos aplicar sempre os princípios básicos, mas que também é importante alterá-los para satisfazer as necessidades do consumidor.

Muitos varejistas simplesmente expõem seus produtos e tentam ver o que vende. Tal abordagem nada mais é do que um armazém com etiquetas de preços. O consumidor é que precisa encontrar o que deseja, em vez de o varejista conduzi-lo. O *merchandising*, que é tanto uma ciência como uma arte, exige que você pense grande (outro exemplo para não fazer planos pequenos). A arte envolve a criação de uma conexão entre a experiência física e o posicionamento da marca. Envolve o estabelecimento de um senso de local, convidando os consumidores a entrar, fazendo-os sentirem-se em casa e tratando-os tão bem que ficarão lisonjeados quer tenham comprado muito, pouco ou nada. Um consumidor bem tratado com certeza não apenas voltará como também falará a um amigo sobre a experiência que teve. A ciência representa o lado operacional do negócio. Com bastante freqüência, a operação é tratada como uma parte do varejo, enquanto o *marketing* e a construção da marca são tratados como a outra. Excelentes varejistas,

DETALHANDO O VAREJO

Embora as questões a seguir apliquem-se particularmente a mercadorias leves, os princípios podem ser usados em qualquer tipo de *merchandise* de varejo. A apresentação adequada dos produtos em uma loja mostra que o importante no varejo são os detalhes.

- Camisas, jaquetas e blusas devem ser penduradas retas, para que todos os colarinhos se alinhem, formando uma linha limpa.
- As etiquetas de preço e de tamanho devem ser visíveis ao consumidor, de forma que ele não tenha que abrir ou puxar os itens para conferir.
- Os manequins devem ser vestidos com uma única linha de produtos, de camisetas a jaquetas, calças e tênis.
- Troque os manequins semanalmente, antes do início do final de semana ou de seu período de maior demanda.
- Não sobrecarregue as mesas. Coloque produtos representativos na mesa e o resto em estantes, ou pendurado na parede.
- As estantes devem ter espaçamento irregular. Deixe muitos centímetros entre a mercadoria *top* e a estante acima.
- Dobre as roupas que estão sobre as mesas de uma maneira diferente, mas ordenada.
- Ponha itens relacionados em uma mesma mesa ou em grupos na parede (por exemplo, roupas relacionadas com golfe e seus acessórios).
- Se você tem itens com logotipo, todos os logotipos devem estar visíveis e alinhados.
- Itens de compra por impulso, mesmo que sejam produtos consumíveis baratos ou livros *best-seller* com desconto, devem estar perto dos caixas. Mas não pendure doces na frente de bebês só porque a mãe está esperando na fila.
- Providencie grades numéricas de conversão para tamanhos internacionais.

porém, reconhecem que mesmo os aspectos mais banais da operação influenciam na experiência do consumidor de alguma maneira. Então, o sistema de auxílio às vendas (POS) não é meramente um processador de transação, mas uma forma de criar uma experiência prazerosa para o consumidor; a apresentação dos banheiros da loja, junto com as demais partes do *design* e da apresentação, é uma maneira de reforçar o posicionamento da marca. A ciência também envolve a organização dos produtos não apenas para maximizar as vendas por meio da reposição e da promoção de produtos, das filas e do fluxo de consumidores, mas também para maximizar as vendas dos produtos com as maiores margens.

O *merchandising* começa com a apresentação da marca fora da loja. A frente desta deve ser suficientemente interessante em sua forma visual, para se conectar ao consumidor. A iconografia exterior deve apresentar a marca de maneira positiva. O mostrador da janela deve ser atrativo o suficiente para chamar a atenção dos consumidores para dentro da loja. Na entrada, os clientes devem ser estimulados nos cinco sentidos. O formato dos mostradores deve fechar com o conceito, e todos os aspectos da experiência devem ser compatíveis com os valores da marca para criar uma momento único. Antes que os passos tradicionais do *merchandising* comecem, o *metamerchandising* se conecta ao consumidor de uma maneira sutil e subliminar. Pelo sólido estabelecimento da mensagem da loja – definindo o que a caracteriza – o *metamerchandising* define os elementos tradicionais do *merchandising*. Esses elementos tradicionais atraem os consumidores através da loja, direcionando-os para os produtos de alta margem, enquanto encoraja a venda cruzada para aumentar a margem geral.

Os varejistas que refletem muito sobre o processo de *merchandising* aprendem a integrar a fina arte à ciência prática. Eles comunicam uma única mensagem da loja – o posicionamento da marca e os produtos que mais o apóiam – e são mais bem sucedidos.

Personalizando o serviço ao consumidor

Se o capítulo anterior soou como se o *merchandising* fosse uma questão de posicionar de forma adequada bens de alta margem... isso de certa forma é verdade. Mas o elemento humano atualmente domina o *merchandising*. A maneira como uma loja trata o consumidor em nível pessoal é fundamental para mantê-lo ou expulsá-lo dela – mais do que outros elementos. Um atendente hostil pode estragar um *merchandising* hábil. Um atendente prestativo pode compensar um *merchandising* pobre, depois que o consumidor entra na loja. Entretanto, no esforço de prevenir erros, muitas orientações para o comportamento dos empregados produzem robôs em vez de funcionários agradáveis.

Meu filho trabalhou para uma loja de sapatos que orientava os funcionários a abordar os clientes dentro dos primeiros 60 segundos que estivessem na loja. Ele odiou essa política. Alguns clientes expressavam em sua linguagem corporal que não queriam ser abordados. Eles claramente não gostavam quando ele cumpria a regra da empresa e se aproximava. Outro varejista pedia a seus empregados que ficassem a um metro dos consumidores enquanto estes circulavam pela loja. Mas poucos clientes, se é que algum, desejam um vendedor "na sua cola" o tempo todo. Os empregados da Gap costumavam atacar os clientes quando estes entravam na loja, um comportamento corrigido pela empresa. Agora, eles oferecem mais ajuda nos provadores, onde a atenção é bem-vinda. Por muitos anos, os caixas da Staples perguntavam aos clientes: "Você encontrou tudo que precisava?". Obviamente, algum executivo criou essa política para assegurar que os consumidores se sentissem atendidos. Porém, a hora certa de fazer a pergunta é quando eles estão nos corredores, com empregados circulando especialmente para atendê-los. Depois de um tempo, os caixas repetiam a pergunta de maneira automática, com uma notável falta de entusiasmo. Nas raras vezes em que algum cliente dizia, por exemplo: "Não, eu não encontrei o papel de carta", todo o processo parava, gerando inconveniência para os demais consumidores, enquanto o caixa chamava alguém para encontrar o produto. Nunca faça perguntas que você não deseja. E pergunte somente quando for capaz de agir com rapidez à resposta. Da última vez em que estive na Staples, não encontrei um tipo de cartucho para impressora. Quando estava procurando de novo, um funcionário atento percebeu e veio me ajudar a encontrar o que eu precisava. O serviço foi prestado da melhor maneira: com discrição, amabilidade e competência.

O serviço ao cliente tem uma premissa simples: coloque-se no lugar dele. Comece respeitando seu espaço pessoal. Os consumidores mostram quando querem ser abordados. Alguém com uma necessidade específica – um certo tamanho de tênis em determinada cor e estilo – ou vai até um funcionário e pergunta, ou procura atentamente nos corredores. Quem está "só olhando" realmente está fazendo apenas isso – caminhando sem pressa pelos corredores. Aqueles que estão interessados em comprar precisam de alguns minutos para fazer a primeira seleção da mercadoria. Suponha, por exemplo, um homem olhando para um sapato confortável. Quando ele entra pela primeira vez na loja, precisa de alguns segundos para se orientar e ver onde estão os sapatos. Se ele se dirigir para o setor de sapatos, os empregados devem deixá-lo ir sem abordá-lo. Se ele parecer perdido, devem se aproximar para ajudá-lo. Uma vez no setor dos sapatos confortáveis, o consumidor pegará vários modelos diferentes, procurando a combinação certa de estilo, peso e conforto. Mentalmente, ele comparará dois ou três pares de que gosta. Em algum momento ele terá dúvidas, ou estará pronto para experimentar os sapatos. Quando se virar para chamar alguém, um funcionário deverá estar ao seu lado, pronto para atendê-lo. Se nenhum empregado estiver disponível naquele momento, o que se encontrar mais próximo deve informá-lo com um contato visual ou um sorriso que logo será atendido. A atenção é a ordem do dia, não a "perseguição".

Os funcionários de lojas de grife ficam mais próximos dos consumidores, e os de lojas de desconto são poucos e distantes deles. Os clientes entendem essa relação. Quem compra um terno de 2 mil dólares espera também um cafezinho e muita atenção pessoal, enquanto quem compra um de 200 dólares espera apenas o terno (embora um cafezinho não fosse mal). Geralmente, porém, o tempo e o grau de interação entre empregados e consumidores depende tanto dos instintos e da cortesia dos empregados quanto do conceito de varejo. Sim, quem está apenas olhando a loja merece ser reconhecido, mas os varejistas não devem mandar seus funcionários saudarem todas as pessoas quando eles poderiam dar mais atenção a quem demonstra pelo interesse e pela atitude que deseja comprar algo ou precisa de ajuda. Freqüentemente, os clientes ou sentem-se sitiados por atendentes quando não precisam deles, ou não encontram nenhum quando necessitam de auxílio. O exemplo clássico é o comprador em um minimercado que não consegue achar o último item na lista de compra. Esses estabelecimentos se preocupam em diminuir o tempo de espera nas filas dos caixas (geralmente, em 1 ou 2 minutos), mas nunca atentaram para o número crescente de clientes perambulando pelos corredores por 20 minutos ou mais à procura do suco de laranja, por exemplo.

Se a sugestão de aumentar o número de funcionários parece extravagante, considere isso uma vantagem do negócio. As lojas do Westfield Shoppingtown oferecem serviço de manobrista no estacionamento, estacionamento especial para gestantes, carregador de sacolas para os consumidores, e mesmo porteiros que vão até os clientes para ajudá-los. O grupo Westfield considera o serviço ao consumidor seu maior diferencial na competição com outros *shoppings centers* tanto por clientes quanto por lojistas.

A cortesia é o primeiro, mas não o único, passo para ótimos serviços ao consumidor. O melhor que um funcionário pode oferecer a um cliente são fatos concretos sobre os produtos e serviços. É isso que o varejista espera dele, pois informações no tempo certo e de forma pessoal geram vendas maiores. Os garçons devem saber não apenas os pratos especiais da noite, mas também seus ingredientes diferentes e no que eles diferem dos ingredientes comuns. Funcionários de lojas de roupas devem saber distinguir entre malha e tricô, entender que 100 dobras de linha é menor que 80 dobras (resultando em um tecido fino para camisas e blusas), saber qualquer instrução especial para as peças vendidas na loja, e também outros detalhes da arte de produzir roupas.

Seja um conceito de esportes ao ar livre ou de móveis para interiores, o vendedor deve saber utilizar as necessidades, os hábitos e as habilidades do consumidor para vender o produto adequado – não apenas pelo ponto de vista do preço. Gosto de perguntar aos vendedores se comprar o produto mais caro significa que estou pagando pelo melhor ou só por um rótulo fantasioso. Formulo a pergunta de modo que eles saibam que estou dependendo da recomendação honesta deles. "Qual a diferença entre o item de preço mais alto e o de preço mediano?", pergunto. Em uma loja de tênis esportivos, o empregado me olhou como se eu fosse um idiota e respondeu: "Bom, este aqui é mais caro". Em outra, o vendedor me deu uma descrição do apoio superior da sola, do conforto interno e da resistência total do tênis mais caro. Adivinhe onde comprei meus tênis, e qual modelo levei?

Em vez de insistir que os empregados demonstrem um interesse que não têm, contrate e treine pessoas que gostem da profissão e que respondam genuinamente às necessidades do consumidor. A seguir, dê-lhes permissão para fazer boas decisões de negócios. Os clientes percebem a diferença. Quem mora no noroeste dos Estados Unidos está acostumado com os Les Schwab Tire Centers. Quando você entra numa franquia do Les Schwab, os atendentes vêm literalmente correndo. Até os anúncios de contratação de funcionários mostram empregados correndo. O Les Schwab fornece todos os tipos de serviços gratuitos, como rodízio e troca de pneus de verão e inverno (e também conserto de pneus furados), mas é a atitude que faz as pessoas voltarem. Os funcionários não o deixam partir enquanto não estiver plenamente satisfeito.

Um mau exemplo disso pode ser identificado na viagem de volta da costa leste que eu e minha esposa fizemos pela Delta Airlines. Como tínhamos feito uma viagem de ida longa e cansativa, tentei trocar nossa passagem de volta para a primeira classe. O funcionário que nos atendeu olhou nossas passagens e disse: "Desculpa, não podemos fazer isso. Passagens com tarifa especial não podem ser transferidas para outra categoria". Perguntei, então: "A primeira classe está cheia?". "Não, senhor." Ofereci pagar a diferença entre a passagem promocional e a regular e então comprar a de primeira classe, para que assim a companhia aérea recebesse o que deveria. Mas ele tornou a dizer que não podia fazer aquilo. Fui falar com o supervisor, que corroborou: "Estas são passagens com desconto", como se tais passagens fossem compradas somente por clientes indesejáveis. "Deixe-me entender", disse. "Vocês têm assentos vazios na primeira classe e um cliente disposto a pagar a diferença entre os bilhetes, e não podem fazer isso?" "Não, senhor", respondeu-me. Àquela altura eu já estava bastante irritado. "Diga o preço", falei. Ele negou novamente. Os bilhetes não poderiam ser alterados e ponto final. O vôo partiu com quatro assentos vagos na primeira classe e uma classe econômica lotada; alguns passageiros não puderam embarcar por "falta de lugar".

Os passageiros que compram passagens mais baratas devem ter menos prioridade na escolha dos assentos e na transferência para lugares melhores, e os preços para mudança de classe devem ser ajustados para quaisquer tarifas. Naquela ocasião, éramos os únicos que queriam os assentos melhores e estávamos dispostos a pagar pela troca. A companhia aérea preferiu perder faturamento e enfurecer um consumidor. A lógica de um negócio assim escapa ao meu alcance. Talvez esse cenário ajude a explicar porque a Delta Airlines está perto da falência. Uma ação que beneficiaria tanto a companhia quanto os clientes "não era permitida".

Os serviços ao consumidor começam no topo, de uma ou duas maneiras. A primeira envolve processo. A empresa deve ter sistemas que garantam os produtos certos nas lojas, a entrega das mercadorias conforme a demanda dos consumidores, facilidade nas trocas e no reparo ou reposição dos produtos – tudo que mantêm o negócio em dia. No caso da Delta Airlines, o problema com a mudança de classe poderia ter sido causado por um sistema de computador pouco flexível. Não havia dúvida de que faltava aos funcionários um código especial para essa transação pouco comum. Mas isso, em última análise, demonstra uma atitude arraigada a partir da qual é a alta administração que deve tomar todas as decisões envolvendo os consumidores. Isso até tem sentido para assuntos como segurança e proteção, mas não para passageiros no portão de embarque.

Em vez de forçar regras rígidas, os varejistas devem capacitar seus empregados a tomar decisões inteligentes, especialmente no que diz respeito a serviços ao consumidor. Os varejistas devem contratar boas pessoas, treiná-las para pensar e insistir que usem seu próprio julgamento para lidar com os clientes.

O segundo aspecto de um ótimo serviço ao consumidor é a atitude da administração com relação a seus próprios funcionários. Um varejista pode entender de gestão financeira e de administração de estoques, mas nunca criará uma boa organização de serviços sendo um comandante, em vez de um construtor de equipes. Outro varejista, por ser uma pessoa de fácil trato, é amado pelos funcionários; sua empresa é como uma família feliz. Porém, ele não tem nenhum talento com os sistemas técnicos e operacionais necessários para que suas poucas lojas tornem-se uma grande rede. Como você deve ter aprendido nas aulas de psicologia ou administração, a maioria das pessoas é como um desses dois indivíduos: orientada para as tarefas ou para as pessoas. Estudos mostram que os melhores resultados de testes de personalidade entre líderes são os daqueles bons em ambos os aspectos, e algumas redes realizam esses testes para determinar as características de liderança de candidatos a gestores.

Para o crescimento de uma organização, é necessário gestores que tenham foco, que entendam os sistemas e que possam transmitir entusiasmo para cumprir a rotina de uma maneira adequada. Mas ótimos serviços também requerem um gestor que crie um ambiente no qual as pessoas sejam importantes, o que significa ouvir suas idéias, dar *feedback* e incluir suas preocupações nas decisões da empresa. As pessoas nesse campo também têm de entender que na maioria das organizações de varejo as promoções normalmente vêm de equipes que "amam" você. Quando abre uma vaga de trabalho, os empregados da loja, os operadores, as pessoas dos serviços – todos, enfim – estão ávidos para contar à gerência que querem aquele cargo. Mas como esses assuntos se relacionam com o serviço ao consumidor? A atitude que os administradores mostram em relação aos clientes acaba se impregnando na cultura da corporação, e os funcionários tratam os consumidores da mesma maneira que os gerentes os tratam. Uma colega minha certa vez trabalhou em dois empregos para ajudar a família. Depois de algum tempo dando duro, ela procurou seu chefe e pediu para diminuir sua carga horária para poder se dedicar um pouco mais ao lar. Mesmo que a empresa não tenha visto com bons olhos, ele aceitou. Sua consideração fez ela "querer ser a melhor vendedora", em suas próprias palavras. Todos se beneficiaram: a loja, a funcionária e os clientes.

Essas coisas podem parecer ingênuas, mas têm influência direta na base. Uma cadeia nacional analisou a relação entre a performance financeira e o movimento de vendas de suas lojas. Foi constatado que, toda vez que um gestor era trocado, os lucros caíam em média 3%, e demorava um ano para a loja se recuperar. O mesmo aconteceu com *uma região inteira* quando o gestor regional foi trocado. As vendas nas lojas estão diretamente relacionadas com os serviços ao consumidor, os quais estão relacionados de maneira direta com a atitude, o entusiasmo e a experiência do líder.

Os capítulos 8, "O planejamento da execução", e 9, "Levando sua organização longe", explicam como construir sistemas e desenvolver o lado humano das organizações de varejo para atingir a satisfação do consumidor.

SERVIR OS CONSUMIDORES COM UM SORRISO. LEMBRA DISSO?

O bom serviço ao consumidor é a marca registrada de varejos especializados e que lidam com estilo de vida; mas um bom serviço é, na verdade, um diferencial mais profundo nos conceitos onde as pessoas *não* esperam necessariamente um ótimo atendimento, oposto aos conceitos de produtos avançados onde isso é uma premissa. Muitos funcionários de *fast-foods* parecem aflitos, com os olhos vidrados e desejando muito estar em outro lugar, qualquer que seja. Quando os empregados desses restaurantes saem da rotina para ajudar os consumidores, estes respondem. Na Potbelly, os consumidores entravam e pediam uma Pepsi para beber. A Potbelly servia Coca-Cola, mas mais de uma vez um empregado foi até outra loja para buscar uma Pepsi. Não há regra sobre isso. A Potbelly não prescreveu a espontaneidade (seria uma contradição). O que ela fez, porém, foi encorajar seus empregados a serem autênticos com as pessoas. Geralmente, ser autêntico não envolve mais do que um sorriso ou um cumprimento, desde que sejam verdadeiros.

Cadeias maiores também podem se beneficiar com esse tipo de atitude dos empregados. A franquia do Subway Sandwich no norte de Bend, Oregon, é uma loja comum, se olharmos superficialmente. Tem uma razoável localização. O *design* do interior ainda não foi atualizado para o padrão mais novo da empresa. O acesso é problemático nas horas de maior movimento, especialmente nas curvas à direita e à esquerda no estacionamento. Ainda assim, a franquia fica entre o primeiro e o sexto lugar no *ranking* de vendas do estado, dependendo da temporada. O dono, Jeff Moore, cumprimenta os clientes mais assíduos pelo nome. Ele sabe os sanduíches e os condimentos preferidos de vários clientes. O que for preciso fazer, de atividades administrativas à preparação de sanduíches atrás dos balcões à limpeza das mesas, ele faz com um sorriso e freqüentemente com uma piada. Quando limpa as mesas, conversa com os clientes – mas somente com aqueles que querem conversar. Nada disso é fingimento; ele realmente é assim. Jeff contrata pessoas como ele e as paga melhor do que os estabelecimentos normais. Pelo temperamento, treinamento e impressão de Jeff, eles adotam a mesma atitude positiva. O retorno é garantido: muitos consumidores comem lá duas ou três vezes por semana.

A idéia de "alto contato", introduzida anteriormente, relaciona-se de perto com o bom serviço ao consumidor. Alto contato significa que você trata o cliente como um amigo próximo; não com uma intimidade falsa, mas sim com cortesia, consideração e respeito. O alto contato cria uma conexão pessoal e uma experiência memorável. O consumidor lembra quando é bem tratado. O contato pessoal aumenta as chances de o consumidor se tornar o mais importante de todos, aquele que visita a loja com mais freqüência.

Você pode dizer, com certeza, que a atitude e o comportamento de seus empregados induzem seus consumidores a voltar? Se a resposta for sim, você tem uma ótima base para sua estratégia de *merchandising*. Se não, aí está uma área na qual os esforços focados produzirão dividendos substanciais nas relações com o cliente e nas vendas.

Para o varejista, o serviço ao consumidor pode ser considerado o "lado fácil" do negócio, mas requer o mesmo tipo de atenção que qualquer outro aspecto do empreendimento. Você precisa examinar atentamente o que é necessário para oferecer um bom serviço na sua categoria. Precisa entender qual parte do serviço ao cliente tem impacto nas vendas, e qual suporte operacional é preciso para atingir tal serviço. Para os bens de consumo, o serviço que guia o negócio está no ponto de venda. Para algumas categorias, pode estar em um sistema sofisticado de distribuição. Para outras, o diferencial pode ser os componentes ou reparos. Para outras, ainda, o suporte por telefone ou Internet é crucial (se você usa tecnologia direta para o serviço ao consumidor, ela deve funcionar sempre – sem esperas demoradas ao telefone ou *websites* de difícil navegação). Mais uma vez, as operações não devem ser vistas como uma atividade de apoio, mas sim como uma força direcionadora para a satisfação do consumidor. O nível de satisfação tem impacto direto na construção da marca.

O bom serviço ao consumidor é fundamental para oferecer uma experiência especial de varejo, e muitos desses serviços dependem do espírito e da cultura da organização. Mas por *gerar resultados*, o serviço ao consumidor deve ser um fator determinante no planejamento estratégico, particularmente em relação ao desenvolvimento e à estrutura organizacionais, tema do próximo capítulo.

Parte II: Vá longe

Existem duas formas de ir ao ataque. Você pode ser conservador, ou tomar outro rumo. Gosto de utilizar o campo todo, simplesmente atacar. Você elimina questões do tipo "o que aconteceria se..." utilizando os melhores jogadores, treinando todos os detalhes e deixando-os jogar. Não jogue de maneira conservadora. Pise fundo no acelerador e deixe seu time jogar.

– Mike Martz, treinador do St. Louis Rams

O planejamento da execução 8

Teoricamente, um varejista deve fazer o planejamento estratégico de seu negócio antes de começar a operar a primeira loja. Na verdade, a primeira loja costuma preceder o planejamento. Na maioria das vezes, o varejista abre uma loja porque é um especialista em *lingerie* ou porque tem uma receita de pizza ótima, e somente depois considera outras possibilidades mais amplas. Além disso, como Bryant, da Potbelly, o varejista pode comprar uma loja quando as oportunidades aparecerem, sabendo que o plano de expansão está por vir. Pode também agir como ocorreu no Blue C Sushi, quando os donos procuraram entender todo o comprometimento que seria preciso para ter uma ou duas lojas antes de considerar uma expansão regional ou nacional. O importante é que o planejamento estratégico seja posto em prática antes que o negócio tenha um crescimento significativo. Quando você começa a expandir, o trabalho e o dinheiro viram bolas de neve, e você corre o risco de descobrir tarde demais que seu crescimento poderá soterrá-lo em problemas não previstos. A imprensa voltada para os negócios escreve muito sobre empresas que falharam por "crescer rápido de mais". O que está por trás disso é a falta de um plano sólido de crescimento.

Delinear o planejamento estratégico é parte da fase de criação. Raramente é o mais instigante na experiência de varejo, mas quando a definição do plano começa, deve ser enxuta. Desenvolva o plano em tópicos de forma que você possa focar bem cada um deles, em vez de lutar com uma grande quantidade de termos. Estruture o plano como uma apresentação de PowerPoint feita para provar (para você e os outros) a viabilidade financeira e prática de seu conceito. Cada seção deve ter no máximo de quatro a seis *slides* (você pode escrever um plano formal quando acabar). À medida que o plano é traçado, você deve se esforçar para enfrentar as questões mais difíceis. Coloque-se no lugar de um potencial investidor que está avaliando seu conceito. Pergunte-se quais informações gostaria de ter para ficar convencido. Antecipe todas as questões complexas e tenha certeza de que o planejamento não as deixa sem resposta.

A seção um do plano deve começar com os seus valores principais, a declaração da missão, o mantra de três palavras e uma análise de seus diferenciais competitivos. Também deve descrever as diferenças mais relevantes entre seu conceito e o dos concorrentes. Compare-se a lojas estilo família ou a butiques locais que já têm uma clientela fixa, fiel. Compare-se a uma rede nacional que tem a maior fatia do mercado. Se você pode diferenciar seu conceito dos outros de forma convincente e precisa, tem uma grande chance de convencer investidores céticos da oportunidade à sua frente. Infelizmente, o contrário também ocorre. Dê atenção especial a como a idéia, o *design* da loja e os produtos ofertados criarão conjuntamente um novo conceito ou trarão à luz um conceito ultrapassado. Seja honesto. Pergunte-se: como meu serviço ao consumidor será melhor do que os outros?

A primeira seção deve, então, descrever a oportunidade em termos mais amplos (por exemplo, o número de mercados que você pode atingir em dois ou três anos e os dados demográficos que apóiam tal expansão). Em novos negócios, pode-se planejar de fato apenas um ou dois anos. Em negócios mais maduros, deve-se planejar de três a cinco anos. Essa seção deve descrever os riscos externos, como, por exemplo, grandes competidores que possam afetar o sucesso. O mercado da hospitalidade, para citar um, é altamente vulnerável a recessões e guerras. Serviços alimentícios são afetados por dietas da moda (com carboidratos ou sem?). Se não houver um grande concorrente, identifique os mais próximos e examine o impacto daqueles que estão entrando na sua categoria ou nicho. Pergunte e responda como você irá competir se uma empresa *category killer* chegar à sua cidade.

A seção dois do plano deve esboçar os objetivos e as iniciativas estratégicos. As iniciativas estratégicas incluirão tópicos como "definir novas linhas de produto", "identificar mercados maiores", "expandir locações do varejo", "criar um ambiente novo e instigante" e "desenvolver um portfólio para os imóveis de qualidade". Os objetivos estratégicos identificarão as ações específicas para cada iniciativa com uma linha de tempo definida. Um objetivo estratégico pode ser "abrir quatro lojas nos próximos 12 meses" ou "criar um novo *design* de loja a cada X dias com não mais que Y dólares". Os objetivos de apoio podem ser "manter o retorno atual dos investimentos para financiar a expansão" ou "criar um departamento de treinamento para auxiliar a contratação nas novas lojas". Os enfoques escolhidos dependerão do estado atual de sua organização. Mais uma vez, avalie como o serviço ao consumidor guiará as vendas e quais sistemas serão necessários para apoiá-lo. Assegure-se de que seus planos são o que você precisa fazer para atingir os objetivos do serviço.

A seção três deve descrever um plano de desenvolvimento de uma loja que implemente os objetivos estratégicos. Para estabelecer um ponto de partida, o primeiro *slide* deve resumir o desempenho de qualquer loja já existente. Se você ainda não abriu a primeira loja, esse dado deve ser baseado no desempenho de seus concorrentes. O plano de desenvolvimento da loja deve listar áreas metropolitanas específicas que serão avaliadas para a expansão; deve-se definir o mercado-alvo e o número planejado de lojas por área, bem como identificar os recursos financeiros e humanos para essa ação. A seção deve incluir todos os pressupostos-chave, como o número de lojas a serem abertas em um ano e a contribuição financeira de cada uma se elas abrirem nas datas previstas. Essa seção também deve identificar pontos cruciais, qualquer aspecto que possa impactar no progresso do plano. Nesse ponto, podem ser identificadas questões como a necessidade de criar ou remontar o sistema de distribuição e fornecimento, ou de desenvolver novas TIs para rastrear as vendas, o estoque e os custos de construção/imóveis por toda a região, ou ainda a necessidade de criar um departamento de RH para administrar a alta no número de recrutamentos. Os riscos externos foram identificados anteriormente, os internos devem ser identificados aqui – questões como conflitos entre canais de varejo e de atacado ou a possível canibalização das vendas se novas lojas dividirem um mercado em vez de ajudá-lo a crescer.

Por fim, o plano estratégico deve identificar todos os resultados financeiros da expansão planejada, considerando o melhor caso, o pior e o mais provável. O melhor caso assumirá que todas as lojas abrirão na data certa e no orçamento planejado e irão gerar a receita projetada. O caso mediano pode assumir, por exemplo, que dois terços da loja abrirão como o planejado com um gasto de 10% acima do custo previsto, gerando a média das lojas atuais. O pior dos casos talvez seja que somente um terço das lojas abrirá no tempo certo e terá um desempenho não superior ao pior que você já tenha atualmente. O cenário particular para o

PROCESSO DE PLANEJAMENTO ESTRATÉGICO

REVISÃO DO DESEMPENHO
- Progresso *versus* orçamento
- Análise do desempenho atualizada
- Ações para resolver problemas

ORÇAMENTO
- Orçamento de lucros e perdas
- Orçamento de capital
- Resultados antecipados
- Medições

PLANO OPERACIONAL
- Objetivos estratégicos
- Táticas específicas
- Apontar caminhos
- Projeções e orçamentos de 1 ano

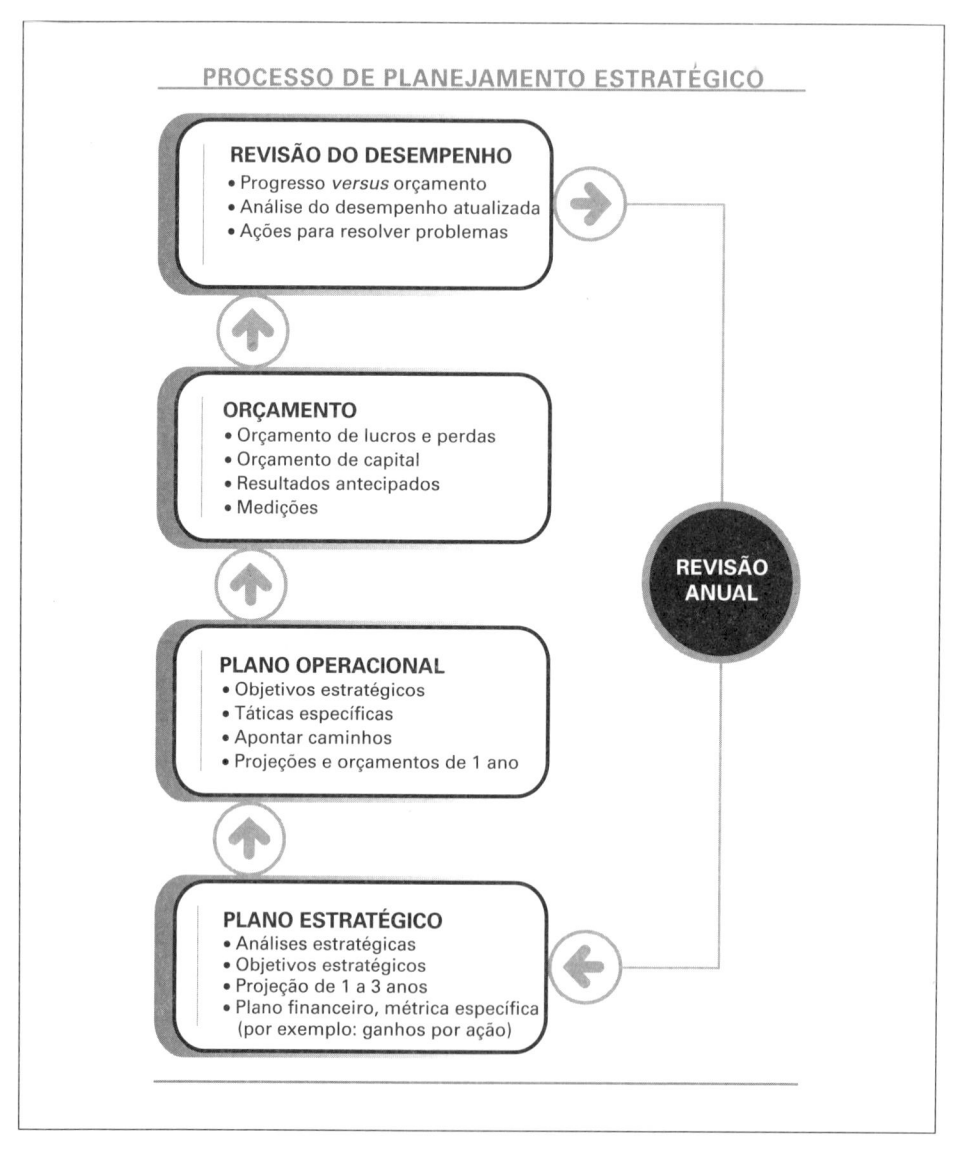

PLANO ESTRATÉGICO
- Análises estratégicas
- Objetivos estratégicos
- Projeção de 1 a 3 anos
- Plano financeiro, métrica específica (por exemplo: ganhos por ação)

REVISÃO ANUAL

FIGURA 8-1 A base de qualquer conceito sólido no varejo é o planejamento estratégico, que deve delinear claramente as questões estratégicas, as ameaças competitivas e as projeções financeiras, bem como estabelecer os indicadores para os resultados desejados e os ganhos por ação (EPS). Desse plano vem o plano operacional anual, que inclui todos os objetivos e táticas para o ano seguinte. O plano operacional guia o orçamento. Uma revisão da performance anual força a companhia a examinar o que está funcionando e o que não está, e a ajustar o plano de acordo com isso. O planejamento estratégico original não deve ser extenso – quanto menor, melhor –, mas direto, rigoroso e honesto.

caso mediano ou para o pior caso irá variar com a situação. Abrir três novas lojas na mesma cidade, usando o mesmo empreiteiro, será muito mais fácil do que abrir três lojas em outras cidades ou regiões; e abrir três lojas na região será muito mais fácil que abrir cinco lojas no outro lado do país. O plano deve demonstrar que no pior caso você pode permanecer viável (se não próspero) enquanto resolve os problemas que prejudicam a expansão – ou avalia a possibilidade de uma retirada. O caso mediano deve dar um retorno descente ao investimento. O melhor caso deve deixar os investidores rindo à toa. Uma estratégia interessante de planejamento é o uso o caso mediano como base para gastar todos os custos mais pesados e acelerar os gastos somente depois que o faturamento exceder as expectativas consistentemente.

O plano estratégico não deve afogar o varejista ou um possível investidor em papeladas. Tampouco, como muitos planos, ser posto em uma gaveta e esquecido. Ele deve sempre ser o ponto de partida para grandes decisões depois de o planejamento estar em ação, mas seu principal valor é forçar o varejista a fazer uma análise exaustiva já no início. Quando definido adequadamente, ele testa todas as hipóteses sobre a viabilidade e tangibilidade do conceito. Algumas vezes o plano contêm informações que são apenas pouco melhores do que adivinhações ou palpites. Outro ponto é não ter medo das fraquezas expostas pelo plano – use-o para aprender, e a aprendizagem para melhorá-lo. Já vi muitos planos estratégicos pouco aprofundados, e varejistas incapazes de defendê-los com informações quando indagados sobre questões pontuais. A impressão que fica disso é que algumas pessoas de negócios têm receio de olhar suas idéias profundamente por temerem encontrar alguma falha fatal que irá inviabilizar a concretização de seus sonhos. A suposição velada é que eles acreditam que resolverão todos os problemas à medida que estes surgirem. Acredite, será muito pior se você seguir em frente sem identificar e resolver os problemas desde o princípio. Quanto mais cedo você puder identificar as fraquezas, mais cedo a capacidade intelectual da companhia poderá ser utilizada para minimizá-las ou eliminá-las. Sempre planeje a redução de um negócio. Em uma empresa, quando um executivo júnior está para se tornar sênior, seus colegas servem como primeira audiência. Suas funções são eliminar buracos na proposta antes que passem adiante. O constante *feedback* faz com que o executivo consiga refinar sua apresentação. E ela sempre é melhorada com empenho.

Os varejistas devem utilizar uma abordagem semelhante com seus próprios planejamentos estratégicos. Você deve ser o mais crítico possível, e não deixar que seja o investidor quem identifique que os dados não suportam as projeções financeiras ou que você quer abrir dez lojas no próximo ano embora mal tenha a primeira funcionando. Análises cuidadosas podem mostrar que o conceito será escalonado para múltiplas lojas se você puder desenvolver produtos que tenham margens maiores, ou aumentar o volume da loja em 10%, ou reduzir os custos de construção em 5%. A partir dessas questões, ou de outras similares, você saberá quais problemas resolver. Ao mesmo tempo, um bom conceito de varejo com um modelo econômico forte pode se expandir quase em uma base exponencial: três novas lojas este ano, dez no próximo, trinta no outro – logo, cem ou mais. Trabalhar as implicações de tal crescimento na infra-estrutura e nos recursos humanos é prioritário antes que você ingresse em um ciclo de crescimento acelerado.

Falo por minha experiência. Quando entrei na Starbucks, a empresa tinha aproximadamente cem lojas. No que pareceu um piscar de olhos, tínhamos aberto mais dois parcs de centenas de lojas e crescido para 300 milhões de dólares de faturamento. Estávamos começando a nos posicionar para ganhar um bilhão de dólares por ano. Mas cada administrador e funcionário estava numa correria total. Cada um de nós era capaz de atender os desafios individuais com rapidez, mas a companhia estava crescendo e mudando tão rápido – tanto em número de pessoas, troca de responsabilidades e outras mudanças organizacionais – que era difícil manter uma equipe efetiva e coesa.

Para ajudar a entender nosso futuro antes que corrêssemos o risco de sucumbir devido a problemas resultantes da rápida expansão, Orin Smith chamou Eric Flamholtz, da UCLA, para ser consultor da gestão executiva. Eric tinha um histórico de trabalho com empresas que buscavam realizar a transição de um empreendimento inicial para companhias "de verdade", e recentemente havia atualizado seu livro *Growing Pains* sobre esse assunto. Eric esboçou um conceito de "pirâmide de desenvolvimento organizacional" para nós, que ajudava as companhias jovens a estruturar os passos necessários para passar da abordagem empreendedora para a administração profissional. A base da pirâmide corresponde a um negócio iniciante: identificação e definição de um mercado. A camada seguinte envolve o desenvolvimento de produtos e serviços. A ascensão na pirâmide é realizada mediante a aquisição de recursos e o desenvolvimento de sistemas operacionais e de gestão. No topo está a cultura de gestão da corporação. Esses são fatores que as empresas executam com o tempo, mas que precisam ser planejados desde o começo. (Ver Figura 8-2.)

PIRÂMIDE DE DESENVOLVIMENTO DE IMÓVEIS E LOJAS

CULTURA CORPORATIVA
Valores
Crenças
Normas

SISTEMAS DE GESTÃO
| Planejamento | Organização | Desenvolvimento de gestão | Controle |

SISTEMAS OPERACIONAIS
| Gestão de imóveis e de propriedades | Design | Produção CAD | Construção | Projetos especiais | Administração |

GESTÃO DE RECURSOS
| Recursos financeiros | Recursos físicos e tecnológicos | Recursos humanos |

PRODUTOS E SERVIÇOS
Desenvolvimento de produtos (serviços)

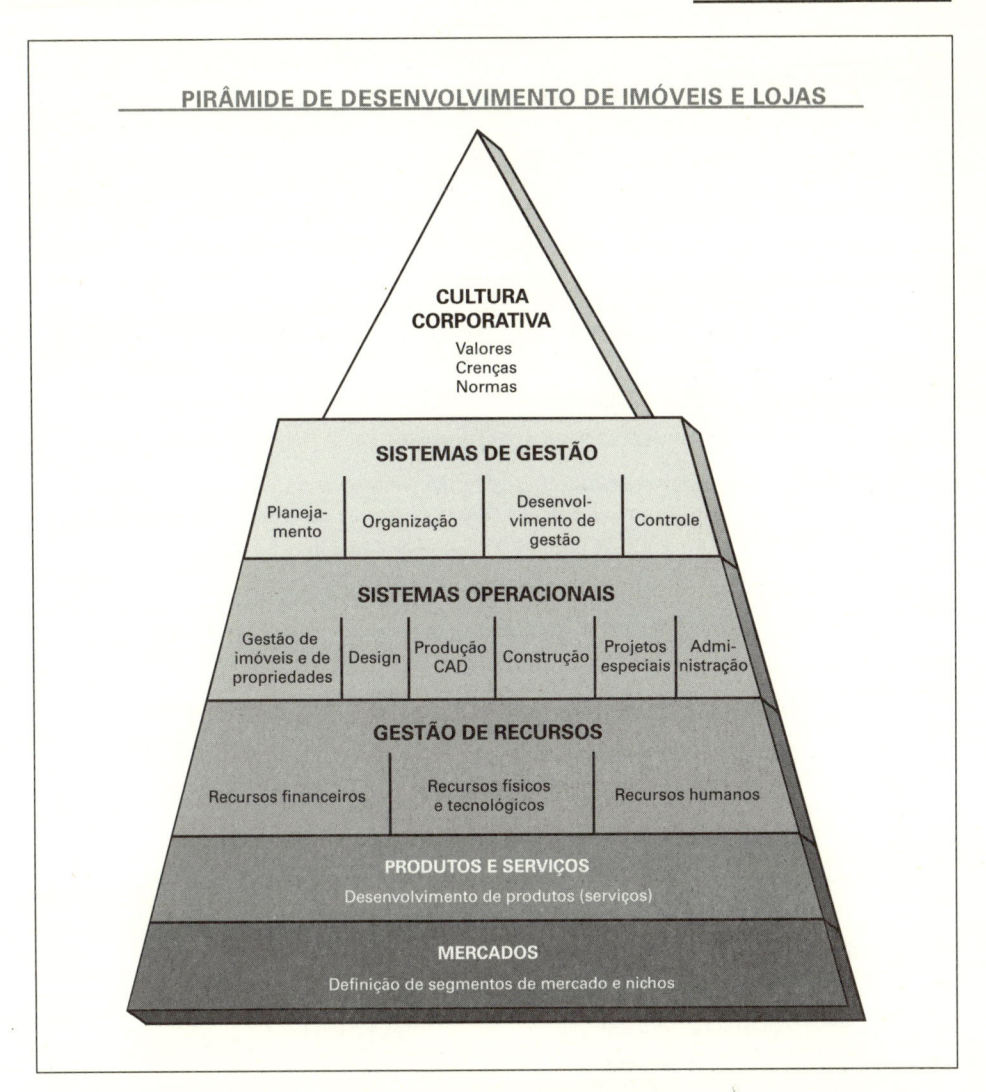

MERCADOS
Definição de segmentos de mercado e nichos

FIGURA 8-2 Para mudar o *status* de organização iniciante para profissional, toda empresa deve desenvolver múltiplas camadas de capacidades, considerando ser fraca em um ou outro nível. Uma análise das operações de imóveis da Starbucks identificou uma sobreposição de responsabilidades. O desenvolvimento dessa tabela, específica para conceitos voltados a imóveis, ajudou a identificar e corrigir problemas internos colocando cada "área de resultado-chave" sob responsabilidade de uma equipe particular. A metodologia foi desenvolvida por Eric Flamholtz da UCLA, e o *design* da pirâmide é baseado no seu modelo.

Meu "estalo" veio ao constatar que a Starbucks era forte na base (encontrar um nicho de mercado e desenvolver produtos) e no topo (administrar a cultura cor-

> ## DECIDINDO QUANDO "IR LONGE"
>
> Quando tiver a estrutura organizacional adequada e a equipe de gestão a postos – mesmo que pequena –, você poderá começar a preparar um plano de crescimento. Tenha objetivos realistas e defina alvos de crescimento tanto conservadores quanto agressivos. Comece a execução voltado para o alvo conservador. Avalie o processo em todos os aspectos do negócio: finanças, operações, gestão e *locationing*. Quando atingir com sucesso o alvo conservador, de maneira que cada nova loja funcione "no automático", mude para o plano agressivo. Avalie os resultados constantemente e diminua a velocidade se sua organização mostrar qualquer sinal de implosão devido aos esforços adicionais.
>
> Antes de "ir longe" com seu conceito, pergunte-se:
>
> - Você escreveu um planejamento estratégico de três anos que inclui uma análise competitiva forte, um plano de desenvolvimento de lojas, uma projeção de lucros e perdas e um esboço claro do capital necessário?
> - Você está pensando à frente sobre a infra-estrutura e as pessoas de que precisará para alimentar o crescimento?
> - Você tem um conceito de loja bem-definido?
> - Você tem uma equipe experiente de desenvolvimento de lojas à disposição?
> - Você tem um plano de expansão conservador e um agressivo bem-definidos, com indicadores que avaliem qual plano seguir?
> - Qual a hora certa para a abordagem conservadora?
> - Qual a hora certa para a abordagem agressiva, se você for mudar para ela?
> - Você tem um grupo-alvo de áreas de comércio e localizações potenciais que possam ser alavancadas? Se não, quanto tempo irá demorar para tal desenvolvimento? Os imóveis levam a outros aspectos de crescimento em 12 a 18 meses.
> - Todos os recursos organizacionais estão preparados e alinhados para apoiar o crescimento? Além de uma infra-estrutura sólida, você tem a habilidade de recrutar, contratar e treinar as pessoas de que precisará em cada nível?

porativa), mas fraca no meio, na área de desenvolvimento de sistemas operacionais e de gestão. Naquela época, a Starbucks tinha uma estrutura de gestão elaborada e muitos dos sistemas financeiros e operacionais de que precisava para crescer com sucesso. Porém, nenhum de nós podia afirmar que, como organização, funcionávamos eficazmente e com produtividade máxima. A valiosa contribuição de Eric foi prover uma metodologia na qual podíamos relacionar as "áreas de resultados-chave" às equipes de então. O princípio de gestão é simples. Para cada resultado-chave que se quer da organização, é preciso ter um líder funcional e uma unidade responsável. Em uma organização menor, ou para uma tarefa menor, a unidade responsável pode ser uma única pessoa. Porém, deve haver sempre uma relação direta entre a estrutura e os objetivos da organização. No entanto, na luta pelo crescimento, novas tarefas e áreas de responsabilidade se acumulam rapidamente. Mas, com freqüência, são assumidas por acaso. Funções tornam-se confusas por decisões *ad hoc* requeridas para lidar com as crises mais recentes (por exemplo, a determinação arbitrária de uma nova função a qualquer um que estiver disponível quando a emergência surgir). Outras funções surgem e não são cobertas de forma alguma.

Eric não nos deu respostas específicas para nossos problemas operacionais, mas seu *insight* fez com que eu, pela primeira vez, focasse intencionalmente a divisão das funções nas áreas sob minha responsabilidade. Concentrando-me nos resultados das áreas-chave em contraposição às responsabilidades reais da equipe, vi rapidamente por que passamos por dificuldades, apesar do comprometimento dos funcionários. Nestas áreas – imóveis, *design*, construção e projetos especiais – muitas funções tinham responsabilidades sobrepostas. Com essa compreensão, fui capaz de identificar qual gestor sênior precisava ser alocado para cada objetivo. Pude eliminar o "jogo" de responsabilidades entre as equipes, que resultava na falta de pessoas responsáveis pelos resultados. Quando todos são responsáveis, ninguém é responsável. Dessa forma, foi relativamente fácil juntar objetivos e nomear um responsável pelos resultados de cada item. Mais importante, desenvolvemos a habilidade de estabelecer uma data específica na qual assuntos vitais deveriam ser resolvidos. Rapidamente, minha equipe começou a aumentar seu ritmo. A nova abordagem provou seu valor quando lançamos o novo projeto de *design* da loja, pouco depois.

CRIANDO SISTEMAS PARA ENTREGAR A MARCA

Uma parte do planejamento estratégico deve ser destinada especificamente para o desenvolvimento organizacional, que consiste na estrutura da organização à medida que ela cresce e nos sistemas de que precisa para se expandir. Para uma rede já existente, os assuntos organizacionais poderão ser atendidos pelas seções dois e três, apoiando os objetivos de crescimento. Para um novo varejista, as questões

CONSOLIDAR FUNÇÕES ESTIMULA O CRESCIMENTO

Em 1991, quando eu era o corretor de imóveis independente no norte da Califórnia, Howard Shultz me convidou para ser gestor do desenvolvimento imobiliário da Starbucks. Eu o conhecia desde 1978, e já havíamos trabalhado juntos para estabelecer a Starbucks na Bay Area. Sabia que ele estava construindo uma empresa, e que seria legal crescer junto com ela. Mas a atividade envolvendo imóveis não me agradava. "Você sabe", disse a ele, "os operadores das lojas repreendem o departamento de construção por não entregar a loja a tempo, o grupo de construção diz para os operadores pararem de se lamentar, e ambos culpam o pessoal da área de imóveis por ter escolhido um lugar ruim, em péssimas condições, com pouco ou nenhum dinheiro do contrato destinado a reformas. Não quero lidar com batalhas internas."

Na maioria das organizações de varejo, imóveis, construção e operações reportam-se ao vice-presidente sênior ou ao presidente do varejo, alguém que normalmente ascende dentro da organização a partir da área de operações. Os operadores são conservadores e quase sempre têm pouco entendimento do conceito de *locationing*. Uma vez que a área de imóveis guia todo o resto, acredito que ela guia toda empresa de varejo em expansão. Enquanto os operadores entendem a propriedade como pouco mais que um espaço para vendas e construções, a área de imóveis deve pensar à frente e ser criativa na busca de um local. Precisa ser muito mais agressiva do que um operador para obter as melhores propriedades antes que a necessidade se confirme.

Voltei para conversar com Howard, Orin Smith e Howard Behar, presidente de varejo, com uma proposta de alinhamento organizacional diferente: um vice-presidente sênior responsável pelo desenvolvimento de lojas, incluindo os imóveis, o *design*, a construção e a gestão de bens. O cargo estava no mesmo nível do de vice-presidente de operações. A nova estrutura daria à Starbucks uma visão holística de todos os quesitos relacionados com a melhor localização, com o posicionamento da marca, com o *design* interno e com a construção de novas lojas com qualidade, eficiência e velocidade. A nova equipe integrada responderia melhor às necessidades das operações, com menos conflitos interdepartamentais. Com isso, a área de imóveis seria responsável por executar os planos de rápido crescimento delineados pelo planejamento estratégico da empresa e teria uma oportunidade igual, com Howard e Orin, para reunir os recursos humanos e financeiros necessários para o trabalho. Independente de minha contratação, disse-lhes que essa era a abordagem correta para ajudar a empresa a obter sucesso em seus planos de crescimento meteórico.

Eles ouviram com educação, mas não acreditei que aceitariam minhas idéias. Ainda eram relativamente novos no negócio, apesar de tudo. A verdade é que alguém com poder na empresa disse-lhes que deviam encontrar um "executivo para a área imobiliária". Era difícil ouvir alguém de fora (ainda que com uma posição modesta na empresa) dizer como reorganizar sua administração. Depois de muitas reuniões nos quatro meses subseqüentes, a Starbucks aceitou minha proposta e fui contratado.

> Embora poucas empresas de varejo sigam esse modelo organizacional, estou convencido de que a consolidação de imóveis, *design*, construção e gestão de bens em uma organização foi um dos principais motivos pelos quais a empresa pôde abrir uma centena de lojas por ano enquanto mantinha o alto padrão da marca.

organizacionais talvez exijam uma seção separada. Entregar o que o consumidor quer é o propósito final do desenvolvimento organizacional. A construção tradicional da marca freqüentemente se preocupa com logotipos, *marketing* e propaganda, as imagens superficiais que uma empresa projeta. Marcas consolidadas vão mais fundo nas capacidades necessárias para entregar o prometido. Sua habilidade de entrega impacta diretamente os corações e mentes dos consumidores-alvo, os quais se tornam fiéis à marca e contribuem na sua divulgação. Raramente os consumidores pensam sobre a definição robusta das capacidades de entrega de um serviço diferenciado, e nem deveriam fazer isso. Eles não têm curiosidade em saber como lâminas de madeira chegam a uma loja de suprimentos, ou bifes de carne fresca a um restaurante, ou flores novas ao florista preferido. De forma subconsciente, porém, eles reconhecem que produtos frescos ou mais novos estão sempre no estoque, e por isso retornam, pois a marca indica que a empresa terá o produto desejado, com o preço certo.

A infra-estrutura de uma organização, quando robusta, pode se tornar a essência da marca. Desde que Michael Dell começou a vender computadores, quando ainda um estudante universitário, a Dell Computers construiu sua reputação com ótimos produtos, entrega rápida e bons preços. Muito antes de o lema "evitar intermediários" entrar em voga, a Dell Computers vendia direto, investindo em sistemas de gestão de estoque mais sofisticados que até hoje lhe permitem construir e entregar computadores customizados em poucos dias, enquanto gira seu estoque mais de 80 vezes por ano. Talvez pareça estranho que um livro sobre varejo destaque uma empresa que tem evitado a maioria das lojas de varejo tradicionais, mas a Dell varreu todos os seus competidores com seus sistemas, que incluíam não apenas a gestão de estoque, mas também suporte incomparável aos pequenos e grandes consumidores. A força de seus sistemas tem capacitado a empresa a ganhar no preço, o que explica por que apenas um varejista orientado ao estilo de vida do cliente tem condições de competir com ela, entregando a presença face a face que a Dell escolheu evitar.

A infra-estrutura também pode se tornar um teatro de varejo. Apesar de alguns problemas financeiros, a Krispy Kreme ganhou consumidores fiéis produzindo *donuts* com a mesma qualidade em mais de 400 lojas pelo país. O processo de manufatura da companhia tornou-se a sua marca. A escala, os materiais de construção e as proporções das lojas da Krispy Kreme são projetados para enfatizar a criação e a entrega de seus *donuts*. Os prédios têm um visual retrô que os adultos associam a sua infância, quando as padarias de *donuts* nos Estados Unidos eram relativamente comuns e *donuts* quentes e frescos davam água na boca. O *design* modulado, sob os telhados planos, remete a uma imagem de solidez e charme despretensioso. As lojas não exageram no fator entretenimento. Eles aderem a uma abordagem relativamente minimalista que mantém a atenção focada nos *donuts*, que os consumidores vêem através das grandes janelas de vidro enquanto o produto passa pelo sistema de cozimento.

Porém, para a maioria das empresas, a infra-estrutura consiste em todas as coisas invisíveis utilizadas para entregar a marca visível. Um bom exemplo é a Toyota Motor Company, a líder mundial na fabricação de automóveis. A Toyota utiliza um sistema de manufatura enxuta que lhe dá uma vantagem competitiva maior; outras companhias tentaram copiar tal sistema, mas não atingiram os mesmos resultados. A razão está nos valores e na missão; assim, seu exemplo serve duplamente. A missão explícita da Toyota é contribuir para a sociedade por meio de produtos e serviços de alta qualidade. A empresa dirá que seus valores, crenças e métodos de negócio, baseados em seus princípios, são a real fonte de vantagem competitiva. Seu sistema de produção, e o esforço dos funcionários para continuar melhorando, são o resultado de seus princípios, não a razão do sucesso.

Poucas pessoas pensam na Toyota como varejo; no entanto, os fabricantes de automóveis são varejistas verticalmente integrados. Mais varejistas vão se tornar verticalmente integrados no futuro. Não haverá receita suficiente para sustentar uma margem lucrativa para atacadistas e varejistas. Quando as companhias quiserem melhorar as margens, precisarão considerar a lição da Toyota. A lógica de que "o varejo é detalhe" se aplica a cada aspecto do negócio, a cada passo no *design* e no desenvolvimento do produto, na produção, no *design* das lojas e na construção da marca, o tempo todo. A melhoria contínua precisa ocorrer no coração dos sistemas varejistas, assim como ocorre no coração da indústria pesada. Os norte-americanos têm que aprender com as culturas mais antigas a ter uma visão de longo prazo e melhorar os processos e o trabalho a cada dia. Na Toyota, a fábula da tartaruga e da lebre é parte da cultura. Sem perder a energia da lebre, os varejistas dos Estados Unidos precisam também pensar e agir mais como a tartaruga, combinando criatividade com execução firme e melhorias regulares de cada tipo de sistema.

SUSTENTANDO TODOS OS ASPECTOS DO NEGÓCIO

Os sistemas organizacionais englobam todos os aspectos do negócio. Os sistemas de gestão incluem planejamento, estrutura organizacional, desenvolvimento de pessoal e controle. Os sistemas de operação incluem todos os sistemas necessários para produzir ou adquirir o produto e entregá-lo. Para o varejo, um outro sistema envolve o desenvolvimento e a gestão de imóveis. Os sistemas financeiros incluem todos os procedimentos, *softwares* e pessoal necessários para coletar e analisar dados financeiros e de vendas. Apresentando as tendências imediatamente, os bons sistemas financeiros capacitam a empresa a se tornar pró-ativa às condições do mercado. Está além do escopo deste livro descrever todos esses sistemas em detalhe, mas cabe reforçar a importância de começar a planejá-los cedo na vida da organização.

Segundo minha experiência, as duas áreas que causam a maioria dos problemas são a financeira/inventário e a da gestão e controle de expansão. Para suas mais de 30 lojas de varejo, a Oakley hoje tem um sofisticado sistema de estoque computadorizado que automaticamente emite os pedidos sempre que o estoque da loja cai para determinados níveis; quando a empresa abriu sua primeira loja no varejo, porém, o gestor solicitava e replanejava os pedidos de compras manualmente. A empresa viveu momentos instigantes antes de passar do papel e caneta para o uso de computadores. A Oakley avaliou inúmeros pacotes de *softwares* para lidar com finanças e com o estoque, procurando um sistema acessível para sua operação de varejo recém-iniciada e que pudesse crescer com as necessidades da companhia. Dado que a Oakley já tinha um controle de estoque da SAP para suas operações no atacado, a empresa adquiriu pacotes adicionais da SAP que se integravam aos sistemas existentes. A experiência da Oakley é instrutiva. Ela encontrou pacotes entre 150 mil e 200 mil dólares que atendiam sua necessidade. Os pacotes de finanças mais elaborados custavam 600 mil dólares ou mais.

Cento e cinqüenta mil dólares é muito dinheiro para uma empresa iniciante, ainda mais que existem sistemas mais baratos disponíveis. Mas você deve ser capaz de fazer o rastreamento do estoque e a identificação das vendas, e deseja evitar sistemas de pontos-de-venda baratos que lidam com pequenas quantidades de transações ou que não são facilmente conectados aos resultados de múltiplas lojas. O sistema inicial deve crescer junto com seus negócios. Você não vai querer jogar fora seu sistema financeiro assim que atingir um crescimento mais rápido. Os componentes mais caros dos sistemas são as caixas registradoras para o sistema de ponto-de-venda, que podem custar 7 mil dólares ou mais cada. Se você optar por um sistema financeiro mais barato que não registra além de um certo ponto, tenha certeza de que os dados poderão ser facilmente exportados, caso haja uma migração para um sistema mais novo no futuro. Como exemplo de uma abordagem pragmática, o Blue C Sushi escolheu um fornecedor de *softwares* para restaurantes nacionalmente reconhecido, que não era nem o mais caro nem o mais barato. O produto é projetado para atingir inúmeras lojas, mas os donos do Blue C Sushi ainda não se comprometeram com licenças para múltiplas lojas, de maneira que, se o produto não funcionar como esperam, eles não terão desperdiçado dinheiro. Além disso, eles poderão testar outro produto na segunda loja.

Na questão da gestão financeira, tenha certeza de que, enquanto você for uma empresa pequena (antes de possuir seu próprio *controller* ou diretor financeiro), terá um bom apoio contábil externo e uma revisão dos objetivos de todas as transações financeiras. A menos que seja o dono, ninguém deve lidar com todo o dinheiro e com os documentos financeiros. Por exemplo, uma pessoa faz os depósitos bancários e outra verifica os comprovantes e os recibos do banco. O preenchimento de cheques e a verificação das contas não devem ser feitos pela mesma pessoa. Infelizmente, muitos pequenos varejos são roubados por empregados que têm acesso direto ao caixa, aos cheques e aos depósitos.

A rápida expansão de uma empresa cria outros problemas. Rastrear o progresso do desenvolvimento das lojas é particularmente difícil para estabelecimentos de varejo porque os varejistas costumam focar mais o andamento das lojas e a impulsão das vendas. Imóveis estão como que fora do alcance. No entanto, os assuntos relacionados à propriedade – encontrar uma localização, executar o aluguel, gerenciar o processo de construção – podem impulsionar crises muito antes de outros tipos de problemas se manifestarem. Os imóveis são fáceis de ignorar até o último momento, mas problemas com eles podem atrasar seu projeto em semanas ou até meses. Eles podem impactar negativamente em suas finanças por até um ano.

Os varejos precisam rastrear o progresso dos imóveis. Os de classe mundial usam um número limitado de ferramentas para gerenciar processos-chave de propriedade. Esses programas, *softwares* de gestão arquitetados para o desenvolvimento de imóveis e para a gestão de propriedades, são divididos em três grupos gerais: os que rastreiam termos de aluguel e informações de propriedade, auditam contas e conciliam pagamentos; os que gerenciam atividades da aquisição até o fechamento, capturam atributos-chave das lojas e aceleram o processo de aprovação; e os *softwares* de mapeamento geográfico que permitem análises demográficas, como será descrito posteriormente. Você deve começar pesquisando as ferramentas para o desenvolvimento de lojas a partir de cinco estabelecimentos; os sistemas devem estar ativos quando você alcançar 30 lojas.

Esses *softwares* sofisticados tendem a ser usados por cadeias maiores, embora redes pequenas e grandes possam usar consultores para tais serviços. Nenhum dos programas é tão abrangente como deveria, e a maioria custa muito caro para um varejo iniciante. Porém, mesmo se o esforço no início for manual, os varejistas devem fazer relatórios de rastreamento das lojas, monitorando o progresso em comparação com os marcos definidos, considerando aspectos que vão desde a identificação das localizações às assinaturas do aluguel, até a entrega do inventário de construção. Uma simples planilha eletrônica com uma lista de todos os pontos de controle e datas associadas auxilia os iniciantes, possibilitando ao dono rastrear o progresso sempre que quiser. De outra maneira, as chances de que um atraso na abertura de sua(s) próxima(s) loja(s) ocorra são grandes. Para achar os sistemas certos, faça pesquisas completas, vá a feiras de negócios, consiga instruções detalhadas dos produtos com os vendedores, peça opiniões a outros pequenos varejistas que passaram por uma fase de crescimento. Encontre algo com o melhor *mix* de valor e características de acordo com suas capacidades (ou limitações) financeiras. O princípio fundamental é obter boas informações antes de decidir e ter uma visão de longo prazo na aquisição dos sistemas de que você necessita.

USANDO FORÇAS INTERNAS PARA CRIAR RESULTADOS EXTERNOS

Uma parte importante do projeto para o crescimento é criar um planejamento estratégico funcional que expresse não apenas os objetivos do negócio e os objetivos financeiros, mas também os sistemas de gestão e de operação a serem implementados em cada estágio do desenvolvimento, apropriados para o tamanho da empresa. Cabe reforçar a importância de estar sempre um passo à frente em termos de desenvolvimento da organização correta e da contratação das pessoas certas para ela. Disciplina é necessária em ambos processos.

A primeira disciplina é criar os sistemas logo cedo. A segunda, discutida no próximo capítulo, é contratar somente as melhores pessoas antes mesmo de precisar delas. Entender antecipadamente que sua organização não apenas mudará, mas que necessita mudar em vários pontos durante seu ciclo de vida – inclusive no final, quando precisará se reinventar –, ajudará você a se concentrar nos assuntos organizacionais desde o começo. Ter uma abordagem para lidar com sistemas organizacionais, financeiros e humanos, desde os primeiros dias da operação, pode resultar na maior fonte de economia – aquela nunca será gasta em erros. Ter pessoas, dinheiro e um planejamento estratégico no lugar pode gerar uma economia de milhões de dólares, pois ajuda a garantir o sucesso do conceito no futuro. Sem tal projeto, seu conceito irá provavelmente tropeçar ou, pior, autodestruir-se durante o estágio inicial sob a pressão de estar começando. Para os varejistas que já têm várias lojas ou uma rede de tamanho razoável, uma boa revisão das forças da gestão, do envolvimento dos investidores e do planejamento estratégico apontará fraquezas importantes e levará a mudanças que poderão reestimular o crescimento. Completar esse projeto e trabalhar nele muitas vezes é o último passo no processo da criação de seu conceito de varejo.

Executar o projeto se tornará uma força não prevista que, com o tempo, irá separá-lo de seus competidores. Outros varejistas poderão entrar em sua categoria, copiar seus produtos, tentar imitar seu visual e aparência. Eles poderão tentar tirar vantagem com melhores localizações. Mas os três níveis mais altos da pirâmide organizacional – uma cultura corporativa forte apoiada por sistemas de gestão e de operações profissionais – são únicos, como impressões digitais. São impossíveis de reproduzir. Assim como os atributos externos da marca o diferenciam para o consumidor, esses atributos internos representam a única maneira pela qual você poderá desenvolver a força de longo prazo necessária para estabelecer qualquer grande marca.

PERGUNTAS QUE VOCÊ DEVE SE FAZER

☐ Estou totalmente comprometido em trazer este conceito para a prática?

☐ Tenho a experiência necessária nesta categoria? Quem devo contratar?

☐ Tenho recursos suficientes para sobreviver até que o negócio se torne lucrativo? (Durante as fases ruins, você sempre precisará de mais dinheiro do que imagina.)

☐ Tenho apoio emocional suficiente para ajudar no doloroso processo de abrir e manter um negócio? (Tenha certeza de que suas relações pessoais são seguras.)

☐ Tenho aspectos de diferenciação suficientes para competir de igual para igual com uma empresa que se enquadra como *category killer*?

☐ Tenho a equipe de gestão certa para lidar com o crescimento local ou regional sem interromper as operações ou o lucro das lojas já existentes?

9 Levando sua organização longe

Assim como um técnico de futebol americano traz auxiliares para treinar o ataque, a defesa e para partidas especiais, o criador de uma marca no varejo deve escalar profissionais capazes de ajudar o time a "ir longe". No varejo, as pessoas nas posições seniores precisam ter experiência em diversas áreas: marca, *marketing*, operações, *merchandising*, finanças, imóveis, *design* e *customer intelligence*. Ainda assim, é surpreendente como poucas empresas possuem os talentos necessários para cuidar dessas áreas. Muitas chegam a ter três ou quatro gerentes seniores com experiência em uma única área – geralmente *merchandising* ou operação –, mas nenhum em outra que seja crucial, como seleção de imóveis ou *design* (categorias inteiras às vezes têm o problema de conhecimento muito focado. Os bancos, por exemplo, são ótimos em operações, mas deixam a desejar no desenvolvimento de conceito e *design*). Ainda que você tenha as qualificações necessárias para ser um bom técnico em todas as posições, lhe faltará tempo, amplitude ou inclinação para dar conta de todas elas. A amplitude pessoal de gestão para um negócio inteiro de varejo não se estenderá além de três ou cinco lojas. Quanto mais cedo você estabelecer os veteranos em cada área de especialidade, mais rápido seu conceito se desenvolverá com sucesso. Não esqueça as questões psicológicas mencionadas anteriormente. Se você cumpre bem suas tarefas, contrate alguém que saiba lidar com pessoas; se você é bom com pessoas, tenha ao seu lado alguém bom na execução de tarefas.

Outras áreas de habilidades são específicas da categoria do negócio. No área supermercadista, por exemplo, são necessários conhecimentos em finanças, relações com vendedores/fornecedores e *merchandising*. Nos setores de vestuário, são precisos bons (ou melhor, ótimos) comerciantes. Um ótimo comerciante é alguém que entende as tendências do *merchandising*, gosta da venda pessoal e conhece os fornecedores. No ramo farmacêutico, é imprescindível a experiência em gestão de farmácias, em comercialização geral e em vendas no varejo. Da mesma forma, em serviços alimentícios, é necessário um *background* substancial na preparação de alimentos e na operação. Em todas as categorias, é preciso obter os conhecimentos que lhe faltam. O James, do Blue C Sushi, foi gestor de operações na Microsoft e na Go2Net, mas nunca tinha trabalhado num restaurante. Portanto, recrutou a Shinichi Miura, da Sushiland. A experiência de mais de 20 anos de Shinichi na gestão de restaurantes japoneses proporcionou, entre com outras coisas, o conhecimento sobre equipamentos especializados para cozinha e fontes de peixe fresco.

Se você montou uma equipe de gestão com habilidades variadas, mas ainda lhe falta algum ativo intelectual importante, faça seu orçamento de modo a trazê-lo bem antes do necessário, para não ter de lutar para achar o talento certo em algum momento crucial. Em certas fases do desenvolvimento, talvez você queira trazer consultores para ter uma perspectiva de fora, assim como para preencher possíveis lacunas de conhecimento.

Bryant Keil era "uma equipe de uma pessoa" quando comprou a primeira loja da Potbelly Sandwich em 1996. Depois de abrir sua terceira loja, começou a construir uma bela organização. Seu objetivo era encontrar pessoas inteligentes, honestas e boas que sabiam como aprimorar um negócio – não necessariamente só quem trabalhasse com restaurantes. Seu diretor de finanças (CFO) veio de uma companhia imobiliária pública de alto crescimento. Seu diretor de operações tinha gerido uma rede pequena de restaurantes e trabalhado em uma grande. Seu diretor de *marketing* era um antigo diretor da Sears e (o que Bryant ficou sabendo) um fã da Potbelly desde 1982. Quando a Oakley começou sua expansão no varejo, depois de mais de 20 anos no atacado, adquiriu a experiência necessária em imóveis com um corretor de fora da empresa. Depois, a companhia encontrou um excelente *merchandiser* e alguém que entendia do processo de compra, da gestão de estoques e de previsões. Logo em seguida veio um analista financeiro. A ordem pode variar de acordo com sua experiência e com o foco de sua procura, mas geralmente as duas primeiras posições preenchidas são a de operações e a de finanças.

Um conceito de varejo que vise à expansão deve ter um gestor sênior dedicado aos imóveis desde cedo, mas essa pode ser uma posição ocupada por alguém de fora da empresa, como um consultor ou corretor confiável. Outras pessoas de fora que podem trazer conhecimento de indústria e dar importantes diretrizes para o negócio são os capitalistas de risco e outros investidores. Os investidores, que discutiremos mais adiante neste capítulo, devem ser avaliados da mesma maneira que qualquer outro membro importante de sua organização, porque a sua adesão é tão importante quanto a dos empregados, e porque muitos se tornam parceiros dos varejos que ajudaram a fundar.

Inicialmente, o gestor de operações é o responsável pela maioria das contratações, mas quando você atingir quatro ou cinco lojas (ou de 50 a 60 pessoas), deve ter um gerente de recursos humanos para desenvolver contratações consistentes e práticas de pessoal, além de lidar com as papeladas do governo. Especialistas em imóveis e *design* podem ser de fora da empresa por algum tempo, embora as maiores cadeias acabem abrindo grandes departamentos devido às exigências que o rápido crescimento demanda dessa especialidade. (Na Starbucks, eu tinha 14 pessoas trabalhando comigo com 100 lojas e mais de 500 especialistas quando tínhamos atingido quatro mil lojas, momento em que abríamos três lojas por dia). Com aproximadamente 15 lojas, você deve ter um *merchandiser* trabalhando tempo integral. Perto das 35 lojas, uma pessoa de *marketing* trabalhando tempo integral deve fazer parte da equipe. Numa rede em expansão, cada uma dessas importantes contratações logo precisará de uma equipe para trabalhar junto. Como sempre, o varejista deverá orçar funcionários adicionais junto com as necessidades de competição e a percentagem geral de receita da corporação.

PRIORIZANDO A ALMA, NÃO O CURRÍCULO

Sempre contrate o seu futuro substituto. A necessidade de recrutar indivíduos capazes de crescer começa com os primeiros altos executivos que você contrata e se estende para todos os níveis da organização. Uma estrutura organizacional é tão boa quanto as pessoas que ocupam cada cargo. Em um negócio em crescimento, as pessoas devem ser capazes de se adaptar a qualquer situação e de enfrentar desafios cada vez maiores. A expansão para um número maior de lojas só será possível se sua equipe original puder administrar as lojas já existentes para você. Virar uma grande rede nacional ou regional só será possível se seu pessoal sênior puder assumir o controle de um determinado número de lojas cada. Em qualquer nível, as pessoas devem ter a capacidade de realizar adequadamente as tarefas do nível superior. A mesma capacidade de crescimento é necessária para todos os demais aspectos do negócio – de imóveis a finanças a recursos humanos. Isso significa que você precisa ter o mesmo cuidado ao contratar um caixa que ao recrutar um diretor de operações.

Os empreendedores encontram dificuldades na transformação de suas empresas em um negócio profissional, ou ao fazer essa mudança sem se atolar em burocracias. Algumas vezes, o problema é que o fundador/dono não está disposto ou é incapaz de deixar a organização "seguir em frente" quando se torna grande demais para continuar administrando-a sozinho. Às vezes, ele traz para dentro da empresa pessoas com experiência no gerenciamento de grandes organizações, mas não de empresas em transição. Mesmo que o fundador/dono e a equipe original de gestão entendam o problema organizacional e consigam administrar um pouco as adversidades do dia-a-dia, eles raramente têm o conhecimento para planejar o desenvolvimento da organização. Eles forçam passagem, trabalhando cada vez mais, até que os atritos na organização e as brigas pessoais levem a empresa ao colapso. Prepare-se para mudar de "executor" a "delegador", e planeje a estrutura de que você precisará para gerenciar uma grande organização. Psicologicamente, estabelecendo desde cedo a idéia de que "todos mudam, todos crescem", será mais difícil de você se apegar a velhas responsabilidades quando deveria abraçar novas.

Contrate pessoas com habilidades que você não tem e que sejam boas o bastante para desafiá-lo, bem como a sua equipe de gestão e seus pressupostos à medida que a empresa evolui. Líderes inseguros disfarçam sua incapacidade impondo domínio sobre aqueles que contratam. Eles não querem alguém que se destaque mais. Executivos que defendem ou escondem suas vulnerabilidades freqüentemente demitem empregados. A primeira conseqüência é uma rotatividade constante, o que acarreta outros problemas. Muitas vezes, esses executivos são bem-sucedidos em cercarem-se de pessoas com habilidades e temperamento que os deixam em uma situação confortável – o proverbial, mas ainda existente, "sim, senhor". Ter a habilidade de acalmar o chefe não é o mesmo que ter a capacidade de fomentar o crescimento da empresa, resultado que realmente o agradaria. Contrate pessoas mais inteligentes do que você. Elas o farão sentir-se bem superando as expectativas da equipe.

É claro que identificar e contratar as melhores pessoas para sua empresa é um desafio. A maioria dos executivos se concentra nas coisas erradas. É como se um amigo lhe pedisse para arranjar uma namorada para ele. Ele lhe dá uma lista de qualidades que ela deve ter, mas no fundo o que procura é apenas uma garota bonita. O mesmo se dá com empresas que procuram candidatos. Elas sempre têm uma longa lista de habilidades que o candidato deve ter, mas no fim o que elas querem é uma Cindy Crawford ou um Richard Gere. Em outras palavras, as empresas costumam querer a melhor apresentação, o candidato que mais impressiona, em vez do que é mais capaz de preencher a posição. Involuntariamente, consideram as características externas, ou "cosméticas", como o principal critério. "Olhe, este cara freqüentou a escola Ive League." "Aquela moça trabalhou numa empresa das 500 da *Fortune*." Empregados com esse tipo de credencial conquistam a preferência do contratador e da equipe de gestão. A contratação parece segura. A crença subconsciente é: "Se não der certo, não me culpe". No entanto, "*resumés*" (expressão que utilizo para pessoas altamente credenciadas) geralmente não funcionam. Eles podem parecer bons no papel, mas isso não diz o que está na alma.

Educação em escolas renomadas e experiência de trabalho em grandes corporações é de fato bom, mas não deixe de se fazer perguntas difíceis: "Por que alguém que trabalhou numa empresa da lista das 500 da *Fortune* está sem emprego? Alguém de uma grande companhia realmente é o perfil certo? E se a pessoa espera de sua empresa, que está lutando pelo primeiro milhão de dólares, o mesmo tipo de recursos de uma das 500 da *Fortune*? Empresas diferentes têm necessidades diversas dependendo de quem são e de onde se encontram no estágio de crescimento. Seu candidato pode ser perfeito se tiver experiência com uma pequena empresa, assim como em uma grande corporação, ou se estiver livre do estado de rigidez às vezes provocado pelo trabalho em corporações. Algumas pessoas se tornam tão arraigadas a suas velhas maneiras de fazer negócio que continuam repetindo-as para subir na escada da corporação. Elas simplesmente não compreendem a mudança no contexto de trabalho ou a velocidade do ambiente de uma empresa pequena. Elas podem até querer aceitar as circunstâncias de trabalho na companhia e seus valores, mas simplesmente não conseguem. Sei de um grande estrategista que entrou numa empresa que precisava dele também para executar táticas, mas ele nunca se envolveu. Na verdade, chegou a dizer: "As táticas estão abaixo de mim". Isso evidenciava mais insegurança do que habilidade. Ele não durou muito tempo na companhia.

Fazer a contratação certa não está diretamente relacionado ao currículo ou à fama da pessoa. Na verdade, está diretamente relacionado aos valores e às habilidades pessoais. É encontrar a pessoa que tenha os valores, as habilidades e os objetivos alinhados com o trabalho, a marca, os valores, a cultura, as necessidades do trabalho e os planos de crescimento da empresa. Você precisa de indivíduos abertos para aceitar a cultura, a crença e os valores de sua companhia. Se você identificar alguém que tenha a combinação de experiência e humanismo (a habilidade de ouvir, aprender e participar da sua cultura), encontrou a pessoa certa para complementar sua equipe de gestão. Você deve ter certeza que essa pessoa joga com o time, que é alguém que consegue trabalhar dentro de uma estrutura e não se importa em usar abordagens convencionais quando trabalha. A tradição é boa quando representa a destilação da experiência sobre como fazer as coisas. Ao mesmo tempo, sua contratação precisa ser irreverente o bastante para desafiar o *status quo* – um quebrador de pratos, não um anarquista. É válido também ter ao menos uma das suas equipes principais com experiência em empresas bem-desenvolvidas. Quando você contratar as pessoas certas, descobrirá que elas são mais exigentes consigo mesmas do que você com elas.

Dois exemplos da grande expansão da Starbucks no sudoeste ilustram a importância de contratar almas e não *resumés*. Um dos contratados era um sênior da área de imóveis com longa experiência em uma grande rede de varejo. Ele entendia de estratégias de imóveis, de problemas relacionados à abertura de lojas na data estipulada, era bom com finanças e se apresentou bem na entrevista. Logo percebemos que era muito bom em análises quantitativas: se colocássemos apenas números à sua frente, ele seria capaz indicar o local certo em um instante. Porém, não conseguia fazer uma avaliação qualitativa. Ele não conseguia sentir o romance do posicionamento de marca da Starbucks e como isso se relacionava à seleção de novas lojas. Ao avaliar atributos estéticos de locais que competiam, simplesmente paralizava. Não conseguia tomar uma decisão. Em contraste, outro indivíduo que contratamos na mesma época tinha pouca experiência em corporações. Porém, havia trabalhado com corretagem em vários negócios de varejo no sudeste. Corretores têm de fechar acordos para serem pagos, e eu queria construir nosso grupo de imóveis com personalidades agressivas. A sensibilidade natural desse indivíduo quanto ao posicionamento de marca da Starbucks fez com que ele rapidamente encontrasse ótimas localizações que apresentavam apropriadamente a empresa para o público. Essa pessoa, um exemplo perfeito de contratação de atitude em vez de experiência, é uma das melhores contratações que já fiz até hoje.

O último livro de Jim Collins, *Good to Great*, identifica 11 companhias em uma variedade de setores que passaram de empresas médias a ótimas em razão de indicadores financeiros objetivos. Uma das características em comum é que nenhuma delas tem líderes *popstar*, isto é, pessoas que se sentem acima de tudo e que adoram holofotes. Tal constatação não surpreende. Se a atenção da empresa está focada em promover o CEO ou outros gestores, o consumidor fica de lado. A mesma regra se aplica a todas as equipes em todos os níveis da operação. Pergunte-se: "Esta pessoa se deu bem à custa de outros ou em detrimento de sua equipe, ou pela grande equipe que criou?". As pessoas mais efetivas em qualquer nível focam resultados, e fazem com que todos em torno delas pareçam melhores.

Entrevistas pessoais são a melhor maneira de descobrir o que realmente importa sobre alguém, mas a maioria das pessoas de negócio com experiência está bem preparada para elas. Oferecem respostas rápidas, verossímeis e convincentes a qualquer pergunta. Para realmente descobrir algo sobre uma pessoa, é preciso conversar sobre questões menos formais. Meu amigo Mark Jaffe gosta de dizer que uma entrevista com um candidato é como a primeira seção com um psicoterapeuta, com uma diferença: você tem informações importantes sobre eles, mas não precisa fazer com que se sintam melhores! Assim como faço com clientes potenciais, costumo perguntar a futuros empregados sobre suas famílias, pais, quem eles eram no ensino médio, de que livros gostam, etc. Nenhum desses dados é isoladamente importante. O que conta é vê-los responder sobre coisas que não foram ensaiadas. As respostas com "conteúdo sentimental" – sobre família, por exemplo – em geral revelam mais. Note que "revelam" significa os valores da pessoa e seu estado psicológico, não a situação civil ou outras questões que não são apropriadas, algumas até mesmo ilegais, de se perguntar a candidatos.

Procurar pela alma de uma pessoa não é o mesmo que contratar pelo coração. Meu maior erro de contratação ocorreu quando um colega do colegial me ligou pedindo um emprego. Eu fiquei tão feliz por reencontrar um amigo de infância que rapidamente o contratei. Ele era qualificado para o emprego, mas não pensei suficientemente se iria ou não se encaixar na equipe. Seus últimos dias na empresa foram dolorosos para nós dois. A aprendizagem dessa experiência é que eu devia ter determinado objetivamente, fosse por treinamento ou experiência, se meu amigo era o candidato certo antes de me deixar levar pelo lado emocional,

> ### COMBINANDO MOTIVAÇÃO COM VALORES
>
> Um simples teste pode ajudar a descobrir os valores de um candidato, se ele é motivado pelo *status* externo relacionado ao trabalho ou pelo trabalho em si, e se seus valores pessoais se alinham com os da empresa. Solicite ao candidato que classifique os seguintes itens sobre o trabalho e a empresa em ordem de importância.
>
> - Dinheiro: compensação, itens financeiros e não-financeiros
> - Prestígio: a marca da empresa percebida externamente
> - *Status*: a posição da pessoa no novo trabalho na estrutura interna da empresa
> - Cultura: camaradagem, valores, visão compartilhada dos princípios da companhia
> - Autonomia: profundidade com que o candidato consegue definir seus objetivos ou metas pessoais
> - Fator "Uau!": a habilidade da pessoa de fazer ou participar de algo imensamente inovador, sem precedentes, ou que não seja possível em nenhum outro lugar
>
> Fonte: Wyatt & Jaffe

ou então ter pedido que outras pessoas da empresa realizassem as primeiras avaliações para ver se ele realmente se encaixava na equipe e na empresa antes de ter me envolvido.

Assim como o planejamento estratégico é responsável pelo sucesso da penetração no mercado ou crescimento das vendas e uma revisão de pessoal define o sucesso em termos de conquistas individuais, a descrição do trabalho para novos cargos deve apresentar não apenas as responsabilidades, mas os resultados esperados. Definir o sucesso ajudará a determinar o tipo de pessoa que você realmente precisa. Quem já fez tal coisa antes e o que é essa "coisa"? Que tipo de habilidades as pessoas neste cargo precisam ter para alcançarem o sucesso? Uma empresa que passa por dificuldades não precisa necessariamente de alguém com experiência no mesmo ramo. Ela pode necessitar de um perito em mudanças de direção. Quando a IBM, na década de 1990, contratou Lou Gerstner, profissional de fora do setor de tecnologia, muitos se admiraram. Mas Gerstner sabia como fazer a organização funcionar internamente e como gerar confiança nos consumidores externos. Ele conduziu a empresa a um grande salto nos primeiros anos em que assumiu o controle. Antes de entrar na Musicland, Eric Weisman era CEO da Alliance Entertainment Corporation (AEC), um provedor de serviços de infra-estrutura B2B (*business-to-business*) para produtos de entretenimento. Paul Pressler, que conduziu o processo de ressurreição das marcas da Gap Inc. (Gap, Banana Republic e Old Navy), tinha uma carreira de 15 anos na Disney, onde sua maior responsabilidade era administrar os parques temáticos (embora tivesse sido encarregado das lojas no final de sua passagem por lá).

Certas habilidades e qualidades transcendem setores particulares, e são geralmente esses traços que definem a pessoa certa para o cargo. Ao avaliar talentos, você deve se voltar tanto para o potencial do candidato, quanto para seu histórico de desempenho. Pessoalmente, nem sempre fui o mais qualificado para determinados empregos – pelo menos no papel –, e talvez por isso considere outros atributos na hora de fazer uma contratação. No entanto, sempre tive experiências de trabalho que outros candidatos não tinham, e tento trazer bastante energia e liderança para o jogo. Por essas razões, procuro por energia focada e o que chamo de "jogadores coringas" – um termo dos esportes que significa aqueles que podem jogar em várias posições. Tendo de optar entre uma pessoa com um bom mas restrito conjunto de habilidades e outra com muitas habilidades e a atitude certa, é quase certo que escolherei a que apresenta o maior leque de talentos. Essas pessoas já demonstraram grande potencial em aprender novas habilidades. Procurar contratar quem possui o melhor grupo de habilidades em vez de quem melhor se encaixa à descrição do trabalho é outra maneira de obter algo além do currículo e avaliar as habilidades e o temperamento da pessoa.

Considere um exemplo envolvendo operadores de lojas, o coração e a alma de uma empresa de varejo. Suponha que você encontrou a pessoa que tem todas as habilidades para gerenciar sua mais nova loja. Por meio de entrevistas pessoais e da avaliação de referências, você toma conhecimento de que a pessoa mostrou consistentemente bons resultados, que foi aplicada no processo de vendas e que mostrou um entendimento tático sólido de questões financeiras. Ao mesmo tempo, descobre que ela não demonstra qualquer tipo de talento criativo para vendas, não tem um conhecimento profundo sobre as implicações estratégicas das finanças e tem uma reputação de fazer as atividades de maneira tão centralizada que seus subordinados mostram pequeno crescimento. Outro candidato é um gestor assistente que trabalhou em diversos campos de negócios, mostra um talento para *marketing* e tem ótimas habilidades para finanças e interação pessoal.

Se a vaga é para uma loja que sofreu com uma liderança inconsistente, o primeiro candidato, ótimo em executar tarefas e lidar com problemas e que provavelmente ficará por um longo período no cargo, é a contratação certa. Essa escolha de contratar o melhor "jogador da posição" será mais clara se existirem poucas possibilidades de abertura de vagas para outras posições administrativas, o que faria o segundo candidato eventualmente se sentir sufocado naquela posição. Se, por outro lado, você vê essa contratação como uma chave para seu crescimento futuro, como alguém que irá rapidamente crescer da gerência de uma loja para várias lojas, ou alguém que será capaz de pular para outros cargos, o segundo candidato é a melhor contratação, sem dúvida.

Um componente do processo de avaliação é encaixar o talento pessoal e as conquistas à habilidade de trabalhar em um novo contexto. Isso é mais do que trocar chocolate por morangos. Está relacionado a identificar claramente o que seus novos contratados estarão habilitados a fazer mais adiante nas suas carreiras.

CONTANDO A HISTÓRIA DA EMPRESA

Avaliar pessoas é uma atividade um tanto quanto traiçoeira. Nem todos os executivos têm talento para isso. Encontrar o candidato certo tem menos a ver com a identificação dos critérios ideais do que com a contratação de um executivo com um alto grau de autoconhecimento e a habilidade de utilizar cuidadosamente os estoques e inventários que a organização têm a oferecer. A melhor maneira de recrutar alguém de alto calibre é ter uma boa história para contar sobre sua companhia. Tente descobrir por que ele quer trabalhar para você. Contar uma história não é fácil. Contratar altos executivos sozinho é como fazer uma avaliação psicológica em você mesmo. A maioria das pessoas não tem a disciplina certa ou uma auto-imagem correta para articular o que realmente tem a oferecer. Elas não conseguem explicar de forma honesta e convincente por que alguém de alto calibre iria querer trabalhar na sua empresa. Se você está achando difícil encontrar a melhor pessoa ou teve uma seqüência de más contratações, considere a terceirização desse processo. Um bom caça-talentos irá ajudá-lo a identificar seus ativos, a encontrar o candidato real, em oposição ao candidato ideal, e garantir que você articule sua história com credibilidade.

Para a atividade de recrutamento, utilize o máximo de tempo possível. Faça mais do que uma análise de referências. Seu contratado potencial já trabalhou para alguém, e este já trabalhou para outro alguém. Encontre quem realmente conheça a pessoa (o que embasou a grande contratação no sudeste, por exemplo, foram as boas recomendações de colegas que o conheciam). Não importa o quão desesperado você esteja, não contrate apenas para preencher uma vaga. Nenhum administrador ficou satisfeito após ter contratado alguém sem uma análise mais apurada. Um empregado ruim lhe custará muito mais em problemas e estresse do que qualquer quantia que você poderá gastar para preencher corretamente uma vaga.

Uma vez contratados, os novos empregados precisam ser introduzidos nos valores centrais e nas crenças da empresa. Este é um princípio importante que aprendi com Howard na Starbucks. Ele chamava de "injetar nosso DNA". Todos os contratados, em qualquer nível, recebiam um treinamento extensivo sobre as intenções e os processos da companhia e deviam atuar como baristas em uma loja para experienciar a natureza do serviço ao consumidor. A Toyota tem um processo de doutrinação semelhante – seus engenheiros e gestores devem sujar as mãos aprendendo sobre carros – e também lá se fala sobre imprimir nos funcionários o DNA da corporação. Fico abismado com a pouca atenção que os varejistas prestam à transmissão de suas culturas aos empregados. Mais de uma vez dialoguei com uma companhia que estava para abrir uma nova loja e perguntei sobre o treinamento dos novos gestores. "Nós contratamos uma ótima pessoa da Gap", o dono dizia. "Ela tem muita experiência. Nós acreditamos nela. Ela começará na nova loja."

"Você vai trazer para gerenciar a nova loja alguém que nunca esteve em nenhuma das duas primeiras lojas? Alguém que nunca passou tempo suficiente na empresa para saber a história dela?"

"Eu ficaria metade do meu tempo lá nas duas primeiras semanas", o dono responderia invariavelmente. "Tudo vai dar certo."

Se o administrador é bom, tudo vai dar certo de um ponto de vista de eficiência, pelo menos no curto prazo. Mas, e os valores, as crenças, as missões, as atitudes voltadas aos consumidores e também aos empregados? Como o gestor, sozinho na loja, sentirá uma conexão pessoal ou lealdade com o resto da empresa? E se ele não tiver nenhum sentimento com relação às pessoas da administração e com a maneira como elas tomam suas decisões, como terá uma idéia de que tipo de decisões tomar e quais deixar a cargo da alta administração?

INVESTINDO ADEQUADAMENTE EM SEUS INVESTIDORES

Embora algumas pessoas hipotequem suas casas ou gastem todas suas economias para começar um negócio, essas raramente são as melhores opções. De qualquer forma, você investirá muito dinheiro e contribuirá ainda mais com o seu suor, mas colocar todo o risco sobre si e a sua família é um modo muito estressante de começar. Um bom conceito deve ser patrocinado por algum tipo de investidor, mesmo que demore para identificar o correto. Encontrar o grupo de investidores certo é tão importante quanto trabalhar com a equipe de gestão certa.

Investidores individuais podem incluir amigos e família. O primeiro investidor do Blue C Sushi foi um velho amigo e antigo colega de James e Steve. Amigos e familiares costumam ser os investidores mais pacientes, mas também os que mais custam a entender a palavra "risco" quando o investimento falha. "Investidores anjos" são pessoas que investem individual ou coletivamente em empresas nos estágios iniciais. Outra fonte de recursos é conhecida carinhosamente entre os captadores de fundos como DDM*, ou dinheiro de investidores leigos. É proveniente de indivíduos com recursos financeiros – médicos, advogados, pessoas influentes e outros profissionais – que investem para diversificar seus portfólios. Os investidores DDM normalmente se interessam pela sua idéia mas não trazem nenhum conhecimento extra, enquanto os investidores "anjos" geralmente irão oferecer experiência em negócios e esperar uma cadeira no conselho. Os investidores individuais foram a fonte de investimentos quando Howard Schultz estava tentando pela primeira vez criar um negócio de varejo de café. Ele os encontrou recorrendo a seus amigos e a pessoas bem-sucedidas em negócios na grande Seattle. Das 242 pessoas a quem solicitou apoio, 217 disseram não. Mas as 25 que disseram sim foram suficientes (eu era um dos 25, um investidor muito modesto).

Os mais conhecidos dentre os investidores institucionais são os capitalistas de risco (CR), que geralmente aderem à empresa quando o seu conceito já está solidificado e precisa de dinheiro para expandir rapidamente. Tais capitalistas normalmente querem um ou mais lugares no conselho e esperam ver o resultado do negócio dentro de três a cinco anos. Diferente dos DDMs, os CR assumem um papel ativo na condução e expansão da empresa. Eles vêem seu retorno quando a

---

* N. de R.: No original, em inglês, *Dumb Doctor Money*. Literalmente, dinheiro do doutor burro.

empresa se torna pública ou quando vende por lucro para outra empresa ou grupo de investimento. Eles podem ser tão agressivos a ponto de tornarem-se impiedosos, ou os melhores parceiros que a companhia pode querer. Alguns investidores institucionais preferem ser parceiros silenciosos, confiando no conhecimento dos fundadores para o sucesso do negócio. Outros sentem-se mais confortáveis com investimentos no médio prazo, quando a empresa está estabilizada e com pouco risco; por exemplo, investindo na segunda etapa de expansão em vez de na primeira. Os investidores institucionais incluem inúmeros fundos de fusões e aquisições ativos nos Estados Unidos a qualquer momento. Alguns se especializam em certas categorias, como serviços alimentícios; outros estão envolvidos com diversos tipos de varejo. Os banqueiros de investimento são outra fonte de capital; eles talvez não invistam diretamente, mas seu negócio é facilitar as negociações entre as partes interessadas. As lojas de sanduíche originais da Potbelly foram tão bem-sucedidas que Bryant Keil tinha investidores institucionais batendo na sua porta. Uma das companhias era a Maveron, uma firma de capital de risco cujos responsáveis eram Dan Levitan, um antigo banqueiro de investimento, e Howard Schultz. Isso ocorreu vinte anos depois da primeira participação de Howard no mundo dos investimentos, e agora ele estava distribuindo fundos e não os solicitando. Bryant financiou sua primeira ampliação por meio da Maveron, e a segunda por meio da Maveron, da Oak Investments e da Benchmark Capital, todas firmas de risco nacionalmente reconhecidas.

Em nível local ou nacional, você verá que a comunidade de investimento é relativamente próxima. Muitos dos jogadores já fizeram negócios no passado, e se encontram a toda hora. Algumas vezes, a conversa é do tipo "Eu achei isto. Você está interessado e quer uma parcela?". Outras vezes, segue na linha "Se você está interessado, eu posso entrar junto também". Uma "rede de anjos" é desenhada para engajar uma variedade de investidores individuais. Investidores potenciais são fáceis de encontrar. Pergunte ao gerente do seu banco, ao conselheiro de investimentos ou aos seus amigos da comunidade financeira. Leia os jornais nacionais e locais de negócios. Descubra quem está investindo em quais tipos de empresas. Uma procura na Internet pelos nomes de quaisquer das firmas de capital de risco aqui listadas mostrará diversos *websites* relacionados a capital de risco e investimentos, incluindo Hoover's Online e InsiderVC.com, ambos oferecendo informações de companhias de risco (a Hoover e a InsiderVC oferecem algumas análises de graça e outras pagas). No final desse processo, você achará uma conexão que o levará à rede de investidores adequada, local ou nacional, individual ou institucional.

Começar uma relação com um investidor tem o mesmo potencial para a felicidade ou frustração que qualquer outro casamento. Porém, por mais dinheiro que você precise, não se atire para o primeiro pretendente de fala doce. Os investidores têm seus próprios objetivos – para não mencionar agendas pessoais –, que podem ou não estar de acordo com os seus. A busca de Howard na comunidade financeira de Seattle quase lhe custou a Starbucks antes mesmo de tê-la adquirido, quando um dos seus investidores tentou roubar um acordo dele na última hora (a tática falhou). Ser trapaceado nos negócios é muito mais comum do que se imagina. Recentemente, tentei investir numa empresa, que contratou um consultor para revisar minha oferta devido à conturbada fase financeira pela qual o empreendimento estava passando. O consultor acabou emprestando dinheiro à empresa, um pouco de cada vez, até não restar mais segurança para um novo investidor.

Quando um investidor potencial estiver trabalhando dedicadamente à sua companhia, você também deve ser dedicado para com ele. Quase sempre, um varejo iniciante precisa de investidores a longo prazo. Jamais assine com um capitalista de risco perito em "movimentos rápidos" que possa tirar o dinheiro que investiu e fugir dentro de dois ou três anos.

Assim como você faria com empregados em potencial, determine se seus valores e sua missão ressoam com os investidores, ou se a atenção deles se desvia quando você fala de outra coisa que não a questão financeira. Avalie o que eles lhe trazem além do dinheiro. Eles devem ter contatos na rede de fornecedores; devem ser capazes de trazer outros investidores ou, ainda, recomendar gestores seniores potenciais. Não negligencie o elemento humano. Você consegue se divertir com seus investidores tomando um café ou uma cerveja? Eles riem das suas piadas? Se você estivesse na cidade e não tivesse negócios com eles, ligaria para lhes dar um olá? Os negócios já são difíceis o bastante sem desavenças pessoais. Encontre pessoas com as quais você gosta de trabalhar. E o mais importante: tente avaliar se o investidor é o tipo de pessoa com a qual você gostaria de ganhar dinheiro – aquela que ficará feliz por você e pelo seu sucesso. Existem várias pessoas com muito dinheiro, mas que, no fundo, não querem ver os outros tendo sucesso. A menos que você encontre a pessoa certa, o melhor é ficar sozinho.

Dar a devida atenção a investidores potenciais inclui uma avaliação de seus negócios anteriores. As negociações que falharam são mais importantes do que as que deram certo. Afinal, o negócio falhou por má sorte, pelo momento errado ou por uma disparidade de objetivos? As pessoas que receberam os investimentos anteriores acharam que foi uma boa experiência? É divertido ser um investidor quando tudo vai bem. Você investe seu dinheiro, e mais dinheiro retorna para você. O teste acontece quando há dificuldades. Ao fazer essa análise, o bom pressentimento de Bryant sobre um investidor institucional se confirmou quando ele soube que em uma situação específica em uma outra empresa o investidor tirou dinheiro do próprio bolso para salvar o negócio, que posteriormente se tornou um grande sucesso. Essa ação falou tanto sobre o compromisso humano quanto sobre o alinhamento aos objetivos do negócio.

EVITANDO DESENCONTROS DE INTENÇÕES E OBJETIVOS

Um desencontro entre os interesses de fundadores e investidores pode levar a uma catástrofe. Certa vez participei do conselho de um restaurante de comida rápida e casual. Dois investidores de risco estavam ávidos para participar de um dos conceitos alimentícios mais quentes do ano. Precisando de mais recursos para a expansão, os fundadores foram várias vezes atrás daqueles investidores, que logo tomaram conta do conselho. Um a um, os fundadores foram convidados a se retirar. Para acalmar os investidores em vários assuntos, a equipe de gestão teve de desviar um bocado de tempo e energia do negócio. Com base na promessa de um dos investidores de aportar mais dinheiro na fase seguinte de financiamento, a administração fez compromissos em aluguéis e na construção para continuar a expansão. Quando chegou a hora dos depósitos de dinheiro, porém, ele recuou. O setor das empresas ponto.com ia mal e suas perdas o forçaram a reavaliar todos os seus investimentos. Resumindo, ele perdeu a confiança. Sua necessidade de reduzir o próprio risco levou a empresa a diminuir seus preços de venda mesmo tendo uma boa chance de atingir a lucratividade no curto prazo.

Esse exemplo demonstra que a estrutura de qualquer acordo deve manter o varejista no controle da empresa. A menos que não haja mais alternativa, esteja no controle do seu próprio destino. Além disso, tenha certeza de captar fundos suficientes na primeira etapa de financiamento para sustentar sua companhia por um período razoável. Pense em termos de recursos suficientes para operar uma loja por muitos anos ou para abrir muitas lojas dentro de um período razoável de tempo. A última preocupação que alguém precisa ter ao abrir um negócio é se o dinheiro vai durar o suficiente para fazer a loja decolar. Os investidores devem apoiar esse objetivo. Nunca deixe alguém lhe convencer a começar um negócio com menos dinheiro do que o necessário (não são poucos os varejistas iniciantes que subestimam suas necessidades de dinheiro, algumas vezes até pela metade). A única razão para os investidores oferecerem menos do que o mínimo é garantir que você retorne a eles depois, quando suas necessidades forem mais críticas e sua alavancagem for menor, de forma que eles possam, assim, impor condições mais vantajosas para si próprios. Obviamente, esta é uma péssima maneira de começar uma relação.

Muitas vezes, investidores potenciais terão a experiência de investir em uma variedade de negócios de varejo. Sua experiência nesse processo é uma das suas qualidades. Porém, tenha cuidado com alguém com investimentos em um competidor direto. Como descrito, o investidor pode tomar decisões a favor de seu outro investimento. Embora a maioria dos investidores sejam profissionais o suficiente para "compartimentalizar" as informações competitivas, no pior dos casos eles podem colher as melhores informações de seu conceito e derrubá-lo.

Por fim, os documentos do investimento devem detalhar claramente os próximos passos se o negócio não alcançar seus objetivos financeiros. O contrato deve descrever sob quais circunstâncias e termos uma parte pode comprar a outra. Também deve estar relatada a disposição dos ativos no caso de uma dissolução. Existem muitos mecanismos de controle que podem ser colocados em um acordo. Procure conselhos legais.

Há vários tipos de investidores. Você precisa achar um que seja adequado para suas necessidades. A melhor maneira é garantir que as motivações dele estejam totalmente alinhadas com as suas, ou seja, que ambos estejam construindo um negócio para o longo prazo ou objetivem vender a empresa após um determinado período. Assegure-se de que exista uma conexão humana. Nas culturas asiáticas, demora-se muito para chegar a um acordo em um contrato. A razão é que ambas as partes querem se conhecer primeiro. Nos Estados Unidos, nos precipitamos em relações contratuais, assumindo que a palavra escrita nos protegerá e que com o tempo desenvolveremos a relação. Reserve algum tempo para desenvolver uma confiança pessoal com seus parceiros. Um contrato deve apenas ratificar, não ser a relação.

Como última – mas não menos importante – observação, se você em algum momento não se sentir seguro com um investidor em potencial, afaste-se dele! Se o seu instinto disser que algo não está bem, escute-o!

Tomar a decisão certa sobre a equipe de gestão e os investidores é um exemplo do que os projetistas de *software* chamam de "decisões de vinculação inicial" – decisões que determinam muitas das características do sistema, como sua organização fundamental e seu fluxo lógico. A qualidade da equipe de gestão inicial relaciona-se diretamente à habilidade da companhia de estar à frente no mercado. Algumas vezes, varejistas iniciantes erram por gastar mais dinheiro do que o necessário para o momento em que estão – antes de realmente precisar. Os varejistas fazem isso quando adquirem mais espaço de escritório do que precisam ou preenchem muitas posições com empregados antes que as receitas justifiquem suas contratações. Porém, para ir longe, você deve sempre contratar com antecedência as pessoas que tomarão as decisões para guiar seu crescimento. Elas terão a experiência para decidir corretamente quando e onde investir ou não dinheiro. A menos que sejam "silenciados" por acordos contratuais, os investidores devem também trazer sua experiência e seus contatos nos negócios para apoiar a organização. Boas contratações antecipadas e bons parceiros de investimentos podem ajudar um varejista inexperiente a eliminar custos e erros de todas as formas.

Evitar mesmo que um pequeno erro na primeira fase de vida da empresa pode economizar muitos meses e milhões de dólares. Mais do que evitar erros, ter a equipe de gestão certa e os parceiros cruciais a postos desde o começo impulsiona o empreendimento positivamente dentro do mercado e pode ser a melhor maneira de estabelecer uma marca no varejo. Ter um conjunto abrangente de habilidades adequadas faz com que a empresa possua uma maior chance de ser bem-sucedida na categoria de varejo. Além disso, criar uma equipe de liderança que compartilhe os mesmos valores corporativos e pessoais e que esteja fortemente comprometida com a missão da empresa garante que o "DNA corporativo" ficará nesta à medida que ela crescer e se desenvolver. A combinação de habilidades e valores levará a uma cultura que perpetuará e estenderá os valores da companhia enquanto o negócio for crescendo. Estabelecer a estrutura de pessoas, como descrito neste capítulo, permitirá que sua empresa ganhe muito, ao definir os pressupostos internos e pessoais para "ir longe".

OUTROS TIPOS DE INVESTIMENTOS

Muitos iniciantes negligenciam outras maneiras de obter investimentos. Uma das possibilidades é o investimento em espécie. Consultores, *designers*, proprietários de terrenos e outros podem concordar em receber ações em vez de contar com o pagamento total em dinheiro. Além disso, prestadores de serviços como advogados e contadores talvez aceitem planos de pagamentos de longo prazo para um trabalho imediato. Em tais situações, não se limite a esses serviços apenas porque estão dispostos a financiá-lo. Isto é, não defina uma parceria com um corretor só porque ele se dispõe a converter o pagamento em investimento; tenha certeza de que ele é a melhor pessoa para encontrar o imóvel que você quer. Jamais feche um acordo com um proprietário disposto a trocar o aluguel por ações, a menos que a propriedade seja a que você realmente quer. E assim por diante.

Outra forma de investimento é o estoque consignado, onde se paga somente o que é vendido a cada mês. O estoque consignado não é prático para bens perecíveis, mas vem sendo usado em indústrias de vestuário a *software*. Os fornecedores mantêm a posse do estoque, caso o negócio falhe, e a auditoria mensal de vendas lhes indica se o negócio está indo bem.

Esses tipos de investimento reduzem o fluxo de caixa inicial do negócio e as necessidades financeiras. Os associados do varejista assumem uma parte do risco na expectativa de criar um negócio futuro para si próprios. (Observação: se você planeja procurar financiamento bancário, o seguro é uma avaliação de todas as partes, um detalhe que pode ser trabalhado.) Acordos envolvendo pagamentos especiais geralmente acabam depois do primeiro ano, quando o novo varejista estabeleceu um fluxo de caixa auto-sustentável. Como em qualquer outro investimento, uma posição de acionista para os fornecedores deve esclarecer os termos de pagamento das partes.

É desnecessário dizer que os fornecedores não têm obrigação de aceitar nada além do pagamento padrão por seus serviços. Esse processo dependerá do escopo total de seus planos, de seu potencial para o crescimento, de seu relacionamento pessoal e comercial com as outras partes, e do nível de risco que eles já têm em seus negócios. Uma empresa pode não ser capaz de ter seu pagamento adiado, ou pode ter outras ações que inviabilizam a aquisição de novas. Muitos proprietários no Vale do Silício, por exemplo, tiveram prejuízo por aceitar ações de empresas ponto.com no lugar de aluguéis e provavelmente não farão outros acordos desse tipo tão cedo. No entanto, deve-se buscar acordos especiais. Eles aliviam a pressão do primeiro ano e provavelmente trarão boas parcerias a longo prazo.

10 Colocando o modelo econômico em funcionamento

O modelo econômico de um conceito é o motor sob o capô. Você não o vê, mas é o que move a empresa. Sem um bom modelo econômico, seu conceito apenas deslizará sobre as rodas. O grau com que os empreendedores entendem o modelo econômico e as finanças relacionadas varia de acordo com seu conhecimento. Alguns entendem certos componentes de uma demonstração de lucros e perdas, mas não a lucratividade final. Outros entendem o que os números significam financeiramente, mas não como se relacionam à operação física da loja. Poucos, geralmente os presidentes e os executivos de redes de sucesso, entendem a ligação íntima entre as operações e as finanças e como conectá-las. Seu entendimento sobre o modelo econômico é a maior razão de seu sucesso.

Algumas pessoas podem pensar que conhecem o modelo porque atuaram no mundo dos negócios ou em algum setor do varejo por muito tempo. Porém, um conceito novo pode ter uma estrutura de lucros e perdas diferente da que estão acostumadas. Outras, ainda, que deveriam entender de finanças em termos mais amplos – aquelas que cuidam dos imóveis, do *design*, os empreiteiros e os gestores de novas lojas –, raramente têm uma boa compreensão da demonstração de resultados. É suficiente dizer que existem pouquíssimas pessoas que conheçam os aspectos econômicos de um conceito. Este capítulo destacará os aspectos mais importantes das demonstrações financeiras com foco em dois pontos: 1) como desenvolver um modelo financeiro significativo e como ele pode ajudar a avaliar o desempenho do modelo subjacente; e 2) como um modelo econômico de sucesso pode abastecer o crescimento. Minimize suas baixas e maximize suas altas. Esse é o maior objetivo das análises financeiras de cada decisão que você tomar na criação e execução de um conceito. Seja garantindo a solidez econômica de um novo conceito ou revisando a economia de um conceito existente, as análises financeiras permitem estabelecer a viabilidade econômica do negócio e preparar a expansão. Provar o modelo econômico é em grande parte provar o conceito.

O modelo econômico deve ser robusto o suficiente para gerar caixa excedente que possibilite a expansão. Cada loja deve ser tratada como um investimento para gerar dinheiro. Nesse sentido, os primeiros números que um varejista tem de focar são a margem bruta e a receita líquida. Não há como continuar sem usar terminologia de finanças. Margem bruta é a renda bruta menos o custo dos bens vendidos. Em outras palavras, é o que você tem no bolso depois de pagar pelos seus bens, mas antes de ter pago os custos com a operação, que em geral são chamados coletivamente de custo de vendas. Assumindo um *mix* de produtos similar para toda a cadeia, a margem bruta de cada loja é aproximadamente equivalente à da cadeia como um todo, e então um número pode servir para ambas. Receita líquida (detalhadamente descrita neste capítulo) é a margem bruta menos os custos operacionais e a depreciação. É o que sobra no seu bolso quando você contabiliza todos os seus custos. Uma cadeia soma a receita líquida de cada loja e deduz as despesas gerais e administrativas da corporação (G&A) para obter a receita líquida da rede como um todo. A receita líquida de uma loja individual, então, será de 6 a 10% maior que a receita de toda a companhia devido aos gastos G&A da corporação que são calculados depois que o dinheiro vai para o centro de operações. Este capítulo focará a receita líquida de cada loja. Para pequenos varejistas, os gastos G&A são menores, e para cadeias grandes e pequenas, a receita líquida da loja é a primeira engrenagem para o crescimento.

Uma margem bruta saudável é necessária para garantir a sobrevivência e o crescimento, pois muito pode dar errado a qualquer momento nas operações. Por exemplo, um atraso na construção retarda a abertura das lojas e faz com que se perca a alta temporada. Você pode ter problemas com seus funcionários e com queda das vendas. Sua calçada pode ficar interditada, prejudicando suas vendas por uma semana. Seu sistema de computadores ou de telefone pode ter problemas quando você menos espera. Uma tempestade de neve pode fechar sua loja em um final de semana prolongado. Um furacão pode surgir. No varejo, a Lei de Murphy prevalece, e muito do que dá errado está além de nosso controle. Um varejista precisa de toda proteção possível contra eventuais problemas, contra aumentos inesperados de aluguel ou mão-de-obra e outros gastos não previstos. Por isso, altas margens brutas (ou, correspondentemente, altos volumes) possibilitam que você se adapte aos imprevistos, lide com problemas e erros, e ainda assegure uma boa receita líquida. Assim, enquanto seu conceito não apresentar altas margens brutas, você precisa saber qual é a média dos demais em sua categoria e garantir que seu conceito não esteja muito abaixo. Comprando em pequenos volumes de atacadistas e distribuidores, os varejistas novos raramente fazem os melhores negócios. Eles nem sempre reconhecem quão pequenas suas margens podem ser, e quão pouco dinheiro terão para pagar na eventualidade de algo inesperado ocorrer.

Se sua margem bruta está abaixo do normal da indústria, você deve examinar os custos dos produtos vendidos e reavaliar o modelo econômico. Um primeiro passo, discutido detalhadamente no Capítulo 6, "*Merchandising*: maximizando seus lucros", é trocar o *mix* de produtos para atingir margens maiores. Outro é explorar a competição entre fornecedores. Talvez você planeje vender uma certa marca de tênis, mas outro fornecedor tem um produto similar com um custo mais baixo. Os restaurantes podem reduzir custos comprando ingredientes e preparando pratos em vez de comprar, digamos, sopas e pães prontos. Como os *chefs* ou cozinheiros estarão trabalhando em outros pratos de qualquer maneira, alguns itens adicionais "feitos em casa" não irão necessariamente adicionar custos. Ser cuidadoso com o custo dos produtos vendidos não significa adotar produtos baratos, a menos que isso de fato seja o seu nicho. Simplesmente quer dizer que os varejistas devem economizar todos os centavos possíveis.

Um conceito de mão-de-obra intensiva, como serviços alimentícios, precisa de margens brutas mais altas para cobrir os custos de mão-de-obra que ainda serão pagos, enquanto um conceito de mão-de-obra menos intensiva, como uma lavagem expressa de automóveis, pode lidar com margens brutas mais baixas e ainda obter uma boa receita líquida. Feliz é o varejista que consegue arbitrariamente altas margens brutas, mas a "mão invisível" do mercado sempre criará limites. Uma margem bruta que resulte em um item sobretaxado provocará uma queda nas vendas; de qualquer forma, uma perda é provável. A competição também faz com que os preços diminuam (leia-se "margem bruta") aos níveis "corretos" para cada conceito. Se a lavagem expressa de automóveis cobra uma sobretaxa na lavagem e no enceramento para ter uma margem bruta maior, um dia um concorrente abrirá um lava-rápido similar que cobrará consideravelmente menos pelo mesmo serviço. Para manter-se no negócio, o administrador da primeira loja deverá reduzir os preços a fim de se adaptar ao competidor. A única maneira de uma empresa manter um preço diferenciado é oferecendo serviços especiais, como enceramento à mão.

Com o tempo, os hábitos do consumidor e a competição criam um nível natural para a determinação de preços e margens que somente a diferenciação poderá aumentar. De fato, pode-se utilizar como regra geral que a margem bruta tem relação direta com a diferenciação. Quanto mais especializado o produto, mais alta a margem bruta. Quanto mais um produto se aproxima da *commoditização*, mais baixa a margem bruta e mais daquele volume será necessário para compensar. Assim, um novo varejista precisa se perguntar com cuidado: "Minha oferta é única, ou estou vendendo essencialmente a mesma coisa que meus competidores? Se for o segundo, como irei competir?".

De um modo geral, o varejo recai em quatro grupos financeiros:

1. Conceitos alimentícios, no qual as margens brutas normalmente ficam entre 65 e 70%, algumas vezes chegando a 73%, e os custos de mão-de-obra são altos.
2. Varejo de exclusividades e varejos de estilo de vida, nos quais as margens brutas atingem 70% e a maioria dos conceitos está acima dos 50%, e os custos de mão-de-obra são baixos.
3. Varejo tradicional, no qual a margem bruta declinou nos últimos anos, ficando por volta dos 30%, e os volumes de venda e os custos de mão-de-obra são moderados.
4. Mercearias e outros negócios de alto volume, nos quais a margem bruta fica na casa dos 20% e os altos custos de mão-de-obra resultam em margens líquidas baixas (mas alto giro de caixa).

Os varejos de exclusividades e os tradicionais (itens 2 e 3) podem ser considerados como um espectro em vez de grupos separados, com margens brutas que começam altas quando o produto é artesanal e único e declinam à medida que se tornam padronizados. A Tabela 10-1, com os resultados do ano fiscal de 2004, mostra as margens brutas e as receitas líquidas de determinadas empresas e de cada loja para uma amostra representativa de redes varejistas em diferentes categorias e graus de diferenciação. A maioria das companhias tem custos gerais e administrativos entre 6 e 10%. Porém, a atual receita líquida de algumas lojas individuais é difícil de ser estimada com base no conceito porque algumas empresas e Indústrias são mais eficientes do que outras. Além disso, alguns donos de franquias escondem os custos corporativos por meio de *mark-ups* no preço dos produtos e nos equipamentos para os franqueados. Assim, as despesas gerais indiretas da empresa podem chegar a 12%. Na Tabela 10-1, a receita líquida corporativa foi obtida a partir dos relatórios anuais das companhias; a receita líquida por loja é estimada a partir desses números. Para propósitos ilustrativos, os gastos corporativos foram estimados em 10%.

Margens brutas e receitas líquidas geralmente têm uma grande relação com a diferenciação da marca. Marcas de especialidades ou de estilo de vida têm as maiores margens, enquanto marcas de menos diferenciação têm margens menores. Por exemplo (veja a Tabela 10-1), a margem bruta da Whole Foods Market, altamente diferenciada, é maior do que a dos supermercados Kroger e Safeway, sem diferenciação. A diferença no final das contas se traduz nos 3% a mais de receita da Whole Foods – uma grande disparidade em uma categoria

TABELA 10-1 Margem bruta, receita líquida e receita estimada por loja em diferentes conceitos

Empresa	Categoria	Margem bruta (%)	Receita corporativa (%)	Receita estimada por loja (%)
Luxottica	Óculos e acessórios	72	12	22
Starbucks	Alimentação	65	13	23
McDonald's	Alimentação	75	9	19
Chico's	Roupas femininas	61	13	23
Oakley	Roupas para esportes e outras atividades	56	7	17
Dillard's	Lojas de departamento	32	0,1	10,1
Whole Foods Market	Alimentos	34,5	3,5	13,5
Kroger	Alimentos	28	0,6	10,6
Safeway	Alimentos	30	–0,5	9,5
Best Buy	Eletrônicos	26	3	13

de alto volume. A conclusão é que, quando qualquer conceito aproxima-se uma *commodity*, torna-se difícil para o varejista manter as margens brutas e as receitas líquidas, e a estratégia deve ser trocada para a diferenciação ou para a geração de grandes volumes. Serviços alimentícios requerem uma alta margem bruta para cobrir os custos de mão-de-obra, então a diferenciação se mostra nas receitas líquidas, onde uma marca de alta qualidade conseguirá melhores resultados do que uma marca de *serviços rápidos*, por exemplo. Por tanto, a lição mais importante para os novos varejistas é: altas receitas líquidas em cada loja são indispensáveis para produzir lucro global em redes de qualquer tamanho.

GANHANDO COM A RECEITA LÍQUIDA

A receita líquida da loja, equivalente à contribuição para o lucro de cada unidade de loja, é o "fim da história" para todos os conceitos. Alguns sustentam que uma receita líquida de 10 a 12% para cada loja é muito bom. Em meu ponto de vista, o número decisivo deve ser uma receita líquida de no mínimo 12 a 15% para cada loja. Não aceito contribuições de "quatro paredes" (como a receita líquida por loja também é chamada) menores do que 15%. Para um conceito que almeja a expansão, o número deve estar entre 20 e 25%. Por que arriscar abrir um negócio de varejo e gastar energia por anos a fio em busca do sucesso se você não consegue um retorno de 15% por loja? Dado que você ainda tem despesas corporativas para deduzir, o que diminui o retorno para 10% ou menos, é melhor investir seu dinheiro em outra coisa – talvez com um retorno de 8% e risco baixo. Uma receita líquida baixa também torna difícil o crescimento e a cobertura de todos os gastos da expansão.

Do ponto de vista de um empreendedor, a receita líquida por loja representa o combustível para o crescimento. Depois que você tiver um modelo econômico de sucesso, cada loja se torna uma máquina de fazer dinheiro. Com uma receita líquida de 15%, uma loja gerando 1 milhão de dólares em renda bruta rende 150 mil dólares em dinheiro. Sete novas lojas geram 1 milhão em receitas líquidas. Torne-se bem-sucedido o suficiente para abrir 100 lojas por ano, e sua receita líquida aumenta em 15 milhões de dólares. Em termos de recursos para fundamentar a expansão, a receita líquida gerada por um conceito é pelo menos tão importante quanto o retorno sobre o investimento. Uma loja com retorno de 12% em 1 milhão de dólares em vendas gera 120 mil dólares em dinheiro, enquanto uma loja com 15% de retorno e faturando 600 mil dólares em vendas gera 90 mil dólares em dinheiro. Os 30 mil dólares talvez sejam a diferença entre ser capaz de expandir neste ou no próximo ano. Por essa razão, os empregados devem receber incentivos pelo caixa gerado, assim como pelo retorno sobre o investimento (é claro, você também deve descobrir porque a loja pequena está obtendo um percentual de retorno maior e tentar replicar seu sucesso nas lojas grandes). Poucos negócios baseados em altos volumes, como mercearias, farmácias e postos de gasolina, têm receita líquida na faixa de 3 a 5% ou menos, porque a competição acirrada mantém o preço limitado. Porém, os altos volumes permitem gerar o dinheiro necessário. A Kroger, uma rede de supermercados, obteve apenas 0,6% de receita líquida corporativa em seu mais recente ano fiscal, mas gerou 314,6 milhões de dólares em dinheiro, suficiente para construir mais 30 lojas, assumindo que toda a quantia fosse usada para tal propósito. Em um nível muito menor que a Kroger, a Whole Foods Market gerou 137 milhões de dólares em dinheiro.

Uma receita líquida saudável requer um modelo financeiro sólido. O primeiro passo é a criação da demonstração financeira. Não é, como o nome implica, "uma formalidade", mas o melhor modelo financeiro que você pode criar para o seu negócio. O modelo, com uma estrutura financeira tipicamente americana, funcionará para qualquer local se as variações nas taxas e os métodos de contabilidade forem levados em consideração. Seu principal propósito é permitir uma análise detalhada e avançada do negócio. A visão geral que segue assume um conhecimento prático de contabilidade, que novos varejistas devem ter antes de expandir o seu conceito. Aulas de administração em universidades locais podem dar esse conhecimento, e uma busca sobre "demonstrações financeiras" em livrarias *online* mostrará vários livros relacionados ao tópico. Particularmente, três bons livros em ordem decrescente de sofisticação são: *Financial and Business Statements* (2ª edição), de George Thomas Friedlob e Franklin James Plewa, que enfatiza as operações diárias, análises de detalhes do negócio e a resolução de problemas para pessoas começando ou gerenciando um negócio de médio ou pequeno porte; *Balance Sheet Basics: Financial Management for Non-Financial Managers*, de Ronald C. Spurga; e *Keeping the Books: Basic Record Keeping and Accounting for the Successful Small Business*, de Linda Pinson.

Uma demonstração *pro forma* para uma nova loja de varejo começa com algumas suposições. Primeiro, utilizaremos 1 milhão de dólares como valor estimado para as vendas anuais. Muitos tipos diferentes de varejo podem gerar vendas brutas assim, e 1 milhão de dólares é uma boa quantia para calcular. Neste exemplo, os custos gerais e administrativos são de 50%, o que significa que a margem bruta também é de 50%. Da margem bruta devem ser subtraídos os principais gastos operacionais, como 10% para mão-de-obra, 10% para *marketing*/publicidade, e de 8 a 12% para despesas com ocupação de espaço físico – todos números cabíveis para varejos não-alimentícios. Subtraindo custos controláveis, administrativos e gerais da loja, chega-se aos ganhos antes das taxas, juros, depreciação e amortização. Neste exemplo, esses ganhos chegam perto dos 20%. Deles subtraímos a depreciação, que depende do número de lojas sendo construídas e de seus custos. Neste exemplo, a depreciação é de 5%, então a receita líquida torna-se 15% – um retorno muito atrativo.

A *pro forma* deve incluir outros números, como a receita de que você precisa para atingir o ponto de equilíbrio (o ponto de equilíbrio é a soma do custo de mercadorias vendidas, custo de vendas e custos gerais e administrativos). A maioria das empresas de varejo também quer saber a margem bruta por metro quadrado para determinar a eficiência do uso do espaço. Conceitos alimentícios, nos quais grandes espaços são reservados para o consumo e não para as vendas, geralmente controlam as transações por hora, o número de transações por dia e a receita por transação. A Starbucks compara sua receita bruta de vendas com o custo do aluguel para determinar se o imóvel está tendo um bom retorno financeiro. Certifique-se de descobrir todas as medidas importantes em sua categoria.

Agora faça uma avaliação prática com esses números para determinar sua validade.

Para um novo conceito, pode ser difícil encontrar números exatos. Mesmo donos de negócios já estabelecidos às vezes não sabem o quanto desconhecem suas operações e custos. Você pode obter análises financeiras detalhadas de uma companhia ou indústria contratando um corretor de ações. Você pode comprar análises sobre tendências da indústria de analistas de mercado especializados em diferentes campos. O Dun & Bradstreet, o Hoover's Online e outros serviços proporcionam pesquisas em centenas de milhares de negócios. O Marketresearch.com fornece pesquisas aprofundadas em indústrias e em diferentes categorias do varejo. O Bizminer.com fornece pesquisas estruturadas de acordo com seu uso (planejamento de *marketing*, plano e avaliação de negócio, e assim por diante) e tem uma seção especial para iniciantes. Alguns relatórios são gratuitos, mas a maioria é acessada mediante o pagamento de uma taxa, que pode ser muito cara. O Bizstats.com tem diversos dados financeiros em várias categorias de varejo. A Small Business Administration tem um *website* com muitas informações úteis para iniciantes e pequenas firmas. Procurando na Internet por artigos em sua indústria, você encontrará algumas boas migalhas. Chame um consultor que seja *expert* em seu campo. Alguns farão uma análise sólida mas genérica; os realmente bons serão mais detalhistas. Existem organizações que oferecem treinamento para empresas iniciantes; identifique alguém com uma boa experiência em finanças de varejo. Se você não pode bancar um consultor, verifique com a câmara de comércio local. Muitas comunidades têm homens de negócio aposentados que fornecem guias para iniciantes por um custo baixo ou mesmo gratuito. A SCORE, uma associação sem fins lucrativos, trabalha com executivos aposentados ou ainda na ativa que dão conselhos confidenciais gratuitos a empreendedores, seja pessoalmente ou mesmo por troca de *e-mails*. Talvez você também queira criar uma junta consultiva de varejistas experientes.

> **Online**
> Para mais referências, o *website* deste livro (www.builtforgrowth.com) contém inúmeros documentos pertinentes a este capítulo: modelos de demonstrações *pro forma*, *links* para *websites* relacionados e outras informações complementares.

Talvez seja melhor começar analisando um relatório anual de empresas públicas da mesma categoria. Preste atenção especial a "discussões administrativas e análises" do desempenho da empresa. Às vezes, as análises são superficiais, atendendo aos requisitos mínimos de um relatório; no entanto, também podem fornecer importantes *insights* sobre o "estado da indústria" naquela categoria. Uma revisão dos relatórios anuais da Kroger e da Safeway, por exemplo, mostrará, entre outras coisas, que a pressão por baixos preços imposta por supermercados e outras lojas de descontos tem forte impacto em toda a cadeia. Uma nova loja deve ou reduzir suas margens ou buscar um nicho bastante específico para fugir da guerra dos preços.

Dessas várias fontes, você desenvolverá números realistas para seu conceito. Você deverá ser capaz de definir os volumes médios de vendas por loja. E provavelmente poderá estimar as vendas por metro quadrado para seu tipo de negócio, mas deve tomar cuidado. A Staples tem três formatos e tamanhos de lojas, e as vendas não são identificadas por eles. A Kroeger arrecada 53,8 bilhões de dólares em vendas em 2.532 mercearias e lojas de departamento, ou 21,2 milhões de dólares por loja. Como o faturamento também inclui lojas de conveniência e operações com combustíveis, as grandes lojas provavelmente arrecadam 20 milhões de dólares anualmente. O somatório dos tamanhos das lojas fica em 50 milhões de metros quadrados, que leva a um faturamento estranhamente baixo de 1.088 dólares por metro quadrado, mas as 42 plantas de manufatura da Kroger, mais sua distribuição e seus escritórios, entram na contabilidade, então você terá de investigar mais a fundo para ter a média de vendas por metro quadrado. Uma maneira poderia ser simplesmente medir uma loja padrão e dividir por 20 milhões de dólares. A Whole Foods Market, de outra forma, listou suas vendas por metro quadrado, 8.733 dólares, em um recente relatório anual. A Walgreens também mostra com orgulho sua média por farmácia de 7,4 milhões de dólares em vendas anuais e 7.522 dólares em vendas por metro quadrado; assim, um conceito farmacêutico tem um bom parâmetro de comparação com o líder da indústria.

Além disso, os grandes varejistas, que estão sempre procurando por novas locações, geralmente divulgam o tamanho da loja que procuram. Você pode conferir em revistas de varejo ou conversar com um corretor de imóveis e rapidamente descobrirá que tipos de locais são procurados pelos diferentes conceitos. A Claritas informa o número de empregados e as estimativas de vendas de muitas empresas, de forma que você pode estimar a renda bruta média por empregado. É importante recolher o maior número possível de estatísticas para então poder comparar-se aos concorrentes.

Algumas vezes, os relatórios anuais contêm praticamente todas as informações de que você precisa. Vamos assumir que você queira começar um conceito de vestuário para mulheres com mais de 30 anos que moram em cidades grandes, com renda de média a alta. Em seu relatório anual, a Chico's FAS, Inc., uma rede com um público parecido, publicou que suas vendas líquidas por metro quadrado aproximavam-se de 3.035 dólares. Outras pesquisas mostram que 426 empresas geraram 738 milhões de dólares de receita, ou aproximadamente 1,73 milhão por loja. Divida 1,73 milhão em vendas por 10 mil dólares por metro quadrado e você irá obter lojas com pouco mais de 170 metros quadrados de espaço de vendas, ou provavelmente 180 metros quadrados de espaço total. Outros relatórios corroboram as estimativas de receitas por loja e de espaço físico na faixa dos 180 metros quadrados. O relatório anual de outra rede de roupas para mulher, a Coldwater Creek, descreve os dois formatos de lojas planejadas, de 270 a 360 metros quadrados e de 450 a 540 metros quadrados, bem como a estimativa de vendas por metro quadrado de 6.667 e 5.556 dólares, respectivamente. Multiplicando a receita por metro quadrado e o tamanho da loja, você obterá uma receita entre 1,8 e 2,4 milhões para o formato pequeno, e de 2,5 até 3 milhões para o formato grande. A partir das informações das empresas descritas, você pode fazer duas importantes suposições. Primeira: 180 metros quadrados é provavelmente um bom tamanho para se trabalhar com roupas femininas. Segunda: uma loja bem estabelecida pode gerar 1,7 milhão em vendas nesse formato. Reconheça, porém, que pode levar vários anos para atingir esse volume. Muitas redes estimam três anos como padrão para a loja alcançar o máximo de seu potencial. Lojas de alimentação esperam atingir vendas plenas em 12 meses.

Encontrar bons números para conceitos sofisticados de moda é mais difícil porque muitas das empresas líderes não publicam as informações. Você talvez tenha que pagar pela pesquisa em mercados fora da área, mas pode pessoalmente identificar como os estabelecimentos de varejo em sua área agem ao longo do dia e usar essa informação para calcular o total das vendas diárias. Para um restaurante, você pode rastrear o volume de vendas aproximado definindo o preço de uma refeição padrão e multiplicando o valor pelo número de consumidores. Em grandes lojas de varejo, você pode parar perto dos caixas registradores para ver o que as pessoas compram e quanto gastam em transações típicas. Você também pode ver quais produtos adicionais os consumidores costumam selecionar. Em lojas onde isso não é possível, você pode fazer uma estimativa do volume de vendas da rua, contando o total de tráfego, o número e o tamanho de sacolas que as pessoas carregam, e o preço dos produtos comuns (não é difícil saber quando uma sacola tem um par de sapatos ou blusas e camisas). Alguns varejistas ainda rastreiam o número direto de transações em seus recibos de vendas. Se você comprar alguns itens deles em duas interações com um intervalo de poucas horas, provavelmente poderá calcular seus números. Procure estimar o volume por hora para todos os horários importantes do dia junto com o valor médio das transações. Com empresas públicas, você pode usar as vendas anuais para estimar as vendas diárias. Mais de 95% dos dados de que você precisa para elaborar uma demonstração *pro forma* estão disponíveis em algum lugar.

Se um retorno de 15% é o padrão de sua categoria e suas projeções mostram um retorno de somente 12%, é extremamente importante que você determine quais custos devem cair e quais produtos (ou *mix* de produtos) com as margens mais altas são necessários para aumentar sua renda bruta. Você deve continuar buscando informações e refinando seu modelo até atingir os números esperados. Essa abordagem irá mantê-lo disciplinado – tanto para obter o modelo econômico certo como na escolha do local correto, outra questão crucial para a geração de renda.

Vamos assumir que você fez sua lição de casa. Você descobriu que uma empresa similar tem em média mais de 1 milhão de dólares em vendas por loja. Você encontrou outros dados que mostram a média da categoria como aproximadamente 5.556 dólares de receita por metro quadrado e que um tamanho típico de loja é de 180 metros quadrados. Esses números reforçam sua estimativa de 1 milhão de dólares em vendas. Junte todas as partes relevantes e decomponha em fatores. Determine se o normal é baseado em cinco, seis ou sete dias de trabalho por semana. Você planeja abrir pelo mesmo número de horas por dia que as empresas em que baseou suas estimativas? Algumas têm movimento muito pequeno para abrir nos finais de semanas, enquanto outras têm sucesso. O que ocorre na área em que sua loja está situada? Com 1 milhão de faturamento, a diferença entre uma semana de sete dias e uma de seis é de aproximadamente 140 mil dólares em faturamento por ano – seu lucro líquido esperado! Você teria de vender outros 450 dólares com *merchandise* por dia para vencer essa diferença.

Como vimos no exemplo da loja de roupas femininas, é importante correlacionar o tamanho de sua loja com o tamanho padrão para seu setor. Se a média de receita do setor é 5.556 dólares por metro quadrado e o tamanho padrão de loja é 180 metros quadrados, se você planeja uma loja de 144 metros quadrados, ela deverá render 6.945 dólares por metro quadrado em vendas para atingir a receita equivalente. Dependendo do número de dias que a loja permanecer aberta, pode-se ter uma diferença de 500 ou 600 dólares por dia. Se você estiver vendendo vestidos exclusivos, a diferença talvez não seja tão significativa, talvez uma venda por dia. Mas se você estiver vendendo sanduíches de 5 dólares, precisará de 120 vendas a mais por dia. Esse volume é viável? Você tem capacidade para servir os consumidores extras que deverá ter (lembrando que eles provavelmente virão nos horários de pico)? Haverá vagas para todos no estacionamento? Se você não puder aumentar o número de transações, veja se consegue mudar o *mix* de produtos para aumentar o preço médio de cada transação. Aumentando a média das transações em 1,25 dólar, de 5 para 6,25 dólares, a loja de sanduíche obterá a diferença em vendas diárias necessária para o formato menor.

TESTANDO OS GASTOS

Depois que você tiver uma receita satisfatória, provavelmente será fácil combinar os números com as despesas associadas, que devem ser proporcionais às vendas. Compare cada linha de seu *pro forma* com todos os dados que descobrir. A margem bruta da Chico's em 2003 era de 61% e a da Coldwater Creek's, 39%. Você deve buscar dados mais aprofundados para entender a discrepância no custo dos produtos, que também reflete na receita líquida das empresas de 13 e 2,4%, respectivamente. Precisa também examinar os resultados de outros varejistas na categoria para verificar números conservadores que se aplicam melhor ao seu negócio. (Por simplicidade, esses exemplos mostram uma ou duas comparações, mas você precisa fazer seis ou mais. Se estiver no ramo do vestuário, por exemplo, deverá financeiramente saber: "A Gap faz isto, a Banana Republic faz aquilo".) Os gastos de vendas e G&A da Chico's e da Coldwater Creek são similares, 37,6 e 35,1% respectivamente, então talvez você poderia usar 37% como uma estimativa cabível.

Revise cuidadosamente todos os itens envolvidos no custo de vendas. Você deve saber se os gastos de mão-de-obra em sua categoria são realmente altos, assim como são para mercearias, restaurantes e serviços similares. Além da pressão nos preços, a Kroger e a Safeway se depararam com o aumento dos seguros de saúde e das pensões, um dos fatores determinantes da greve dos empregados em 2003, que mais adiante afetou a atividade das empresas. Você encontrará gastos similares ou problemas com a mão-de-obra? Saiba se seu estado tem leis restritivas para as horas extras, remunerações mais altas, ou um salário mínimo maior, fatores que elevarão seus custos com mão-de-obra. A maioria dos estados exige um turno mínimo de quatro horas para cada empregado, o que talvez aumente o número de horas trabalhadas que você terá de planejar. Grandes *shopping centers* exigem que as lojas fiquem abertas em períodos fixos, algo como das 10 às 22 horas de segunda a sábado e em horários diferentes nos domingos, com multas por hora caso você não abra. Sua análise deve incluir o número de empregados necessários para cada dia e hora que estiver aberto.

Os custos de ocupação podem ser de 6 a 12%. Então, se você souber que os outros custos estão certos, saberá também que 8% será destinado aos custos de ocupação, que, no exemplo que vimos, é o máximo que você poderá pagar. Se seu custo de ocupação for bem menor que esse, certifique-se de estar com uma localização boa o suficiente para suportar suas projeções de vendas. Talvez você seja sortudo e encontrou uma barganha, ou talvez o preço do aluguel está lhe dizendo algo sobre a habilidade do espaço de fazer as vendas renderem. Novamente, compare-se aos concorrentes de varejo da mesma categoria. Os outros já passaram por essas guerras. Eles sabem o que podem pagar para gerar o tráfego de pedestres de que precisam. Se os custos de ocupação estão muito altos, ou suas projeções de receita estão muito baixas ou o aluguel proposto está muito caro. Use seus cálculos para negociar com o dono do imóvel.

Uma revisão exaustiva de suas projeções em relação às médias das categorias e ao senso comum deve lhe dar a confiança de que são honestas e defensíveis. Quanto mais seus indicadores estiverem alinhados com os números já estabelecidos em sua categoria, mais precisas estarão suas projeções. O mesmo tipo de análise deve ser feito regularmente nas lojas existentes para determinar como otimizar as operações. Um de nossos clientes tinha margens brutas de 50%, mas sua receita líquida era muito baixa, e não havia razões óbvias para isso. Em nossas análises, descobrimos que o varejista tinha classificado certas despesas como um fabricante faria, não como um varejista. Ajustado isso, descobriu-se que os custos eram muito altos como percentagem de vendas e as margens brutas, na verdade, aproximavam-se de 42%. A partir daí, pudemos examinar melhor os custos de produtos vendidos. Quando análises posteriores mostraram que esses custos estavam certos, pudemos partir para a análise de outros gastos. Ao realizar essa avaliação, vimos que o problema real era que as lojas precisavam gerar mais renda em vez de somente cortar gastos. Mas até esclarecer a questão dos custos, não conseguimos trabalhar com sucesso no resto do problema.

Outro aspecto da análise envolve o *timing*. A sazonalidade pode habilitar ou não uma loja a gerar fluxo de caixa suficiente para sobreviver nos primeiros anos. Já vi muitas lojas de esqui/*snowboards* abrirem em julho e fecharem antes mesmo das primeiras quedas de neve. Para alcançar suas projeções financeiras, você deve abrir as lojas quando sua categoria estiver saindo da baixa temporada, evitando, assim, os dois ou três piores meses de vendas durante seu primeiro ciclo. Independente de outras questões, abra antes do início da alta temporada para conseguir as melhores vendas e estabelecer a marca, impulsionando as vendas do próximo ano. A geografia e o clima determinam muito do tráfego para o varejo. As áreas de *resorts* têm temporadas de turistas bem estabelecidas, às vezes até duas. Nas áreas urbanas com invernos muito frios, o verão é a melhor época para restaurantes casuais e de rápido atendimento, e ainda outros conceitos de varejo que se beneficiam do tráfego de pedestres. Centros comerciais e restaurantes finos, de outra forma, mostram menos sazonalidade. Ambos presumem que as pessoas ficarão na parte de dentro. A primavera e o verão são as estações mais altas para os conceitos de automóveis. Quanto mais um conceito depende que as pessoas fiquem do "lado de fora", mais tem de enfrentar a sazonalidade. As temporadas altas e baixas geralmente são óbvias. A época do Natal é boa para produtos que servem como presentes. Os cartões comemorativos vendem bem do dia de Ação de Graças ao Dia dos Namorados. Equipamentos de jardinagem são mais vendidos no início da primavera. Ovos de chocolate vendem na Páscoa, e assim por diante. Em nível nacional, você pode pesquisar relatórios anuais de conceitos comparáveis para ver quais períodos têm as vendas mais altas e as mais baixas. Usando esses dados como base, você deverá se ajustar aos padrões de sazonalidade de seu negócio.

As análises dos *pro formas* de cadeias existentes suscitam três questões:

1. Aluguel. Sob a pressão de crescer, é difícil ser um negociador duro e manter os custos de ocupação baixos. Também, a maioria dos conceitos se expande primeiro para os mercados maiores, onde a competição e os aluguéis são mais altos. Além disso, todas as redes, incluindo as melhores, têm algumas locações de baixo desempenho que falham em render a receita, fazendo com que o custo relativo do aluguel seja alto. Nos últimos anos, a Gap fechou 85 lojas de baixa performance; a Kroger tinha 74 lojas de baixo desempenho e fechou 44; e o McDonald's fechou aproximadamente 650 lojas.
2. Custos. É difícil para os novos conceitos repetirem seu sucesso quando saem do mercado de origem. A maioria dos varejistas precisa de tempo para tornar seus sistemas operacionais perfeitos. Como resultado, a mão-de-obra como um percentual das vendas aumenta. Além disso, o dinheiro sempre pode ser economizado em gastos operacionais, seja em contas de água e luz ou no uso excessivo de máquinas copiadoras.
3. *Mix* de produtos. É raro haver um modelo para chegar a um *mix* de produtos que irá gerar as margens brutas necessárias para o sucesso. A maioria das empresas sabe como controlar os custos, mas nem sempre vê o potencial de gerar mais receita trocando a linha de produtos. Os varejistas precisam estar atentos à exclusividade de cada mercado e à necessidade de ajustar o *mix* de produtos às demandas locais.

Depois que você construir um *pro forma* acurado, os números guiarão as decisões operacionais. Conforme o detalhamento, você poderá identificar de 5 a 15 itens que servem como indicadores para cada equipe organizacional. Todos em sua companhia devem entender seus objetivos para cada linha do *pro forma* e suas funções na consecução dos objetivos corporativos financeiros. Se você está tentando atingir 7.411 dólares por metro quadrado em uma loja de 135 metros quadrados para obter 1 milhão de dólares de renda bruta, e seu *pro forma* mostra que a mão-de-obra custará 30% do faturamento, então o diretor de operações deverá descobrir como contratar e agendar os funcionários de forma que a mão-de-obra não exceda 300 mil dólares. Se os custos de operação estão orçados em 8%, o gestor de imóveis precisará manter os aluguéis em 80 mil dólares ou menos. Se o *marketing* for de 5%, o diretor de *marketing* precisará mostrar eficiência com a publicidade nas lojas e com as promoções não gastando mais do que 50 mil dólares. É fácil ter pessoas para cumprir suas tarefas, mas o mais importante é que elas façam isso dentro do orçamento. Estar fora do orçamento em cada área, ainda que seja numa pequena percentagem, pode destruir a rentabilidade de um negócio. Da mesma forma, estar abaixo do orçamento em várias áreas aumenta o lucro diretamente.

Tudo importa na hora de obter os números.

11 Fontes para a expansão

Tenho um amigo chamado Danny Piecora. Ele e sua família têm duas pizzarias italianas na área de Seattle, Washington. Certa vez, disse a ele:

"Este é um grande conceito. Nós poderíamos fazê-lo estourar".

"Por que eu ia querer isso?", ele me perguntou.

Danny ganha bem. Ele não tem vontade de se tornar um "grande jogador". Não quer lidar com a dor de cabeça e o desgaste emocional do envolvimento em uma grande expansão corporativa. Prefere curtir sua vida, sua família. Recentemente, comprou o imóvel embaixo de sua loja. Ele não quer nem precisa de uma terceira ou quarta loja, muito menos de uma trigésima ou quadragésima. Danny é um cara esperto. Ele se conhece e sabe o que quer.

Outra pessoa talvez compreenda que jamais conseguiria gerenciar um conceito de uma grande empresa com milhares de empregados, mas que poderia muito bem lidar com um conceito simples – talvez uma variação da idéia de rodízio de pizzas – e adaptá-lo a uma franquia de 50 milhões de dólares. Há quem se conheça o suficiente para saber que estaria mais feliz com uma única loja de sanduíches no Texas ou no máximo algumas franquias. "Ser verdadeiro consigo mesmo", este é o primeiro passo.

Dado que as receitas e as margens brutas tendem a ser mais baixas para novos varejistas, é preciso primeiramente procurar se expandir de maneira segura, sem o custo e os riscos de novas lojas. Ter uma "fonte secreta", uma fonte de renda independente das operações de varejo, é um dos truques. Uma das vantagens estratégicas da Starbucks era ter a conta de atacado da Costco para o café em grão. A Top Pot Doughnuts, que tem duas lojas em Seattle, usava sua capacidade excedente de produção para fornecer *donuts* aos outros restaurantes e lojas de *fast-food* da área. Outras abordagens, porém, são menos óbvias. Danny, por exemplo, vende pizzas na Bumbershoot, uma grande feira de rua de Seattle, e na Puyallup Fair, a maior feira da região do estado de Washington. Esse tipo de venda pode criar um incremento substancial ao negócio nas lojas. Existem pessoas que vendem 10 mil dólares em pipoca numa única semana de feira. Danny também poderia vender seu molho de pizza especial na loja. Alguns restaurantes têm prateleiras com itens à venda; outros constróem uma pequena loja de varejo ao lado. Danny poderia vender seu molho ou suas pizzas pré-prontas congeladas em algum bom mercado da área, tornando-se a alternativa local preferida ao Tony's Pizza.

Pense também em "educação". Qualquer pessoa, desde um artista que trabalha com cerâmicas até um famoso *chef*, pode dar cursos educacionais como um negócio extra e um modo de criar lealdade à marca. Tais atividades podem variar de demonstrações para atrair consumidores à loja, a aulas completas para aumentar a renda. Um vidreiro fez um acordo com a universidade estadual para que os estudantes recebessem créditos por assistir a suas aulas. Lojas femininas podem oferecer desfiles, clínica de maquiagem e provas para roupas íntimas. Lojas de esporte podem fazer seminários de segurança sobre diferentes esportes, de montanhismo a *snowmobiling*.

Utilizar a Internet para vendas adicionais é outra maneira de gerar mais renda. Atualmente existem pouquíssimos varejistas "puros". Muitas empresas que utilizam catálogos para vendas se mudaram para a Internet, e outras tantas estão abrindo pontos-de-venda de varejo, incluindo a respeitável Lands' End, que hoje faz parte da Sears. As empresas de varejo usam a Web como qualquer outro canal de venda ou distribuição. Existem lojas de bicicletas que começaram *online* e depois abriram uma loja física. A Internet não favorece os grandes e estabelecidos conceitos contra os empreendedores. A vantagem pertence à empresa que tiver a melhor imaginação. Integração de todos os canais de *marketing* é o nome do jogo.

A Sticky Fingers Ribhouse, uma pequena rede de churrascarias no sul, começou a ampliar seus restaurantes com serviços de entrega e um negócio atacadista envolvendo seus molhos *barbecue*. Agora, os molhos estão disponíveis em mais de duas mil mercearias e na Internet a companhia oferece entrega de produtos que vão desde costelas congeladas até torta de nozes e camisetas. O atacado e os pedidos por correio atualmente representam apenas uma pequena parte das vendas gerais da cadeia, mas o negócio atacadista está crescendo 40% ao ano e a entrega por correio dobrou desde que começou, em 2002. Além de aumentar a receita, os dois negócios à parte são excelentes veículos para o conhecimento e a exposição da marca em mercados onde a Sticky Fingers não tem restaurantes. Como a Starbucks descobriu, o negócio de pedidos por correio ajuda a apontar possíveis áreas para novas lojas físicas.

Um pouco de imaginação é necessário tanto no mundo real como no digital. No noroeste americano, muitas fazendas estão falindo. Uma delas, a Remlinger's Farm, decidiu diversificar seus produtos. Os donos construíram abrigos para piqueniques e designaram áreas que podem ser alugadas para encontros e reuniões. Eles construíram também um pequeno parque de diversões, um zoológico e organizaram eventos para crianças. Criaram serviços de alimentação. Converteram uma casa em um supermercado caseiro, onde vendem produtos frescos, frutas, tortas congeladas, queijos, vinhos, etc. Todos com marca, claro. A lição? O varejo funciona em muitas dimensões. Mesmo a menor operação pode pensar em integração vertical. Um fazendeiro não precisa se limitar a plantar milho. Da mesma forma, um dono de pizzaria não precisa se limitar a fazer pizzas.

Esse tipo de abordagem para a expansão, no entanto, não está isenta de preocupações. Você talvez encontre conflitos de canais entre diferentes empresas que revendem seu produto, ou talvez veja suas vendas caírem sem saber os seus concorrentes estão pagando por melhores posições nos corredores de uma loja. A forma de lidar com os retornos pode criar um problema de logística. Uma questão relacionada é que a falta de uma listagem do estoque talvez torne difícil para os consumidores encontrar o produto certo, ainda mais se ele vem em diferentes tamanhos e cores. Ter certeza de que os revendedores são bem treinados é tão difícil quanto ter certeza de que a marca é apresentada e posicionada de maneira adequada. Na verdade, muitas das questões envolvendo o uso de outros varejistas para vender seu produto são as mesmas encontradas pelos operadores de franquias e licenciamento, abordagens que serão descritas detalhadamente nas próximas seções. Reflexão e planejamento adequado são pressupostos para fazer com que esse modo de expansão tenha sucesso.

EXPANDINDO DE FORMA TRADICIONAL

Se você tem personalidade, vontade e um conceito, um dia irá querer expandir de forma tradicional: abrindo mais lojas. Antes, porém, pense muito sobre cada particularidade. Alguns conceitos têm potencial de expansão limitado. Um restaurante fino com um grande *chef*, uma pequena firma de *design* de interiores, uma livraria com um proprietário erudito – qualquer operação de varejo que dependa primariamente das habilidades do dono/operador é limitada a duas ou três lojas que este indivíduo poderá gerenciar. Lojas de surfe, esqui, camisetas, uniformes, aluguel de equipamentos, agências de viagens – existe uma classe inteira de conceitos de "turismo" ou esportes radicais que tem sucesso perto de locais turísticos ou centros recreacionais. Sua viabilidade diminui à medida que se afastam da atração. Se o local, ou mesmo a pessoa que está preparando o produto, é o mais importante, então o conceito tem capacidade limitada de expansão. (Uma loja de praia, um restaurante, ou negócios similares podem se expandir, é claro, ao longo da costa para se tornar uma rede regional local, assim como um conceito de esqui em uma região de montanhas.) Uma característica importante do varejo é que normalmente o produto é o principal. Se ele é o protagonista, o conceito tem um grande potencial de expansão.

A maioria dos varejistas deseja expandir, mas muitos o fazem por fazer. Eles têm uma loja de sucesso e imaginam que podem gerenciar outra, então expandem. Porém, você precisa ser muito cauteloso ao definir as hipóteses sobre o sucesso que poderá ter em uma nova cidade ou bairro. É muito mais difícil desenvolver uma clientela, um controle de custos e maximizar a eficiência em um território não familiar. Compreender cada área de comércio é um pré-requisito para o sucesso. Assim como entender suas vantagens e limitações operacionais relativas ao local onde você planeja expandir seu negócio.

Alguns passos iniciais podem amenizar o caminho à expansão. Um deles é estabelecer uma rede de corretores para garantir a rápida aquisição de lugares (ou mesmo a transferência, para o caso de uma rede já existente). No início, corretores locais fazem esse trabalho. À medida que você se expande, corretores nacionais e regionais precisam ser envolvidos. Também, desde cedo é necessário desenvolver relacionamentos com grandes gerentes de centros comerciais, aqueles que possuem muitos centros, alguns dos quais em locais mais desejados. Os maiores nos Estados Unidos são: Simon Property Group, Taubman

Company, Westfield Group e Rouse Company/General Growth Properties. Outros varejistas de rápido crescimento podem dar acesso a propriedades ociosas, termos únicos de sublocação, ou propriedades que podem ser co-desenvolvidas. Lojas do tipo Big Box e outros comerciantes de massa também procuram por marcas complementares para aumentar suas ofertas. Mesmo se essa relação não resultar em uma aliança estratégica formal, as parcerias informais podem abrir espaço em locais atrativos. Por fim, identifique e contrate uma firma de *design* externa, pesquisadores de lugares, engenheiros, e outros para acelerar o planejamento e o processo de permissão para novas localizações acontecer. À medida que sua organização crescer, você precisará começar a estabelecer relacionamentos com técnicos de serviços e com empresas que forneçam gestão de instalações.

Para contextualizar a expansão, alguns elementos devem ser considerados. Duas ou três lojas dão um bom retorno para quem não está planejando expandir. Se o seu plano é a expansão, você e seu sócio(s) ganharão menos, já que a receita será utilizada para o crescimento. Geralmente, três lojas de sucesso definem o estágio para a expansão. Três lojas lhe dão uma sólida experiência, e a receita líquida deve ser suficiente para pagar a próxima loja. Entre 12 e 15%, a receita líquida anual de três lojas é aproximadamente o custo de capital adicional de uma nova loja. Você se moverá um pouco mais devagar se todo o capital para seu investimento sair do fluxo de caixa, e um pouco mais rápido se esse capital estiver associado a um empréstimo ou investimento adicional. Nesse ponto, você ainda está aprendendo a caminhar, por isso não há pressa.

Tanto do ponto de vista financeiro quanto de gestão, uma operação tradicional pode abrir uma loja por ano. A partir de seis lojas você pode subir um degrau, contratando gerentes seniores e alavancando o *marketing* e as operações, especialmente se as lojas são agrupadas. Essa também é a hora em que você precisa começar a levar a infra-estrutura a sério. A Oakley, que faz óculos-de-sol, roupas para esportes e acessórios, era uma atacadista em seus primeiros 20 anos de atividade. A companhia abriu lojas de ponta de estoque para testar o conceito no varejo. Na sexta loja, a Oakley achou que podia ser bem-sucedida. Ela também já tinha atingido o limite de pedir, implorar e pegar emprestado empregados e gerentes do atacado para usar no varejo. A empresa reuniu a equipe e os sistemas necessários para ir além com suas lojas.

A partir da décima loja, você começa a sentir que tem uma empresa de verdade. E provavelmente poderá abrir duas ou mais lojas por ano. Na vigésima quinta, poderá subir outro degrau importante. Com maior poder de compra, poderá contratar mais especialistas e abrir lojas cada vez mais rápido. Nesse ponto, a velocidade do planejamento estratégico é proporcional às equipes e aos sistemas que você colocou em funcionamento e à estratégia de imóveis que desenvolveu, particularmente se está expandindo fora de sua região. A Potbelly, por exemplo, foi de 25 para 50 lojas e deverá exceder 80 lojas em três anos. A Oakley expandiu de 15 para mais de 30 lojas em um ano e deve continuar abrindo 15 lojas por ano durante algum tempo, uma grande taxa de expansão. A Chico's, com mais de 550 lojas, tem ampliado sua rede em 90 lojas por ano.

O número de lojas também se relaciona aos investidores potenciais. Se você tem pouco menos de 20 lojas, capitalistas de risco talvez se interessem pelo seu conceito. Com mais de 30, banqueiros investidores estarão interessados. Quando tiver mais de 50 lojas, Wall Street estará definitivamente batendo à sua porta para analisar a oportunidade de uma possível oferta pública. De 75 a 100 lojas, você terá provado que tem os funcionários e os sistemas para se tornar uma grande cadeia nacional. Muitos empreendedores tornam suas companhias públicas o mais cedo possível, geralmente "encorajados" por seus capitalistas de risco, para obter capital adicional a fim de continuar crescendo e permitir aos primeiros jogadores a retirada de seu dinheiro, normalmente como parte de uma planejada "estratégia de saída". Tornar-se público, porém, tem suas próprias pressões, sendo a maior delas gerar relatórios trimestrais, que podem promover o pensamento a curto prazo. Uma oferta pública inicial não é um passo a ser tomado superficialmente.

Uma vez iniciado o processo de expansão, você pode usar o modelo econômico para dizer à sua equipe de desenvolvimento de imóveis quantas lojas precisa abrir por ano para manter a projeção de vendas da rede. Da mesma forma, as restrições físicas de encontrar as localizações certas e de gastar seis meses para locar, executar o aluguel e construir cada loja colocam um limite superior no crescimento projetado. Com 1 milhão de dólares em vendas, cada loja lucra 150 mil por ano, e a receita líquida semanal por loja é de 2.885 dólares. É um cálculo simples do número de lojas novas abertas para tantas semanas de cada ano para determinar a nova renda projetada, menos, é claro, o custo de construção e do estoque. Tais números tornam-se a base para um ciclo de planejamento de três anos.

PREPARANDO PARA EXPANDIR: IDENTIFICANDO AS DIFERENTES FORMAS

A expansão pode ocorrer de diferentes formas. Esta seção irá descrevê-las, apontando pontos fortes e fracos.

FRANQUIAS

É a maneira mais rápida de se expandir e a menos arriscada, financeiramente. Fornece o maior lucro para o menor investimento de capital, mas também retorna uma receita geral e um valor real menor do que se poderia obter com lojas próprias. Com a rápida expansão surgem as dificuldades de se criar uma estrutura de gestão nacional e gerenciar a complexidade de uma distribuição nacional logo cedo na vida da organização. A chave para o sucesso é um simples conceito com ótimos sistemas operacionais apoiados por excelentes manuais de operação e treinamento. As franquias requerem bons investimentos para identificar as pessoas que melhor se encaixam como donas de franquias e achar a localização certa para apoiar o conceito. O controle de qualidade é o maior problema, e a proteção da marca é a maior preocupação. Lembre-se da pobre sorveteria do Capítulo 1, "Sobre seus valores". Outras dores de cabeça vão de fracassos de franquias processos contra os donos.

Para os donos de franquias, o valor vem na habilidade de comprar uma marca estabelecida por uma fração do custo necessário para a criação de um novo conceito. Da mesma forma, varejistas pequenos que sentem não poder competir com marcas nacionais podem usar a estratégia de se juntar a elas. É difícil para uma sorveteria local competir com uma marca de alta qualidade nacional como a Cold Stone Creamery, por exemplo. As taxas de franquias podem variar de 10 mil a 50 dólares por loja. Dado que o padrão de *design* e construção já estão estabelecidos, o custo inicial total, incluindo a construção, chega apenas à metade do de um novo conceito – menos de 250 mil dólares em alguns restaurantes *fast-food*. A loja geralmente inclui tudo o que é preciso para começar, de caixas registradoras a sistemas de computador. O franqueado se beneficia da propaganda, do poder de compra e do sistema de distribuição da rede nacional. Em troca, ele paga *royalties* de 4 a 8% e uma taxa de *marketing* que varia de 3 a 5%. Seu custo anual, assim, fica entre 8 a 15% da sua renda.

Para os franqueados, o maior risco é que a rede nacional aloque outra franquia perto da sua, o que diminuiria suas vendas (alguns franqueados evitam o problema comprando um território de franquia, geralmente um mercado bem maior em uma área particular). Os franqueados também são limitados aos produtos fornecidos pela empresa. Uma franquia de restaurante *fast-food*, por exemplo, não pode oferecer *nachos* no menu nem fazer qualquer outro tipo de sanduíche que seus consumidores locais gostariam. Outras regras feitas para reforçar a consistência geralmente atrapalham o franqueado. Um dono de franquia reclamou que não podia deixar visível a programação da sua equipe ou outros anúncios da escola local porque os únicos sinais permitidos eram os do logotipo da franquia. Outros problemas podem ser bem mais sérios. Uma franquia nacional pode não desenvolver novas linhas de produto, ou fazer um trabalho de *marketing* ruim, ou até mesmo responder a dificuldades financeiras aumentando o custo dos produtos ou dos equipamentos, diminuindo a receita da franquia. Uma loja individual pode ir muito bem, enquanto uma franquia nacional pode falir.

Dito isso, muitas das redes de sucesso, particularmente no ramo alimentício, são construídas no modelo de franquia. A velocidade de expansão de mercado e o controle com qualidade e consistência são fundamentais para o sucesso.

LICENCIAMENTO

O licenciamento é uma variação do processo de franquias. Ele fornece uma licença para uso específico de alguma coisa – o nome de um produto ou de uma empresa, a fórmula, o próprio produto ou alguma combinação desses fatores. O licenciador geralmente não tem responsabilidade de apoiar o licenciado nem controlar as operações deste, como acontece no processo de franquias. Conseqüentemente, os custos do licenciado costumam ser menores do que os de um franqueado, mas o licenciado não recebe apoio operacional e nenhum suporte direto de *marketing*. De um ponto de vista prático, o licenciamento para a maioria dos varejistas se aplica apenas em casos muito específicos. Quando a Starbucks quer acessar o espaço controlado por outra empresa – em um aeroporto, mercearia ou livraria, por exemplo – ela licencia seu nome ou sua linha de produtos para outros vendedores ou operadores. A Starbucks fornece consultoria no *design*, disponibiliza o produto e capacita o pessoal, mas não tem poder formal nas operações, podendo apenas tentar garantir que o licenciado execute os padrões (por exemplo, fazendo um *cappuccino* de maneira adequada). Pela lei dos Estados Unidos, uma licença imprecisa pode virar uma definição de franquia. Um especialista em leis é necessário para qualquer oportunidade potencial de licenciamento.

PREPARANDO PARA EXPANDIR: LOJAS PRÓPRIAS

As lojas próprias são a escolha mais cara para expansão e geralmente a forma mais lenta de expandir. Entretanto, elas são minha maneira preferida de crescimento. Minha maior preocupação é proteger a marca. Lojas próprias possibilitam ao varejista uma maior capacidade de controlar a qualidade do produto, a apresentação, os empregados e a marca. Para uma marca que procura diferenciação, essa é a melhor abordagem. As lojas próprias também fornecem o maior retorno sobre o investimento. Considere uma empresa que cobra uma taxa 25 mil dólares por uma franquia e uma única loja gera 1 milhão em receita, da qual o franqueador recebe 5%. Depois de 10 anos, cada loja retornará ao franqueador cerca de 525 mil dólares (50 mil dólares por ano mais a taxa inicial). Uma loja própria lucrando 15% de 1 milhão de vendas renderá 1,5 milhão em 10 anos. O varejista terá gasto 400 mil dólares na construção (receita anual dividida por 2,5) e terá também os custos de depreciação. Mesmo assim, uma loja própria com 1 milhão de renda anual facilmente retornará de 200 a 250 mil dólares mais do que uma franquia no período de 10 anos. Se você tem 10 lojas, isso representa 2,5 milhões de dólares. Além disso, uma avaliação padrão da Wall Street de lojas de varejo é de 24 vezes os rendimentos. (Por comparação, o índice preço-lucro da Starbucks é 50, no momento da edição deste livro). Se cada loja lucra 15% e a cadeia como um todo lucra 10%, então uma rede própria com 10 lojas tem rendimentos de 10 milhões e uma avaliação de 240 milhões, muito mais do que os valores para uma franquia do mesmo tamanho.

Outra maneira de avaliar a expansão é usar a receita líquida da empresa desde o início para saber se vale mais a pena utilizar a política de franquias ou construir lojas próprias. Seu conceito talvez não gere uma taxa de retorno muito alta, mas ainda assim pode ser lucrativo.

O franqueamento talvez seja a melhor abordagem para conceitos com baixo retorno de investimento. Porém, os melhores conceitos são os mais bem-sucedidos financeiramente. Eles levam mais tempo, mas lojas próprias rendem mais receita e ativos para a empresa. Se é para ter todo esse trabalho, que ele renda seus frutos. Mesmo que você não queira expandir para todo o país, uma boa rede de lojas próprias local pode ser pessoalmente recompensadora e ter sucesso financeiro. Você pode pagar 25 mil dólares e 5% de sua renda, ou pode construir uma grande cadeia por si próprio – assumindo que saberá competir.

EXPANDINDO POR OUTROS MEIOS

As redes podem expandir usando outros métodos que não lojas próprias ou franquias. Uma rede de restaurantes chineses, P.F. Chang's Bistro, tem uma abordagem dupla para a expansão. Para cada restaurante P.F. Chang em uma área, a cadeia planeja a construção de muitos restaurantes asiáticos menores chamados Pei Wei, mais perto dos lares e locais de trabalho dos clientes. As vendas dos dois conceitos reforçam um ao outro. Brilhante! Vale a pena reparar nos benefícios que a P.F. Chang tem da sua relação com a firma de investimento de risco Trinity Venture. A Trinity envolveu-se na expansão da Jamba Juice e da Starbucks. Essa experiência foi tão valiosa para a P.F. Chang quanto os investimentos da Trinity para apoiar a expansão.

O que segue é um resumo de outras abordagens para expansão.

GESTÃO DE ÁREAS PRÓPRIAS

Consideremos duas abordagens, de um ponto de vista de franquia e de uma loja própria, e tentemos combinar o melhor de ambas. A primeira utiliza o conceito de um grande licenciador de franquias que possui licenças para uma área inteira e as sublicencia para outras pessoas. A Quiznos utiliza esse método. A segunda abordagem designa a um operador de uma empresa própria em uma região um novo território. O indivíduo fiscaliza todas as lojas na nova região. Em troca, recebe, por exemplo, 10% do negócio. Como é dono de uma parte, o operador tem um vasto interesse no sucesso de todas as lojas. A Outback tem usado essa abordagem com sucesso. Ambas as abordagens procuram fazer com que um supervisor regional exerça mais de um cargo no empreendimento. Geralmente, a estratégia de saída para um licenciado é vender a região de volta para a empresa-mãe com ganhos múltiplos definidos assim que ele tiver construído seu território. Essa venda pressupõe, é claro, que o conceito resista aos anos e que a empresa-mãe esteja solidificada e queira comprar de volta a região.

AQUISIÇÃO

Às vezes, um empreendedor compra uma marca e mantém o nome com a idéia de fazê-la crescer, como Bryant Keil fez com a Potbelly. Da mesma forma, empreendedores podem comprar uma cadeia existente com o objetivo de revigorá-la, como os novos donos da Eckerd Drugs almejam fazer. Outras vezes, uma grande rede compra uma pequena cadeia em uma categoria relacionada para diversificar seu negócio, maximizar os conhecimentos operacionais e aumentar os lucros. Freqüentemente, a cadeia maior gerencia mal a cadeia pequena e ambas sofrem. Alguns anos atrás, o McDonald's comprou conceitos de comida mexicana, pizza e produtos feitos com galinha, mas a aquisição fez a empresa perder seu foco central. Para revitalizar o negócio de hambúrgueres, o McDonald's começou a vender a maioria desses outros negócios.

Em geral, a aquisição ocorre para reforçar uma marca, possibilitando ao varejista presença instantânea e credibilidade no mercado. Além disso, pode ser uma maneira cara ou barata de obter um bom imóvel, assim como uma presença de marca. No entanto, tais compras podem causar problemas financeiros e de gestão. É indispensável determinar por que a outra rede pode ser adquirida. Em muitos casos, a empresa adquirida enfrenta dificuldades. Não caia no erro de pensar que o seu conceito é tão bom que pode ser bem-sucedido onde outros não foram. Talvez a rede possua um modelo econômico fraco, localizações ruins ou aluguéis altos.

Como empreendedor, você não pode esquecer que existem ainda gastos legais e administrativos, mas os maiores custos potenciais talvez estejam na visão e no espírito dos empregados que você herdará. Uma saída em massa de funcionários pode elevar os custos de treinamento. Empregados insatisfeitos podem resultar em serviços ruins e perdas de negócios, particularmente para uma marca com lealdade dos consumidores, os quais identificam no comportamento dos empregados sinais para saber se devem ou não continuar freqüentando o estabelecimento. Uma das tarefas mais difíceis da aquisição é converter uma loja em outra. A melhor forma é fazer isso o mais rápido possível. Quanto mais você esperar, maior incerteza existirá entre os empregados, e mais críticas à nova gestão serão feitas pelos antigos funcionários.

Um apoio rápido e positivo dos funcionários pode facilitar essa transição. Quando a Starbucks comprou a The Coffee Connection em Boston, alguns empregados saíram, recusando-se a trabalhar para uma rede de fora da cidade. Outros tomaram uma atitude de "esperar para ver". Nós imediatamente colocamos uma equipe em cada loja para ajudar na transição e explicar nossos planos. Quando os empregados perceberam que receberiam um melhor treinamento, pagamento, cobertura médica e opção de compra de ações, mudaram sua idéia de que aquilo era apenas uma vitória de um concorrente.

Uma aquisição deve incluir benefícios "escondidos". A The Coffee Connection aprendeu que as pessoas do nordeste americano preferem um café mais suave do que aquele que a Starbucks vendia, e o conhecimento dessa demanda imediata de mercado acelerou nossa decisão de fornecer uma variedade maior de misturas de café. Os grãos mais leves tiveram sucesso mais tarde na costa leste e no meio-oeste. A The Coffee Connection também oferecia café gelado. A receita não era muito boa, pois era feita por uma máquina ruim que misturava cinco itens diferentes – mas a bebida vendia bem. Esse foi um fato que notamos em nosso planejamento na fase de definição da aquisição. Comprar a The Coffee Connection acelerou nossas pesquisas e desenvolvimento de bebidas com gelo misturado. A fórmula que desenvolvemos era consideravelmente diferente, mas a The Coffee Connection forneceu o nome perfeito: *Frappuccino*™. Hoje, a categoria dessa bebida representa uma boa percentagem das vendas da Starbucks. As aquisições devem representar mais do que simplesmente adicionar lojas ou aumentar a receita de sua empresa. Elas também devem tornar sua empresa mais esperta e ampliar as ferramentas do seu *kit* de *marketing* da marca.

JOINT VENTURES (EMPREENDIMENTOS CONJUNTOS)

Como complemento às lojas próprias, as *joint ventures* representam uma maneira interessante de estender a marca. Elas permitem a expansão pela metade do custo e do risco, embora problemas potenciais existam em um conceito que tenta servir a dois donos. Uma *joint venture* precisa ter um negócio atraente ou uma razão social, uma oportunidade de lançar sua marca muito além de onde você conseguiria de outras maneiras.

Por muitos anos acreditei que as maiores oportunidades de vendas estavam nos centros decadentes das cidades americanas, onde há grande densidade populacional e todos conhecem as grandes marcas. Poucos varejistas se aventuram neles, apesar do sucesso obtido pelas empresas que investiram nesses locais. Earvin (Magic) Johnson, a antiga estrela do time de basquete Los Angeles Lakers, tem sido um catalisador de novos varejistas para os bairros dos centros em decadência. Depois de me encontrar com Ken Lombard, presidente do Johnson Development na época, escrevi uma proposta de uma página para a gerência da Starbucks esquematizando um empreendimento conjunto para abrir lojas em vários desses centros. Havia um ceticismo sobre o sentido financeiro de realizar uma *joint venture* 50-50, mas Magic era um ícone para a comunidade afro-americana e eu sabia que as lojas se sairiam bem o suficiente para justificar o esforço. Magic estava contente pela proposta da Starbucks. Ele identificou a falta de serviço nos bairros onde ia à igreja em Los Angeles. Lá, ele disse, só havia café em lojas de conveniência. "Quero que o pessoal desses bairros tenha acesso aos mesmos bons produtos que você encontra em qualquer outro bairro", declarou.

Quando abrimos a primeira loja em Ladera Heights, mais de 250 pessoas apareceram, incluindo o jogador de basquete Shaquille O'Neal e outras celebridades. Mais uma vez, aprendemos lições operacionais fazendo algo diferente. Magic recomendou que oferecêssemos mais produtos doces, mais xaropes e alimentos à base de pão com as bebidas de café para esse mercado. Atendemos seu conselho, e as lojas foram bem o suficiente para justificar as razões da *joint venture*. Se você realizar parcerias como essa, não se satisfaça com um único projeto. Busque relações simbióticas que conduzam a múltiplas lojas. Isso tem mais impacto nas comunidades e proporciona uma base de operação mais sólida. Antes de eu deixar a Starbucks, nós abrimos 30 lojas com Magic Johnson (hoje existem mais de 60). Desde que fomos para os centros, a 24-Hour Fitness e a Washington Mutual também fizeram acordos cooperativos com a empresa de desenvolvimento de Magic Johnson em Los Angeles.

EXPANSÃO ATACADISTA/VAREJISTA

Seja ampliando seu negócio de varejo adicionando canais de atacado, como a Starbucks e a Top Pot Doughnuts fizeram, ou o seu negócio de atacado pela adição de canais de varejo, a exemplo da Oakley e da Nike, um empreendimento pode obter uma fonte econômica a mais a partir de um segundo canal minimizando os conflitos entre os dois. Para um atacadista que se torna varejista, o maior desafio é convencer os clientes do atacado de que uma loja de varejo irá criar uma maior consciência de marca e, assim, trazer mais benefícios para suas lojas. Uma loja de aparelhos de mergulho, por exemplo, talvez venda óculos e mochilas Oakley, mas o consumidor pode não saber que a Oakley também vende esquis, marchas para bicicletas, ou mesmo relógios. Para a Oakley, que permanece famosa por seus óculos-de-sol, ter uma loja que mostre todos seus produtos juntos dá ao consumidor uma visão mais global do que a empresa vende. Aumentando a consciência da linha de produtos, as lojas de varejo ajudam a aumentar os negócios de todo mundo, incluindo os varejistas que compram do atacado e vendem apenas alguns componentes de uma linha. A publicidade da Oakley promove a marca Oakley, em vez de uma loja específica da empresa, de forma que gera negócios para todos os varejistas que trabalham com seus produtos, e não apenas para as lojas próprias. O objetivo de *marketing* da empresa não é competir com o negócio de bicicletas locais ou qualquer outro parceiro, mas aumentar o número de fãs da Oakley.

REGULANDO A ENGRENAGEM DO SUCESSO

Se o modelo econômico é o motor do sucesso, o varejista tem de fazer o possível para regulá-lo. Os números têm de ser sólidos e as finanças precisam ser substanciais o bastante para guiar a expansão. Meu método preferido de expansão é a partir de lojas próprias da empresa, por isso me interesso por conceitos de alta qualidade que tendem a ter margens maiores. Outros conceitos talvez prosperem por meio do franqueamento. A maioria das análises financeiras focam o corte de custos, mas aumentar o lucro é igualmente um bom negócio e bem mais divertido. O Capítulo 6, "*Merchandising*: maximizando seus lucros", mostrou maneiras de aumentar a margem bruta e obter mais lucro.

Se a questão mais difícil para um varejista é quando e como abrir a primeira loja, a segunda mais complicada é quando começar a grande expansão. Assumindo que esse é o seu desejo, existe uma maneira pragmática de saber se você está expandindo muito cedo ou tarde demais. Você está expandindo muito cedo quando ainda não atingiu a eficiência e lucro plenos na primeira ou segunda loja, ou seja, quando é possível lucrar ainda mais com elas. Você pode estender seu negócio encontrando novos canais de vendas, introduzindo novas linhas de produtos, ou expandindo para outras regiões. Aqui está outra razão para saber a média da margem bruta e líquida da indústria de sua categoria e como seus concorrentes expandiram seus negócios.

Outra maneira de saber se você está expandindo rápido demais é se seu modelo de serviço entra em colapso. Esse é o indicador claro de problemas com os aspectos qualitativos da expansão. Expansão rápida não é o mesmo que expansão afobada, e cada passo deve ser tomado no contexto de proteção da apresentação da marca e de preservação da autenticidade do conceito. Expanda somente quando você puder manter um controle de qualidade. Tudo que é preciso para um conceito de comida fracassar é ter uma doença alimentícia de nascença resultante de um controle de qualidade ruim. Tudo que é preciso para outros conceitos fracassarem são duas ou três lojas sujas ou baixas vendas resultantes de contratações ruins e de uma gestão de estoque mal feita. Por causa da Internet, experiências ruins, mesmo que ocorridas com poucos consumidores, podem levar a uma imagem negativa generalizada e à irrelevância de seu conceito. Outros sintomas de problemas qualitativos são os mesmos presentes em outros negócios, como alta rotatividade de empregados, queda das vendas e caça-talentos recrutando seu pessoal. Preste atenção a esses sinais de aviso, e ponha um freio na expansão pelo tempo que precisar para fazer as mudanças necessárias.

Embora o desejo de ser o primeiro no mercado force a uma velocidade maior, o mais importante é expandir de forma inteligente. Tenha certeza de que seu conceito realmente criou raízes em seu mercado atual, de que cada loja melhora o posicionamento da marca e não o diminui pela perda de qualidade. Tenha certeza de que sua organização não irá implodir pelo estresse do crescimento acelerado. Não deixe que a idéia de expansão lhe obrigue a agir de forma despreparada. Por exemplo, você tem um ótimo conceito novo – alimentos, roupas, eletrônicos, etc. – e outros começam a copiá-lo. Por razões de negócios, você quer se expandir rapidamente e eliminar os competidores. Porém, se não tiver infra-estrutura, pessoas, processos ou sistemas prontos, estará se antecipando e a expansão provavelmente fracassará. Você também saberá que está se expandindo muito cedo, ou mesmo muito rápido, quando escolher o local errado, ou se acomodar em um local secundário só para abrir seu empreendimento, ou baixar seus padrões de contratação para preencher suas necessidades de pessoal. Do modo oposto, você saberá que não está indo nem muito cedo nem muito rápido quando o modelo econômico estiver funcionando, o sistema operacional estiver indo bem e você estiver pagando por profissionais bem treinados que estão sendo utilizados abaixo de suas capacidades. Nesse momento, *é hora de se mexer!*

Parte III: Seja dono da melhor esquina

Se você não sabe aonde está indo, qualquer caminho irá levá-lo.

– Lewis Carroll

Como crescer rapidamente sem tropeçar

12

Um amigo meu conheceu Sam Walton no início da década de 1970, quando a empresa de Sam – a Wal-Mart – ainda era uma pequena rede regional. Meu amigo perguntou por que ele tinha lojas em Bentonville e Berryville, duas cidades do Arkansas com poucos milhares de habitantes, e nenhuma loja em Little Rock, a capital e maior cidade do estado.

"Quantas capitais o Arkansas tem?", Sam perguntou.

"Uma", disse meu amigo.

"Quantos municípios o Arkansas tem?", Sam perguntou.

"Setenta e cinco".

"Se tivesse que escolher entre abrir uma loja em Little Rock, e competir com a Sears, a JCPenney's e a Montgomery Ward, ou abrir 75 lojas nos municípios, sem nenhuma concorrência, o que você decidiria?

"Você realmente acha que isso vai funcionar?", perguntou meu amigo. Naquela época, a Wal-Mart tinha poucas dezenas de lojas em cidades rurais do Arkansas e de Oklahoma.

Sam disse que a Wal-Mart planejava abrir mais 18 lojas no trimestre seguinte.

Sem saber se tinha ouvido corretamente, meu amigo perguntou: "Você quer dizer 18 no *próximo ano*?".

"Não, senhor. Dezoito no próximo *trimestre*. E mais 18 no trimestre seguinte. E mais 18 depois. E…" Sam reclinou-se na cadeira, acenou para um mapa dos Estados Unidos e sorriu.

Vinte anos depois, a Wal-Mart redefiniu o varejo de mercadorias gerais e Sam tornou-se um dos homens mais ricos do mundo. Sua história prova que um conceito não precisa apelar para cidades grandes, bem localizadas e ricas para obter sucesso. O público-alvo da loja de música Sam Goody, por exemplo, é composto por adolescentes e crianças de classe média e média baixa. Suas lojas prosperam tanto em mercados pequenos como em grandes, desde que a área tenha uma forte concentração do seu público-alvo. O maior mercado da Omaha Steaks, um dos principais comerciantes de carne bovina, frango e peixe nos Estados Unidos, são as famílias suburbanas, e suas lojas geralmente prosperam com maior facilidade em *shopping centers* perto de grandes supermercados. Tudo depende do conceito. Antes de qualquer conceito ter sucesso, é preciso saber a localização dos consumidores que apóiam uma *determinada* idéia de varejo.

Para toda história de sucesso há também uma de fracasso. A empresa Pep Boys, uma rede de serviços automotivos, estabeleceu-se em Los Angeles na década de 1930. A rede cresceu em uma cidade de apaixonados por carros, com uma distribuição demográfica peculiar, com consumidores espalhados por toda a área de Los Angeles. Em cada lugar em que abriam uma loja, tinham sucesso. Em meados da década de 1990, a Pep Boys iniciou uma rápida expansão pela costa Oeste, em seguida desistindo e se reagrupando nas redondezas, fechando dúzias de lojas. Seu mercado-alvo é a classe média. Os ricos levam seus carros novos para a assistência técnica nas revendas autorizadas, enquanto os mais pobres não podem pagar pela manutenção com tanta freqüência. O segmento da Pep Boys é uma fatia específica da classe média: pessoas que têm o modelo mais recente, veículos usados e pessoas que gostam de mexer em seus próprios carros. Quando a Pep Boys se expandiu para outras áreas metropolitanas da Costa Oeste, não sabia onde encontrar consumidores com o mesmo perfil que tinham atingido em Los Angeles. Escolheram o mesmo tipo de localização junto a ruas movimentadas que havia funcionado em Los Angeles, mas em outras cidades e estados os consumidores eram mais isolados e concentrados. Na prática, parecia que eles só estavam abrindo muitas lojas em grandes áreas de comércio porque outros varejistas estavam lá, seguindo o instinto em vez de fazer as análises demográficas para identificar onde *seus consumidores* realmente viviam. Pareceu-me que a Pep Boys expandiu-se sem realizar o trabalho de pesquisa adequado para buscar locais perto dos segmentos populacionais definidos como público-alvo, onde suas lojas teriam o lucro máximo. A falta de disciplina foi o principal problema da empresa.

O mercado-alvo da Starbucks são profissionais de cidades grandes, indivíduos com alta renda e idade entre 18 e 45 anos. As lojas precisam estar onde esses profissionais vivem ou trabalham. A Starbucks estabeleceu pontos iniciais em inúmeras grandes cidades norte-americanas, tendo como alvo as grandes populações urbanas nas zonas de maior concentração das comunidades-berço dessas áreas. Em centenas de outras cidades em perspectiva, e em suas respectivas áreas de comércio, precisávamos saber: qual o próximo local para irmos? Como podemos encontrar nossos consumidores com mais eficiência?

Assim, criamos um banco de dados de mercados potenciais, usando a grande população de alta renda como um critério principal. O resultado gerou uma lista das maiores Areas Metropolitanas do país (MSA*), ordenadas pelo tamanho da população. Uma MSA é uma área com um grande centro urbano cercado de outras comunidades semelhantes social e economicamente. Existem cerca de 140 MSAs nos Estados Unidos, cada qual com pelo menos uma e em geral muitas áreas de comércio, onde a atividade de varejo é concentrada.

No entanto, eu ainda não estava satisfeito com os resultados iniciais e com os *rankings* genéricos das MSAs. Existem outras possibilidades de encontrar o público-alvo – seja para café ou carros – além de começar com a maior cidade e depois ir descendo. Procurávamos qualquer tipo de perfil demográfico ou algum *insight* para ajudar a planejar o nosso desenvolvimento de mercado mais estrategicamente. Depois de analisar bem os dados, pedi à minha equipe que gerasse um relatório com uma estatística adicional: pessoas com 13 anos ou mais de educação. Pessoas com nível universitário em geral são mais abertas a experimentar e falar sobre coisas novas. Elas gostam de impressionar os amigos com seus conhecimentos levando-os a novos restaurantes ou cafeterias e de envolvê-los em novas experiências. As pessoas com educação universitária também tendem a ter renda mais alta, assim como seus amigos, mas a âncora é a educação. Quando

---

* N. de R.: No original, *Metropolitan Statistical Areas*. É a definição oficial da Secretaria de Gestão e Orçamento dos Estados Unidos para municípios próximos que possuem índices sociais e econômicos semelhantes.

organizávamos a questão ordenando as informações pelo nível de educação, os *rankings* mudavam substancialmente. Por exemplo, San Francisco ocupava a 29ª posição no *ranking* da MSA pelos critérios de renda e população, mas ficava em primeiro lugar quando se tratava da educação. O *ranking* de novos mercados também mostrou uma forte correlação nas áreas onde já estávamos estabelecidos e prosperávamos.

Definimos os dois mercados mais importantes, aqueles grandes centros populacionais com a combinação certa de alta renda e alto nível de educação. A experiência naquele ponto havia nos ensinado que um mercado estabelecido suportaria uma loja para cada 25 mil pessoas (desde então, os executivos seniores da Starbucks discutiram a penetração de uma loja para cada 10 mil pessoas). Uma área metropolitana com um milhão de habitantes pode suportar 40 lojas ao mesmo tempo; uma área metropolitana com meio milhão de pessoas pode suportar 20 lojas, e assim por diante. Definimos cada área metropolitana de acordo com o número de lojas potenciais. Um mercado *grande*, como Detroit, tem potencial para 25 lojas ou mais ao todo. Um mercado *bom*, como Calgary ou Salt Lake City, tem potencial para 10 a 25 lojas ao todo. Ambos têm a densidade de lojas necessária para publicidade de massa e outras grandes promoções. Um mercado *pequeno*, como Ottawa ou Reno/Tehoe, tem potencial para menos de 10 lojas. À medida que entrávamos em um novo mercado, o objetivo era abrir no mínimo 10 lojas por ano se fosse um mercado *grande*, pelo menos cinco se fosse *bom*, e no mínimo duas se fosse *pequeno*. Para chamar a atenção do mercado e dar visibilidade à marca, cinco lojas abririam nas primeiras 12 semanas em cada *grande* mercado e três a cada 12 meses em cada mercado *bom*. Uma loja-líder – com alta visibilidade em uma localização influente e em um centro residencial ou comercial importante – devia ser a primeira a abrir. Sempre que possível, tentávamos sincronizar as aberturas. Em um ano, abrimos cinco lojas em Toronto num mesmo dia em junho e mais cinco num mesmo dia em julho.

Tal estratégia nos deu um processo que poderíamos seguir logicamente. Nos concentraríamos nos mercados *grandes* e ocuparíamos as melhores localizações nos *bons*. Deixaríamos os menores para o futuro. Mas por que nos preocupávamos com mercados *pequenos*? A resposta é que não conseguíamos encontrar as localizações certas em número suficiente para abrir todas as lojas planejadas nos mercados maiores. Às vezes, um pequeno mas significativo mercado era localizado entre dois grandes ou próximo a um grande, então a abertura de uma loja nele servia para reforçar nossa presença. Tínhamos recursos financeiros e capacidade operacional para expandir e os mercados pequenos eram a demografia certa. Fizemos a pesquisa necessária e executamos um plano disciplinado de crescimento.

Por ser difícil encontrar rapidamente o imóvel certo em um determinado mercado, o planejamento deve ser flexível. Se seu plano é abrir dez lojas em Chicago, você provavelmente iria em frente mesmo se encontrasse bons lugares para somente seis lojas. Se você encontrasse somente dois ou três locais em Chicago, entretanto, seria aconselhável avaliar um mercado próximo com atributos similares e mais localizações potenciais disponíveis – Detroit, talvez, uma cidade menor que Chicago na mesma região. Uma estratégia seria abrir um número substancial de lojas em Detroit no primeiro ano e usar esse tempo para encontrar propriedades suficientes em Chicago com as quais poderia chamar a atenção da cidade no segundo ano, em vez de abrir cedo uma loja fraca na cidade.

Outros fatores estratégicos podem mudar prioridades. No início da década de 1990, planejamos entrar na Filadélfia, em Baltimore, em Cincinnati e em Pittsburgh. Porém, a região centro-sul dos Estados Unidos foi a última a sair da recessão de imóveis da década anterior. Em uma visita de reconhecimento, ficamos impressionados com o número de localizações excelentes. Para tirar vantagem dos imóveis disponíveis e dos ótimos aluguéis, atrasamos a expansão no nordeste do país por um ano para pular para Dallas, Forth Worth e Houston. Adaptabilidade não significa disseminar a abertura de lojas por todo o território nacional, pelo contrário, envolve uma sensível variação da estratégia definida. Mudando de região, entramos em grandes mercados com localizações de alta qualidade que tínhamos capacidade de operar.

PROGREDINDO DE MANEIRA RÁPIDA PORÉM ORDENADA

Quando completamos o estágio inicial de nosso planejamento estratégico em 1997, estávamos prontos para enfrentar a abertura em 22 novos mercados de 325 lojas. Tínhamos a demografia-alvo que definia nossa base de consumidores, mas ainda havia o trabalho de refinar a ordem de prioridade para os 22 novos mercados-alvo. A premissa para uma metodologia de expansão é simples, ainda que a execução possa se tornar complexa. Em primeiro lugar, você deve "dominar a sua casa" – independente do local onde seu centro de operações estiver instalado. Seu mercado "caseiro" pode ser uma cidade, uma área metropolitana ou um estado. O próximo mercado, escolhido de acordo com seus princípios de demografia, deve ser perto de sua base de operações para promover o reconhecimento da marca e o compartilhamento de funções administrativas de recursos humanos, de operações, de *marketing* e de orçamento. "Domine" cada mercado, um após o outro, antes de ir para o próximo. (Veja a Figura 12-1.) "Dominar" significa assumir posições proeminentes em áreas-chave para os negócios e se tornar a marca dominante naquele mercado. Nunca se proponha a "testar" um mercado. Avalie o exemplo de um varejista que tem 20 lojas em Minnesota e abrirá duas em Atlanta. Uma loja vai bem e a outra, não. Dados os resultados ambíguos, o varejista procura por todos os tipos de razões – imóveis inadequados, falta de foco operacional, e assim por diante. Provavelmente, ele fechará as portas e deixará o mercado. O teste é um fracasso não por uma loja ter tido problemas, mas porque a rede nunca priorizou o mercado. As suas ações mostraram que a *intenção* não era obter sucesso. Muitas vezes, os varejistas dizem que estão testando um mercado quando na verdade estão sendo *atraídos* para ele, o oposto de estar marchando para um negócio. O que quero dizer com isso? Que algumas vezes os varejistas têm um pensamento pré-concebido de: "Tenho que crescer! Tenho que crescer!", como descrito por um de nossos clientes. A novidade se espalha. Um centro comercial ou um *shopping center* precisa do seu conceito ou demografia *agora*. Corretores imobiliários e donos de imóveis começam a ligar, oferecendo localizações em cidades com prováveis bons mercados. Individualmente, cada localização parece ótima. Muitas vezes, a propriedade tem uma boa estrutura, com marcas nacionais como vizinhos que apóiam seu conceito. Além disso, os termos de aluguel são favoráveis. Ansioso para expandir, você reage pensando: "Esta é a minha oportunidade!". Porém, esquece que existem mais de 3 mil *shopping centers* muito bons e similares pelo país. Antes de se dar conta, você tem 60 lojas em 60 mercados. A menos que seu conceito só suporte uma loja por mercado, essa não é a abordagem correta. Nunca baseie sua estratégia de expansão nos primeiros a lhe ligarem.

Para conceitos varejistas que suportam múltiplas lojas em cada mercado, otimizar a localização das lojas não significa abrir uma em cada um dos 60 melhores mercados ou duas em cada um dos 30 melhores. Otimização significa 10 ou 15 lojas em três ou quatro mercados. Uma presença evidente é a maneira de vencer estrategicamente em cada mercado. Concentrar as lojas em um mercado desenvolve as vendas, maximiza a infra-estrutura da cadeia e detém os competidores. Você

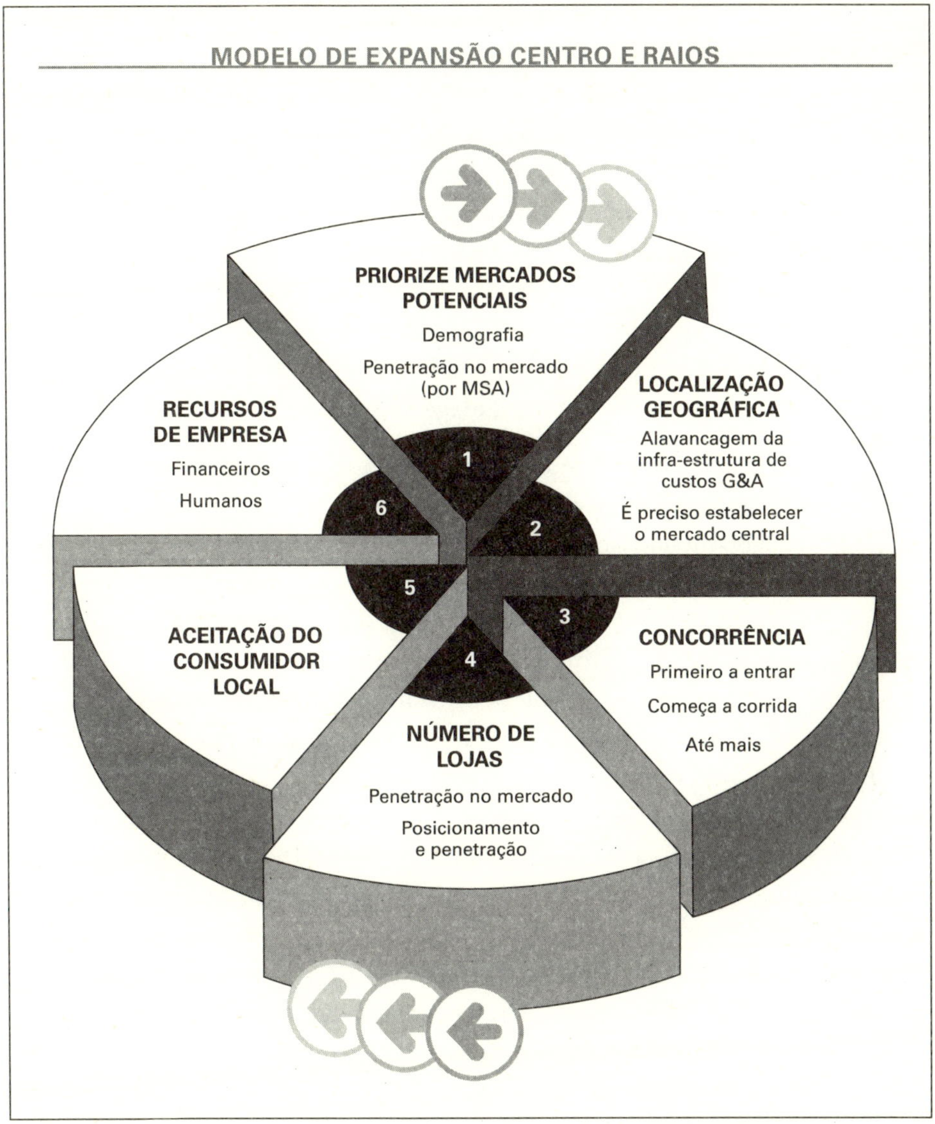

MODELO DE EXPANSÃO CENTRO E RAIOS

PRIORIZE MERCADOS POTENCIAIS
Demografia
Penetração no mercado (por MSA)

LOCALIZAÇÃO GEOGRÁFICA
Alavancagem da infra-estrutura de custos G&A
É preciso estabelecer o mercado central

CONCORRÊNCIA
Primeiro a entrar
Começa a corrida
Até mais

NÚMERO DE LOJAS
Penetração no mercado
Posicionamento e penetração

ACEITAÇÃO DO CONSUMIDOR LOCAL

RECURSOS DE EMPRESA
Financeiros
Humanos

FIGURA 12-1 Os conceitos de varejo devem aplicar o modelo de expansão centro e raios, conquistando primeiro o mercado local, expandindo-se posteriormente para regiões próximas, até a expansão nacional. Uma metodologia formal de expansão leva em conta demografias, forças operacionais, concorrência, penetração no mercado, grau de aceitação dos produtos (em termos de disposição a experimentar a marca) e capacidades da empresa.

se lembra da nossa discussão sobre a mentalidade de "rebanho"? Garanta que os concorrentes estejam atentos à sua expansão. Geralmente, um varejista é tentado a entrar em um mercado onde a concorrência é bem-sucedida. Porém, uma demonstração de que você está comprometido com a rápida expansão em um dado mercado pode dissuadir o ímpeto dos concorrentes de entrar nesse mercado. O sucesso freqüentemente é determinado pela *intenção* demonstrada. Você competirá com executivos "de nariz empinado", muitos dos quais estão defendendo o quintal de suas casas. Seja seu "teste" deliberado ou inadvertido, abrir uma ou duas lojas em um mercado que pode suportar mais é como escalar apenas dois jogadores de futebol para disputar contra onze. Agindo assim, você não se dá uma chance de vencer, apenas uma oportunidade de fracassar.

Use a superioridade em cada mercado para se estabelecer em mercados próximos satélites. Estabelecer sua presença em um grande mercado e alavancar o crescimento regional do mesmo é o conceito "centro e raios". Para ganhar o meio-oeste, possivelmente você estabeleceria um centro em Chicago, construindo o máximo de lojas que seu conceito pode suportar antes de ter a primeira loja em mercados próximos, como Detroit ou Milwaukee. Da mesma forma, no sudoeste, você poderá ir para Atlanta primeiro; depois de se estabelecer lá, poderá então partir para a Carolina do Sul, para o norte da Flórida e para o leste do Tennessee. Obtenha o domínio de mercado no centro antes de buscar os raios, e *abra a primeira loja no raio somente quando ela puder render mais que uma nova loja no centro*. A presença ou a ausência de competidores e outros fatores, discutidos na próxima seção, determinam como atacar novos mercados, mas o modelo centro e raios é a estratégia geral de procedimento. A definição de "centro" e "raios" depende do conceito. O centro para a Wal-Mart era a maior cidade em uma área rural, e saturação de mercado era uma loja. Os raios eram os municípios mais próximos à primeira loja, para a eficiência operacional. Mas o princípio era o mesmo: dominar o mercado principal antes de seguir em frente.

O número de lojas em cada centro dependerá do conceito e da disponibilidade de imóveis. Para a Starbucks, essa abordagem poderia significar abrir 20 lojas em Chicago antes de abrir a primeira em Detroit. Para uma loja de roupas sem especialidade ou de computadores, a estratégia centro e raios pode significar seis lojas no centro antes da primeira no raio. Para um restaurante fino, pode significar três ou quatro lojas em um centro para balancear a visibilidade de mercado e a manutenção do posicionamento de alta qualidade da marca. Para lojas de vestuário de rua ou outras especialidades, a estratégia pode ser uma ou duas lojas no centro. Para um varejista com uma especialidade única ou para uma grande loja de varejo, pode ser abrir somente uma loja.

A maioria dos conceitos, porém, suporta múltiplas lojas. Nesse contexto, estabelecer uma loja-líder da sua marca e "infiltrar" outras lojas em uma área de comércio garante não apenas visibilidade e presença de marca, mas também poder de mercado. Considere o exemplo de duas redes de cafeterias de alta qualidade estabelecidas em meados da década de 1980. Uma, a Gloria Jean's, rapidamente franqueou seu conceito de café em uma centena de cidades, alocadas em sua maioria em *shopping centers*, mas não abriu uma quantidade significativa de lojas em qualquer um dos mercados. A outra, a Starbucks, expandiu-se de forma rápida mas sistemática, cidade por cidade, construindo o máximo possível de lojas em um mercado antes de ir para outro. Vinte anos depois, a Gloria Jean's permanece como uma cafeteria conhecida somente em alguns mercados, enquanto a Starbucks é a marca de café mais conhecida do mundo.

A lição da Starbucks com uma abordagem centro e raios se aplica a quase todos os varejistas. Além da visibilidade no mercado, a rápida abertura de inúmeras lojas em uma localidade maximiza seu investimento em construção, mão-de-obra, treinamento e custos gerais e administrativos. Não havia folga para a gerência responsável por operar um novo mercado. Múltiplas lojas não apenas tornam a marca visualmente mais presente, mas também maximizam a publicidade e outros custos promocionais. A contratação torna-se mais fácil porque amigos telefonam uns aos outros para falar da nova oportunidade de trabalho. Os Recursos Humanos também são facilitados pela habilidade de cobrir as ausências em uma loja com empregados de outras, ou pelo preenchimento de posições de gerência com uma vasta opção de empregados. Por fim, essa abordagem maximiza a eficiência para adquirir imóveis. Você ganha credibilidade com os donos de imóveis, que reconhecem sua seriedade no mercado e começam a lhe oferecer lugares melhores. Os benefícios de um modelo centro e raios são infinitos.

AVALIANDO A CONCORRÊNCIA

Outra consideração na escolha de mercados-centro é a situação competitiva. Os melhores centros em termos populacionais geralmente terão o maior número de concorrentes. As redes nacionais já estarão nesses mercados, enquanto inúmeros competidores locais terão surgido ao longo do tempo pela base populacional e oportunidade. Dessa forma, as análises devem determinar aqueles centros com o melhor encaixe e o menor número de competidores. Enquanto este livro era escrito, existiam 95 competidores na categoria de fornecedores de escritório na área de Los Angeles Beach, mas apenas 23 na área de New Haven-Bridgeport-Stamford de Connecticut, e somente 18 na área de Bergen-Passaic, em Nova Jersey. As áreas da Costa Leste têm demografia similar à área da Califórnia. Assumindo apoio operacional na área de Nova York, um fornecedor de escritório conseguiria penetrar no mercado de uma forma mais efetiva, estabelecendo a marca e gerando a receita para posteriormente entrar em mercados mais difíceis.

Nesse processo, o cenário competitivo oferece três estratégias. Na ordem de preferência: *Primeiro a Entrar*, *Até Mais* e *Começa a Corrida*. A melhor posição é ser o "primeiro a entrar" no mercado e ser reconhecido como o líder. Você poderá escolher o melhor imóvel e terá a oportunidade de definir o padrão, além de lidar melhor com qualquer problema operacional e estabelecer sua marca. A segunda melhor posição é a *Até Mais*, na qual existem competidores, mas eles são vulneráveis. Digamos que você queria abrir uma loja de amortecedores de carros em Allentown, Pensilvânia, e lá já existe uma empresa, mas a mesma possui equipamentos antigos desatualizados, um estacionamento sem reparos e nunca anuncia. Se você entrar com várias lojas de amortecedores modernos em boas localizações e com um *marketing* adequado, dominará o mercado. Será como o *Papa-Léguas* do desenho animado, que diz "bi-bip" para o coiote, deixando-o para trás na poeira. A situação mais difícil é *Começa a Corrida*, quando o concorrente já está no mercado; ele pode ser uma empresa estabelecida há algum tempo com um negócio bem-sucedido ou uma rede nacional. Ele pode ter assegurado uma alta lealdade de marca e talvez esteja se expandindo rapidamente. Você deve tentar se estabelecer nos mercados *Primeiro a Entrar* e *Até Mais* antes. Ambos ajudam a firmar a sua marca. Quando estiver pronto para a *Corrida*, deve permanecer o mais quieto possível para se beneficiar do elemento surpresa quando da abertura das lojas. Depois de abrir, a tendência é fazer grandes promoções e tentar pegar uma fatia do mercado rapidamente. Porém, em algumas cidades, uma marca nacional que vem com grandes promoções pode causar uma reação contrária, fortalecendo as marcas locais. Nesses casos, o *marketing* deve ser mais silencioso – por exemplo, enviando propaganda pelo correio em vez de publicar grandes anúncios em jornais, ou financiando uma entidade filantrópica.

Como o nome deixa claro, *Começa a Corrida* é a situação competitiva mais difícil. Você deve agir como se o seu concorrente acelerasse junto. Em 1994, na cidade de Boston, a The Coffee Connection tinha 10 lojas e uma base de consumidores leais. Sabendo que a Starbucks se dirigia à cidade, rapidamente buscou capital para se expandir. A empresa abriu 15 novas lojas e tinha planos para mais 60 antes de abrirmos nossa primeira loja. Eu sabia que entrar em Boston seria extremamente difícil. Imóveis perfeitos raramente estão disponíveis lá, e quase não há rotatividade nos bons centros comerciais. Existe também uma grande fidelidade às marcas de operadores locais, e Boston não apenas era o lar da The Coffee Connection, mas também da Dunkin' Donuts, que tinha 40 anos de vantagem sobre nós. Então, fizemos uma proposta para a empresa que eles não poderiam recusar: 23 milhões de dólares em ações da Starbucks. Seus gestores decidiram que ganhar mais de 1 milhão de dólares por loja era um negócio melhor do que tentar levantar o capital necessário para nos manter fora do mercado. Não havia dúvidas de que uma briga por mercado teria altos custos para ambas as partes e que o resultado era incerto. O negócio foi bom para todos os interessados, inclusive para os empregados da The Coffee Connection, que ganharam uma remuneração melhor e mais benefícios quando viraram parceiros da Starbucks.

Em Nova York não havia nenhum grande competidor, mas o custo total em aluguel e mão-de-obra era bastante elevado, e sabíamos que no momento em que entrássemos no mercado outros competidores estariam alugando a esquina em frente para montar suas lojas. Como o café era um conceito recente e da moda, os empreendedores também poderiam abrir cafeterias. Essa foi uma das poucas vezes que decidimos *não ser* os primeiros no mercado. Quando dissemos que planejávamos entrar em Nova York, outras empresas correram para se expandir em Manhattan. Mas nunca dissemos que entraríamos na *cidade*. Abrimos nossas primeiras lojas nos municípios de Fairfield e Westchester, no norte de Manhattan, onde boa parte da população de Wall Street morava e muitas pessoas de nosso público-alvo passavam o verão. Interrompemos nossa estratégia usual de nos estabelecermos em centros urbanos e fomos para os subúrbios. Em cidades pequenas, como Rye, em Nova York e Greenwich, em Connecticut, éramos mais relevantes do que seríamos junto às grandes massas na maior cidade do país. As pessoas viram a experiência na Starbucks como um bom programa para os finais de semana. Assim, nos tornamos localmente relevantes.

Enquanto isso, eu avaliava a concorrência na cidade. Todos tentavam clonar o "padrão Starbucks". Abriam lojas similares em tamanho às de 135 metros quadrados que estabelecemos como padrão em Chicago e Los Angeles. Copiavam nosso *design* antigo, sem saber que estávamos prestes a inaugurar um novo. Construíam lojas na primeira esquina que encontravam. Nosso ponto de diferenciação tornou-se claro, e Howard convenceu-se de que tínhamos de entrar em Manhattan. Abrimos em um dos bairros mais caros de Nova York. As lojas eram de 180 a 360 metros quadrados, o dobro do normal. Como os concorrentes estavam abrindo lojas pequenas, elas tinham menos de 20 assentos. Nós tínhamos o dobro da capacidade. Sabendo que os nova-iorquinos eram impacientes e queriam serviços rápidos, aumentamos os pontos-de-vendas (caixas-registradoras) e dobramos o número de baristas nos horários de pico. Implantamos novos *designs*, fazendo cada loja *única* em seu visual e apelo. Nossa loja na Broadway, perto da West 86th Street, apelava ao público do lado oeste do Central Park. Nossa loja na Second Avenue, na East 81th Street (aquela com um sótão no segundo piso), tinha um ar boêmio. A terceira loja, no Astor Place, no bairro perto da East 8th Street, era a mais audaciosa de todas, com 360 metros quadrados. É ainda uma das mais produtivas de toda a rede Starbucks.

Também tivemos de diminuir o passo para entrar no mercado de Berkeley, o baluarte dos cafés especiais no norte da Califórnia. Berkeley é o lar da Peet's Coffee and Tea. Alfred Peet, o lendário holandês que abriu a empresa em Berkeley no ano de 1966, era o fornecedor original dos mais finos cafés da Costa Oeste. Jerry Baldwin, que cresceu na Bay Area, apaixonou-se pelo café da Peet's, que foi sua inspiração quando ele e dois amigos fundaram a Starbucks em Seattle, Washington, em 1971. Mais tarde, o relacionamento entre as empresas e seus diretores se complicou. Em 1979, Alfred vendeu a Peet's, e em 1984 o novo dono a vendeu para a Starbucks. Em 1987, Jerry Baldwin e seus parceiros venderam a Starbucks para Howard Schultz e outros investidores. Jerry, no entanto, manteve a operação da Peet's. Na década de 1990, poucos consumidores sabiam que a Peet's original não existia mais – e que Alfred Peet atuou de tempos em tempos como conselheiro da Starbucks –, e que a entrada da Starbucks em Berkeley seria como a velha Starbucks contra uma nova Starbucks. A região sabia apenas que sua adorada Peet's estava sendo ameaçada por alguém de fora. Em vez de ir para a Piedmont Avenue em Berkeley, perto da Peet's, e provocar uma reação, fomos para uma ótima localização em Oakland. Para os leais à Peet's, não havíamos invadido tecnicamente Berkeley, pois não abrimos na mesma rua do mesmo bairro onde ela estava instalada. Abrimos a menos de 2 quilômetros de distância de um *shopping center* ancorado por um supermercado com grande visibilidade e muitos estacionamentos do bairro de Rockridge. Não houve nenhum ruído local. A Peet's não abriu sua primeira loja em Seattle, a casa da Starbucks, até 2003 – no bairro de Freemont, ao lado do Blue C Sushi! A Peet's é hoje uma empresa em expansão pelo país.

A Starbucks não teve tanta sorte em mercados em que encontrava um competidor local no norte da Califórnia. Um proprietário de imóveis em Mill Valley nos pediu uma carta confidencial delineando as condições sob as quais gostaríamos de alugar uma pequena localização de esquina no coração da comunidade. Essa pessoa já era proprietária de um imóvel alugado por nós em outro local. Fizemos uma oferta com base em nossa projeção anual de vendas. Ela levou as informações ao inquilino que ocupava o local, um varejista de café cujo aluguel estava por vencer, e usou nossa oferta para aumentar a taxa de aluguel deste. Em vez de fazer o acordo silenciosamente, o inquilino levou a história à imprensa e tentou mostrar como uma grande rede de Seattle estava aumentando os aluguéis e forçando os pobres competidores locais a deixarem o negócio. Como responsável pela expansão da Starbucks por 10 anos, tenho que dizer que respeitávamos os operadores locais que forneciam os cafés finos e ambientes únicos. Mesmo quando a Starbucks abria uma loja, os operadores locais continuavam bem em seus negócios quando eram de fato *bons operadores*. A área se tornava conhecida pelas cafeterias, e muitos operadores ainda acabavam indo melhor pelo fluxo de clientes adicional. Nesse processo, éramos geralmente acusados de pagar taxas de aluguel abaixo das de mercado. Na verdade, pagávamos as mais altas taxas de mercado para os melhores imóveis, pois nosso modelo econômico suportava tais localizações. Muitos costumam reclamar das grandes companhias que entram e "expulsam" os locais. Eles esquecem que as redes nacionais adoram aluguéis baixos tanto quanto os pequenos comerciantes. Os donos de propriedades poderiam tão facilmente alugar para um varejo local de sucos quanto para a Jamba Juice, mas aumentavam os aluguéis, fazendo com que só a rede nacional pudesse pagar pelo local. Os varejistas *locais* sofrem e os donos de imóveis *locais* se beneficiam. A parte irônica da história de Mill Valley é que esse operador de cafeteria era na verdade uma rede daquela região. Ninguém sabia isso porque ele usava nomes diferentes para cada uma de suas lojas.

Obviamente, a história não foi contada em toda a sua complexidade. Aproveitando-se do aspecto Davi *versus* Golias do ocorrido, a imprensa não se preocupou em saber como tudo havia começado, nem investigou as taxas de aluguéis correntes. De fato, ninguém nos procurou. Quando a história foi a público, os consumidores potenciais se revoltaram. Se tivéssemos entrado no mercado, teríamos sido boicotados. O dono do imóvel recebeu o aumento de aluguel do operador local, que permaneceu no negócio e ainda teve lucratividade elevada. A Peet's Coffee está localizada na diagonal da rua daquele operador e também vai bem. Mas a Starbucks nunca abriu lojas no centro de Mill Valley.

Às vezes, no "ir longe" devemos saber quando não ir.

AVALIANDO OUTROS FATORES

Outra consideração para um mercado-alvo é a disponibilidade de parceiros estratégicos. A Barnes & Noble e a Albertson's são dois parceiros importantes da Starbucks. Uma área potencial onde a Barnes & Noble tenha várias lojas ou a Albertson's seja uma presença forte tem preferência sobre outra com poucos ou nenhum parceiro em potencial. A Barnes & Noble era um parceiro importante porque sua marca era posicionada por seu presidente, Len Riggio, para oferecer o melhor serviço ao consumidor, o melhor ambiente de loja e uma profundidade na seleção em sua categoria. Eles foram os pioneiros no conceito de grandes livrarias, e cresceram com sucesso para 840 lojas, ocupando 1,4 milhão de metros quadrados de espaço varejista pelo país. Garantir que você aliará seu conceito a uma empresa que terá sucesso a longo prazo é crucial.

Também é importante avaliar a base de consumidores potenciais e seu conhecimento e disposição para aceitar o novo posicionamento dentro de um conceito, ou em um novo conceito. Na Starbucks, isso significava o nível de conhecimento de café local. O nível de vendas de cafés no supermercado era alto ou baixo? Isso poderia ser mensurado pela quantidade e pela variedade de cafés apresentados nos corredores. Antes de entrar em Cincinnati, ou em qualquer outra cidade, descobríamos se *lattes* e *cappuccinos* eram vendidos em restaurantes finos para determinar o nível de conhecimento sobre cafés de alta qualidade. Também avaliávamos outros conceitos relacionados à comunidade: o número de cinemas ou teatros, a presença de livrarias ou lojas de música grandes o bastante para acolher

CAPÍTULO 12 ■ COMO CRESCER RAPIDAMENTE SEM TROPEÇAR   229

pontos, a quantidade de ruas voltadas para o comércio e de lojas de roupas de grife – e, é claro, o número de cafeterias.

Os indicadores diferem para outras categorias, mas a maioria dos mercados potenciais tem variação suficiente para que se façam avaliações sensatas de prioridade. Eugene, em Oregon e Little Rock, em Arkansas, são duas áreas metropolitanas com populações comparáveis, mas Eugene favorece mais o estilo de vida de uma cidade colegial, enquanto Little Rock aspira a ser tão mundana quanto suas vizinhas Dallas e Memphis. Corridas, ciclismo, escaladas e esqui dominam as atividades em Eugene. *Camping*, esqui aquático, caça e pesca dominam em Little Rock. Varejistas de vestuário, por exemplo, terão de entender as diferenças fundamentais do modo de pensar e das atividades das duas populações. Devem fazer a pesquisa correta para determinar qual mercado seria o mais receptivo para seu conceito. Existem muitas maneiras de avaliar a abertura de um mercado para uma idéia. Uma loja de tênis de corrida, por exemplo, pode olhar para o nível geral de atividades ao ar livre, para o número de eventos relacionados com esporte, e para o número de assinantes de revistas como *Fitness*, *Runner's World* e outras similares. Uma loja que venda roupas da moda para jovens pode examinar o número de universidades e de solteiros jovens na população, bem como a vitalidade da vida noturna na área. Na Starbucks, tentávamos encontrar evidências para saber se uma área estava disposta a experimentar um conceito inovador. Procurávamos por mercados de *gourmet*, como o da Eatzi's em Dallas, que tem massa fresca e saladas, óleos finos e refeições especiais. Estudávamos a qualidade do frango, do peixe e da carne de gado vendida nos supermercados. Analisávamos se as ofertas étnicas – judaica, hispânica, asiática – eram maiores do que o normal. Qualquer indicativo de que as pessoas estavam dispostas a experimentar novas comidas criava uma nova demografia-alvo.

Para empresas que fazem vendas diretas, o negócio de pedidos por correio fornece dados precisos de onde a demanda pelo produto é forte. Antes de expandir, Williams-Sonoma criou um negócio de catálogo e "seguiu os CEPs" dos consumidores cadastrados para estabelecer seu novo grupo de lojas. O primeiro empreendimento da Starbucks na Costa Leste foi em Washington, D.C., porque tinha a mais alta concentração de consumidores com pedidos por correio naquela região. Pedidos por correio são uma maneira de criar "soldados da marca", que preparam o caminho para a expansão clamando pelo seu produto. Outra maneira é iniciar a venda de especialidades localmente antes da abertura da loja. A Starbucks não se informou apenas sobre quanto café estava sendo vendido nos restaurantes, mas também criou alianças estratégicas com os melhores restaurantes e hotéis. Servindo nosso café, *lattes* e *cappuccinos*, os restaurantes introduziriam nossa marca para os formadores de opinião em cada local. Quando os consumidores perguntassem sobre o café, os donos de restaurantes diriam: "É da Starbucks. Você pode comprá-lo pelo correio, e no próximo ano eles abrirão uma loja na cidade". Esse tipo de virada pode derrubar várias vezes sua concorrência.

Os "soldados da marca" podem aparecer e batalhar pelo seu nome em horas inesperadas. Quando Howard e eu procuramos Steve Wynn, um dos grandes hoteleiros de Las Vegas, para uma parceria com a Starbucks, Steve convidou os presidentes do Mirage, do Treasure Island, do New York New York e dos hotéis Golden Nugget para nossa apresentação. Depois que delineei as vantagens de um quiosque da Starbucks nos cassinos e discorri sobre o aumento de vendas que eles deveriam esperar servindo a marca Starbucks, Steve quis saber a opinião dos diretores dos hotéis. Eles disseram não, um por um. Eles não viam o valor de trocar para nossa marca, já tinham contratos com outros fornecedores, e assim por diante. Quando acabaram, Steve começou a falar sobre nossa marca. Ele conhecia pouco nossa empresa, mas sua esposa *amava* a Starbucks. "Se ela fala dessa maneira de algo, é porque deve ser especial". Ele propôs um teste. Eles colocariam um quiosque da Starbucks no Treasure Island e uma cafeteria genérica no hotel Mirage para ver qual geraria maior renda. Quatro meses depois, a Starbucks tinha feito um volume muito maior, e nosso relacionamento com o Mirage Resorts decolou.

Estrategicamente, o processo é mirar a MSA onde se tem o potencial de manter a posição de líder e possivelmente dominar, e então desenvolver um portfólio de imóveis superiores em áreas de comércio concentradas. Selecione a ordem pela qual você buscará uma MSA por qualquer número de fatores, incluindo a situação competitiva e as capacidades operacionais. Tente ser o *Primeiro a Entrar*. Assegure-se de estar procurando áreas em desenvolvimento econômico – Las Vegas, Orlando, Scottsdale, etc. –, porque as regiões em crescimento oferecem à maioria dos conceitos uma melhor chance de sucesso. A todo custo, evite espalhar suas lojas por muitos mercados. As análises devem, além de produzir uma lista com as melhores localizações, criar um processo imobiliário sustentável e conectado pelo qual você poderá guiar uma expansão disciplinada.

Muitas ferramentas boas de análise demográfica estão disponíveis para que você faça sua avaliação, apesar de ser necessário analistas altamente habilidosos para tornar esses dados significativos. Se você não tem os dados (fico surpreso com muitas redes de varejo que não procuram o nível de detalhamento de que precisam) ou as pessoas disponíveis para isso, poderá buscar consultores. Um investimento de 150 a 250 mil dólares para um plano nacional abrangente é pouco a se pagar por uma análise de mercado para uma rede nacional. Os custos podem ser ainda menores dependendo do escopo do trabalho. Você pode considerar esse custo como sendo a taxa de entrada para o sucesso regional ou nacional, mas na verdade os dados se pagarão em dois ou três anos. Se você já tem o pessoal na empresa, poderá obter muito da pesquisa por bem menos e até fazer a análise por si próprio – desde que faça direito. Um pequeno varejista querendo expandir-se local ou regionalmente poderá obter um rascunho da situação de mercado de um conceito similar pagando de 5 a 10 mil dólares. Uma rede de 15 lojas recentemente obteve uma análise por cerca de 20 mil dólares que rendeu boas dicas de localizações, mas sem medidas certas ou locais específicos. Uma operação de uma ou duas lojas pode pegar uma grande empresa similar ao seu negócio e avaliar a abordagem do concorrente na localização de um mercado particular. Na verdade, existe uma lenda urbana de que uma das maiores redes de *fast-food* gasta relativamente pouco com análises demográficas. Sabendo que o McDonald's fez sua lição de casa, a empresa simplesmente busca se estabelecer perto de seu maior competidor.

DESENVOLVENDO UM MÉTODO PARA A LOUCURA DA EXPANSÃO

A expansão de imóveis começa com uma rigorosa análise demográfica para identificar precisamente seus consumidores dentro da população geral. Esse processo permite priorizar as áreas metropolitanas dentro do país que mapeiam seus consumidores (isso torna-se mais intenso à medida que você avalia áreas de comércio em particular dentro de cada MSA, o tema do próximo capítulo). Depois que você tiver uma lista preliminar de áreas metropolitanas em ordem de prioridade, o próximo passo será avaliar cada uma delas quanto à abertura competitiva. Tente ser o *Primeiro a Entrar*, e tenha consciência dos custos e esforços que serão necessários se você não for. Identifique oportunidades para alianças estratégicas, aquisições, mercados que ainda não foram servidos e nichos em localizações não-tradicionais para aumentar suas chances competitivas.

Evite a tentação de expandir para outros mercados enquanto ainda não dominar o primeiro – saturando-o com lojas suficientes para se tornar a marca dominante. Então, domine cada mercado que se sucederá antes de partir para outros. Use a abordagem "centro e raios" dominando a maior cidade do mercado e usando-a como base da expansão em cada região. Observe de perto as lojas já existentes, relocalizando as que estão em boas áreas metropolitanas mas mal localizadas, e fechando aquelas que mostram baixo desempenho e encontram-se em MSAs ruins. Agrupe os mercados e as regiões para maximizar sua eficiência operacional. Independente do que a demografia lhe diga, para a maioria dos conceitos uma das melhores maneiras de garantir o sucesso é mirar em um mercado já estabelecido e que está crescendo. Por fim, nunca vá para um mercado "mais ou menos". Ou fique fora, ou entre com lojas e *marketing* suficientes para criar uma presença de marca que tenha força para vencer.

13
Pontos quentes, manchas de óleo e a localização perfeita

Digamos que seu planejamento estratégico definiu a área metropolitana de Houston, no Texas, como seu próximo mercado-alvo. Como você fará para encontrar a melhor localização lá? A resposta pede um processo de três etapas. A primeira é o planejamento de mercado, quando você usará dados demográficos e análises detalhadas para identificar as melhores áreas de comércio ou zonas de comércio de varejo em Houston. A segunda etapa é a seleção do local, quando você deverá identificar localizações individuais em cada área comercial e avaliá-las uma a uma pessoalmente. O passo final é construir a estimativa de vendas para as localizações propostas de modo a garantir que o modelo econômico seja lucrativo.

Cada grande região metropolitana conta com áreas de comércio reconhecidas. Em Houston, estas são o distrito central de negócios, a Galleria, a Woodlands, a Sugarland, e a Champions Village e outros. No varejo, a área de comércio tem um significado mais específico: é o local onde seu conceito particular atrai o maior número de consumidores. Geralmente, essa área é um subsistema da área geral, mas nem sempre. A área de comércio central pode ter dois quilômetros de comprimento por um de largura, enquanto a zona de comércio para um conceito particular pode ter somente algumas quadras de tamanho. Em uma área suburbana, a área de comércio para um conceito em particular pode se estender além da área geral, entrando em outra área geral de comércio ou mesmo em outra cidade vizinha. A área de comércio da Gap, por exemplo, atende pelo menos 200 mil pessoas, e pode abranger toda uma cidade pequena. O uso do tempo também é um fator importante na determinação do tamanho da área, como será discutido no Capítulo 14, "O processo de *locationing*".

A princípio, todas as pessoas envolvidas em algum momento no processo de seleção de imóveis em nível regional ou nacional fazem algum tipo de análise demográfica para determinar as zonas de comércio, mas a capacidade varia de maneira considerável. No nível mais simples estão os relatórios fornecidos pelos donos de propriedades para os inquilinos, que mostram a população no raio de dois, seis e dez quilômetros do centro comercial. Círculos concêntricos a partir de um ponto em um mapa pouco se relacionam ao lugar onde as pessoas vivem e trabalham, então esse tipo de dado nada mais é do que um ponto de partida. A um passo além está o mapa "temático", baseado na densidade populacional, na renda familiar e na idade. Geralmente, esses mapas se baseiam no código postal. Usando o Sistema de Informação Geográfica (SIG) para ligar os dados a localizações geográficas particulares, esses mapas parecem impressionantes, mas são básicos em muitos sentidos. Os códigos postais foram desenvolvidos para sistematizar a entrega de cartas, não para fornecer dados demográficos a pessoas de *marketing*. Embora tenham alguma relevância em áreas com populações homogêneas, não segmentam as pessoas por idade, renda ou ocupação. Sozinhos, eles raramente levam a dados populacionais significativos. Por exemplo, o código postal 97701 para Bend, Oregon, o *resort* e a área com concentração de aposentados que mais cresce no noroeste dos Estados Unidos, abriga tanto trabalhadores de fábrica como executivos, estudantes universitários e fazendeiros espalhados por 16 quilômetros a oeste da cidade. Os CEPs também não levam em conta o retrato físico da área. A demografia pode mudar radicalmente em uma cidade de fronteira, por exemplo, ainda que o código postal seja o mesmo. Além disso, um rio ou uma cadeia de montanhas efetivamente corta uma área geográfica, e também qualquer área de comércio. Em Bend, um paraíso para os moradores de Seattle que procuram por sol, o rio Deschutes desemboca no meio da cidade, criando um zigue-zague de minigrupos populacionais nos bancos do sul e do norte, enquanto a Awbrey Butte, o ponto geográfico mais visível da cidade, é uma área residencial de classe alta. Uma grande via estadual ou interestadual ou uma linha de trens geralmente estendem a área de comércio por sua rota, mas anulam tudo que estiver do outro lado, como ocorre em Bend em sua avenida e linha de trens principais. Esses são os fatores pelos quais mapas "circulares" ou baseados no código postal – com sua simplicidade – raramente fornecem informações significativas. De fato, em áreas com relativamente pouca população, um mapa de códigos postais pode não definir qualquer característica distintiva. (Veja a Figura 13-1.)

Outra questão são os dados públicos, provenientes de censos. Os relatórios dos censos são criados dois anos antes da conclusão de cada década. O censo de 2000-2001, por exemplo, foi preparado em 1997-1999. Como a população muda com o tempo, e quase sempre de maneira rápida, os dados do censo atual, quando você estiver lendo este livro, já serão antigos o suficiente para terem sua confiabilidade questionada. Mesmo as grandes redes freqüentemente não possuem dados recentes e confiáveis de consumidores, logo, os dados do censo devem ser atualizados de alguma maneira. Empresas de busca de dados, como a Claritas e a ESRI BIS (antiga CACI), aprimoram as informações de cada censo e fornecem seus próprios dados de pesquisas de mercado. Dados especializados devem incluir informações demográficas detalhadas de um segmento específico da população, ou informações das localizações, do volume de vendas e dos competidores, ou dados de segmentação do estilo de vida, como a Clarita's PRIZM® e a Experian's Mosaic fazem. A Claritas usa nomes divertidos para definir os segmentos de estilo de vida. Você sabe instantaneamente que um grupo chamado "Kids & Cul de Sacs" representa famílias de profissionais suburbanas, enquanto "Shotguns & Pickups" representa famílias ricas da área rural. Com cada segmento, a Claritas inclui diversos traços identificadores. Por exemplo, os cinco melhores segmentos demográficos em Bend, por ordem de tamanho, são: "Greenbelt Sports", os que dirigem camionetes da Ford; "Big Fish, Small Pond", os que praticam esqui *cross-country*; "Boomtown Singles", os que assistem à MTV; "White Picket Fences", os que comem em restaures do tipo *fast-food* selecionados pelas crianças; e "Tradicional Times", os que dirigem um Buick Park Avenue (a Claritas oferece um resumo dos segmentos demográficos pelo código postal em seu *website* como uma amostra grátis de seu trabalho).

Poucos varejistas ou analistas de SIG têm a capacidade de fazer mais do que simples mapas "temáticos"; porém, para ser útil, um mapa demográfico deve: 1) identificar os atributos únicos de sua base de consumidores potenciais; 2) descrever o padrão atual da massa de consumidores; e 3) refletir os padrões de deslocamento na área de comércio – a maneira como as pessoas circulam para comprar ou trabalhar. De fato, uma metodologia sofisticada deve combinar demografia, tráfego e outros fatores para identificar áreas de comércio derivadas do conceito, e até mesmo localidades específicas dentro das áreas de comércio em

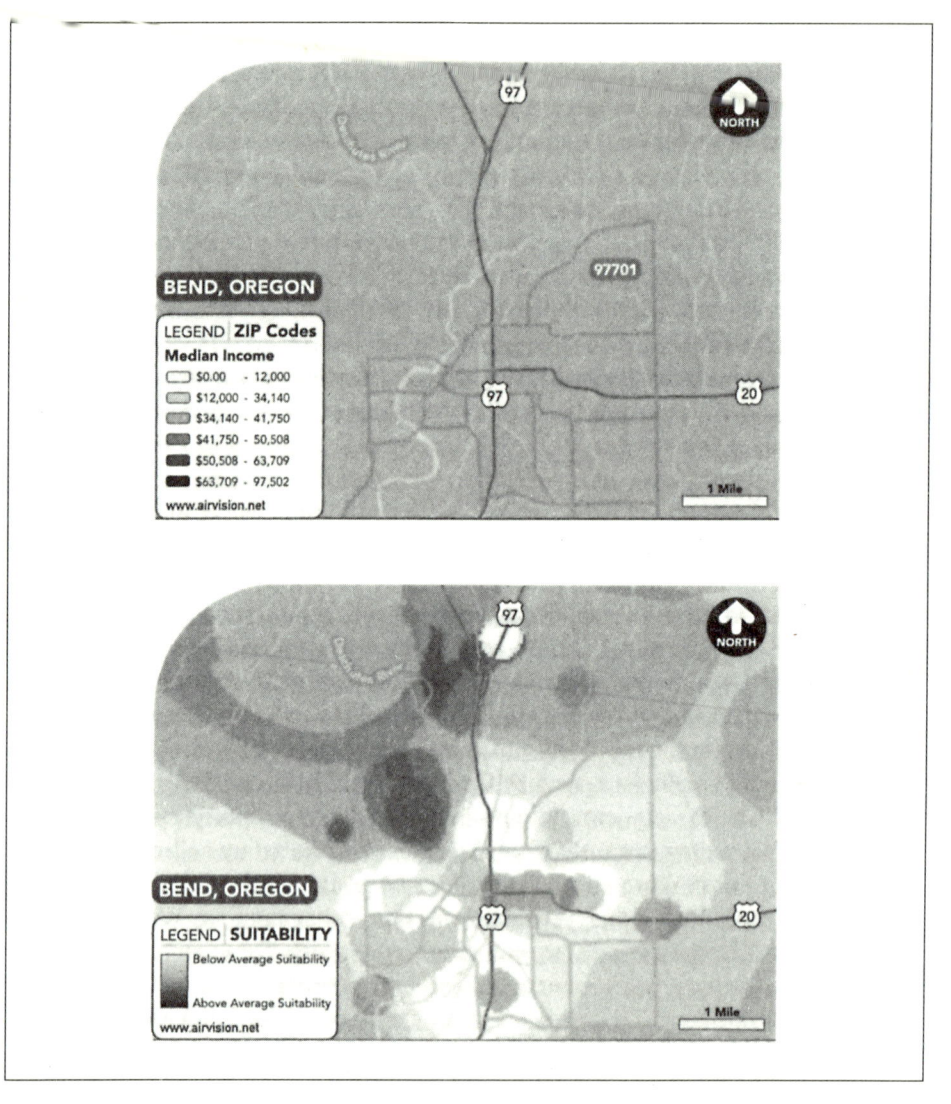

FIGURA 13-1 Mesmo usando seis faixas de renda, um mapa baseado no código postal (no alto) não dá nenhuma informação significativa sobre onde os consumidores potenciais vivem de fato no CEP 97701. O resultado é um mapa uniformemente cinza. Além disso, os dados baseados no censo são muito velhos para uma região em crescimento como Bend, Oregon. Um mapa adequado (embaixo), baseado em dados atuais, demografia específica de consumidores, tráfego de veículos e outros geradores de demanda, cria "pontos quentes" (regiões mais escuras), mostrando localizações que mais facilmente atrairiam os consumidores certos. Awbrey Butte, uma área de alta renda no centro à esquerda, é claramente visível, assim como inúmeros cruzamentos que potencialmente seriam bons locais para lojas.

uma determinada MSA. Essa abordagem capacita a construção de um modelo baseado em fatores que ligam as características dos consumidores às localizações. Como as características dos consumidores variam de acordo com o conceito e com o posicionamento de marca, os fatores escolhidos para construir um "modelo adequado" variam consideravelmente. Diferente de um mapa temático simples, esse modelo aponta o *número* provável de consumidores para um conceito, assim como sua *atual distribuição* em uma área de comércio. Como os mapas meteorológicos, o mapa resultante usa cores para indicar diferentes níveis de intensidade para os consumidores bem definidos e outros atributos positivos ("geradores de demanda") na área. As áreas com maior densidade são marcadas em vermelho, criando o que chamamos de "ponto quente" – uma intensidade de consumidores e outros pontos positivos que refletem um provável sucesso em uma área específica de comércio. Além de determinar o tamanho e a forma das áreas de comércio, o mapa também determinaria, se usarmos nosso exemplo, que Houston possui somente 15 áreas de comércio suficientemente fortes para sustentar as suas lojas, ainda que a população da cidade devesse teoricamente suportar 20. O uso de fatores adequados cria resultados significativos que ajudam na localização de uma loja.

Uma vez que a qualidade das análises de mercado varia consideravelmente, você deve questionar as metodologias usadas antes de pagar qualquer análise demográfica, e também olhar com cuidado todos os dados apresentados por um analista. Qualquer pesquisa baseada estritamente em códigos postais, como já mostramos, pede outro nível de análise. Seu conceito é que determinará os critérios específicos, mas as análises demográficas devem incluir pelo menos os seguintes dados para produzir um resultado significativo:

- Os níveis de renda, o tamanho das habitações e uma relação sobre o conjunto de pessoas que residem e trabalham na área de comércio, de acordo com o local onde realmente vivem.
- A população diurna e noturna que se encaixa no seu conceito.
- O número de negócios dentro da área.
- O número e o volume de vendas dos concorrentes, onde eles possuem lojas e onde você planeja abrir.
- Os maiores estabelecimentos varejistas, como eles se relacionam com o seu conceito e se serão bons ou ruins para o seu negócio. Você precisa saber quem é a loja-âncora de um bairro, a Wal-Mart, a Best-Buy ou a

Target. Em *shopping centers*, por exemplo, ter a Nordstrom's ou a Saks Fifth Avenue como âncoras indica um público com renda maior do que se a JCPenney ou a Sears fossem as principais lojas.
- Padrões de tráfego de acordo com os residentes, trabalhadores, vendedores e transeuntes e como eles se relacionam com sua categoria e conceito.

DETERMINANDO O TRÁFEGO E O FLUXO DE TRÁFEGO

Depois de identificar os "pontos quentes" para seu conceito, você precisa entender o fluxo e como ele afeta o conceito. Um tráfego bom pode tornar um ponto interessante ainda mais atrativo, mas um tráfego ruim pode anular as características positivas de sua área. Por exemplo, um local que ofereça café da manhã deve estar localizado adequadamente para tirar vantagem do fluxo "em direção ao trabalho" e atrair os transeuntes na parte da manhã, enquanto um restaurante *fast-food* se beneficia do fluxo da manhã, da tarde, da noite e dos passeios para compras nos *shopping centers*. Lavanderias devem estar localizadas no lado da rua que as pessoas usam para ir ao trabalho; locadoras de filmes, no lado que elas utilizam na volta para casa. Você deve estabelecer-se no lado da rua com maior tráfego na hora do dia em que as pessoas mais facilmente passarão pela sua loja. Pelo fato de o tráfego de finais de semana ser radicalmente diferente daquele dos dias úteis, tenha certeza de conhecê-lo e saber como ele o afeta. Algumas lojas de produtos ou roupas apelam para mulheres que não trabalham. Outras, mulheres que trabalham. Qual clientela está presente em sua área? Os trabalhadores dessa área vão para casa depois do trabalho ou permanecem no bairro para freqüentar restaurantes e lojas à noite? Os trabalhadores costumam parar em restaurantes e lojas no caminho de volta? As lojas atendem aos transeuntes – viajantes que param para comer ou passar a noite? Alguns anos atrás, uma loja da Bread & Circus que abriu em Wellesley, Massachusetts, parecia perfeitamente posicionada para o tráfego de Newton, uma cidade adjacente cuja demografia se encaixava no perfil de consumidores ideal da empresa. Porém, o tráfego não fazia com que os viajantes parassem naquele lado da estrada. Os residentes de lá viajavam na direção contrária, para Chestnut Hill e Boston. As pessoas raramente mudam seu comportamento no tráfego. Você tem de atentar mais para *onde elas vão* do que para *onde estão*. Não vá contra o fluxo. As chances de mudança de comportamento estarão contra você. Por que arriscar? Os acessos também modelam os padrões de tráfego. Duas ruas podem ter o mesmo número de automóveis, mas níveis diferentes de

CAPÍTULO 13 ■ PONTOS QUENTES, MANCHAS DE ÓLEO E A LOCALIZAÇÃO PERFEITA   **239**

tráfego de consumidores devido ao acesso. O mesmo pode ocorrer em duas partes de um *shopping center* em relação ao acesso de veículos, ou em duas ruas em relação ao tráfego de pedestre. Os padrões de tráfego de automóveis afetam mais alguns conceitos do que outros, e a análise do local deve considerar a influência das estradas e do fluxo de tráfego de acordo com a categoria do conceito.

Para onde os consumidores vão está relacionado a *quanto tempo demoram para chegar*. O sucesso de um conceito dependerá da distância – ou, mais precisamente, do tempo gasto – de diversos pontos à localização potencial. As visitas dos consumidores diminuem se o tempo/distância até a loja for alto. Em áreas pouco congestionadas, a distância serve como uma medição. Em áreas muito congestionadas, o tempo é um indicador necessário, pois 1 km em uma direção pode levar dois minutos, enquanto em outra pode levar cinco minutos. Se a área for levemente congestionada, é preciso avaliar as tendências de crescimento do tráfego. Se a continuação de uma auto-estrada tem um bom fluxo de veículos, mas as ruas próximas estão começando a lotar, provavelmente o congestionamento acabará causando atrasos também nessa rota.

Dependendo do conceito e do congestionamento, a "queda" de consumidores – a perda deles por tempo ou distância – poderá ser determinada por meio de pesquisas ou bases de dados que forneçam endereços. Geralmente, quanto mais barato ou menos especializado o produto, menor a distância (tempo) que os consumidores estarão dispostos a percorrer para chegar a ele. Quanto mais especializado e mais caro, maior a distância que irão percorrer. O quão surpresos deveríamos ficar com a estratégia da Starbucks de abrir lojas próximas em grandes cidades? Afinal, que distância você está disposto a percorrer para tomar um copo de café? Restaurantes de atendimento rápido, um exemplo perfeito dos restaurantes de conveniência, definem a área de comércio principal em termos de três minutos para se chegar até eles. Para qualquer loja, o tempo total deve ser de sete minutos dirigindo. Negociantes de automóveis de lazer, de outra maneira, podem esperar que os consumidores dirijam uma hora ou mais para chegar ao conceito. Essas características definem os conceitos de "conveniência" e "destino", respectivamente, e ditam fatores como a proximidade e a canibalização para um varejista de múltiplas unidades, o impacto competitivo e a otimização da rede. A otimização da rede está relacionada ao número de lojas em uma dada área de comércio. Embora exista um *continuum* entre conceitos de conveniência e destino, a maioria dos varejistas pode ser classificada como um ou outro.

Assim, uma combinação de demografia, barreiras naturais ou construídas e tempo percorrido ou distância define o formato da área de comércio, ou zona de comércio de varejo, para um determinado conceito. Esse formato é normalmente referido como um "polígono" de área de comércio, embora uma tradução mais precisa lembre uma ameba. Análises de pontos quentes e de fluxo de tráfego identificam determinadas áreas dentro de zonas de comércio onde há mais chances de abrir uma loja de sucesso. Quanto mais específicos os dados, melhores os resultados, como veremos a seguir.

EM BUSCA DE INDICADORES

Agrupar os dados demográficos de maneira significativa depende muito da intuição e da experiência do analista. A renda disponível é uma importante medida para qualquer item de luxo, grande ou pequeno, mas não existe uma medida direta para a análise da renda disponível, por exemplo. Mesmo uma alta renda pode ser relativa, dependendo do local (100 mil dólares por ano não é em San Francisco, Califórnia, ou Nova York, o mesmo que em Peoria, Illinois, ou Peoria, Arizona). O contexto significa muito na demografia. Uma maneira de encontrar fatores significativos é procurando um indicador, no qual as vendas de um item apontam para a possibilidade de venda de outro. Para mercearias, por exemplo, o pão sugere a venda de leite e outros artigos de consumo básico. Para alguns tipos de acessórios, o dinheiro gasto em óculos pode ser um indicador. Para todos os conceitos, as vendas de produtos relacionados podem indicar uma preferência de compra. As vendas de café da Starbucks em uma área podem significar um bom mercado para outros pequenos itens de luxo, uma atração por pratos culinários, ou uma área de comércio lotada pela manhã. Para farmácias, o montante de dinheiro gasto em *spray* de cabelo se relaciona diretamente com outros produtos, tornando-se, assim, um "indicador de espécie" para artigos similares que uma farmácia vende. Rastrear um item crucial sai mais barato e é menos complicado do que identificar ou rastrear múltiplas variáveis (é por isso que os biólogos focam uma única espécie para medir a saúde geral de um ecossistema. Se uma população de corujas está bem, por exemplo, a floresta e toda a vida selvagem nela contida também estarão).

Quem trabalha com imóveis em geral tem uma "visão pára-brisa do mundo", ou seja, tem confiança no que pode observar diretamente. Essas pessoas talvez se concentrem no fator físico e ignorem outras questões intermediárias. É difícil convencê-las de que um atributo específico, mas aparentemente sem relação, pode ser uma característica definidora da seleção de um imóvel. Por vezes, o fator é um traço demográfico sólido, como a renda familiar. Outras, é um indicador. Pode também ser um item da densidade populacional, como uma categoria ocupacional que se relaciona às vendas de uma loja para certos conceitos. Por exemplo, serviço de segurança privada é uma ocupação que aparece somente quando a densidade populacional atinge um certo nível. Sua presença aponta para uma população de renda média, com trabalhadores numa área suburbana densa, e a ocupação serve como um indicador positivo para conceitos que apelam para essa demografia.

Não é fácil saber qual é o fator principal e, ainda que você o conheça, será difícil explicá-lo. Nos mercados do meio-oeste, muitos anos atrás, existia uma alta correlação entre as vendas de café e as moradias hispânicas em um raio de cinco quilômetros da loja da Starbucks. Quando falamos para o pessoal da área de imóveis focar as áreas com concentração de hispânicos, a reação foi: "Hein?" Mas dissemos: "Confiem em nós". Nossa equipe tinha avaliado mais de 400 características demográficas em volta das lojas, fatiando os dados de todas as maneiras concebíveis. Não importava o quanto os cortássemos, um padrão sempre emergia: tínhamos vendas maiores perto das moradias de hispânicos. A conclusão não era que eles bebiam mais café do que os outros. Não conseguimos nem provar que os hispânicos representavam uma base de consumidores forte. Assim, concluímos que a presença dessa etnia se relacionava a áreas que estavam se tornando mais cosmopolitas e que os hispânicos eram a população que mostrava fortemente tal correlação. Como esse fator estava muito ligado às vendas das lojas, estávamos confiantes de que podíamos prever as vendas das futuras lojas. Não importava o que estivesse por trás do fator – hoje, a presença de asiático-americanos pode servir como guia, ou um aumento na renda média –, importava somente que naquele momento essa variável era uma característica *definidora*. Um analista experiente de mercado se debruça muitas vezes sobre os dados para achar tais indicadores, por mais indiretos que pareçam à primeira vista. As duas lições aqui são: 1) não olhe apenas para o óbvio, desconsiderando a verdadeira aprendizagem; 2) atualize seus modelos demográficos com a mesma velocidade que aumenta seu portfólio, ou de acordo com a velocidade das mudanças na demografia em torno das lojas.

Dos cinco ou seis fatores mais importantes que definem o sucesso, incluindo os que não são óbvios, o analista constrói um modelo adequado para um determinado conceito. Os pontos quentes gerados pelo analista mostram as áreas de comércio nas quais esses fatores estão concentrados conjuntamente. Preparando um modelo de seleção de local para um cliente, por exemplo, tínhamos várias métricas para análise, mas somente duas podiam ser consideradas padrão: o número de casas em certas faixas de renda e a distância do local até uma auto-estrada. Os demais elementos incluíam localizações em relação a certos tipos de centros de compras ou *shopping centers* e a certos varejistas, e alguns fatores intangíveis que a experiência tinha nos ensinado, como um certo tipo de tráfego e a necessidade de abrir uma loja em áreas de economia crescente. Em outra situação, identificamos seis variáveis para avaliar em nossa base de dados: renda, densidade populacional, dinheiro gasto em jantares, custos com educação, valores das propriedades (um indicador da renda disponível) e o número de concorrentes potenciais no mercado e suas localizações em relação às grandes rodovias. Em uma outra situação, as variáveis eram a densidade de tráfego, casas com "piscina e jardim" e um segmento demográfico similar, gastos com determinado produto, e a densidade de inquilinos a nosso favor. Entre outros benefícios, o uso de múltiplas variáveis reforça a regra de que você nunca deve definir a localização de uma loja com base somente em uma fonte de consumidores.

Demografias diferentes levam a pontos quentes distintos para cada conceito. A demografia da Potbelly a levava para locais de alto tráfego em bairros chiques, de preferência perto de mercearias ou varejos, como a Pottery Barn ou a J. Crew. Isso garantia um fluxo de seus principais consumidores, jovens profissionais com renda disponível. A Oakley, que se beneficia do alto tráfego de pedestres e da presença de outras grandes marcas, pode situar suas lojas nas maiores áreas de tráfego em *shopping centers* diferenciados, como o Bellevue Square, em Bellevue, Washington, ou nas ruas de varejo, como a Rush Street, em Chicago.

Para a maioria dos varejistas, o mapeamento dos melhores pontos de uma área é suficiente antes da procura por localizações específicas para uma loja. Nesse ponto, você deve ter uma boa idéia dos bairros onde poderá ter sucesso, independente de quais sejam. Sua estratégia será encontrar a melhor localização de todos os bairros. Para um varejista maduro que procura se infiltrar em uma área metropolitana ou de comércio, os melhores pontos precisam ser mais delimitados, talvez a interseções específicas. Nesse caso, você estará tentando identificar *onde mais* nesse bairro poderá ser bem-sucedido sem canibalizar as vendas das lojas já existentes.

ANALISANDO MANCHAS DE ÓLEO: AVALIAÇÃO DE LOCALIZAÇÕES NA RUA

Na Starbucks, eu enviava os mapas com os melhores pontos para meu pessoal de campo e dizia: "Estarei aí em duas semanas. Guiem-me pelas áreas indicadas em vermelho nestes mapas". Hoje, antes de me dirigir às áreas vermelhas à procura de alvos disponíveis para clientes, costumo dar um passo extra. Muitos vendedores atualmente fornecem *softwares* de mapeamento aéreo que não são caros. Você pode ver em seu computador áreas, interseções ou endereços de ruas da maioria das grandes cidades. Você pode girar a visão para olhar para baixo ou para cima de uma rua ou inclinar a perspectiva para observar uma propriedade de diferentes ângulos. Uma vista aérea permite ver a densidade física e a altura dos prédios à volta, o arranjo das ruas e a proximidade dos locais com auto-estradas, rios, parques e outros limites físicos. Esse passeio virtual ajuda a eliminar propriedades que têm desvantagens óbvias e priorizar aquelas que você realmente quer ver. Mas nada – nem uma ótima análise demográfica, nem uma vigilância aérea – substitui a inspeção pessoal.

Antes de começar, você deve escrever seus critérios para a escolha de locais. Você estará mais focado em suas necessidades e menos vulnerável a escolher algo fora da estratégia. Lembre-se: estabeleça seus critérios e não se afaste deles. Mantenha a disciplina! Para a Omaha Steaks, nossa estratégia imobiliária era obter lojas com alta visibilidade, que ajudássem a reforçar a marca e o posicionamento do produto junto ao consumidor. Isso significava que não nos contentaríamos com uma rua ou *shopping center* comum, onde poderíamos passar despercebidos. Localizávamos estrategicamente uma *rede* de lojas para atingir a penetração de mercado necessária nas áreas demográficas corretas, geralmente corredores de alta densidade.

O critério deve ser centrado nos melhores locais. A zona vermelha representa uma área de comércio nota 10, a concentração mais densa de consumidores potenciais. A próxima camada mais densa, a amarela, é uma área comercial nota 8. O verde é a média. A camada mais fina, azul, deve ser ignorada pela maioria dos varejistas. Localizações específicas também ganham notas 10, 8 ou menos de acordo com sua seleção de critérios. Um varejista maduro pode buscar um local nota 10 em uma área de comércio nota 8, ou mesmo um local nota 8 em uma área comercial nota 10. Um varejista que está entrando no mercado não pode optar por um local nota 8 em uma área comercial também nota 8. Um novo varejista – que ainda não tem sua marca consolidada – deve buscar somente locais nota 10 em áreas nota 10. Quando um corretor imobiliário tenta me levar para fora da zona vermelha, eu geralmente recuso, mas também faço uso do bom senso. Se existe uma ótima interseção no limite da zona vermelha, mas não bem dentro dela, devo aceitá-la? Supondo que o local é uma via usada pela população-alvo quando vem e volta da zona vermelha, e que também tem outros atrativos (visibilidade, acesso, etc.), então, é claro, ficarei com ele. Além disso, é preciso lembrar que até mesmo os dados mais atualizados podem não levar em conta uma zona nova, de rápido crescimento; assim, a ótima interseção pode ser, de fato, uma parte emergente da zona vermelha.

Visitando cada área de comércio e cada local potencial, observe seus arredores com dois olhares. O primeiro é a visão de uma pessoa de negócios: que evidências existem para garantir que a área e a localização vão gerar as vendas de que você precisa? A segunda é a visão do consumidor: você iria até aquele local para fazer compras? Ambas as perspectivas têm um pouco de bom senso prático.

Recentemente avaliei alguns imóveis para alguém da Costa Leste. A pessoa estava razoavelmente satisfeita com o volume de vendas de uma loja em um *shopping center* e não acreditou quando lhe disse que um local melhor aumentaria suas vendas. Então o levei ao estacionamento do *shopping* e pedi que descrevesse o pavimento do local. Demorou alguns instantes para que ele entendesse o que eu queria. Por fim, disse: "O pavimento é bem limpo". Depois, o levei a um *shopping center* a algumas quadras dali que abrigava seu principal concorrente. Na minha opinião, aquele local era muito melhor porque tinha inquilinos melhores. Inspecionamos os boxes de estacionamento sob a loja do competidor. O asfalto tinha manchas de óleo. "Os boxes estão sujos", meu cliente disse. Aí, perguntei: "E então, meu caro Watson, o que podemos deduzir dessa evidência?".

"Mais carros estacionam neste boxe", ele disse. Pensou um pouco mais e exclamou: "Maldição!" A presença de manchas de óleo no estacionamento significava que seu concorrente tinha mais clientes do que ele e, portanto, mais negócios. Mais pessoas visitavam aquele *shopping center* atraídas pelas lojas.

Quando você está à procura de um local em sua cidade, escolha uma área para examinar com mais intensidade. Você pode medir o tráfego durante a manhã, a tarde, a noite e nos finais de semana. Pode contar o número de pessoas que entra nas lojas e o número de carros no estacionamento. Idealmente, você faria o planejamento para todos os períodos do dia: dias e noites de semana, e dias e noites de finais de semana. Porém, fora de sua área, qualquer idealismo raramente é possível. Avaliando um local na quarta-feira pela manhã, em vez de sábado à noite ou qualquer outro dia de maior movimento, você pode aproveitar as "medidas moderadas" para determinar se determinada localização atende suas necessidades ou se a área no entorno é compatível com o perfil demográfico identificado pelos analistas (algumas áreas mudam rapidamente. Em Los Angeles, por exemplo, é comum que um bairro branco vire afro-americano, e então asiático ou latino, em questão de poucos anos).

Uma maneira de verificar um bairro é avaliar o *mix* de roupas nas lavanderias. Se predominarem camisetas, você pode deduzir que provavelmente não é uma lavanderia de muito volume e não atrai consumidores de alta renda. Já uma variedade de jaquetas, ternos, casacos e roupas femininas indica um bairro de alta renda, porque as pessoas vestem roupas mais elaboradas profissional ou socialmente. Elas precisam ter suas roupas limpas com maior freqüência e têm dinheiro para pagar por isso.

Aprendi essa e outras regras interessantes com Michael Epsteen, um velho amigo que trabalhou a vida inteira com imóveis na Califórnia. Michael foi meu parceiro no final da década de 1980 e continua sendo meu guru dos imóveis. Foi ele que me ensinou a verificar nas seções de especialidades dos supermercados a quantidade de alimentos étnicos, como uma forma de analisar criticamente os dados sobre a demografia local, e para determinar se uma área tem um paladar investigativo – disposto a provar novas comidas. Epsteen não é o único a utilizar tais observações. Antes das demografias modernas, o McDonald's não dispunha de nenhuma maneira direta para avaliar o número de crianças em uma área. Para ajudar a determinar novas localizações, a rede de *fast-food* media o comprimento dos corredores de leite nos supermercados, usando o leite como indicador do número de crianças na região.

Michael tem outras regras também. *Não se apaixone por um local ou imóvel.* Em vez disso, use medidas objetivas para determinar se o local supre suas necessidades. *Nunca use a palavra nunca.* As pessoas julgam os imóveis com base em suas experiências em outros mercados. Alguém que parte para Los Angeles vindo do meio-oeste pode ver uma propriedade e dizer: "Eu nunca escolheria esta". Na verdade, pela peculiaridade de cada área de comércio, o local até pode funcionar bem. Após sua marca entrar no mercado, a propriedade pode ser ótima para uma segunda ou terceira localização. *Não ouça ninguém (inclusive você).* Com isso, Michael quer dizer que é preciso ter a cabeça aberta para cada local. Aprenda sobre a área de comércio. Não julgue previamente uma propriedade ou bairro. O local pode ser perfeito para você. Deixe a propriedade falar por si, mais uma vez de acordo com seus objetivos.

Você também não deve dar ouvidos a pessoas que só elogiam uma localização. Isto é, não se apaixone por um local só porque alguém lhe disse que será um sucesso. Cansei de ver uma farmácia abrir em uma esquina e logo depois outras abrirem em locais próximos. Depois todos se perguntam por que estão tendo dificuldades. É verdade que algumas vezes a presença de muitos concorrentes ajuda o negócio de todos, atraindo mais consumidores. Isso é comum com cafeterias e lojas de eletrônicos, por exemplo. A Home Depot e a Lowe's acabam sempre próximas uma a outra, em parte porque ambas precisam de 10 acres de terra e a divisão de zonas da cidade tende a colocar tais parcelas juntas. Além disso, cada uma tem um alvo de consumidores diferente. A Lowe's atende um modelo "faça você mesmo" e seus serviços atraem mais mulheres. A Home Depot tem um seguimento maior junto a contratantes, embora esteja tentando atrair os consumidores de final de semana da Lowe's. Os comerciantes de automóveis descobriram que reunir-se na mesma área faz com que as vendas aumentem. Carros se diferenciam por tamanho, *design* e preço. A Starbucks e os vendedores locais de café atraem públicos diferentes. As lojas de consumidores de eletrônicos se diferenciam entre si pela seleção de produtos, marcas e preços. Sempre há uma razão para esse tipo de sinergia ocorrer, geralmente com base na diferenciação. Não vá para um lugar só porque todos estão lá. Entenda a dinâmica do seu mercado e da sua competição. Fique atento à saturação de uma área comercial. Busque mercados não atendidos.

Na pequena cidade de Bellingham, Washington, analisei a área de um pequeno imóvel perto da Western Washington University. O local ficava perto de restaurantes *fast-food* que cercavam a universidade: McDonald's, International House of Pancakes, Denny's, dois restaurantes vietnamitas, um restaurante chinês e um restaurante *kobe* japonês com preços mais altos. O local em questão era um antigo Burger King, que recentemente havia mudado para uma loja próxima. Um tolo teria corrido logo para essa área para abrir outro restaurante *fast-food*, e eu sabia que muitas pessoas estavam interessadas por aquele local só por causa disso. Mas, observando com cuidado todos os restaurantes na hora das refeições, notei que o restaurante *kobe* tinha um estacionamento lotado e uma longa fila de espera. O segundo restaurante mais lotado era um de preço mediano do outro lado da rua. Nenhum dos *fast-foods* estava muito lotado; a área de comércio estava sobrecarregada deles. O conceito certo não era outro *fast-food*, mas um restaurante interessante para sentar e almoçar com calma, servindo uma cozinha asiática ou filés. O conceito de restaurante de alta qualidade e preço mediano era o único ainda não saturado naquela área comercial.

Não vale a pena ser o tolo que corre para áreas onde seus concorrentes diretos são bem-sucedidos. Busque lojas perto da concorrência somente quando você puder se diferenciar. Em vez de ser apenas outra farmácia, por exemplo, ofereça serviços de correio e de cópias. Encontre uma maneira de atrair um público-alvo diferente (pessoas com mais idade, alunos de colégios, profissionais urbanos). E, é claro, se você for o *Primeiro a Entrar*, a primeira loja daquele tipo, ofereça uma variedade de serviços para evitar a entrada de um competidor com serviços de valor agregado que você não oferece, e assegure-se de que não será desbancado por quem abrir depois de você.

TRATE SUA LOCALIZAÇÃO COMO A PRIMEIRA NAMORADA

Depois que você fizer a "lição de casa", o melhor relatório de demografia a usar é seu conhecimento da rua. Cada imóvel, cada fachada e cada *shopping center* tem sua própria personalidade. Alguns fatores só podem ser mensurados pessoalmente. Nenhum modelo demográfico, por exemplo, mede a conveniência de um estacionamento perto do local. Com seus princípios em mãos, visite cada localização potencial. Aborde os locais como se fosse o primeiro encontro com uma garota. Seja interessado, mas cético. Não importa o quanto se preparou, o quanto já ouviu; você não tem como saber se as coisas vão funcionar até ficar frente a frente com a nova pessoa – ou com uma nova localização. Você quer que tudo dê certo, mas também quer estar preparado para ir embora se algo não ir bem.

Sempre verifique primeiro o tráfego de veículos e pedestres. O local tira vantagem do tráfego de automóveis na rua? As cidades americanas medem a Média de Tráfego Diário (ADT*) de suas principais avenidas. Nunca fique mais de uma quadra do local onde está baseando sua conta de tráfego. Você precisa colocar sua placa e sua fachada na visão do máximo de consumidores possível. Se o aluguel parece muito caro, considere alguma parte do custo como *marketing*, e não relacionado somente ao espaço. Uma loja não vende apenas produtos, ela constrói um nome e um reconhecimento de marca. Dentro de um *shopping center* há diversos níveis de visibilidade. Uma posição no final do *shopping center* com excelente visibilidade é desejável, e um local escondido não é. Um bom lugar serve como um *outdoor* de *marketing*. Uma fachada atrás da rua principal, ou em um ângulo que os consumidores não podem ver, é uma perda de oportunidade. Uma placa que os consumidores vêem regularmente torna-se parte da "linguagem de reconhecimento de padrões" em seus cérebros. Dado que eles vêem sua loja todos os dias quando passam por ela, lembrarão dos seus serviços quando precisarem. Na maioria das vezes, o melhor é estar em uma esquina. Uma esquina dobra a oportunidade visual de registrar sua marca na mente dos consumidores. Também dá maior visibilidade a seus clientes. Esquinas são particularmente boas para conceitos de restaurantes.

Os consumidores também precisam ter fácil acesso a sua loja. Uma travessa à esquerda ou uma interseção com uma placa fazem com que as pessoas possam dobrar para sua loja de forma rápida e segura? Existe tanto congestionamento que as pessoas têm problemas quando *saem* de sua loja? Você não deseja dar a seus clientes potenciais uma razão para não pararem. Considere os *tradeoffs* com cuidado. Uma localização pode estar no lado correto da rua para seu conceito, mas outra pode ter visibilidade superior e bons vizinhos. Escolher a segunda pode ser a melhor aposta, especialmente se a presença de outras lojas já "condicionou" os consumidores "a dobrar à esquerda" e entrar na área. Há vagas suficientes no estacionamento perto da sua loja? As pessoas com mais idade não gostam de car-

---

* N. de R.: No original, em inglês, *Average Daily Traffic*.

regar pacotes além do necessário. Outras considerações incluem a qualidade geral da área, em termos de idade e de condições do prédio, a limpeza e a atratividade das ruas, o total e a qualidade do tráfego de negócios (veículos e pedestres), e a taxa de assaltos na região.

A visibilidade é a consideração número um para a maioria dos conceitos. Primeiro à distância, depois mais perto, imagine seu conceito no espaço. Há boas linhas de visão? Uma vez que seu nome estiver na faixa, ele irá se destacar? Os motoristas conseguirão ver sua placa na rua? Os pedestres na calçada e em outras partes do centro vão enxergá-lo? O *design* do prédio dispõe de espaço suficiente para a sinalização de sua loja? Conheça o código de sinais local e o código de sinais dos donos de cada propriedade e a possibilidade de se distinguir dos mesmos. Se o centro tem sinais uniformes, será difícil colocar sua placa nas suas cores e talvez até mesmo com seu logotipo. Se a fachada for escura, você poderá instalar uma placa mais clara para que o contraste torne a sinalização legível de longe. Se possível, negocie a inserção de seu nome em uma placa "monumento" na rua, ou em um poste que tenha somente o nome da sua loja.

Agora, compare todos esses fatores para as diferentes localizações possíveis na mesma área. Um novo concorrente poderia alugar uma loja em uma esquina próxima, ou em frente à sua loja em um *shopping center*. Ele também poderia abrir uma loja próxima à sua, atraindo seus clientes antes mesmo de passarem em frente à sua loja. Na Starbucks, discutimos muito sobre o uso de localizações estratégicas para "controlar a oportunidade do cliente". Outros especialistas falam em interceptar o fluxo de clientes ou "capturar o vento". Em uma corrida, um barco pode posicionar-se de maneira a bloquear o vento para seus competidores, fazendo-os perder velocidade. O mesmo pode ocorrer na competição entre lojas. Um concorrente pode escolher um local onde a maior parte do fluxo de clientes passe primeiro por ele. A habilidade de retirar vendas de seus concorrentes explica por que as localizações em esquinas, nas áreas centrais de negócio, são tão almejadas, considerando que uma esquina pode ser substancialmente melhor ou pior do que outra devido à direção do tráfego de pessoas. Se você consegue atrair os consumidores de um concorrente existente ou potencial, então tem uma locação estratégica. No entanto, se o competidor consegue atrair seus clientes, é ele que tem uma loja em local estratégico e você deve procurar à volta por um local mais adequado na vizinhança ou mesmo em outra dica comercial. Sempre olhe para uma localização potencial avaliando o posicionamento do competidor. Você precisa ter alguma certeza de que não será engolido pelos concorrentes.

Depois de estar seguro de que o local irá capacitá-lo a ficar "acima" de seus competidores, observe o tipo de cuidado que foi tomado com a arquitetura e o *design*. A localização parece própria ao varejo? Ela tem apelo? Mesmo pequenos *shopping centers*, parecidos em leiaute e *design*, têm grandes diferenças em qualidade. A qualidade do local é pelo menos igual à do produto? Sempre considere a arquitetura do ponto de vista da construção da marca. Quando a Starbucks entrou em Boston, eu queria uma determinada localização em um prédio histórico no bairro de Beacon Hill; queria tanto que tive de falar com o dono do imóvel. Ele nunca tinha ouvido falar na Starbucks e não sabia da qualidade ou da força financeira do produto.

Aquele local havia sido antes uma loja de conveniência, o que o tornou subutilizado em termos de qualidade de ambiente físico e personalidade do prédio. Havia ainda duas grandes desvantagens. A primeira era a restrição da associação do bairro à sinalização. A Starbucks não poderia usar sua marca em verde; o letreiro não poderia ser luminoso e deveria apresentar letras douradas e fundo preto. Eu estava tranqüilo quanto a isso, o preto e o dourado ficariam elegantes sobre a fachada de pedra calcária do prédio. A maior preocupação era que os consumidores teriam de caminhar alguns passos para entrar na loja. A entrada de uma loja deve ser receptiva. Diferente de um apartamento, onde o que conta é o ambiente de privacidade, a entrada de uma loja de varejo nunca deve exigir passos para cima ou para baixo, priorizando a facilidade de acesso. Uma entrada de porta dupla geralmente funciona melhor do que uma de porta única. Por que tornar a entrada difícil para os pedestres, especialmente quando estão carregando pacotes? Por que tornar difícil para os pedestres saírem, quando você quer que eles estejam carregando mais e mais pacotes – ou um copo quente de café? Deve haver uma conexão entre a calçada e a loja. Jamais escolha um ponto abaixo do nível da calçada. Exceto para bares, qualquer localização em níveis inferiores é associada a "porões de barganhas".

No máximo uma vez em cada cem você deve pegar um espaço que exija a subida de escadas. Aquela foi a nossa vez. O local ficava numa esquina de Beacon Hill, do outro lado do Public Gardens e perto da State House. Ele apresentava a marca para uma grande platéia de residentes locais, trabalhadores e turistas. A qualidade da localização, do prédio e dos vizinhos: tudo criava a demonstração de marca que a Starbucks queria, em um bairro que representava o melhor de nosso perfil demográfico. Os imóveis jamais devem se afastar do posicionamento da marca. Pelo contrário, devem sempre apoiá-la. Aquele local reforçava drasticamente nossa marca nesse novo mercado. Até hoje ele permanece como nossa loja-líder em Boston.

SABENDO QUEM ESTÁ PERTO

No varejo, você é julgado pelas empresas que possui. Os consumidores assumem que lojas perto umas das outras têm produtos com qualidade similar. Os vizinhos de varejo que você tem também determinam suas vendas. Se você está vendendo o mesmo tipo de produto que a Sears, o melhor local para você é o estacionamento dela! Você deve descobrir uma especialidade deles, fazer melhor do que eles, e aumentar suas vendas e *marketing* para atrair os consumidores no caminho da Sears. A construção de sua loja em locais com marcas similares é tão importante que algumas estratégias de localização se tornam parasitas. Por muitos anos, a Fashion Bug, um varejo de acessórios e roupas para mulheres, tinha como estratégia de expansão nada mais do que "achar o K" em cada cidade. Se a Kmart tinha uma loja de sucesso em algum lugar, a Fashion Bug sabia que precisava estar na mesma área, de preferência no mesmo *shopping center*, para vender à mesma demografia de pessoas da classe média.

É fácil determinar o público que um *shopping center* atrai, e a mensagem que passa ao mercado. Um *shopping center* que tem como inquilino-âncora uma loja de doces como a Whole Foods Market no leste dos Estados Unidos transmite uma mensagem diferente sobre qualidade e preço do que um centro com uma loja de ferragens como âncora. Tenho visto lojas de vestidos de alta qualidade em *shopping centers* que atendem famílias de trabalhadores, como os que freqüentam a Fashion Bug ou a Dress Barn. Os donos escolhem pelo aluguel mais barato, assumindo que os consumidores irão à loja pela falta de outros estabelecimentos desse tipo. Os vizinhos são tão importantes quanto a localização e a apresentação de um prédio. Nunca alugue perto de lojas que têm como alvo consumidores menos abastados que os seus. Sempre procure ficar perto de lojas que têm como alvo consumidores "melhores" do que os seus e tente atraí-los.

Na Starbucks, procurávamos escolher locais ao lado de varejistas de alta qualidade já estabelecidos em corredores altamente visíveis, convenientes para a experiência de compra diária. Procurando a esquina *Main & Main* – a melhor esquina do melhor cruzamento em uma área de compras, fosse num distrito de negócios, num *shopping center* urbano de rua, ou num *shopping center* suburbano –, evitávamos locais próximos a *fast-foods* que poderiam desvalorizar nosso nome e posicionamento de marca. Quando começamos, o café estava associado à comida barata. Os proprietários não acreditavam que poderíamos pagar o aluguel vendendo copos de café. Nem acreditavam que atrairíamos o tipo de consumidor que eles queriam perto das lojas de seus outros inquilinos. Quando mostrávamos a qualidade de nosso *design*, a demografia de nossos consumidores e, o mais importante, nossas finanças, eles rapidamente mudavam de opinião. Alguns anos mais tarde, os proprietários é que nos procuraram. Eles queriam que fôssemos *âncoras* em alguma esquina de seus *shopping centers* e ruas. A qualidade de nossa marca criou uma identidade que atraía não apenas consumidores, mas também lojas de alta qualidade. De fato, durante o tempo em que estive na Starbucks, encontrei um artigo dizendo que pessoas estavam comprando residências nos bairros ricos de Portland, Oregon, usando a estratégia de localização da Starbucks como um "indicador de espécies". Se abríamos naqueles bairros, as pessoas achavam que eles eram um bom local para se morar. Nosso investimento fazia com que pensassem que valia a pena investir ali também. Eu já havia percebido esse fenômeno, e o artigo o confirmou. Trazíamos não apenas consumidores ou outros inquilinos para as áreas onde nos instalávamos, mas também novos residentes.

Outra consideração sobre as lojas vizinhas é a *atração*. A Starbucks preferia abrir perto de videolocadoras e lavanderias porque esses estabelecimentos recebem uma visita de duas paradas: uma para deixar, outra para pegar. Ambas também têm demanda pela manhã, o pico das vendas de café. Um posto de correio da UPS é outro grande gerador de tráfego. Lojas regionais, como a The Home Depot e a Target, podem trazer muito tráfego, mas você deve estar fisicamente perto da porta da frente delas para ter benefício. Se estiver no final do corredor de um *shopping center* ou no final de uma rua, a localização pode não ser muito boa. Você talvez fique melhor fora, em um centro próximo com grande visibilidade, onde os consumidores o verão no caminho para a loja regional.

Para fazer uma avaliação o mais objetiva possível, considere o uso de um sistema de classificação simples para os grandes atributos de sua loja. Em uma escala de 1 a 5, 5 sendo o máximo, você pode classificar um local quanto aos aspectos que discutimos: a qualidade geral do bairro, a qualidade do *shopping center* ou da fachada, o tráfego de veículos, a visibilidade, a facilidade de acesso de veículos, a facilidade de acesso para pedestres, a disponibilidade de estacionamento, o número e a qualidade dos vizinhos e de outros geradores de consumidores, como a proximidade de centros comerciais, e outros fatores que você julgar relevantes. Se um local tiver uma pontuação baixa, esqueça-o. Se o local em geral for bem, mas tiver duas ou três notas baixas, pense com cuidado antes de proceder. Talvez a área não seja a melhor, mas o volume de tráfego e o fluxo compensam. No entanto, o aconselhável é fazer outras pesquisas para saber se a área está em ascensão ou queda. Avalie com objetividade cada desvantagem para garantir que outros critérios, incluindo o fato de que a área pode melhorar no futuro, compensem os defeitos.

USANDO A COMPARAÇÃO DE LOJAS PARA CONFIRMAR O INVESTIMENTO

Depois que fizer uma seleção inicial de localizações, com base em todos os aspectos discutidos, você ainda vai precisar garantir que sua loja terá sucesso econômico. Felizmente, é possível combinar as técnicas demográficas aqui descritas com a história financeira das lojas existentes, para assim prever os resultados prováveis das lojas em novas áreas. Construir uma estimativa de vendas é o último passo para garantir que o novo local dará o retorno desejado. O relatório de lojas análogas, como é conhecido, compara e contrasta a nova locação proposta com lojas em áreas de comércio parecidas de acordo com a demografia, lojas vizinhas, outros *shoppings* próximos, prédios de escritórios, bases militares e geradores de tráfego similares. Com base nas vendas das lojas similares, e ajustando para qualquer diferença, você poderá prever as vendas da nova loja (um pequeno varejo em expansão local pode utilizar um grande varejo com um conceito semelhante para obter as lojas "análogas", deduzindo a estratégia da grande empresa e os índices de vendas dos dados publicados e por observação direta. Veja também o Capítulo 10, "Colocando o modelo econômico em funcionamento", sobre modelos econômicos).

Em geral, criamos três categorias de lojas existentes análogas. A primeira é a loja que tem a demografia mais parecida com a nova loja. A segunda é a de uma loja em uma área que tem, no raio de dois quilômetros, uma população próxima à da loja planejada. A terceira é a da loja mais próxima, se houver alguma na mesma área de comércio. Para as lojas análogas, levantávamos todos os dados relacionados aos fatores que levam ao sucesso. Normalmente, eram os mesmos fatores que utilizávamos na seleção de um novo local. Para um cliente, os consumidores atraídos em um raio de dois ou 16 quilômetros eram fatores importantes, então observávamos a população total nesse raio, assim como a população durante o dia. Também fatoramos o número de segmentos demográficos que apoiavam o conceito e o total de populações que englobavam. Da mesma forma, levamos em conta os grandes inquilinos na vizinhança de cada loja, incluindo a loja proposta, o tráfego em cada estrada e o número de *shopping centers* perto de cada uma delas.

Então, analisamos as vendas. As lojas com as demografias que mais se encaixavam às da loja proposta também eram as piores em desempenho. As razões ficaram claras quando todos os dados foram expostos. A loja de mais baixo desempenho tinha um terço da população local, um quarto do número de moradores e um décimo da população diária. Para fins de comparação, escolhemos ficar indiferentes a isso. Duas outras lojas análogas estavam tendo um retorno de cerca de 900 mil dólares, e as lojas existentes na mesma área de comércio estavam fazendo quase 940 mil dólares em vendas. A nova localização era superior às outras no que se refere a muitos dos critérios descritos neste capítulo. O local era em um novo *shopping center* em um grande cruzamento que se beneficiava da presença de um *shopping* regional, e as lojas vizinhas incluíam uma grande rede de confeitarias, uma loja de cama e banho, um cinema e uma loja de música. Nenhuma das lojas análogas tinha esses geradores de tráfego. Dadas as vendas das lojas existentes, podíamos prever com confiança que a nova loja geraria um milhão de dólares de vendas anuais. Realmente acreditávamos que ela teria um grande potencial de crescimento comparada às outras, ainda que para fins de planejamento mantivemos projeções financeiras conservadoras.

Com unidades suficientes, os dados de vendas das lojas existentes irão capacitá-lo a alinhar suas projeções financeiras para as novas lojas de acordo com a qualidade do local. Entre suas próximas cinco lojas, você poderá acabar com duas em localizações medianas a seu critério; duas em locais acima da média; e uma em um local excelente. Analisando as vendas, você descobrirá que uma loja acima da média rende 10% mais do que uma mediana, e uma loja excelente faz 20% mais. Assumindo um milhão de dólares em vendas mensais como base, você poderá estimar com razoável certeza que o total de faturamento das lojas (um milhão, um milhão, 1,1 milhão, 1,1 milhão e 1,2 milhão) será de 5,4 milhões de dólares, em vez de cinco milhões. Para enfatizar mais uma vez a importância da localização, o faturamento adicional gerado pelas três lojas acima da média representa *lucro puro* – todas terão o mesmo custo operacional. Se uma loja em um local excelente tem baixo desempenho, você já sabe que deverá procurar com cuidado pelo erro operacional.

Esse tipo de análise financeira por localização e demografia também fornece dados valiosos sobre a possibilidade de uma falha em seu conceito ou em um momento de recessão econômica. Um varejista de bilhões de dólares nunca achou que precisava de uma análise detalhada de localização até que as circunstâncias obrigaram o fechamento de 50 lojas. Nesse ponto, a empresa percebeu que não tinha os sistemas necessários para promover sua expansão. Ela não tinha uma definição precisa de sua base de consumidores ou da origem desta. Não podia sequer apontar o que gerava o lucro em vários locais. Se fechasse uma loja em uma localização "X", não poderia determinar se os consumidores iriam para uma localização "Y" próxima ou ficariam inteiramente perdidos. Da mesma forma, não podia prever quais locais tinham o maior potencial de crescimento. No exemplo das lojas análogas, se a questão fosse qual loja fechar, a resposta seria aparentemente fácil. A loja de mais baixo desempenho seria fechada – não pelas baixas vendas, mas pela demografia ruim (um terço de população local, um quarto do número de moradores, um décimo de população diária) que tornava o crescimento difícil. Como você deve ter percebido, essa loja abriu sem uma análise demográfica cuidadosa. Apesar de representar um retrocesso, a decisão de relocalizar ou mesmo fechar essa loja certamente seria parte de uma revisão regular do portfólio de imóveis da empresa.

INVESTINDO EM CONHECIMENTO PARA CRESCER

Encontrar o melhor local em uma cidade, especialmente quando você não é familiarizado com ela, nunca é uma tarefa fácil. Fazê-lo adequadamente custa caro e leva tempo, mas lhe dará retorno e evitará frustações pelo caminho. Livros que tratam desse tópico irão ajudá-lo a começar, mostrando como os profissionais avaliam os imóveis para as lojas de varejo. *Location, Location, Location*, de Luigi Salvaneschi, que foi presidente da BlockBuster Video e o principal responsável pelo desenvolvimento imobiliário da McDonald's Corporation e da KFC, oferece um bom *insight* sobre como as grandes redes abordam novos mercados, tanto do ponto de vista estratégico quanto do tático. Salvaneschi ensina o processo como se estivesse escolhendo as próximas poucas localizações para sua própria empresa, abordando tudo, desde áreas gerais de comércio e fluxo de tráfego, até questões como por que uma esquina longínqua de um cruzamento pode ser melhor do que uma esquina próxima. *The Site Book: A Field Guide to Commercial Real Estate Evaluation*, de Richard M. Fenker, trata de questões práticas e operacionais e de como usar pesquisas de campo para verificar cada aspecto positivo e negativo de qualquer local. Um terceiro livro, *Site Selection: New Advancements in Methods and Technology*, de Robert W. Buckner, é relativamente técnico. O livro discute vários modelos, pesquisas com consumidores e outras análises sofisticadas pelas quais um varejista pode avaliar áreas de comércio e a localização de lojas.

Utilizando abordagens diferentes para o mesmo tópico, todos esses autores concordam em três pontos importantes: 1) as análises devem começar em nível nacional e ir descendo pelas MSAs e pelas áreas de comércio locais antes de as localizações específicas serem avaliadas; 2) uma metodologia bem pensada deve ser usada para criar critérios de avaliação; 3) qualquer plano de imóveis deve incorporar a idéia do posicionamento estratégico vis-à-vis com os concorrentes. Assim como você utilizou análises demográficas para selecionar e priorizar áreas metropolitanas, você usa o mesmo tipo de análise para identificar a melhor área de comércio em cada MSA. Nas inspeções de locais, determine qual localização é a melhor entre as muitas possíveis em cada área de comércio. Considerar com cuidado as comparações financeiras garante que as localizações propostas gerarão o retorno de investimento necessário. O Capítulo 14 dará exemplos detalhados de como tais esforços combinados melhoram a seleção dos locais e aumentam as chances de sucesso para qualquer conceito. Também mostrará como a localização pode afetar uma empresa de maneira inesperada. Conhecimento é poder, e quanto mais você souber sobre a constituição de seus consumidores e as lojas potenciais, mais suas lojas terão um grande lucro.

O processo de locationing
14

Os dois últimos capítulos analisaram profundamente a metodologia necessária para expansão em novos mercados. Este capítulo oferece exemplos específicos do trabalho que fizemos com empresários para encontrar as melhores áreas metropolitanas para expansão e os melhores locais dentro daquelas áreas. Os dados reais foram modificados por razões de confidencialidade e retratam uma empresa fictícia, mas os problemas são fiéis à realidade de muitos varejos e a análise descreve com exatidão o processo pelo qual passamos repetidas vezes. Os números usados para descrever as áreas metropolitanas (MSAs), a quantidade de lojas e de concorrentes em várias zonas de comércio e dados similares foram propositadamente escolhidos para representar as faixas que se aplicam a diversas empresas. O mesmo é verdade para o montante de dólares usado nas vendas das lojas. Obviamente, os números para seu conceito podem variar consideravelmente, mas qualquer análise demográfica que você contratar deverá atingir a mesma profundidade, obter um nível similar de detalhamento e capacitar uma tomada de decisão bem formada para sua expansão ou relocalização.

A nossa empresa fictícia é a Opportunity, Inc., que vende bens de consumo. Ela possui várias lojas em mercados grandes e pequenos, e o desempenho delas tem sido instável. Como acontece com muitos outros varejistas, sua expansão tem sido confusa. Antes de partir para uma grande expansão, a empresa procurou reexaminar seu processo de seleção de imóveis. "Salvem-nos de nós mesmos", foi como um dos executivos explicou a tarefa.

Não basta classificar áreas com potencial para expansão em termos demográficos ou de níveis de renda, embora ambos esses elementos tenham uma função e a renda seja normalmente um fator decisivo. O objetivo é criar classificações identificáveis de acordo com seus critérios de seleção, de modo que você obtenha um número de MSAs considerável para se concentrar inicialmente. Alguns analistas criam duas faixas de classificação. Nossa metodologia utiliza quatro, sendo a faixa 1 a região com os melhores mercados. Acreditamos que um modelo com quatro faixas funciona bem na previsão de desempenho da loja, particularmente na 1 e na 2. O ponto de corte específico para a renda criar uma faixa depende do conceito. Um conceito vinculado a uma população de mais baixa renda usará um valor também de baixa renda para ordenar as faixas; um conceito relacionado a uma demografia de renda mais alta usará, obviamente, uma renda mais alta.

Como a demografia é definida por outros fatores antes que as faixas sejam criados pela renda, algumas vezes o ponto de corte varia consideravelmente mesmo para conceitos que apelam para consumidores com a mesma renda. A escolha do ponto de corte aqui requer muito cuidado. Faixas definidas pelo número de consumidores com 100 mil dólares de renda anual, por exemplo, renderão menos localizações na faixa 1 do que para consumidores com 50 mil de renda anual. Essa quantidade menor ser positiva se você precisar criar foco, ou se o produto em si for caro, como automóveis de luxo ou iates. E negativa se o objetivo for uma expansão acelerada, porque o modelo gerará poucos mercados para abastecer o crescimento. Um ponto de corte alto também pode criar muitos mercados de baixa qualidade na faixa 2; assim, você poderia acabar com uma faixa 1 de 10 mercados e uma faixa 2 de 50 mercados, muitos para se priorizar efetivamente. O mesmo pode ocorrer se o ponto de corte for muito baixo – são tantos mercados na faixa 1 que a divisão se torna significante. Encontrar o balanceamento certo – que pode ser, por exemplo, um modelo com 10 mercados na faixa 1 e 20 na faixa 2 – exige tempo e esforço de um bom analista.

Nossas análises para a Opportunity, Inc., rapidamente identificaram quatro tipos de mercados. A faixa 1 era uma MSA com mais de 400 mil pessoas com alta renda, que resultava em uma propensão a gastos (lembre-se de que o número 400 mil não é tão alto; é apenas um ponto de corte originado diretamente da demografia desse conceito e da necessidade de criarmos faixas gerenciáveis). A faixa 2 era uma MSA com mais de 400 mil pessoas com renda média mais baixa. Apesar de ter menos propensão a gastos, o total da população representava uma concentração suficiente de pessoas com altos ganhos para tornar essa área atraente. A faixa 3 era uma MSA com alta renda e baixa população. A faixa 4 era de baixa renda e baixa população. As duas melhores faixas representavam 80% do faturamento da Opportunity, e não pela maior quantidade de lojas nesses mercados (de fato, a Opportunity tinha apenas 67 lojas nas 75 melhores MSAs).

Análises posteriores mostraram que não havia diferenças nas vendas por regiões, mas uma grande diferença pelas faixas. Aproximadamente dois terços das lojas mais fracas (quase metade de todas as lojas) estavam localizados nas MSAs das faixas 3 e 4. As lojas mais fracas ganhavam apenas metade da média da rede. A renda por loja nas faixas 1 e 2 era 20% maior do que a média da rede e aproximadamente três vezes a das lojas mais fracas. Posteriormente, descobrimos também uma correlação forte entre o faturamento das lojas e o número de moradores de alta renda dentro de um raio de 13 quilômetros. Porém, mais de um terço das lojas da Opportunity estava localizado em áreas de baixa renda. A conclusão era que as novas localizações poderiam aumentar drasticamente as vendas para inúmeras lojas.

Nossas análises revelaram uma competição acirrada naquela categoria. Dos 25 melhores mercados, cinco tinham 100 ou mais concorrentes. Outras dez MSAs tinham 50 ou mais. A maioria das demais tinha entre 25 e 50 concorrentes. Somente alguns mercados tinham um número pequeno de competidores, mas não se encontravam próximos aos locais onde a Opportunity estava bem estabelecida e poderia operar com facilidade. Esses mercados dariam à Opportunity uma chance de conquistar novos mercados nos próximos anos, mas não fariam com que a empresa melhorasse rapidamente seu posicionamento no mercado. Os concorrentes, em geral, haviam deixado poucas brechas a serem exploradas. Então, recomendamos que, no curto prazo, a Opportunity se preocupasse em dominar um estado específico (no caso, o Texas). Apesar da presença de grandes concorrentes, as lojas de maior renda da Opportunity estavam lá e ela tinha a capacidade operacional de sustentar outras. Quatro de seus mercados da faixa 1 e cinco da 2 estavam naquele estado. A desvantagem estratégica da empresa não era resultado da força dos competidores, mas sim de uma concentração insuficiente de suas próprias lojas.

"Dominar o Texas" e fortificar a presença em outras das melhores MSAs no país maximizaria as vendas, bem como a eficácia operacional pela abertura de inúmeras lojas próximas. Abrindo 50 lojas em três anos em áreas com grande potencial, estimamos que a Opportunity poderia aumentar suas vendas em 13% ao ano, mesmo se as lojas novas não rendessem mais que a média das atuais. Se a Opportunity pudesse dobrar o número de lojas em três anos nos mercados certos – algo difícil, mas possível – e aumentar modestamente a renda das novas lojas como

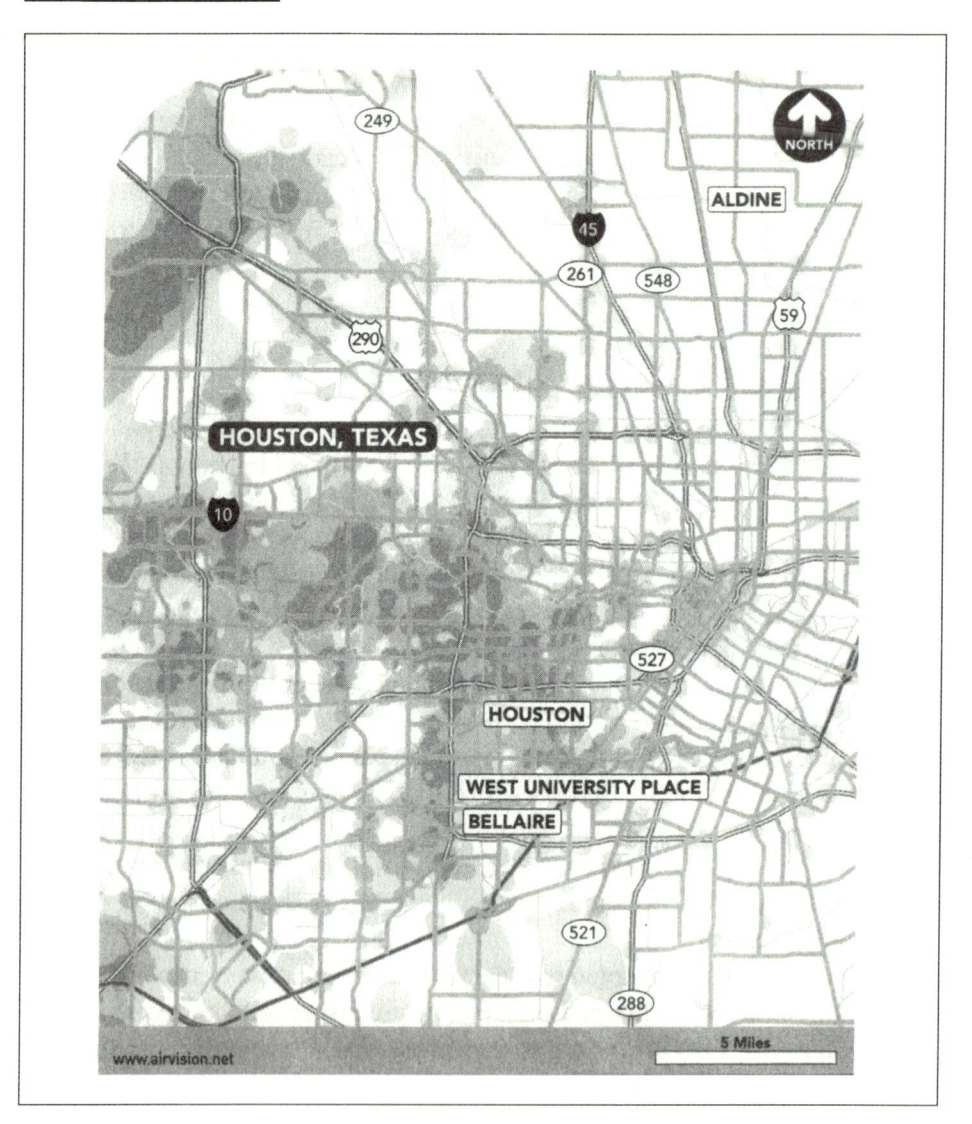

FIGURA 14-1 Com base no perfil dos consumidores e nos critérios de competição da empresa Opportunity, Inc., a cidade de Houston, Texas, tornou-se a principal candidata para a expansão. As análises demográficas identificaram inúmeros "pontos quentes" (as regiões mais escuras), indicando áreas com bom potencial na região metropolitana. Análises adicionais identificariam as duas ou três melhores áreas de comércio para o conceito da Opportunity. A empresa selecionaria as melhores localizações dentre as disponíveis nessas áreas. Se fosse a primeira loja da Opportunity, em Houston, a área de localização talvez não importasse. Porém, se a empresa já possuísse lojas na cidade, a análise dos "pontos quentes" definiria cruzamentos de rua específicos, a fim de determinar os melhores locais para a instalação de novas lojas sem reduzir as vendas das já existentes.

resultado das melhores localizações, a empresa poderia aumentar seu resultado de vendas geral em no mínimo 24% ao ano.

Priorizar os mercados de acordo com os perfis dos consumidores e com as forças operacionais permitiu à Opportunity uma maneira ordenada de proceder nos anos seguintes, assim como uma grande oportunidade de mudar seu negócio. Abrir novas lojas, além de expandir o negócio principal, proporcionou a atualização da marca com novos *designs*. Usando os critérios de avaliação desenvolvidos para as novas lojas, a Opportunity também foi capaz de criar um método sistemático para determinar o futuro das lojas existentes. A empresa concordou em fechar as lojas de baixo desempenho em áreas de demografia pobre e com poucas chances de um crescimento futuro. Se uma loja estivesse mal localizada mas em uma área com boa demografia, recomendávamos a relocalização na hora da renovação do contrato – a menos que a relocalização pudesse gerar mais renda do que o custo de romper um contrato de aluguel, caso para uma mudança imediata.

Como a Opportunity já tinha várias lojas em mercados pequenos, é de se perguntar por que não recomendamos sua entrada em cidades pequenas, como a Wal-Mart fez no varejo geral (a Wal-Mart seguiu a estratégia *Até mais* na vitória sobre os pequenos comerciantes locais). A resposta é que a Opportunity vendia para uma vasta gama de consumidores. Suas lojas estavam operando em uma amostra representativa de mercados de todos os tamanhos. Quando analisamos a base de consumidores, descobrimos que quem escolhia a Opportunity em detrimento dos seus concorrentes o fazia em grandes mercados. De fato, a Opportunity era mais bem-sucedida nas cidades grandes do que nas pequenas. Assim, recomendamos que a empresa abrisse novas lojas nas melhores cidades metropolitanas. Se os consumidores estivessem localizados nas cidades pequenas – ou se a Opportunity estivesse determinada a ser a loja *destino* em sua categoria para os pequenos mercados –, teríamos optado por aquela direção.

ESCOLHENDO UM LOCAL ESPECÍFICO

Depois de escolher o Texas como território de expansão, examinamos cada MSA do estado. Identificamos Houston como o melhor mercado para entrar, com base nas forças competitivas e operacionais da empresa. Usando a metodologia e a demografia detalhadas no capítulo anterior, elaboramos um mapa das melhores áreas de comércio para o conceito. Os mapas nos guiaram a determinadas áreas e submercados que tinham bons lugares de acordo com os critérios que sabíamos estar correlacionados ao desempenho das lojas. Depois de identificar esses mercados, comparamos com as lojas existentes que possuíam características similares para validar nossa avaliação e desenvolver previsões baseadas na comparação de vendas. Finalmente estávamos prontos para examinar o prospecto de locais físicos para selecionar a loja. O Capítulo 3, "A importância da primeira loja", discutiu questões específicas sobre as lojas e sua localização. O exemplo a seguir discutirá questões específicas relacionadas a um *shopping center*.

Nossas análises indicaram dois possíveis *shopping centers* que mereciam ser analisados. Estávamos encarregados de inspecionar os locais e de recomendar qual deles era preferível. O primeiro *shopping center* tinha boa visibilidade e tráfego, mas não possuía como inquilinos redes de lojas de penetração nacional que geravam uma alta freqüência de compras e apoiariam o conceito da Opportunity. Outra desvantagem do *shopping center* era sua localização: ficava no meio de uma quadra, o que limitava o acesso. O segundo *shopping center* tinha alto tráfego e várias marcas nacionais que chamavam atenção para o conceito. Além disso, ficava num cruzamento com semáforo, tornando o acesso mais fácil. Esses fatores nos fizeram descartar rapidamente o primeiro local.

O segundo *shopping* também oferecia três possibilidades de localização para a loja da Opportunity; então, visitamos o local para ver qual das áreas seria a melhor. Como todas as questões relacionadas a esses três locais e ao *shopping* são representativas daquelas que os varejistas enfrentam em um *shopping center* normal, vamos examiná-las detalhadamente.

A Figura 14-2 mostra os três espaços disponíveis para aluguel nos locais definidos como A, B e C. A questão era qual deles seria o melhor para um varejo geral. Avaliamos, nesta ordem, o tráfego, o acesso e as lojas vizinhas. De nosso banco de dados de tráfego, identificamos que a Rocket Road, indo do norte para o sul pelo lado esquerdo, era uma grande via arterial por onde passavam 50 mil automóveis diariamente. Na Yao Parkway, indo do leste para o oeste pelo alto, circulavam 30 mil veículos por dia. O mapa do *shopping center* já tinha mostrado muitas coisas. O local A ficava em uma esquina no prédio principal, perto do Lum's Restaurant e da Walgreens Drugs, que atraiam consumidores; porém, inexistiam

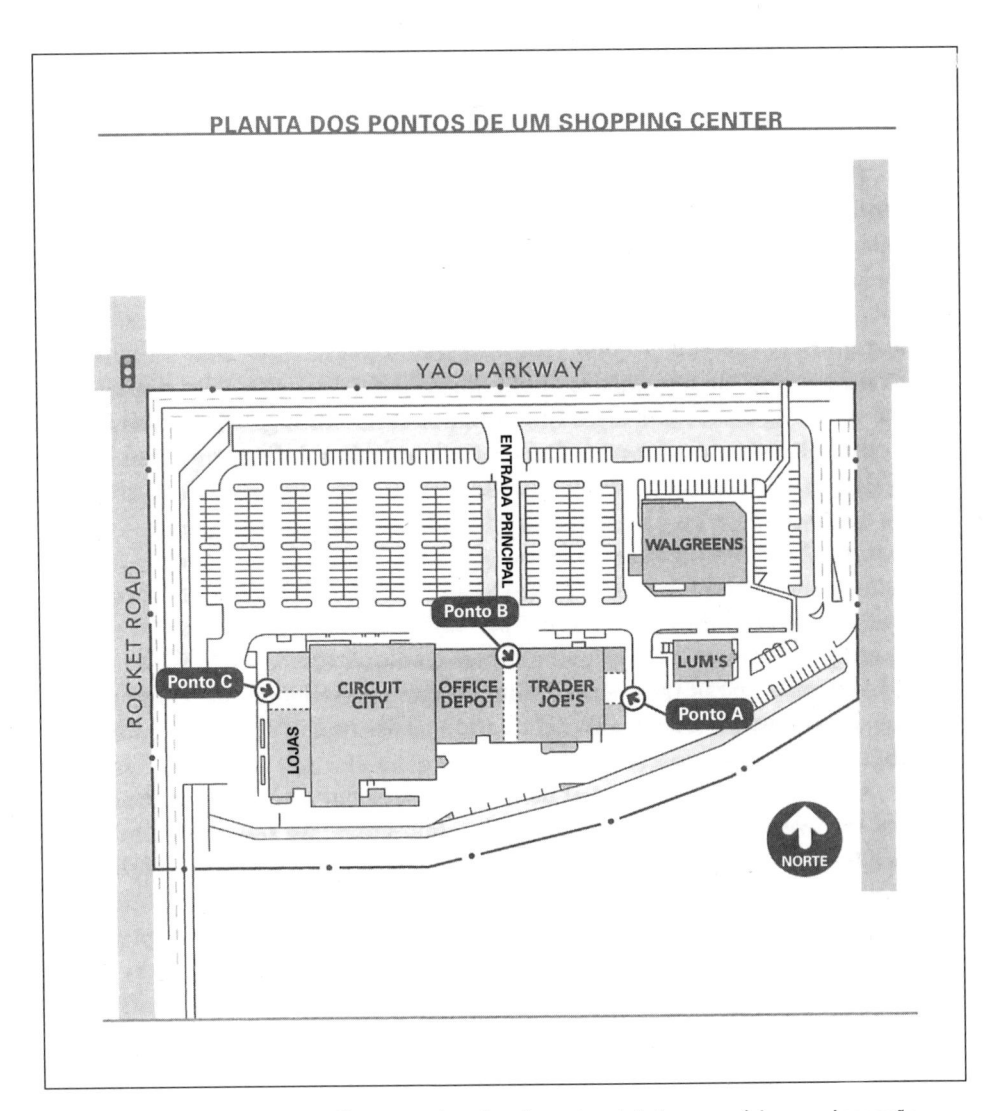

FIGURA 14-2 Depois de identificar uma localização potencial, é necessária uma inspeção física. O mapa indica que o local C seria o melhor para a Opportunity, Inc. pela proximidade a duas ruas com muito fluxo. Porém, uma visita ao local mostrou que o ponto B era melhor que os outros dois. Entre outros fatores, a inspeção revelou que o local C ficava 3 metros abaixo do nível da Rocket Road e era de difícil visualização.

entradas por perto. O local B tinha bom acesso e visibilidade, assim como estabelecimentos de muito tráfego no mesmo lado, mas o formato da loja era longo e esticado. O local C ficava na Rocket Road, de longe a rua mais cheia, e tinha grande visibilidade, mas era limitado à Rocket Road. O dono do *shopping center* tentava persuadir a Opportunity a alugar um dos espaços no local C. O espaço custava 334 dólares por metro quadrado, contra 267 dólares dos pontos B e A, e geralmente o aluguel é proporcional à qualidade do lugar.

No entanto, a inspeção do local revelou o que não aparecia no mapa. Para o ponto A, vimos que o Lum's e a Walgreens tomavam todo o espaço do estacionamento no lado leste do *shopping*. Além disso, o prédio da Walgreens bloquearia a placa da nova loja na Yao Parkway. Para o local C, vimos que muito do tráfego na Rocket Road vinha de pessoas dirigindo para o leste na Yao Parkway e dobrando para o norte na Rocket antes de chegarem ao centro. O cálculo de 50 mil veículos diários diminuiu drasticamente no lado sul do cruzamento da Rocket Road com o *shopping*. A inspeção no local também mostrou por que não havia acesso a ele pela Rocket. O prédio de varejo ficava 3 metros abaixo do nível da rua. Não apenas os consumidores não teriam acesso a partir da avenida, como também a loja não seria tão visível a partir da Rocket quanto gostaríamos (quando o mapa mostra a inexistência de uma entrada em um local, sempre existe uma razão física, como altura, ou prática, como congestionamentos).

Para o ponto B, a única desvantagem era o formato da loja. A Office Depot e a Trader Joe's, dois estabelecimentos que atraem um grande público, estavam do mesmo lado. O local ficava a apenas 30 metros da Circuit City, que atraía consumidores de toda a região. A partir do mapa, estávamos inclinados a optar pelo local C – assim como os proprietários –, mas uma inspeção revelou que o local B era de fato o melhor para as necessidades da Opportunity. Você pode dar um jeito na maioria dos problemas de espaço, mas nada pode fazer com os problemas de acesso e visibilidade. Melhor de tudo, o local B era 67 dólares por metro quadrado mais barato!

Esse exemplo mostra por que uma inspeção pessoal é indispensável. Todo local tem algum tipo de questão física, boa ou ruim, que não pode ser percebida somente com mapas, maquetes ou fotos aéreas.

Uma última questão. E se o local B não estivesse disponível? Aconselharíamos a Opportunity a pegar o ponto A ou C? E se nenhum outro local nesse *shopping* estivesse disponível – recomendaríamos o melhor lugar do primeiro *shopping center*? Não há uma resposta perfeita. Por já termos feito as análises, sabemos que todos os lugares seriam "bons o suficiente", capazes de render lucro, por isso a expectativa é de que o melhor lugar irá render mais lucro, e não de que os piores locais resultarão em alguma perda. Isso presume, é claro, que nossa inspeção de locais não determinava que as desvantagens físicas de um ou outro lugar tornava nossas projeções insignificantes. Digamos que o local que você deseja possa gerar 15% de retorno, mas não estará disponível por três anos. Digamos que sua inspeção mostre que a estimativa de retorno para a localização secundária seja menor, de 10%, mas que o faturamento começa neste ano. Há valor em se ter menos dinheiro hoje, em vez de muito dinheiro no futuro. Além disso, não há como saber se será possível ter o melhor local em três anos, ou por um preço que o fará mais lucrativo do que o segundo local (se o primeiro local ficar disponível, o problema será ficar ou não com ele por razões estratégicas, para evitar que o concorrente o pegue).

Se, depois de ver os locais pessoalmente, você ainda tiver certeza das projeções financeiras para cada um deles, a próxima consideração será se você deve realmente ficar nessa área de comércio. Na maioria das cidades, duas ou três áreas de tráfego dão a maior visibilidade de marca. Elas são tão fortes e têm tanta atividade de comércio que você simplesmente tem de estar lá para ganhar a exposição da marca e ser bem-sucedido financeiramente. Esse é o único motivo para pegar uma localização B em uma área A. Outra questão é a força de um determinado *shopping center*. Em Seattle, Washington, a University Village é tão poderosa que você pensaria muito antes de dizer não a um espaço lá, ainda que ele não seja o que você queria. Em San Ramon, Califórnia, um *shopping center* está amplamente à frente dos demais. Você escolheria um pequeno espaço nele, mesmo em termos menos favoráveis, em detrimento de qualquer outro lugar, em quaisquer outros termos, nos outros centros comerciais. É isso, ou você deve ir para outra área de comércio.

Diretrizes objetivas como essas tornam mais fácil o balanceamento dos *tradeoffs* e ajudam no difícil processo de seleção de locais.

MAPEANDO O CONCEITO PARA O DESTINO

Como o local B foi a escolha preferida para uma marca de alto conceito junto aos consumidores, outros conceitos poderiam ir tão bem nos locais A e C e no outro centro no Rocket e Yao? A resposta é sim – um varejo voltado a negócios que envolvam contato, ou mesmo consultas. O local C tem um salão de beleza e uma empresa que faz venezianas. Um oftalmologista poderia se instalar ali tranqüilamente, ou mesmo um agente de seguros. Qualquer um dos centros comerciais funcionaria para um negócio no qual os consumidores vão atrás do produto. O local C tem também um centro nutricional, o tipo de negócio que os consumidores geralmente estão dispostos a procurar.

Da mesma forma, qualquer um desses lugares funcionaria como um *destino local*, como uma lancheria, ao qual os consumidores retornam uma vez que o descobrem (o local C tem uma pizzaria). Os locais também funcionariam como um *destino regional*, com as pessoas percorrendo alguma distância para buscar seus produtos. Toda a parte oeste do estado de Washington tem apenas uma loja de móveis IKEA, e as pessoas a encontram. A Wal-Mart atrai gente de todo o país. A Nebraska Furniture Warehouse, em Omaha, atrai pessoas do estado todo. *Shopping centers* de distribuidores são provavelmente o melhor exemplo de destinos regionais que podem estar localizados em qualquer lugar. Eles ficam nas estradas entre cidades ou em auto-estradas em cidades fora dos centros para evitar a competição direta com lojas que vendem as mesmas marcas nacionais, mas os consumidores irão dirigir de Portland ou Seattle à, digamos, costa do Oregon ou ao interior de Washington, para procurar ofertas.

Como o exemplo anterior mostra, você pode ser bem-sucedido com um local secundário em uma boa loja – *desde que encontre uma necessidade que os consumidores já saibam que possuem*. A maioria dos varejos, no entanto, são lojas orientadas para a conveniência. As pessoas dirigirão 15 quilômetros para ir à The Home Depot, mas apenas 2 para ir a uma lavanderia. Ninguém deixará seu caminho para comprar leite, pão ou a maioria dos produtos do dia-a-dia. Se você vende esses itens e não se encontra no caminho, como os consumidores saberão que você existe?

Poucas categorias de varejo estão caracterizadas entre *conveniência* e *destino*. A Starbucks começou como uma loja de conveniência – tinha de estar "no caminho" –, mas, à medida que se integrou à cultura americana, muitas de suas lojas tornaram-se destinos locais: lugares que as pessoas procuram para dar uma parada durante o dia. A Radio Shack é uma mistura de conveniência e destino. Parte do tráfego está relacionada a visitas de conveniência para ver os últimos brinquedos eletrônicos e outros presentes, enquanto outros tráfegos consistem em consumidores que têm uma missão específica – pegar um conector, uma bateria ou algo similar.

Saber exatamente a quem seu conceito atende e onde ele está situado com relação à categoria de conveniência e destino pode ser difícil para algumas novas empresas. Stuart Skorman, o fundador da Elephant Pharmacy, a farmácia de alto serviço e alto contato em Berkeley, Califórnia, descobriu dentro de poucos meses da abertura que precisava de mais poder de atração local. Embora o mercado-alvo fosse perfeito demograficamente – um bairro de alto nível e com boa educação em Berkeley – e a loja fosse perfeita fisicamente dentro da base demográfica, o público simplesmente não era grande o bastante. Não havia pessoas suficientes num raio de 2 a 5 quilômetros para alcançar o nível de demanda que a Elephant precisava, baseado na estimativa de uma farmácia tradicional. Stuart havia selecionado o ponto porque ele se encaixa no modelo da Walgreens de seleção de locais. Como a Starbucks, a Walgreens satura um mercado com inúmeras lojas. O que ocorreu foi que sua ótima base local de consumidores protegia suas quedas mas não maximizava suas altas. Um supermercado oferece muitas razões para os consumidores virem uma ou duas vezes por semana, mas o negócio central das farmácias, as prescrições médicas, tem uma freqüência mensal. Pelo fato de poder demorar até cinco anos para um consumidor trocar seus hábitos de compra, uma farmácia pode não ter um crescimento logo na abertura. A Elephant precisou se esforçar para atrair os consumidores com mais freqüência. Embora a empresa precisasse de mais produtos para receber mais visitas, a loja tinha de permanecer verdadeira com sua demografia central. A Elephant teve de escolher consumíveis que combinássem com a localização – o bairro – para atrair pessoas diariamente. Além disso, Stuart diminuiu suas margens para aumentar o tráfego e começou a enviar catálogos pelo correio listando todas as aulas de graça, o que despertou o interesse do público. Os primeiros quatro ou cinco meses foram difíceis, mas a loja lentamente conseguiu gerar um tráfego maior. A Elephant Pharmacy não buscou uma definição de "local", "conveniência" ou "destino", o que prova que todo empreendedor precisa estudar com cuidado a reação inicial para com um conceito. Os varejistas devem estar preparados para adaptar rapidamente as ofertas da loja às demandas dos consumidores em um local específico.

Um modelo demográfico sofisticado pode apoiar as decisões relacionadas ao processo de expansão, e as inspeções no local das possíveis localizações podem ajudar em quaisquer questões qualitativas relacionadas a um local. A última questão é ter certeza de que o local atende ao tipo de destino que seu conceito pretende. Passar por um problema de localização, como Stuart diz, é uma lição cara demais e deve ser evitada. Mais do que isso, a localização pode conduzi-lo ao sucesso ou ao fracasso. Independente da possibilidade de se tornar destinos locais ou regionais, a maioria dos varejos é de conveniência. Não existe uma regra geral sobre distâncias ou sobre a necessidade de se tornar um destino. Para 90% dos varejos, os consumidores precisam ver sua loja antes do concorrente, e ser capazes de chegar até ela com facilidade. Visibilidade, localização estratégica e acesso são fundamentais. Os clientes devem ser capazes de encontrá-lo e visitá-lo com facilidade, pois a *maioria dos varejistas atende uma necessidade que os consumidores não sabem que têm até encontrar suas lojas*.

PRATICANDO A ARTE DA EXPANSÃO IMOBILIÁRIA

Como os três últimos capítulos mostraram, escolher uma localização consistente e um imóvel seguro para um conceito de varejo é um trabalho exaustivo e demorado. Mas há mais nisso do que segmentar o mercado, analisar as demografias e finanças, e estudar o local. A aquisição de imóveis é um processo, mas a estratégia imobiliária é uma arte. Quando me preparava para falar sobre a expansão do varejo, mostrava a pintura de Jasper Johns "The map" que eu tinha reproduzida em um quadro na entrada de meu escritório. Ela consiste num objeto grande e irregularmente modelado com cores primárias. As cores são tão brilhantes e a textura é tão interessante que você vê o objeto como um todo, como uma pintura abstrata que parece estranhamente familiar. É necessária uma olhada cuidadosa para perceber que ela é o mapa dos Estados Unidos, com cada estado colorido e claramente rotulado. Um mapa de varejo típico para uma rede de varejo, que mostra lojas como pontos em diferentes cidades, é informativo sem ser bonito. A pintura de John é arte, e se tornou um ícone para um pensamento estratégico de imóveis. Você não olha para os imóveis como partes separadas. Pelo contrário, visualiza o resultado final que procura, de forma completa e em termos de peças que devem se encaixar para o desenvolvimento de um conceito de varejo. Assim, as pessoas podem se identificar com a beleza da pintura e começar a entender que fazemos mais do que um trabalho ou a parte chata de um processo. A estratégia de imóveis requer que você tenha em mente a totalidade do que está criando e pense o processo como uma série de eventos inter-relacionados. Como os passos levam a locais particulares, é fácil pensar sobre eles de forma separada. A pintura é uma lembrança visual de que a missão é pegar as peças certas, que possam ser encaixadas para criar uma marca única, distinguível e distinta.

15 Imóveis: quem precisa mais de quem, e quando

Após encontrar o imóvel certo, você precisa alugá-lo por uma quantia razoável. A negociação de imóveis é sobre "quem precisa mais de quem, e quando". Se o proprietário quer você por causa da vaga, ou porque você se enquadra em uma determinada categoria de negócio de que o *shopping center* carece, ou pelos inquilinos que atrai, então você receberá um aluguel melhor. Se o maior interessado pelo local for você, o acordo favorecerá ao proprietário. Por essa razão, sempre procure um imóvel quando não precisa dele. Grandes localizações não ficam disponíveis com muita freqüência. Mesmo que não planeje expandir-se tão cedo, continue no jogo com um corretor de imóveis. Mostre que você é um inquilino ativo procurando expandir-se. Seja o primeiro a saber de uma boa localização (ainda que não esteja pronto para ficar com ela e possivelmente a recuse), e não o último, após o espaço já ter sido alugado.

ALUGUEL *VERSUS* COMPRA

Uma discussão sobre compra e aluguel de imóveis supõe que você prefere alugar a comprar um espaço. Alugar é o procedimento comum, mas comprar pode ser a decisão mais adequada em alguns casos, por exemplo, quando você planeja ter somente uma ou duas lojas. O imóvel por si só oferece um retorno a longo prazo mais alto do que uma operação de aluguel ou outro investimento e você não precisará de capital adicional para expansão. Comprar também faz sentido para locais de *destino*, pequenos ou grandes. É comum para muitas empresas, como varejos de tapetes e outros que oferecem grandes descontos, comprar sua propriedade e fazer uma grande propaganda do local; os clientes percorrerão a distância extra pelos preços mais baixos. O mesmo apelo aplica-se à Costco, à Target, à The Home Depot e a outras lojas estilo *big box*, as quais compram seu imóvel. Elas são grandes o bastante para ter habilidade em aquisição e desenvolvimento, e comprar permite-lhes controlar melhor o processo de desenvolvimento. A ShurGard e outras empresas de armazenamento costumam comprar terras. Elas têm um conceito barato de uma única loja. Conforme a área ao redor se desenvolve, a terra fica mais valorizada. Em cinco ou dez anos, o proprietário pode trocar o armazém por, digamos, um escritório de três andares e aumentar drasticamente o valor das propriedades da empresa.

Para operadores sofisticados, a compra e venda periódica de propriedades é uma boa maneira de aumentar o lucro. É assim que o processo funciona. Um operador com uma grande reserva de caixa compra uma propriedade e constrói suas lojas. O balanço geral não é afetado pela transferência de caixa para bens físicos, e as lojas são mais lucrativas porque não pagam aluguel. Periodicamente, a cadeia junta um certo número de lojas, aluga-as para si mesma em termos favoráveis, e as vende como um todo para outros investidores, geralmente um Fundo de Investimentos Imobiliários (FII). Os FIIs sempre procuram comprar propriedades que tenham aluguéis de longo prazo com inquilinos com crédito. Dessa forma, após alguns anos, o varejista economiza nas taxas de desenvolvimento que o proprietário teria cobrado, não paga aluguel por determinado período, tem bons preços de aluguel de longo prazo, lucra com a venda do imóvel, e, no fim, libera dinheiro para financiar o desenvolvimento de outro ciclo de lojas.

Um varejista pequeno mas em expansão também pode comprar, porém, a razão para tanto deve ser a possibilidade de encontrar uma localização melhor do que as disponíveis para aluguel. No entanto, você precisa ter cuidado para não se apaixonar pela idéia de ter seu próprio imóvel e acabar comprando pontos secundários. Se você está pensando seriamente em abrir seu negócio nos melhores locais, não se deixe influenciar por nenhuma outra idéia, incluindo estar ou não a propriedade disponível para compra. Se você comprar para adquirir uma grande localização, poderá também pensar em fazer uma venda e arrendamento da propriedade, provavelmente a um investidor local. No entanto, essa estratégia só funcionará quando você já tiver estabelecido a lucratividade do conceito; assim, há um risco adicional em comprar em vez de alugar.

É interessante observar que os imigrantes nos Estados Unidos tendem a comprar propriedades para suas lojas com muito mais freqüência do que os próprios americanos. É um fenômeno cultural. Não tenho certeza se eles são melhores pensando no longo prazo, se consideram os imóveis mais seguros do que outros investimentos, ou se sentem necessidade de literalmente "ter um pedaço" do novo país para estabelecer um legado para suas famílias.

Em todos esses casos, os varejistas estão negociando terrenos. Eles não apenas apostam que seus negócios terão sucesso, mas também que o imóvel será valorizado e aumentará suas posses.

Para a maioria dos pequenos varejistas empreendedores, comprar geralmente não é a melhor opção financeira. Principalmente porque é preciso guardar dinheiro para expansão, mas o conceito do varejo também pode ser mais rentável do que o retorno potencial de um investimento em imóveis. Esse é um ponto para o qual o CEO da Starbucks, Orin Smith, (então diretor financeiro) havia me chamado a atenção. A Starbucks historicamente ganhou mais dinheiro reinvestindo no desenvolvimento de novas lojas do que jamais poderia ter lucrado adquirindo imóveis. Comprar imóveis também aumenta o risco para uma nova empresa. Se o negócio falhar, você tem um duplo problema. Não apenas perde o negócio e tudo que investiu nele, mas também arrisca ter a propriedade reempossada se não conseguir alugá-la ou vendê-la rapidamente para alguém. A Starbucks começou a adquirir imóveis para desenvolvimento de lojas de *drive-through* porque os preços dos aluguéis dos imóveis bem localizados aumentou drasticamente. Comprar permite à empresa controlar seus custos de ocupação.

Exceto no raro caso de comprar para obter uma propriedade do tipo "uma em um milhão", você provavelmente consideraria comprar o imóvel e torná-lo parte de seus bens somente quando tivesse de fato um modelo economicamente lucrativo para o seu conceito. Mas considere cuidadosamente o *tradeoff* entre a qualidade da localização para seu negócio e seu desejo de adquirir um bem não-líquido.

ENCONTRANDO O CORRETOR CERTO

Encontrar o corretor de imóveis certo é essencial. Dificilmente será um amigo ou um amigo de um amigo, ou alguém que esteja envolvido com imóveis residenciais ou comerciais e não com imóveis de varejo. Isso significa alguém especializado em imóveis de varejo em sua área de negócio. Se você tem uma loja estilo *big box*, procure o corretor, por exemplo, da Toys R Us. Se você tem uma loja de móveis, procure o corretor da Ethan Allen ou da Lenitz. Se você é dono de uma farmácia, o da Walgreens, e assim por diante. Se sua idéia ocupa menos de 270 metros quadrados, procure um corretor que lida com *fast-foods*, com redes de estilo casual, ou com a Starbucks. A questão não é apenas familiaridade com as boas localizações e tamanhos apropriados de espaço, mas também com as necessidades específicas de cada categoria. Uma loja de móveis, por exemplo, tem requisitos diferentes para localização, visibilidade, acesso, estacionamento e entrega do que uma loja de sapatos, que depende de um alto fluxo de pessoas; e os requisitos de ambas são substancialmente diferentes daqueles de uma mercearia ou de um restaurante.

Às vezes você poderá identificar o nome de bons corretores a partir de anúncios de aluguéis em espaços disponíveis, mas geralmente esses serão os especializados em defender o lado do proprietário. Da mesma forma que você procura um corretor que atenda seus interesses e não os do vendedor na compra de uma casa, precisa ter certeza de que encontrou um corretor que representará o inquilino melhor do que o locatário.

Um bom corretor irá fornecer um plano de negócios, o qual mostrará as áreas de comércio da cidade e um perfil demográfico para os raios de dois, cinco e oito quilômetros em torno de um determinado terreno. Conforme discutimos, os maiores complexos de lojas freqüentemente possuem pacotes similares para suas áreas de comércio indicando de onde os usuários ou clientes vêm. Esses planos são pontos de partida úteis e bons referenciais, mas mostram apenas *onde todos os outros estão* e não *onde você deveria estar*. Uma análise completa determinará quem é e onde vive o seu verdadeiro consumidor, permitindo-lhe construir uma *pro forma* de lucros e perdas mais precisa para as lojas, assim como determinar o número de estabelecimentos que você deveria ter dentro de um mercado. Um de nossos clientes acreditava que suas lojas fossem regionais, atraindo consumidores a uma distância de até 23 quilômetros. Nossa análise detalhada de "queda de consumidores" para as lojas mostrou que os clientes estavam concentrados em cerca de oito quilômetros. Essa informação significou que, uma vez que a loja era construída, pontos adicionais poderiam ser inseridos na vizinhança sem canibalizar suas vendas. Esses fatos podem ter uma influência nos termos de aluguel, como a "cláusula de raio", discutida mais adiante neste capítulo.

Provavelmente, os dados mais úteis que os corretores poderão obter são informações financeiras sobre os centros de compras alvo. Se você tem um conceito de alimentação, deverá descobrir as vendas de outras lojas do ramo no centro e a relação dessas vendas com a média nacional da cadeia. Se um restaurante de comida mexicana está rendendo 1 milhão de dólares em negócios contra a média da cadeia de 1,2 milhão, você saberá que o centro tem uma performance baixa para o ramo de comida e que mais planejamento e dedicação são necessários. Se outros conceitos, como de roupas, estão com desempenho acima da média da rede, você saberá que o centro é bom para o varejo em geral. A informação poderia ter diferentes implicações. Primeiro, o centro tem bons inquilinos para o varejo em geral, indicando que o serviço de comida também poderia se sair bem. Entretanto, o centro pode ser tão bom para o varejo a ponto de não sobrar vagas de estacionamento nos horários de pico, prejudicando os restaurantes. Além disso, o sucesso do comércio de roupas pode indicar que a maioria dos consumidores compra no final da tarde, ou que a maior parte das vendas ocorre no final de semana. A chave para o sucesso de um restaurante no *shopping center* hipotético poderia ser focar-se nos jantares, fornecer mais assentos e permanecer aberto até tarde. Como exemplo, o Stanford Shopping Mall em Palo Alto, Califórnia, tem uma das maiores receitas de vendas nos Estados Unidos, aproximadamente 8.500 dólares por metro quadrado. Durante a semana, as vendas estão na média dos *shoppings* americanos, entre 3.500 e 4.500 dólares por metro quadrado, mas nos finais de semana o *shopping* lota e as vendas decolam. A chave do sucesso em Palo Alto seria voltar o *design*, a equipe e o modelo financeiro para gerar altos volumes nos finais de semana. Outras oportunidades no serviço de alimentação podem girar em torno de um entretenimento noturno – uma grande livraria que sirva como local de encontro, um cinema, ou outros.

Corretores experientes também podem ser úteis enquanto você constrói e abre a loja. Eles falam com pessoas do ramo imobiliário, operadores de lojas e empreiteiros de diversas empresas a semana toda. Podem dar indicações de tudo, de pesquisadores a arquitetos, de engenheiros a fabricantes de placas.

LIDANDO COM AS COMISSÕES

Um bom corretor de imóveis, especializado em aluguel de varejo, começará a ligar para os inquilinos desejados antes mesmo de o espaço estar vago. Se um centro comercial precisa de uma loja de roupas (por exemplo, voltada para o público jovem), o corretor imediatamente ligará para empresas como Oakley, Pacific Sunwear ou Quiksilver. Ter um corretor experiente que conheça os tomadores de decisões nos maiores *shopping centers* aumenta suas chances de descobrir alguma vaga, independente de qual seja seu ramo, bem antes de o espaço ficar disponível para o mercado em geral.

As comissões são pagas pelo proprietário e variáveis, mas os corretores americanos de imóveis de varejo recebem geralmente de 5 a 6% do valor do aluguel nos primeiros cinco anos, e cerca de 3% do sexto ao décimo ano. Às vezes, a taxa pode ser fixa, como 45 ou 56 dólares por metro quadrado. A comissão costuma ser dividida igualmente entre o corretor e os corretores dos inquilinos (para não dividir a taxa, alguns agentes trabalham com corretores de inquilinos somente em último caso).

Não tente negociar para baixar a taxa de seu corretor. Você nada fará além de assegurar que ele não irá prestar muita atenção às suas necessidades. O mesmo valerá se você tiver um contrato não-exclusivo, embora possa ter mais de um corretor em diferentes áreas de comércio de uma região. Nenhum corretor poderá atuar de uma maneira profissional se vários corretores estiverem contatando um determinado *shopping center* em seu nome, de uma só vez. Ao mesmo tempo, não deixe o corretor tirar vantagem de você. Conheço uma firma nacional de corretagem que cobra uma taxa adicional de 50 mil dólares para conseguir inquilinos maiores para *shoppings*, além da comissão estabelecida com o proprietário. Este pode concordar em pagar uma comissão inflacionada porque a mesma poderá ser amortizada no aluguel do inquilino para compensar a diferença. Assim, o inquilino, no final das contas, paga mais.

É muito difícil encontrar locais vagos em alguns dos maiores mercados urbanos do país. Dessa forma, é uma boa idéia propor a seu corretor uma taxa mínima por acordo de aluguel. Pagar qualquer diferença entre a comissão atual e seu mínimo é particularmente importante se o seu negócio requerer cerca de 135 a 270 metros quadrados, o tamanho mais comum. Um inquilino pequeno pode oferecer uma garantia entre 7.500 e 12.500 dólares. Um cliente *big box* pode oferecer entre 50 e 150 mil dólares, dependendo do tamanho e da qualidade do local. Um cliente novo, com necessidade de um pequeno espaço, oferece um mínimo entre 5.500 e 12.500 dólares, dependendo da metragem e da localização. Para prevenir qualquer acordo entre o proprietário e o seu corretor ou o dele, você deve especificar na carta de intenção que todas as taxas sejam previstas no acordo de locação. Acordos de corretagem são escritos em separado, e a transparência não é comum. Entretanto, você tem o direito de saber.

Gratificar o seu corretor é uma decisão importante para obter os melhores espaços possíveis em uma localização de grau A. Se seu negócio trabalha perfeitamente bem em uma localização de grau B ou C, não há razão em oferecer incentivos especiais. Os locais de qualidade mais baixa, sendo mais abundantes, são muito mais fáceis de se conseguir. Se, no entanto, você atua em um ramo de rápido crescimento que procura um forte posicionamento de marca e está lutando por um espaço entre as cadeias nacionais, é válido dar ao seu corretor um incentivo financeiro. Você precisa garantir que será o primeiro a ser chamado quando abrir (ou estiver prestes a) uma excelente vaga em um *shopping center*, ou quando a esquina de uma rua principal ficar disponível.

Antes de se comprometer com qualquer corretor – e principalmente com qualquer acordo de aluguel –, você deve se familiarizar com o mercado de aluguéis na área escolhida. Conhecer as taxas existentes lhe dará a habilidade de avaliar por si próprio se o corretor está lhe trazendo boas propostas – ou seja, se ele está de fato fazendo seu trabalho. Identificar as taxas pode ser tão simples quanto uma pesquisa na Internet ou um passeio pela área de comércio para localizar as placas de "aluga-se". Descubra o que está disponível, o tamanho do espaço, qual é o aluguel, e qual abatimento o inquilino recebe por melhorar o espaço. Use os números como base para comparações.

(A propósito, as terminologias de preços variam. A maioria dos aluguéis é cobrada em dólares por pé quadrado *por ano*, mas alguns aluguéis são em dólares por pé quadrado *por mês*. Um preço de 4 dólares por pé quadrado soa como um grande acordo para alguém acostumado com números na casa dos 40 dólares, mas não se os 4 dólares forem *por mês* e os 40, *por ano*.)

EM DIREÇÃO A UM ALUGUEL

Alugar um espaço será o primeiro ou o segundo maior comprometimento de um empreendedor. A obrigação total para com a propriedade alugada estará no mesmo nível do custo do investimento inicial em *design* e na construção do conceito. O comprometimento de longo prazo pode ser o maior risco que você terá, mesmo além do custo físico da loja, porque provavelmente você precisará assegurar o pagamento do aluguel com uma garantia pessoal. Para muitos empreendedores, isso significa usar a poupança ou a casa como garantia, quando não as duas.

Existem várias maneiras de mitigar os riscos. O mais óbvio, e menos provável de ocorrer, é negociar um aluguel sem garantias. Essa tarefa é muito difícil. A seguir, é procurar o proprietário e dizer: "Sei que não sou financeiramente tão atrativo quanto uma cadeia nacional, mas minha esposa não irá concordar em usar a casa como garantia. Fico com o espaço nas condições existentes. Mas você não terá de pagar nada por eventuais melhorias". Você pode até mesmo se oferecer para pagar a comissão de corretagem do proprietário. Os proprietários aceitam negociar riscos mais altos por custos mais baixos. Outra coisa é concordar em usar sua casa ou outro bem pessoal como segurança, mas apenas pelos primeiros dois anos, até você ter provado a viabilidade financeira do negócio. Não há razão em arriscar seu patrimônio pessoal pela duração inteira de um aluguel de cinco ou dez anos. Quando procurados, os bancos geralmente concordam em cobrir uma exposição financeira e dividir a garantia total entre os parceiros de maneira que ninguém se arrisque em excesso.

Essas preocupações levam à idéia de várias formas legais de posse, incluindo propriedade exclusiva, parcerias, parcerias limitadas, corporações de responsabilidade limitada e corporações. Diferentes tipos de entidades legais geram diferentes graus de separação entre suas obrigações pessoais e as obrigações do negócio. Cada forma legal tem diferentes forças, fraquezas, métodos de declarar impostos e custos associados. Consulte um advogado para identificar a melhor organização legal para o seu negócio.

Um conhecido meu tinha a prática de assinar aluguéis relativamente curtos, de cinco anos, para reduzir o risco se o local apresentasse um desempenho fraco. Do meu ponto de vista, ele estava tentando resolver o problema errado. Seria melhor aumentar o rigor do processo de seleção de imóveis e buscar aluguéis mais longos. Aluguéis curtos criam problemas práticos e financeiros. Por um lado, você precisa amortizar o custo das melhorias em um período de tempo menor, o que compromete a rentabilidade da loja. Talvez tão importante quanto, aceitar aluguéis de curto prazo *pressupõe* o hábito de escolher localizações pobres e sutilmente reforça esse hábito! Para pequenos proprietários, acordos de aluguel de curta duração podem diminuir o valor de venda do negócio. Um casal manteve uma pequena loja de varejo por cerca de 20 anos. Quando estavam prontos para se aposentar, descobriram que seu aluguel de ano em ano rendeu-lhes um empreendimento praticamente sem valor. Ninguém queria investir no negócio sem a segurança de um aluguel de longo prazo (o casal teria se saído melhor se tivesse comprado uma propriedade mais cedo, mesmo se com isso fossem obrigados a mudar a loja de lugar).

Geralmente, quanto mais tempo você puder controlar a propriedade, melhor. Costumo insistir em aluguéis de dez anos com duas opções de cinco. No entanto, adiciono ao compromisso uma cláusula de rescisão, a qual permite revisar as premissas ou terminar antes o contrato, em geral após 36 meses. Três anos é tempo suficiente para saber se o negócio será ou não bem-sucedido. A cláusula de rescisão não significa que você planeja ir à falência; na prática, você está criando uma saída estratégica, um remédio, se precisar. Uma cadeia de 40 lojas com aluguéis de dez anos decidiu trocar seu conceito, mas a mudança não se sustentou. Se a rede tivesse um acordo de rescisão em até três anos, eles estariam próximos do fim do período e poderiam terminar o aluguel. Em vez disso, tiveram outros sete anos de sofrimento. Na maioria dos estados, os proprietários são obrigados a reduzir perdas de aluguel encontrando inquilinos substitutos. Dessa forma, se você não cumpriu uma obrigação do acordo, seria preferível, por exemplo, dever um ano de aluguel a permanecer até o final do contrato. Ainda assim, é melhor ter o direito contratual de sair a enfrentar uma batalha jurídica sobre a saída e o prejuízo do proprietário.

Por vezes, os pequenos varejistas caem no truque dos proprietários que afirmam que os bancos não financiarão o negócio se o contrato tiver uma cláusula de recisão de aluguel. No entanto, hoje os grandes varejistas prontamente obtêm a opção de rescisão com 36 meses, e esses inquilinos têm um impacto muito maior nas finanças do proprietário do que os pequenos varejistas. Os bancos entendem que tais termos são comuns atualmente.

Em troca da cláusula de término do aluguel, você concorda em dar ao proprietário três meses de aviso e mais três de aluguel, e ainda cobrir a porção não-amortizada de qualquer melhoria que ele tenha feito, incluindo taxas não-amortizadas de corretagem, abatimento por reformas feitas pelo locatário e outros custos. Garantindo o reembolso dessas despesas, você reduzirá o risco do proprietário ao mesmo tempo que mantém a sua flexibilidade. Se não consigo uma cláusula de recisão, insisto em direitos de sublocação. Se não posso ter isso, reduzo o termo do aluguel a não mais que cinco anos. Mas começo com a idéia de alugar excelentes locais por um longo prazo.

Ter bons aluguéis de boas propriedades cria um ativo prático para a empresa. Com contratos de dez anos e com uma ou duas opções de cinco anos, a Starbucks controlou uma propriedade por mais de 20 anos. Porém, possuíamos cláusulas de saída e de sublocação que protegiam nossas baixas no curto prazo. Essas cláusulas não eram comuns quando começamos a insistir nelas, e os proprietários resistiam, mas com a presença da Starbucks no mercado e a nossa persistência em obtê-las tornaram-se padrão. Quando foi noticiado que um varejo em rápida expansão e, portanto, desejável, havia desistido de contratos de aluguel que recusaram a cláusula de saída, os proprietários tornaram-se muito mais receptivos à idéia.

Devo enfatizar que a Starbucks fechou somente duas lojas das milhares que construímos durante o tempo em que estive lá – uma prova do cuidado que tomávamos na seleção dos locais e da força de nosso modelo econômico. Portanto, não abusamos das cláusulas de rescisão. Mas vale a pena tê-las. Uma razão é o foco que uma cláusula como essa impõe ao varejista. Sabendo que você poderá fechar a loja em três anos, ela terá de dar lucro dentro de dois e meio, o que fará você discutir muito mais sobre os faturamentos projetados desde o início. Outra razão é que, mesmo se o conceito obtiver sucesso, ele irá evoluir. Os varejistas precisam se reinventar a cada sete anos. Quanto mais flexibilidade você tiver para tanto, melhor. Você pode precisar de mais ou de menos espaço. Você pode querer fechar e ir para o outro lado da rua. Mas também vai querer deixar tudo em dia com o proprietário quando sair. Afinal, foi ele que o acolheu quando talvez ninguém mais o faria.

NEGOCIANDO OS DETALHES

Tudo que for dito aqui deve ser tratado como uma diretriz (e não como um conselho legal). Lembre-se: tudo é negociável. A facilidade ou dificuldade da negociação dependerá "de quem precisa mais de quem, e quando", de sua posição financeira ser forte ou fraca, de o dono da propriedade necessitar de um inquilino rapidamente ou tiver uma lista de candidatos para alugar o local, e assim por diante.

Fechar um contrato de aluguel pode levar de poucos a mais de nove meses. É uma grande parte do processo de desenvolvimento das lojas, e requer inúmeros passos bem definidos. (Veja a Figura 15-1.) O primeiro passo é escrever uma carta de intenção (CI). A CI deve conter todos os termos importantes do acordo – localização, tamanho, termos, aluguéis, etc. O propósito da CI é entrar em acordo sobre os termos do negócio antes de gastar com advogados. Sempre que possível, evite advogados negociando com advogados. Eles irão sobrecarregá-lo com linguagem jurídica. Com os pareceres adequados, a CI não é um comprometimento forçado por um dos lados, mas estabelecerá os principais termos e as relações de trabalho com cada parte. Para conseguir um bom aluguel, economizar dinheiro e apressar os termos do aluguel, nenhum fator é tão importante quanto a CI, pois todo o pensamento é feito frente a frente, de pessoa de negócio para pessoa de negócio. Os advogados devem fazer apenas seu trabalho: providenciar o texto legal e as salvaguardas assim que os termos básicos estiverem firmados.

Da CI, passa-se ao acordo de aluguel formal. Um grande inquilino pode intimidar o dono da propriedade a usar seu formulário de aluguel, mas a maioria dos varejistas acabará usando o formulário do proprietário. Como favorece o dono do local, esse formulário lhe custará mais para uma revisão legal. Muitos procuradores experientes de imóveis aceitarão um valor fixo para uma revisão legal. Uma boa quantia para se usar como meta é no máximo 3.500 dólares. Especialistas legais peritos no procedimento de expansão de lojas de redes, que conhecem os donos dos imóveis e oferecem mais do que apenas uma revisão

O PROCESSO DE DESENVOLVIMENTO DA LOJA DE VAREJO

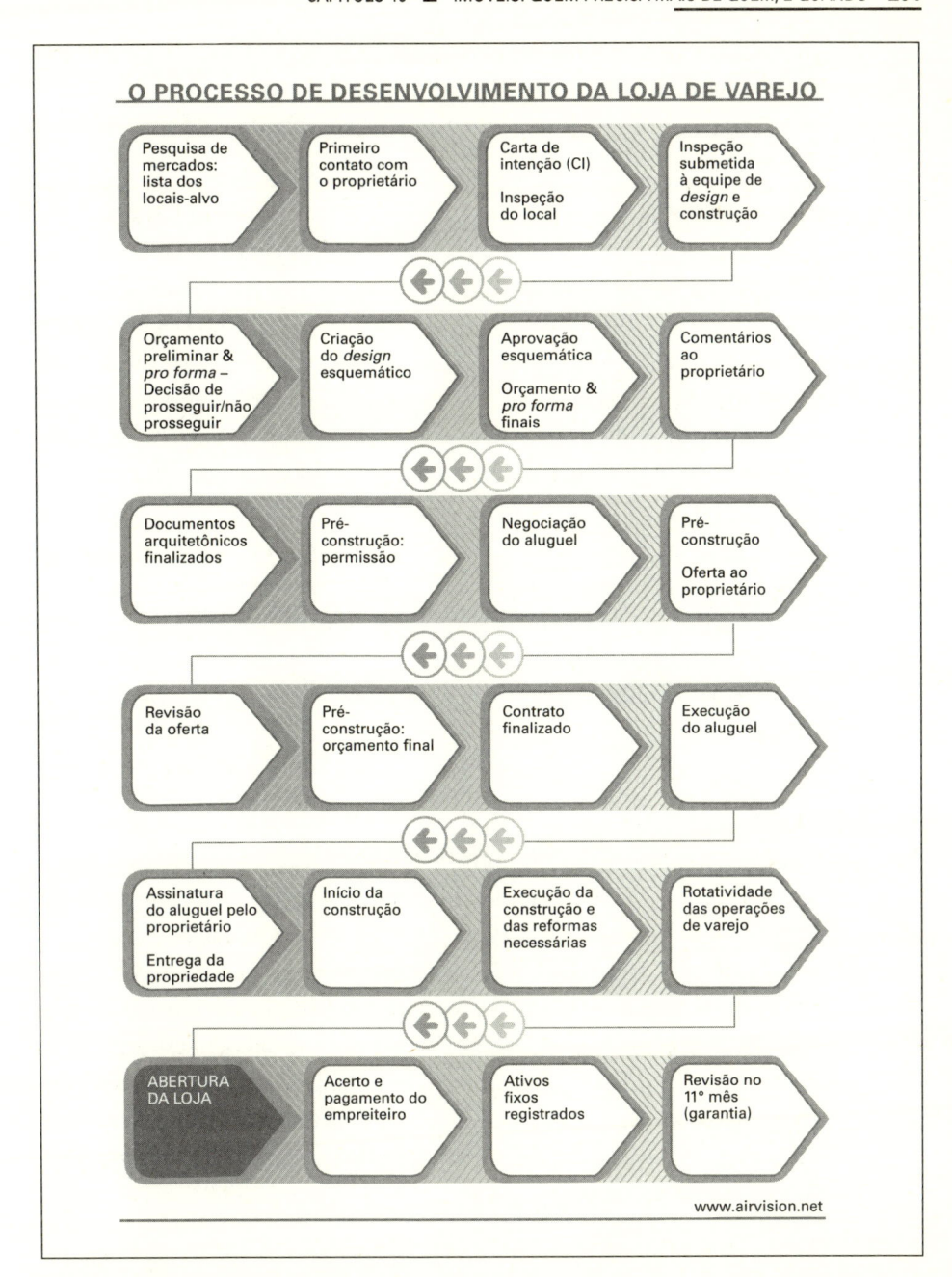

- Pesquisa de mercados: lista dos locais-alvo
- Primeiro contato com o proprietário
- Carta de intenção (CI) / Inspeção do local
- Inspeção submetida à equipe de *design* e construção

- Orçamento preliminar & *pro forma* – Decisão de prosseguir/não prosseguir
- Criação do *design* esquemático
- Aprovação esquemática / Orçamento & *pro forma* finais
- Comentários ao proprietário

- Documentos arquitetônicos finalizados
- Pré-construção: permissão
- Negociação do aluguel
- Pré-construção / Oferta ao proprietário

- Revisão da oferta
- Pré-construção: orçamento final
- Contrato finalizado
- Execução do aluguel

- Assinatura do aluguel pelo proprietário / Entrega da propriedade
- Início da construção
- Execução da construção e das reformas necessárias
- Rotatividade das operações de varejo

- ABERTURA DA LOJA
- Acerto e pagamento do empreiteiro
- Ativos fixos registrados
- Revisão no 11º mês (garantia)

www.airvision.net

FIGURA 15-1 O processo de desenvolvimento da loja de varejo requer inúmeros passos bem-definidos. Os varejistas precisam rastrear o progresso sistematicamente ao longo de todo o ciclo – da localização de imóveis potenciais à abertura da loja –, bem como se inteirar das diversas questões do acordo de aluguel e da relação com o proprietário.

legal do contrato, podem cobrar até quatro mil dólares por local para um cadeia em desenvolvimento nacional. Outros procuradores locais podem cobrar menos por contrato de aluguel, dependendo da necessidade e da relação com a sua empresa.

Os aluguéis de espaços de frente para a rua variam de 170 a 670 dólares por metro quadrado, enquanto para a maioria das ruas de comércio orientadas somente para pedestres podem custar 3.300 dólares por metro quadrado. O aluguel em *shopping centers* varia de 450 para mais de 890 dólares por metro quadrado. Custos indiretos, as chamadas "redes triplas" na linguagem dos proprietários, chegam a pelo menos 45 dólares por metro quadrado anualmente para locais na rua e variam de 170 a 340 dólares para espaços em *shopping centers*. As "redes triplas" originalmente significavam a parte do inquilino no seguro imobiliário, nas taxas dos imóveis e na "área comum de manutenção", ou CAM*. Para um *shopping center*, a CAM também inclui a parte do inquilino nas áreas comuns de utilização, na manutenção e limpeza dos estacionamentos, nos serviços de jardinagem e de segurança, em outros custos administrativos e, por vezes, nos gastos de *marketing*. O custo de manutenção da estrutura do prédio é geralmente responsabilidade do proprietário, mas a cobertura de um *shopping center*, a estrutura mais cara de se manter, convenientemente faz parte das "redes triplas" ou da CAM. Alguns aluguéis responsabilizam os inquilinos por toda a estrutura – *evite-os a todo custo!*

Embora a indústria ainda fale em termos de CAMs, ou de uma variação, como TICAM** (taxas, seguro e área comum de manutenção), a expressão atual na maioria dos acordos é "gastos operacionais" (porque os proprietários querem cobrir quaisquer custos que possam surgir, não apenas os de manutenção). Independente de como forem denominados, assegure-se de que todos os custos adicionais pelos quais você será responsável são adequados e estão bem especificados. Esses custos adicionais podem facilmente aumentar em 25% o custo do aluguel. Para um *shopping center* de classe alta em Seattle, Washington, por exemplo, o aluguel básico para um espaço de 198 metros quadrados era 670 dólares e o custo total de aluguel, 850 dólares, incluindo a taxa de CAM de 135 dólares, impostos

---

* N. de R.: No original, em inglês, *common area maintenance*.
**N. de R.: No original, em inglês, *taxes, insurance, and common area maintenance*.

de 23 dólares, e uma taxa de comércio (na verdade, de *marketing*) de 22 dólares. Os inquilinos que investem em *marketing* podem negociar pela não atribuição de custos de *marketing*.

Uma abordagem relacionada aos gastos operacionais ou CAMs é fixar um valor máximo para o primeiro ano, com uma cobertura para os aumentos nos anos seguintes. Por exemplo, um valor máximo para a CAM no primeiro ano pode ser 10 dólares, com uma cobertura para aumentos de 5% a cada ano. É claro, com tais cláusulas você descobrirá que os gastos miraculosamente sempre sobem os 5% ao ano, mesmo que o aumento no custo de vida seja a metade desse valor. Outra abordagem é negociar exclusões específicas, por exemplo, para as taxas de administração ou para as obrigações legais com várias questões, como custos ambientais. (Veja a seção sobre materiais perigosos a seguir). Outra exclusão pode ser para novos investimentos de capital, como uma nova estrutura de estacionamento. Você só deve pagar por *custos de substituição de capital*, amortizados ao longo da vida da estrutura. O maior desses gastos envolverá a cobertura e as áreas de estacionamento.

Geralmente, os custos do inquilino no contrato de aluguel são cobrados com base nas estimativas dos anos anteriores. No final de cada ano, o proprietário recolhe a diferença se os gastos atuais forem maiores e rebate qualquer diferença se forem mais baixos. Vale a pena contratar um contador para auditar os verdadeiros gastos a cada dois anos para garantir que você pagará somente a sua parte dos custos inseridos no contrato. Alguns contadores realizarão esse trabalho cobrando uma taxa contingencial. Só como um exemplo do tipo de custos que podem ser repassados a você, um proprietário em processo de expansão pode incluir alguns custos preliminares no item "gerais e administrativos", mas os inquilinos não devem pagar esses gastos. A menos que você faça a auditoria, não terá idéia sobre o que está sendo cobrado. Os proprietários geralmente usam a mesma fórmula para computar os gastos, ainda que os contratos sejam diferentes. Uma rede de 200 lojas com alguém que faça a auditoria dos custos operacionais pode facilmente retornar de 150 mil a 200 mil dólares anualmente em pagamentos indevidos. Alguns anos atrás, a Starbucks fez uma grande auditoria dos seus pagamentos de aluguel pelo mundo. A auditoria recuperou tanto dinheiro na forma de sobrepagamentos para as "redes triplas" e CAMs que a companhia instalou um *software* para monitorar eletronicamente os pagamentos futuros.

Alguns contratos permitem que o proprietário receba um aluguel percentual adicional, baseado nas vendas anuais acima de um determinado número. Geralmente, a percentagem é de 4 a 6%. A idéia é que as ótimas vendas estão relacionadas ao local e que o proprietário deve participar do lucro. Se você projeta vendas de 1 milhão de dólares de faturamento, deve garantir que o proprietário não queira sua parte antes de você ter, por exemplo, 1,5 milhão. De outra forma, o proprietário estará pegando um pouco do lucro líquido que você precisa para fazer projeções financeiras.

Aumentos no aluguel também costumam ser estabelecidos nos acordos, mas não aceite aumentos automáticos com base em indexações. Para um aluguel de cinco anos, recomendo que o preço seja fixo por pelo menos dois anos, e então aumente 3 ou 4% fixo pelo menos para os próximos três anos. Para um contrato de dez anos, recomendo uma abordagem de três-quatro-três: aluguel fixo por três anos, aumento de 6 a 9% do quarto ao sétimo ano, e aumento de 8 a 12% fixo do oitavo até o décimo ano. Uma empresa assinou um contrato de dez anos de aluguel com 10% de aumento após cinco anos. Como mencionado, não esqueça de cobrir qualquer gasto operacional também, para abaixo de 5% ao ano. De outra forma, você será cobrado se o proprietário decidir, por exemplo, adicionar um seguro contra desastres naturais ou contratar pessoas. Geralmente, você não terá flexibilidade na sua parte em impostos e seguro, mas deve assegurar que a sua porção está corretamente calculada. Porém, os impostos imobiliários aumentam substancialmente sempre que um prédio é vendido, refletindo o alto valor de mercado. Concorde em pagar taxas adicionais que resultem de uma venda apenas uma vez durante o período de aluguel. Caso contrário, você estará pagando pelo privilégio de outras pessoas lucrarem com a compra e venda de uma propriedade. Os proprietários costumam ser relutantes em concordar com tais termos, mas esses termos representam um acordo decente para ambas as partes, proporcionando aumentos consideráveis para os proprietários enquanto cobrem seus custos no longo prazo.

Por todas essas complexidades, muitos proprietários mais sofisticados estão mudando para aluguéis com valor bruto, sem taxas extras e aumentos percentuais fixos anualmente. Essa abordagem, além de lhes dar uma certeza sobre o orçamento, evita discussões com redes nacionais – e mesmo com pequenos varejistas conhecidos – sobre todas as questões que acabamos de relatar. Eles estão cansados das reclamações sobre as taxas adicionais e as demandas de documentações das taxas. Para o espaço em um *shopping center* na área de Seattle que custa 670 dólares mais CAMs, impostos e taxas de comercialização que totalizam 850 dólares, o aluguel desse proprietário provavelmente seria 870 dólares. Em outras palavras, a nova abordagem pode aparentemente não oferecer o melhor negócio, mas a simplicidade de execução e a capacidade de previsão dos custos provavelmente valem a diferença.

> **Online**
> Para mais referências, o *website* do livro (www.builtforgrowth.com) contém inúmeros documentos pertencentes a este capítulo: modelos de contratos, cartas de intenção, formulários de inspeção do local e outros materiais suplementares.

OUTRAS CLÁUSULAS DO ALUGUEL

Assim como todo imóvel é diferente, todo aluguel o é. Seria necessário um acordo de aluguel real para abranger todos os pontos. No entanto, basta dizer que você deve estar acompanhado de um procurador enquanto faz suas buscas. Além do que já vimos, os seguintes pontos também merecem atenção especial. Eles podem aparecer no aluguel padrão (possivelmente em seu prejuízo) *ou devem ser acrescentados (para o seu bem)*:

- **Uso.** Defina o uso de seu negócio nos termos mais amplos. Não há como prever quando ou como seu conceito poderá evoluir. Quando a Starbucks abriu, quem imaginaria que uma década depois grande parte de seus produtos seria composta de "bebidas para o verão"? Você pode até ter que fechar seu conceito existente e abrir um novo. Porém, lembre-se de que, se fechar, ainda assim terá de pagar os custos de aluguel – mesmo se o proprietário não o deixar abrir com um novo uso porque não estava definido no acordo de aluguel.
- **Metragem quadrada.** Quase sempre o espaço efetivamente disponível é menor do que o proprietário afirma. Por isso, sempre faça uma medição. Aceite determinado custo por metro quadrado com o direito de medir a propriedade 60 dias antes da execução do aluguel. Também não pague por mais espaço do que precisa. Um conceito de *fast-food*, por exemplo,

provavelmente precisará de mais de 90 metros quadrados, sendo que 125 metros seriam suficientes, mas 135 metros possivelmente não irão gerar mais vendas do que 125. Considere o espaço útil. Espaços com formas irregulares aumentam o tamanho, mas são inúteis para a maioria dos conceitos. Às vezes, um tamanho real, uma necessidade ou tamanho funcional menores levarão a uma redução efetiva do aluguel. Outras vezes, será o mesmo aluguel independente das condições de espaço.

- **Como é.** Embora você possa aceitar a propriedade em suas condições atuais, sem quaisquer melhorias, não aceite a frase "como é" no contrato. "Como é" não tem o mesmo significado em todos os estados; e, até em um mesmo estado, a expressão pode ser aplicada de formas diferentes de acordo com as circunstâncias. Aceite a linguagem que diz que você pegará a propriedade limpa.
- **Início do aluguel.** O proprietário irá querer que a cobrança do aluguel comece em 90 dias ou quando o negócio abrir, o que ocorrer antes. Como muitas variáveis podem atrasar a abertura, incluindo atitudes do proprietário, o início do aluguel deve ser atrelado a várias condições. Geralmente, quando o negócio começar ou 90 dias *após* as seguintes atividades: execução total do arrendamento, alvará e autorizações requeridas, aprovação pelo proprietário de todos os planos e placas, entrega das premissas nas condições acertadas e conclusão de todas as áreas comuns e dos sistemas. Não pague o aluguel quando o estacionamento ainda não estiver pronto ou quando o sistema de ar-condicionado não estiver instalado – você estará sendo cobrado por espaços que os consumidores não podem usufruir.
- **Vagas em excesso.** Seu comprometimento com o aluguel deve estar atrelado à presença de um ou mais inquilinos-âncora, como uma grande loja de comércio ou de departamento. Se eles fecharem ou deixarem o local, você deve poder rescindir o contrato sem penalidades. Se o centro for novo, você não deve pagar todo o aluguel até que os grandes inquilinos e os outros vizinhos estejam instalados. Por exemplo, você pode pagar uma taxa de 6% das vendas em aluguel, no lugar dos outros custos, até que as cláusulas dos vizinhos sejam cumpridas. Se elas não forem dentro de seis a nove meses, você deverá estar livre para ir embora.
- **Plano do local.** O proprietário não pode fazer, sem um acordo escrito, quaisquer mudanças no plano do local que afete seu acesso, visibilidade

ou estacionamento. Ele não pode, por exemplo, colocar um quiosque em frente a sua loja que prejudique a visibilidade ou o acesso, ou expandir o prédio de modo que atrapalhe seus anúncios ou reduza seu estacionamento, ou instalar um caixa-eletrônico na frente da sua loja. Um varejista certa vez encontrou uma esquina interessante que tinha um estacionamento ao lado em uma área com poucas vagas para automóveis. Porém, o aluguel não especificava que o espaço era para uso do inquilino. Alguns anos após a abertura da loja, o proprietário expandiu o prédio na área do estacionamento, e alugou o novo espaço para outra pessoa. Além de perder todo o estacionamento, o varejista também acabou pagando uma localização de esquina em um local que já não ficava mais na esquina!

- **Mesas na calçada.** Garanta o direito de colocar mesas e/ou vender na calçada, mesmo que os códigos locais não permitam isso. As vendas de outros inquilinos na calçada ou no estacionamento poderão afetar negativamente o *seu* negócio. Alguns centros comerciais, por exemplo, vendem *motor homes* em estacionamentos. Essas vendas geram negócios adicionais para conceitos relacionados, como artigos esportivos ou auto-peças, mas o engarrafamento no estacionamento pode atrapalhar as vendas de uma loja de alimentos ou de uma livraria.
- **Raio.** Essa cláusula é a maneira de o proprietário evitar que você abra outra loja em um raio próximo e canibalize as vendas do ponto no local dele. Tal cláusula não faz qualquer sentido, a menos que o proprietário ganhe uma percentagem de suas vendas, e mesmo assim é questionável. Uma segunda loja por perto pode melhorar as vendas da primeira, aumentando sua presença de mercado. Também pode ser necessária para tirar a pressão da loja existente. Seu restaurante pode ficar tão cheio a ponto de você ter que recusar clientes, mas não há espaço para aumentar o local. Ou um bom imóvel próximo será desocupado e você poderá querê-lo para impedir que um competidor se instale ali. A maioria dos proprietários não insiste nessa cláusula com um varejista pequeno, mas se ela for decisiva você pode negociar uma redução do aluguel. Outra abordagem seria tratar uma parte do faturamento da segunda loja como da primeira para os propósitos de percentagem do proprietário, ou para você cobrir a diferença no preço do aluguel se as vendas da primeira loja caírem. Qualquer cláusula de raio deve ter três exclusões. A primeira,

obviamente, é para qualquer loja existente. A segunda é para qualquer ponto a mais que você abrir como resultado de uma fusão, aquisição ou sua loja ter sido comprada. A terceira seria concordar em não abrir nenhuma outra loja em um raio de 5 quilômetros ou em um ou dois desenvolvimentos definidos (por exemplo, qualquer centro comercial sem locais vagos, ou um novo centro de varejo ainda em planejamento).

- **Uso exclusivo.** Essa é para o inquilino. O proprietário não pode alugar outro espaço no centro comercial para um inquilino que venda o mesmo produto que você, como definido na cláusula de exclusividade, a não ser que o produto represente 10% ou menos do volume de vendas anual da sua empresa. Confeitarias e outros grandes inquilinos geralmente não são incluídos nessa cláusula. Um pequeno varejista deve prestar atenção especial a isso, pois é a única forma de se proteger do grande concorrente que pode se localizar no mesmo centro.
- **Materiais perigosos.** A inspeção do local deve identificar todas as questões relacionadas a perigos ambientais. Para sua própria segurança e futura confiabilidade, você precisa saber se a propriedade foi antes uma lavanderia, um posto de gasolina, ou se tem pintura à base de chumbo, amianto ou outros problemas ambientais. O primeiro passo é obter um documento escrito do proprietário que relate a existência ou não de materiais perigosos ou problemas ambientais. Tal declaração é necessária para o financiamento do proprietário, de qualquer forma. O segundo passo é incluir no aluguel uma cláusula estabelecendo que o proprietário é responsável por essas questões. A lei exige isso dele, portanto, não será um estorvo a mais. Se uma intervenção for necessária, você precisará proteger-se da interferência em sua propriedade ou da interrupção do seu negócio durante a limpeza – uma compensação no aluguel ou, se for muito sério, o direito de rescisão do mesmo. Embora o acordo deva especificar que o proprietário pagará por problemas que não forem causados por você, ele pode repassar as despesas como parte do "custo operacional" – com 15% de aumento! Essa é outra razão para que você se proteja nos gastos operacionais do proprietário. O terceiro passo é uma cláusula estabelecendo que o proprietário irá indenizá-lo por qualquer questão referente a materiais perigosos ou a problemas ambientais quando você não for o responsável e que você irá indenizá-lo por qualquer problema desse tipo que provocar.

- **Questões fiscais.** Você deve calcular o tratamento fiscal antes de definir o contrato de aluguel. Se você pagar por melhorias no local, a depreciação dessas reformas afetará seu lucro, principalmente se o aluguel for de curto prazo. As conseqüências fiscais variam em melhorias em equipamentos e em reformas na estrutura, porque ambas depreciam a taxas diferentes, de acordo com sua vida útil. Se um aluguel termina antes que a depreciação seja concluída, o custo não-depreciado poderá se tornar uma perda por abandono, a menos que as melhorias sejam repassadas para o proprietário ou para o novo inquilino. As conseqüências fiscais também existem para outros equipamentos, dependendo se são comprados ou alugados, e as regras que determinam se a transação é um "aluguel verdadeiro" ou uma "compra disfarçada", como definido pelo código fiscal, são complicadas. Os donos de pequenos negócios esforçam-se para que os termos do contrato aproximem-se dos requerimentos do "aluguel verdadeiro", mantendo, assim, os registros com mais facilidade e obtendo melhores deduções fiscais. Porém, ocasionalmente, um bônus de depreciação para novos equipamentos é firmado como lei, a fim de estimular a nova economia; essas depreciações podem fazer da compra um melhor negócio se seu faturamento for suficientemente alto para absorvê-las. Consulte um contador para analisar os benefícios fiscais na sua situação.
- **Questões de sublocação.** O contrato deve permitir a sublocação do espaço. Porém, os proprietários têm um interesse legítimo em saber para quem você irá subalugar. Se você está em um ponto excelente e subalugar para um inquilino indesejável ou financeiramente fraco, o proprietário não irá gostar. A declaração do proprietário geralmente afirma que a permissão para subalugar não será retida "sem motivos". Apesar de comum em muitos contratos de negócios, tal linguagem com um proprietário invariavelmente levará a um conflito legal. Insista em cláusulas específicas que respondam às preocupações do proprietário: que você irá sublocar somente para alguém com condições financeiras iguais ou superiores à sua; que o uso não irá contrariar as cláusulas do proprietário com qualquer outro inquilino, e assim por diante. Além disso, o proprietário deve receber uma taxa pela revisão legal da sublocação e custos relacionados. Ele deve concordar em retirar essa obrigação depois de dois ou três anos que o novo inquilino estiver no local.

- **Questões de transferência/cessão.** Contratos que previnem a cessão do aluguel a outras entidades é outro problema, especialmente para uma rede nova em expansão com chances de ser comprada por uma empresa maior. Aqui está um cenário provável: uma grande rede nacional quer comprar uma pequena rede de 20 lojas para multiplicar em oito vezes seu faturamento. Durante o planejamento, os compradores descobrem que o aluguel das melhores lojas não pode ser transferido sem a aprovação do proprietário. Quando você pedir para transferir o contrato para o comprador, o proprietário pode perceber que o *shopping* já tem uma loja sua que vende em grandes volumes. Assim, ele pode impedir a venda de sua loja insistindo em altas taxas de transferência, demandando aluguéis mais altos ou fazendo outras mudanças no contrato que tornem a compra menos atrativa. As ações do proprietário mudam abruptamente o processo, desvalorizando a oferta ou fazendo com que a venda não ocorra. Algumas vezes, a reação é pessoal. Talvez essa grande rede nacional tenha rejeitado o proprietário alguns anos antes. Talvez ela venda bebidas alcoólicas em alguns de seus estabelecimentos e o proprietário seja contrário a bebidas. *Essas e outras atitudes já acabaram com muitos acordos.* Portanto, o contrato deve garantir que o proprietário aprove a venda para a nova empresa sem acionar as cláusulas de transferência, assinatura ou sublocação se 50% ou mais de sua companhia for vendida ou transferida para outra entidade.

AGENDANDO UMA VISTORIA DO LOCAL

Quando você tiver mais de 50% de certeza de que fechará o negócio, é hora de realizar uma vistoria no local. Feita por um arquiteto ou engenheiro, deve incluir uma análise da estrutura do espaço e identificar cada problema potencial de um ponto de vista mecânico ou de construção. A vistoria não deve custar muito caro. Se você usar a mesma empresa em múltiplas lojas, reduzirá o preço pela metade.

Uma vistoria começa com um resumo destacando as finanças da loja planejada, as questões de *design* e construção e suposições fundamentais sobre o local, incluindo uma descrição da área de comércio e futuras questões de mercado. O resumo financeiro deve incluir não apenas as vendas estimadas e o retorno do investimento, mas também números de qualquer loja semelhante da rede e de operadores comparáveis. O resumo executivo é útil se um comitê imobiliário precisar revisar e aprovar o local; o documento também poderá ser encaminhado diretamente a uma instituição de empréstimos para obter o financiamento. O propósito fundamental do resumo executivo é reforçar bons hábitos mentais, lembrá-lo de que os locais devem ser julgados objetivamente. Você até pode amar um local, mas se o custo de construí-lo distorcer suas finanças, não irá ignorar a informação se tiver conhecimento dos dados.

O *checklist* para a vistoria do local deve ser extremamente detalhado. Você se surpreenderá com a quantidade de trabalho a ser feito na infra-estrutura do local que não foi relatada pelo proprietário. Alguns donos incoerentes pensam que "rede elétrica" significa um cabo em uma tubulação próxima ao seu espaço. Há muitos anos, em um de meus dias de menos sabedoria, descobrimos que o serviço elétrico mais perto de nosso local ficava a 6 metros da loja, e tínhamos de furar o concreto para atingi-lo (para furar o concreto em algumas estruturas com vários níveis, é necessário primeiro fazer um raio X do local para não afetar negativamente a barra do concreto. Isso aumenta os custos). A fiação deve ser do tamanho exato para atender a demanda de energia do local, com todos os circuitos elétricos e painéis instalados. Ventilação e ar-condicionado costumam ser instalados de forma inadequada. O estabelecimento precisa ter uma área no teto suficiente para qualquer equipamento adicional e acesso adequado para ventilação. Você também precisará observar o ponto mais baixo do pé-direito. Para a distribuição de novos dutos de ar-condicionado no local, pode ser necessário baixar 60 centímetros desse ponto. Isso pode exigir que o restante do teto seja rebaixado para ficar no mesmo nível.

Todos os dutos, incluindo água e esgoto, *sprinklers* de incêndio e serviços telefônicos precisam atender as necessidades atuais e futuras. A instalação do número total de *sprinklers* de incêndio, determinado por uma análise de acordo com as normas do corpo de bombeiros, pode custar caro. Também, conheça as necessidades específicas da sua ocupação e as exigências de uso antes de assumir um aluguel. Serviços alimentícios têm necessidades adicionais, com a instalação de interceptores de gordura e exaustores. As exigências para os banheiros serão baseadas em seu uso de acordo com os códigos locais, e devem estar dentro dos padrões da ADA (*American Disability Act*) ou de leis similares em outros países.

Se de acordo com os regulamentos da ADA, a entrada principal (normalmente por rampas ou portas amplas), o nível dos andares e a acessibilidade dos banheiros são providências particularmente caras em prédios antigos. A vistoria deve identificar os perigos ambientais, como já mencionado. Os mais comuns são o amianto e a tinta à base de chumbo. Pergunte sobre o depósito de lixo e assegure-se de que está perto da sua loja e é grande o bastante para lidar com os seus detritos. A vistoria também deve acertar qualquer limitação imposta pelo município, condado, estado ou códigos de construção federais, bem como ressaltar exigências específicas de *shopping centers*. Algumas localidades têm códigos estranhos e alguns *shoppings* permitem construções somente à noite, o que significa que o custo do local deverá incluir o pagamento de hora extra.

Além de todas essas questões, uma vistoria no local deve revelar o "invisível". Uma delas é o acesso para as suas entregas. Alguns espaços não suportam entradas na parte dos fundos. Entradas ou corredores também podem ser muito estreitos. Outra é o espaço dos fundos, que deve ser amplo o suficiente para comportar um local onde os empregados possam trocar de roupa, um escritório para a gerência e uma área segura para a contagem do dinheiro. Outra, ainda, é a segurança. Há algum vigia na porta dos fundos? O estacionamento dos empregados fica próximo e tem boa iluminação?

A qualidade do trabalho nos bastidores também é uma "questão invisível". Uma de minhas grandes preocupações são os painéis elétricos. Prefiro que sejam anexados, acessíveis e com legendas, sem perigos. Também costumo verificar os encanamentos, para ver se estão adequadamente soldados. Uma solda deve ser limpa e lisa; não deve parecer como uma vela derretida. Qualquer sinal de atitude preguiçosa na construção é um aviso sobre a qualidade total da estrutura. Em um espaço existente, atalhos na construção e mão-de-obra barata aumentarão os custos de manutenção com o tempo. Em espaços novos, é preciso atenção especial para verificar se o trabalho está realmente satisfatório.

A partir da vistoria do local devem ser relacionados por escrito as mudanças que o proprietário terá de fazer para atender às suas necessidades. A expectativa é que esse trabalho seja bancado por ele, que também providenciará uma compensação, para cobrir alguns dos custos do inquilino com reformas na loja. O montante da compensação depende, como sempre, de todos os aspectos da negociação.

Se o proprietário já tem uma equipe de construção, geralmente fará as mudanças exigidas. Por outro lado, pode não ter a habilidade ou o dinheiro para tanto. Ou você pode ter seu próprio empreiteiro e preferir controlar a construção – principalmente se estiver construindo mais de um local e puder negociar descontos por volume com o empreiteiro. Deve-se considerar a confiabilidade associada ao fato de você fazer a obra por si próprio e o controle e o tempo que vai ganhar. Qualquer reforma no teto, porém, deverá ser feita pelo empreiteiro do proprietário; de outra forma, pode haver danos ao telhado original e você ser responsabilizado por goteiras no prédio, inclusive nos espaços dos seus vizinhos.

As negociações de aluguel devem definir claramente quem fará cada trabalho e quem pagará por qual serviço. A compensação por melhorias é expressa em dólares por pé quadrado. Se você pedir uma compensação acima das taxas de mercado, terá um aumento em seu aluguel. O proprietário pode pedir 25 dólares por pé quadrado no aluguel e oferecer 15 em compensação. Você pode contra-ofertar 20 e 50. Por fim, ambos podem fechar em 22 dólares no aluguel e 25 de compensação. O pagamento da compensação é normalmente feito após a abertura da loja, com provas de que o dinheiro foi gasto nas melhorias designadas.

Quaisquer que sejam os resultados da negociação, o mais importante é que você tenha uma estimativa razoável do custo de adequar o local às exigências. Custos desconhecidos irão gerar o caos em suas projeções financeiras, para não falar na sua tranqüilidade.

FAZENDO A LOCAÇÃO CERTA

Finalizo este capítulo apontando duas das maiores questões sobre aluguel, proprietários e propriedades.

Primeiro, a cessão liberal dos diretos de sublocação em um contrato de aluguel relaciona-se à idéia de escolher o melhor local para sua loja. Se você vai correr os riscos de começar um negócio de varejo, faça com um local nota 10. Bons locais representam a metade do sucesso de um negócio. *Um ótimo lugar sustenta uma operação não tão boa por mais tempo do que um lugar ruim leva para matar uma boa operação.* Se o seu negócio falir, um imóvel nota 10 lhe dará outra vantagem igualmente importante. É mais difícil sublocar um imóvel nota 7 do que fazê-lo gerar um negócio de sucesso. Mas com um local nota 10, você terá mais chances de encontrar alguém que o queira depois de você.

A segunda questão também se relaciona à localização. (Surpreso?) Os *shopping centers* justificam seus altos aluguéis com uma ótima localização, realizando muito *marketing* e proporcionando uma alta concentração de consumidores – fatos que resultam em um alto volume de vendas para os inquilinos. Mas muitas localizações de rua oferecem o mesmo tipo de densidade de consumidores e as compras são como as do *shopping centers*, mas sem os gastos adicionais. Muitos desses locais são mais baratos que os *shopping centers* equivalentes, e mais apelativos.

Quando um subúrbio tem vários pequenos centros, com pouca diferenciação entre eles, cada bairro de uma área urbana tem suas próprias características especiais. Mesmo os *shopping centers* urbanos, geralmente integrados em prédios antigos, parecem-se mais com lojas de departamento tradicionais do que com *shoppings* modernos. Em geral, é mais fácil estabelecer-se em uma área urbana e expandir-se para áreas suburbanas do que estabelecer-se em um subúrbio e expandir-se para a cidade. O aviso, é claro, é o velho "depende do uso". Um conceito com apelo a adultos com renda disponível será mais favorecido em uma área urbana. Um conceito com apelo a crianças ou que envolva decoração de lares poderá ser favorecido em uma área suburbana em crescimento. Desse ponto de vista, o primeiro pensamento sobre o arrendamento é se seu conceito é adequado para as ruas, ou para os *shoppings*. Se for um conceito de rua, comece em um local nota 10 em uma área comercial ou residencial. As áreas urbanas oferecem os melhores locais para uma nova loja. Pesquise os distritos e as ruas que você almeja em áreas de comércio.

Em resumo, as negociações de aluguel são sobre quem precisa mais de quem em um determinado momento. A Oakley, vendedora de equipamentos, tem proprietários ávidos por encontrar um local para a empresa porque ela possui um grande apelo a uma grande demografia, de surfistas de 19 anos a golfistas de 45. A Oakley recebe melhores termos de aluguel do que um conceito de vestuário genérico, ou um com apelo a uma demografia mais estreita. Para encontrar os melhores locais e demografias, contrate um corretor experiente especializado em imóveis. Negocie os termos do negócio por meio de uma carta de intenção antes de falar nos termos específicos do contrato. Use este capítulo como um guia de referência, mas atente para questões específicas da propriedade-alvo, e siga conselhos legais e fiscais apropriados a sua localidade. Não tenha medo de falar com outros inquilinos (do local que você escolheu ou de outras propriedades do dono do imóvel) para descobrir outras questões e avaliar as praticidades operacionais do proprietário. Os inquilinos atuais podem lhe dizer se o proprietário preza a qualidade e a ordem, busca manter a propriedade nas melhores condições, ou se demora para fazer reparos e manutenção. Outros poderão lhe dizer se ele coopera para honrar o espírito do negócio ou se tenta tirar alguma vantagem, bancando o "espertinho" de alguma maneira. O planejamento requer aplicação! Uma relação de trabalho fraca com o proprietário pode complicar, e muito, a vida do negócio. Uma rede nacional certa vez me chamou para ver um contrato que tinha várias cláusulas de ônus mencionadas. O proprietário tinha dado apenas três dias para o inquilino estudar o contrato, sendo que este poderia fazer apenas três mudanças, ou o dono chamaria outro varejista que também tinha mostrado interesse. "Não assine", foi meu conselho. Porém, o cliente achou que não tinha outra alternativa, pois o local era de fato muito bom. Os termos do aluguel voltariam para assombrá-lo, e ele sabia disso. "Ele está lhe mostrando como será a relação nos dez anos em que for inquilino dele. Se você ainda assim aceitar, só posso desejar-lhe boa sorte." Se o proprietário insistir em cláusulas irracionais que beneficiem apenas a ele, ou se lhe negar qualquer proteção, também estará dizendo como será o relacionamento de vocês durante os anos que virão.

O contrato de aluguel não deve expressar de forma ambígua as responsabilidades de cada um e a linguagem deve ser clara e precisa. Você deve chamar um advogado apenas para explicar os jargões legais, não as cláusulas gerais do acordo. Conheça seus direitos e insista neles. Da mesma forma, honre todas as obrigações do contrato. Não seja o inquilino que faz uma construção ruim e tem uma loja suja e depois reclama para o proprietário sobre as condições do local. Quando você estiver pronto, a loja física será o barco para o sucesso do seu conceito, e o contrato de aluguel será uma grande parte do sucesso financeiro. Um aluguel sadio com custos previsíveis é uma parte integral do modelo econômico da loja.

Parte IV: Empurre o Envelope

Existe uma verdade fundamental cujo desconhecimento mata inúmeras idéias e planos esplêndidos: no momento em que nos comprometemos profundamente, a providência também age.

Uma série de eventos o apóia, o que não ocorreria de outra forma. Há todo um fluir de acontecimentos relacionados à decisão, fazendo surgir a nosso favor toda a sorte de incidentes, encontros e assistência material que nenhum homem sonharia vir em sua direção.

O que quer que você possa fazer ou sonhe que possa, faça-o. A coragem contém genialidade, poder e magia! Comece agora.

– Goethe

Inovação como caminho para o crescimento
16

"Empurre o envelope" é uma expressão muito comum hoje em dia nos negócios, que significa levar um conceito ou a prática de um negócio até o limite, mas poucas pessoas sabem que sua origem vem do teste de aeronaves de alta velocidade. O desempenho de uma aeronave é descrito em gráficos com eixos X e Y. Por exemplo, a potência é medida em relação à altitude ou o peso ao balanço. O desempenho previsto geralmente tem a forma de uma caixa retangular – a forma de um envelope. Nos primórdios das aeronaves de alto desempenho, os engenheiros não conseguiam prever com exatidão como elas se comportariam, por isso "empurrar o envelope" significava voar no limite ou além da capacidade teoricamente conhecida da aeronave, e ver o que acontecia. Por exemplo, um F-4 Phantom, muito utilizado pelo exército norte-americano na guerra do Vietnã, era conhecido por seu comportamento "instável" nas curvas. Os pilotos tinham medo de perder o controle da nave, assim como um carro perde o controle em uma curva em alta velocidade. Quando estavam "empurrando o envelope", os pilotos aprenderam que o Phantom mantia-se firme em manobras extremas – conhecimento que salvou a vida de muitos soldados em combate.

A lição deste exemplo é dupla. Primeiro, o risco é necessário para a recompensa. Porém, por segundo, o risco deve ser parte de um plano global. Os pilotos não executavam logo de saída piruetas e manobras arriscadas. Os poucos que fizeram isso morreram. Ninguém "empurrava o envelope" sem seguir uma metodologia disciplinada previamente desenvolvida, e isso somente após muita experiência com o manuseio de aeronaves sob condições constantes de expansão.

Parecido com o que falamos sobre a expansão varejista, não? Ter um plano e um conceito sólidos, muita experiência operacional, e então ir em frente de forma agressiva e ordenada, constantemente inovando no contexto da marca. Mas apesar de tanto se falar em assumir riscos, a maioria dos varejistas atualmente quer ficar segura dentro do envelope, que contém baixo risco e menos recompensas.

Muitos anos atrás, encontrei-me com altos executivos da Jack in the Box. Durante o almoço, fiquei sabendo que a empresa era dona e gerenciava naquele momento 80% de suas 1.500 unidades. Fiquei pasmo e perguntei: "Vocês percebem o que têm?".

Eles me olharam e disseram: "O quê?".

"Vocês têm sido um conceito do tipo 'eu também'", disse-lhes. "Seguem a mesma linha do McDonald's, Burger King e Wendy's. Mas são proprietários de 1.200 das 1.500 lojas. Vocês podem ganhar a guerra dos hambúrgueres."

"O que você está querendo dizer?"

"Vocês poderiam realmente anunciar que estão servindo a refeição de melhor qualidade da categoria e cobrar 5 ou 10 centavos a mais por isso? Se vocês vendem um hambúrguer por 1,10 dólar, mas o melhor da categoria, seu negócio irá às alturas. Vocês estão em uma guerra de preços que só terminará quando todos estiverem mortos."

Naquele tempo, a indústria estava na batalha dos hambúgueres por 99 centavos. Quando a Taco Bell lançou seu taco a 49 centavos, o preço dos hambúrgueres teve que baixar. A guerra dos preços reduziu o custo médio das refeições. O preço de 99 centavos diminuiu todo o posicionamento da quintessência da refeição casual americana: hambúrguer, batata frita e um *milk-shake*. Abaixo de um certo preço não se pode mais falar sobre qualidade, somente sobre preço. O ciclo de baixas atingiu todos os *fast-foods*. Agora, em vez de reduzir ainda mais o custo, eles fazem dois hambúrgueres por 99 centavos. Na verdade, é 49 centavos por hambúrguer, mas ninguém admite.

O McDonald's, líder do mercado, começou essa guerra. Geralmente o líder de mercado resiste à baixa no preço porque sua marca é considerada a melhor da indústria. Mas não foi o caso nessa categoria. O corte de preços era considerado o melhor que a empresa podia fazer para enfrentar as ameaças, porque não havia identificado, ou reagido, às verdadeiras tendências. A principal razão do declínio do McDonald's foi sua falha em agir antecipadamente ou mesmo em reagir de maneira rápida às mudanças em sua categoria. A empresa estava muito focada no crescimento e expansão mundial.

Já discutimos bastante sobre como expandir, mas a expansão deve ser acompanhada de inovação. É óbvio que o sucesso de um negócio está diretamente relacionado à sua capacidade de inovação e, para muitos empreendimentos, a definição de inovação pode ser evasiva, e isso não apenas no varejo. É imperativo que uma empresa continue a inovar e seja conhecida como inovadora, especialmente se for a líder de mercado. A diversificação do McDonald's em outros conceitos não foi ruim, mas essas aquisições (pizzas, comida mexicana, lojas de sanduíches e carne de frango) eram tidas como os veículos de crescimento, uma admissão tácita de que o McDonald's percebera a necessidade de complementar a sua marca principal. Dentro da marca principal, o McDonald's pensou que a inovação era um novo sanduíche. Em um nível, realmente é. Um novo sanduíche vendido por dia vezes 30 mil lojas, vezes 365 dias, dá mais do que 50 milhões de dólares. Mas a inovação, como vimos, é uma evolução da missão da empresa e de sua função. A marca precisava de uma grande idéia – algo além de um produto que causasse alta demanda, embora tal tipo de produto sempre seja bem-vindo. O McDonald's está perto dos 55 anos de idade. Quando foi criado, era uma idéia instigante – e o melhor restaurante de batatas fritas e hambúrgueres. Até recentemente, ainda não tinha evoluído. Não tinha acrescentado nada de interessante, como seu conceito original fizera na década de 1950. Compare esse conceito estático com a Starbucks, uma empresa muito mais nova. Em pouco mais de uma década, a Starbucks evoluiu do preparo e venda de cafés ao fornecimento das melhores bebidas de café e bolos, a um local de encontros comunitários à oferta de uma linha de bebidas mais ampla ("tudo em um copo") a um ponto de encontro noturno a um dos melhores lugares para freqüentar. Atualmente, é um local de trabalho quando se está longe do escritório. Tudo isso permanecendo fiel à sua missão.

O grande público consumidor do McDonald's, é claro, são as crianças. Portanto, a empresa manteve o McLanche Feliz, acrescentou espaços nas lojas e criou promoções "Hollywood" – brinquedos baseados em personagens de ação de filmes infantis. O McDonald's evoluiu, tornando-se uma empresa de *marketing*. Até aí, tudo bem. No entanto, não deveria ter feito isso em detrimento de ser uma cadeia de *fast-food*. Como uma companhia de *marketing*, comprou uma rede que possuía áreas de recreação similares às dos restaurantes Chuck E. Cheese, mas como empresa de *fast-food*, o McDonald's não fez mudanças comparáveis no menu para ter apelo além da audiência principal. Por exemplo, poderia ter acrescentado pasta de amendoim e sanduíches de geléia, macarrão e queijo ou outros pratos que apelassem mais para as crianças, ampliando, assim, sua marca central. Como suas áreas de recreação internas eram relativamente grandes, as despesas também o eram, e não havia garantia de exclusividade. Outros poderiam facilmente copiar essas áreas (o que de fato aconteceu) e, de qualquer forma, elas não estavam nem perto de serem tão interessantes quanto às da GameWorks, desenvolvidas pouco depois. A idéia poderia ter sido boa, mas era muito segura e tornou-se estagnada e, previsivelmente, não teve sucesso.

Então o McDonald's, o líder de mercado, acabou seguindo outras empresas, em vez de manter-se à frente. A rede fez um esforço mediano para eliminar a Starbucks, com suas lojas McCafé. Eles abriram uma loja-teste no centro de Chicago, embaixo do "El", que ainda está em funcionamento. Percebendo o rápido crescimento da Starbucks e o aumento do número de cafeterias locais e regionais, o McDonald's identificou o mercado como associado a um conceito de café da manhã que reforçava sua marca de maior volume e seus valores de consistência de entrega do produto. Tanto o nome – McCafé – quanto a localização – na frente de um McDonald's – mostraram que o novo empreendimento se beneficiaria do posicionamento da marca central. A empresa focou o aspecto de rápida entrega do café – a força da rede – em vez do aspecto comunitário de uma cafeteria. O McDonald's não parecia notar que empresas bem-sucedidas de café focavam a qualidade, assim como a entrega rápida; os valores da marca e a expressão física dos mesmos em nada se pareciam com os do McDonald's. Infelizmente, o "Mc" à frente do nome representa a idéia de "rápido, genérico e barato". Operacionalmente, o café de rápido atendimento está disponível a qualquer hora no McDonald's. Não há nenhum período específico do dia em que o McCafé possa levar vantagem. Se o conceito busca um posicionamento idêntico ao do McDonald's, não faz sentido abrir uma loja perto e canibalizar as vendas (ou perder para si próprio). Se o intuito é ter um conceito com um posicionamento superior de mercado, não faz sentido rebaixar esse posicionamento pela localização próxima a um conceito de menor qualidade. Nada no

McCafé faz sentido – preço, localização, *design*. Percebendo que os conceitos de café vieram para ficar, o McDonald's anunciou um relançamento do conceito do McCafé. Ainda não está claro qual direção irá seguir ou se a empresa irá mudar sua abordagem.

Pode-se argumentar que o McDonald's teve que testar esse conceito dessa maneira devido ao sistema de franquias. O centro de operações corporativo precisa vender suas idéias para os donos de franquias e de licenças, que investem financeiramente na atualização e nos conceitos de crescimento. Talvez o pessoal do McDonald's achasse que tinha de abrir um café perto de uma loja existente para ter economia de escala, ou talvez para limitar o custo do investimento, pois os donos de franquias são sensíveis aos custos. Isso não é desculpa. Digo sempre: "Imagine o que teriam os donos de franquias com um conceito em expansão e na tendência, com altas margens e altos lucros".

DEIXANDO DE SEGUIR A TENDÊNCIA

À medida que tudo isso acontecia, o McDonald's permaneceu focado em aumentar o número de lojas pelo mundo e tornar-se mais eficiente do que nunca. A empresa manteve superfícies duras – fórmica, aço inoxidável, ferro, luzes foscas, assentos modelados de plástico – para padronizar, tornar a operação mais fácil e reduzir a manutenção. Eles perderam, completamente, a mudança de textura, a tendência de alto contato, de conforto na categoria de *fast-food*. No McCafé, colocaram até cortinas falsas com lagos e um tipo de madeira embutida no balcão da frente, como se isso levasse a um *design* parecido com o da Starbucks. O McDonald's poderia ter diferenciado seu visual e aparência. Qualquer marca de hambúrguer poderia ter mudado o paradigma, se tivesse buscado a liderança de mercado. A Wendy's agora tenta modificar o visual com pedras na frente. O McDonald's construiu inúmeros protótipos com madeira, mas é laminada, o que dá um aspecto falso e brilhoso. O interessante é que a empresa usa *designs* melhores e mais apropriados quando a cidade solicita isso. Em New Orleans, por exemplo, o McDonald's tem uma bela construção que se mistura com estruturas antigas na linha dos carros da rua. A loja, próxima de várias igrejas, é conhecida pelos moradores como St. Mac's. Mas por que a rede não deixa a era do plástico em todos os lugares? Toda cidade deveria ter um McDonald's de boa aparência, não apenas as especiais, como as turísticas e os resorts de esqui. A razão de não fazerem isso é o custo percebido pelos donos das franquias. O medo do alto custo mantém o conceito barato, que leva à guerra de preços com outros conceitos baratos. No entanto, melhorias no *design* não precisam ser excessivamente caras e geram vendas adicionais. Um bom *design*, junto com melhorias nos produtos, cria a diferenciação que tira a empresa da guerra de preços.

Pode-se argumentar que o visual "duro" *é próprio* do McDonald's, é sua iconografia, feita para ser direta, com fórmica e plástico. Como a rede pode inovar sem perder a identidade de sua marca e seu atual mercado? Bem, as pessoas irão ao Dick's Drive-In em Seattle, Washington, e parar na fila sob chuva para comprar um hambúrguer Dick's Deluxe. A razão é que o valor de marca é alto. Como a comida é boa, consistente e barata, e o Dick's é uma instituição local, vale a pena. (O Dick's também paga salários acima da média, portanto, o atendimento é excelente.) Em outros *fast-foods*, não é assim. Os consumidores estão cansados de lojas de plástico e néon com garotos inexperientes prestando um atendimento ruim em um ambiente sujo. Tudo bem ser o que se é realmente, nesse caso, uma "produção de fábrica", mas então é preciso diferenciar-se de alguma maneira, seja em qualidade, valor ou experiência. O McDonald's dormiu em todos os fatores e medidas.

Contraste a abordagem barata com o In-N-Out Burger. Uma operação criada em 1948 e ainda gerenciada pelos fundadores, foi o primeiro restaurante *drive-through* na Califórnia. A missão ainda é a mesma depois de 55 anos: "Dar aos consumidores os alimentos mais frescos e de alta qualidade que se pode comprar com um serviço amigável e um ambiente limpo". Atualmente, o In-N-Out tem 185 lojas distribuídas na Califórnia, em Nevada e no Arizona, todas próprias. A empresa tem um menu limitado, com apenas seis itens, que quase não mudou desde o começo. Mas as pessoas se deslocam por longas distâncias para comer seus hambúrgueres, pois *a comida é realmente boa*. A carne vem de cortes selecionados. Todas as carnes e vegetais são entregues diariamente (todos os seus restaurantes estão a, no máximo, um dia de distância de uma planta de suprimentos alimentícios. Pense nisso como uma exigência para a seleção do local!) O In-N-Out não tem *freezers* ou microondas. A carne é preparada à medida que os pedidos são feitos, enquanto o alimento do McDonald's é pré-cozido, embalado e aquecido no microondas da loja. As batatas fritas do In-N-Out são cortadas à mão, como costumavam ser as do McDonald's muitos anos atrás, antes de adotar as batatas congeladas para economizar. O milk-shake do In-N-Out é de puro sorvete, enquanto o do McDonald's é feito de leite e vários conservantes. Apesar da simples paleta vermelha e branca e de seus tijolos de cerâmica, a marca do In-N-Out continua atual. A empresa avançou porque permaneceu fiel a sua marca, enquanto o resto da indústria marchou para trás. Sua vantagem competitiva – a qualidade – significa que não é preciso lutar pelo preço. As pessoas ficam satisfeitas, mesmo pagando o dobro por um hambúrguer.

É claro, existem limites para o que se pode cobrar pela qualidade em qualquer categoria. É preciso inovar e ter um preço competitivo. Uma conhecida minha ganhou a concessão para uma lancheria em um prédio do governo do Estado local e planejou servir sanduíches de alta qualidade em porções generosas e cobrar 7 dólares por cada. Disse-lhe, então, para considerar a clientela. Funcionários do governo não ganham muito. Ofereça algo que custe menos de 5 dólares. Se você vende sanduíches grandes, faça a metade de um por 4,50 dólares.

O MCDONALD'S COMEÇA A RESOLVER ALGUNS PROBLEMAS

Algumas questões finais sobre o McDonald's. Embora esteja na moda nos últimos anos criticar a empresa, o ponto principal do exemplo é mostrar o que pode acontecer com uma rede, e normalmente acontece, quando a gerência torna-se totalmente presa às pressões das operações diárias e à síndrome inevitável do "temos que crescer!". Deve ser dito que o McDonald's começou a consertar alguns problemas no coração de sua marca. A maioria dos conceitos secundários que não tiveram sucesso estão sendo vendidos. A empresa fechou e remodelou milhares de lojas, e está muito focada na limpeza. Compreendendo que o ato de comer no McDonald's está sendo associado a riscos de saúde e maus hábitos alimentares, a rede está reposicionando de maneira correta a marca, oferecendo refeições mais saudáveis para crianças e adultos, como saladas e água. Junto com outras adaptações no menu, a empresa parou com a prática do *super-sizing* e começou inúmeros programas de educação nutricional voltados para crianças. O McDonald's está agora respondendo agressivamente à onda de altas proteínas e baixos carboidratos. O problema é que essas ações demoraram para acontecer. A Atkins e outras dietas de baixos carboidratos são populares há uma década. A Subway promove refeições saudáveis há muitos anos com seu garoto propaganda Jared. O McDonald's não evoluiu até que as circunstâncias e o medo de processos forçassem a empresa a agir. Ninguém estava disposto a tomar os passos necessários, "empurrar o envelope" de uma forma organizada, a *inovar!*

O McDonald's não foi o único. Embora a maioria das redes de *fast-food* tenha perdido uma grande oportunidade e falhado em inovar na moda dos baixos carboidratos, o que trouxe prejuízos no curto prazo, essa tendência fez um favor a todas elas no longo prazo. O menu amigável da Atkins e outros similares sugerem maneiras de fugir da guerra dos preços. As redes nacionais podem novamente focar o produto – as escolhas do menu e a qualidade. Elas podem lhe oferecer menos pães, menos gorduras e menos produtos químicos – e cobrar apenas 50 centavos a mais. Um movimento contrário em espiral está começando. A Jack in the Box não usou meus conselhos de inovação de conceito, mas vem acrescentando novos produtos no menu a cada mês, de sanduíches de baixas calorias a sanduíches finos. A rede também está estendendo seu conceito, abrindo lojas de conveniência e postos de gasolina com o nome de sua marca em alguns locais. Eles contrataram uma empresa de *design* para desenvolver um visual único – com metal, cores fortes e madeira, resultando em um aspecto "adulto" – com o nome JBX. A Jack in the Box entende que reforçar o comprometimento de uma empresa com a inovação requer mais do que uma mudança no menu; requer uma atualização de suas ofertas e do *design* do conceito.

A melhor notícia do McDonald's nos últimos anos é um programa para compensar custos em 50 e 100 mil dólares para as franquias que renovarem seus restaurantes substancialmente. O objetivo é deixar os consumidores mais confortáveis para ficar mais tempo na loja e comprar mais. Alguns dos novos McDonald's têm mesas para cafés e serviço de Internet. Outros têm televisões ligadas 24 horas por dia nos noticiários. Outros, ainda e mais recentemente, parecem restaurantes tipicamente familiares, com a área principal assemelhando-se à sala de jantar. As lojas remodeladas aumentaram os negócios em no mínimo 10%, e as totalmente remodeladas aumentaram o faturamento em 30% ou mais. O valor mínimo oferecido para as melhorias garante que a remodelagem é substantiva, mas o valor mais alto também significa que os donos de franquias têm de lidar com a maior parte dos custos. Os franqueados são conservadores, e muitos têm pouco caixa. A alta administração da empresa parece estar mais incentivando do que obrigando que as atualizações sejam feitas. Além disso, embora o McDonald's faça uma revisão dos novos modelos antes de garantir o financiamento, o grande número de novas abordagens pode resultar em confusão ou conflito de *designs*. Uma preocupação da rede deve ser atingir a individualidade mantendo a consistência da imagem da marca, principalmente se as mudanças ocorrerem por um longo período de tempo (se a empresa remodelar 500 lojas por ano, demoraria ainda 60 anos para completar todas). Esses fatores, que atrasam qualquer esforço concentrado nas novas abordagens visuais e na remodelagem de marca, ilustram os problemas do modelo de franquias, especialmente para uma empresa global.

IDEALIZANDO MANEIRAS DE INOVAR

Inovar é bom, mas freqüentemente ocorre com atraso. É uma história comum no varejo. De fato, um analista de ações louvou a Gap Inc. por contratar Paul Pressler, um CEO de fora do setor de varejo, porque os varejistas têm pouca imaginação e muito medo de inovações. Antes de Pressler, os críticos acharam que as marcas da Gap (Gap, Old Navy e Banana Republic) tinham se tornado indistinguíveis uma da outra, assim como de outras marcas. Atualmente, os três conceitos são bem diferenciados: a Gap é uma loja de varejo para roupas casuais especiais, a Old Navy, uma loja orientada para a família, e a Banana Republic, uma loja de varejo de preço baixo. As vendas estão aumentando em todas elas. Pressler não fez experimentos estranhos; em vez disso, retornou os valores centrais de cada marca e inovou dentro de suas estruturas conceituais. Os valores centrais tornaram-se a base para uma melhoria e expansão metódica – e contínua – para produtos e mostradores. Essa é a resposta para a questão do varejista: "Como inovar permanecendo fiel à minha marca?". "Como saber o que é uma inovação verdadeira e não um abandono da minha marca?". Em outras palavras, "O quanto posso ampliar minha marca sem perdê-la?". A inovação requer três fatores:

- **Licença.** Seus consumidores têm de lhe dar permissão para ampliar a categoria ou entrar em uma nova.

- **Oportunidade.** Você tem de captar uma tendência.
- **Demografia.** A ampliação deve adequar-se a um público comparável ao seu atual.

Vamos analisar um ponto de cada vez.

LICENÇA

Lembre-se, dos comentários anteriores, de que a ampliação do seu conceito deve ser aprovada pelos consumidores. Sempre pense no que os seus clientes gostariam que você fizesse a seguir, qual seria o próximo passo natural. Um fabricante de chocolate estava pensando como poderia evoluir. Ele já fazia inúmeros tipos diferentes de chocolate, e os vendia em diversas lojas. O que é o chocolate? perguntei-lhe. Uma sobremesa. Ao que os consumidores associam o chocolate? Ao sorvete de chocolate, outra sobremesa. Ao que eles associam sorvete de chocolate? A uma fábrica de refrigerantes antiga. Os consumidores permitiriam que esse varejista fosse um vendedor de sorvete de chocolate mais facilmente do que um de bebidas como café. A progressão pensada leva imediatamente a várias possibilidades, de uma linha adicional de sobremesas a uma rede de lojas especializadas em sobremesas vendendo produto. Faça um *brainstorming* para seu conceito, buscando analisar de três a cinco elementos que as pessoas mais relacionam a ele. Esses serão os padrões de identidade da marca. Pergunte o quanto cada um deles pode ser ampliado. Esse processo é o coração da ideação.

Na Starbucks, as ampliações naturais foram bebidas geladas feitas com café, a fim de tornar a marca um conceito para qualquer estação e um sorvete de café. O que a empresa poderia continuar fazendo? As respostas eram imediatas: mais e mais produtos nos corredores de supermercados e mais expansão global. Uma resposta é a extensão natural dos produtos e a outra, a do mercado. No Capítulo 11, "Fontes para a expansão", destacamos as muitas maneiras de se ampliar uma marca. As extensões de produtos e de marcas devem ser uma questão abordada cedo em qualquer avaliação de conceito novo ou existente. A Potbelly Sandwich Works poderia vender picles em mercearias? Poderia tornar-se uma marca para salgadinhos, picles, condimentos e *ketchup*? Para a sua marca, a ampliação pode ser realizada com acessórios ou novos canais de vendas.

Outra maneira de "obter uma licença" é considerar a necessidade do consumidor. Para o café, a necessidade depende da hora do dia. Pela manhã, o consumidor quer uma bebida quente, reconfortante e rápida. Ao meio-dia, um local para relaxar por "cinco minutos" durante sua agenda de trabalho. À noite (no caso dos jovens), um local para encontrar-se com os amigos. A primeira necessidade foi a base para o negócio inicial da Starbucks. As outras duas foram extensões naturais da marca. A necessidade inicial dos consumidores da Gap era de roupas casuais de finais de semana. Depois de um tempo, a marca estagnou. Agora, está direcionando-se à necessidade de vestimentas para a semana e para a noite, mantendo-se ainda assim fiel às suas raízes casuais. A empresa também introduziu roupas para grávidas, roupas íntimas e, é claro, linhas para bebês e crianças, algumas das quais com lojas próprias. Recentemente, a Gap desenvolveu uma linha de roupas para mulheres com mais de 35 anos de idade. Todos esses conceitos relacionados fazem sentido, porque são extensões naturais da marca e têm aceitação dos consumidores.

Pensando sobre e planejamento as extensões da marca logo cedo, os varejistas podem "empurrar o envelope" sem risco, e ainda sentir-se razoavelmente confiantes de estarem aumentando a sua renda de diversas maneiras. Os varejistas que já estão no mercado podem usar a abordagem para revitalizar a marca, como a Gap fez.

OPORTUNIDADE

Esse elemento tem dois aspectos importantes. O primeiro é a sobrevivência, o segundo é a habilidade de entrar em uma importante onda econômica. Para tirar vantagem da oportunidade, você precisa ficar dentro do jogo. Assim como um surfista deve ficar dentro d'água por tempo suficiente para pegar uma grande onda, você deve ter um conceito central vinculado a um modelo econômico forte o bastante para manter o seu negócio firme até capturar uma onda demográfica ou uma tendência. A Subway Sandwiches, por exemplo, já tinha uma boa marca e uma operação de franquias sólida muitos anos antes da tendência de dietas com pouco carboidrato. Tendo servido sanduíches saudáveis há bastante tempo, pode se apresentar com credibilidade como um líder na nova guerra dos *fast-food* saudáveis.

DEMOGRAFIA

A ampliação deve envolver a mesma demografia que seu conceito já atende atualmente. Um conceito alimentício que abre em um período do dia, por exemplo, deve atrair uma população de consumidores similar à sua original, ou pode correr o risco de perder o primeiro grupo. É difícil imaginar um restaurante que atende famílias de classe alta no café da manhã, depois os grandes empresários no almoço, e adolescentes à noite. É fácil imaginar um restaurante que atende trabalhadores no café da manhã e no almoço, as famílias desses trabalhadores no jantar, e adolescentes dessas famílias à noite. As extensões da Gap envolvem os mesmos consumidores, fornecendo roupas para os diferentes momentos do dia ou de suas vidas, ou para os filhos desses clientes. A Chico's busca atender profissionais do sexo feminino com idade próxima aos 30 anos, mas descobriu que as suas roupas têm apelo também junto a mulheres mais jovens e mais velhas com os mesmos gostos. Da mesma maneira, um conceito que atende adolescentes pode se expandir a jovens adultos quando tiverem o mesmo perfil demográfico.

MANTENDO A MELHOR POSIÇÃO

É preciso cuidado para não enfraquecer a marca durante a ampliação. Se você está expandindo-se rapidamente e torna-se onipresente em grandes *shopping centers*, é difícil manter uma imagem de exclusividade. Seus diversos pontos diminuem o prestígio de ser um vendedor *premium*. A resposta está na inovação. Hoje em dia, os varejistas querem ser líderes de qualidade, de valor ou de preço. Ser o líder de qualidade, no topo da pirâmide de consumo, significa que "seu produto vale muitos dólares". Ser o líder de valor, no meio da pirâmide, significa que "seu produto tem o melhor valor", a melhor combinação de preço e qualidade e uma maior conexão com o consumidor. Ser o líder de preço, na base da pirâmide, significa que "seu produto é o mais barato". Os consumidores sabem que na Giorgio Armani encontrarão as roupas mais finas e modernas, que na Wal-Mart encontrarão o melhor valor para os novos produtos, e que nas lojas da Savers/Value Village encontrarão ótimos preços. O problema ocorre quando o varejista está perdido na pirâmide, sem distinção por qualidade, preço ou valor. Os bons varejistas sempre procuram algo novo, como nichos mais refinados. A empresa principal da Urban Outfitters, voltada a jovens adultos urbanos e educados, foi seguida pela Anthropologie, voltada a mulheres sofisticadas de 30 a 45 anos de idade, e então pela Free People, voltada a mulheres jovens que preferem um visual "feminino, atlético e atual".

Marcas que começaram no topo, mas pensam que somente a expansão é o necessário para um crescimento sustentável são particularmente vulneráveis. A Nature Company, que oferecia vários presentes inspirados em temas de viagens e na natureza, é um exemplo de empresa que foi a primeira a entrar, mas perdeu a posição por falhar em inovar. Eles inventaram, mas nunca dominaram a categoria. Os novos produtos não criaram uma relação com o consumidor. Com o tempo, ficou claro que a Nature Company estava crescendo apenas pela expansão. Enquanto isso, outras lojas surgiram (Sharper Image, Brookstone, etc.). Uma delas, a Natural Wonders, desafiava diretamente o posicionamento da Nature Company e fez tudo melhor do que ela – trabalhando o *design* e os materiais da loja, a qualidade, a atração e a inovação dos produtos. Os proprietários viram a Natural Wonders como profissionais sérios e, como resultado, começaram a oferecer as melhores localizações, o que melhorou o perfil da empresa e elevou as expectativas de sucesso futuro. A Nature Company ficou para trás e perdeu a exclusividade.

Inúmeras mercearias regionais que foram a primeira marca em mercados locais têm sofrido o mesmo nas mão da Whole Foods Market, a rede que se especializou em alimentos orgânicos e naturais. Diferente de lojas anteriores de comida orgânica que revelaram-se austeras, a Whole Foods é um ambiente prazeroso, combinando vários produtos orgânicos a produtos naturais. A Whole Foods abriu uma loja de 5.300 metros quadrados em Manhattan, o maior supermercado da ilha. A nova loja inclui um *sushi bar*, balcões de auto-atendimento de comidas étnicas, um forno de pizzas gigante, sopas caseiras, carnes e peixe fresco. Nem toda loja da Whole Foods será tão grande, mas a rede está mostrando aos concorrentes que pode tornar-se um *peso-pesado* tão facilmente como a Wal-Mart e a Costco fizeram. Algumas mercearias regionais perderam de 20 a 30% de seus negócios para a Whole Foods, cuja presença no mercado rebaixa inadvertidamente todos os demais. A Washington Mutual, na costa oeste, está fazendo o mesmo com outros bancos com seu conceito *Occasio Bank*, que dispensa balcões e aproxima os funcionários dos clientes, oferecendo um ar de comunidade para a experiência no banco.

Mudanças no posicionamento de marca acontecem regularmente; em um mercado livre, os varejos sempre oscilarão para cima ou para baixo. Infelizmente, é mais fácil cair do que subir. Mas os escorregões não são inevitáveis. Eddie Bauer perdeu sua posição de líder de mercado de *design* de roupas para atividades ao ar livre principalmente porque deu muita importância à moda e pouca à funcionalidade. Sua perda de liderança é evidente pelas constantes promoções. Já a Patagonia, outra provedora de roupas para atividades ao ar livre, raramente tem esse tipo de vendas e foca outras formas de distinção. O uso de algodão orgânico e tecidos sintéticos reciclados, uma filosofia de *design* baseada no uso das ruas, e o ativismo ambiental a caracterizam como uma empresa que sabe o que quer. A filosofia de "compromisso total" mantém seus consumidores fiéis.

Liquidações de produtos não-vendidos, como Eddie Bauer e muitos outros fizeram, são um mal necessário para os varejistas. A gestão dos estoques é difícil, mesmo com sofisticados sistemas de controle. Mas algumas lojas de departamento compram linhas de roupas com o objetivo específico de liquidar. Essas são, rotineiramente e com sucesso anunciadas, com 20, 30 e 50% de desconto. Os vendedores de roupas encorajam essas ações fornecendo descontos se o produto não sair rapidamente, reembolsando os comerciantes para ajudar a compensar as margens perdidas. Mas, quanto mais uma loja baixa o preço, mais os consumidores irão esperar as promoções, e então o ciclo se repete. Essa estratégia mostra que os comerciantes não acreditam no posicionamento de sua própria marca. Eles estão tentando manter a pose de uma marca refinada por meio de ações que remetem a uma marca de valor. O resultado é que não fazem nada bem. Sua imagem de marca se enfraquece e eles desaparecem na mediocridade. Essa estratégia é terrível para uma marca de varejo e pode resultar em falência.

Compare tal estratégia com a Tommy Bahamas. Há dez anos, a marca nem existia. Atualmente, é uma das mais conhecidas de estilo de vida. A empresa tomou uma decisão arrojada de criar os melhores produtos de seda, *cotton* e náilon, cavando um nicho específico na sofisticada ilha dos estilos de vida, que logo ampliou-se para incluir o golfe. Eles operam um negócio "limpo" de lojas de departamento. São um dos poucos vendedores de produtos que diz às lojas: "Você comprou, é seu; sem retornos". Eles não oferecem promoções, e não gostam que os varejistas baixem o preço de seus produtos. Se você baixar o preço do produto da Tommy Bahamas este ano, provavelmente não venderá mais a marca no próximo ano. A posição da empresa é que eles crescerão por mérito. Se isso for 2% por ano, bom. Se for 5%, melhor ainda. Seu rigor com os padrões da marca resultaram em um crescimento bem maior que esses números. E ajudaram a impulsionar a imagem de marca das lojas que os vendem.

PENSANDO NOS CONSUMIDORES SOB NOVAS PERSPECTIVAS

Enquanto estiver pensando sobre inovação, desafie a sabedoria convencional em sua categoria. A maioria das mercearias e minimercados coloca o leite em direção à parede de fundo da loja, o pão no fundo à esquerda ou à direita, e os outros produtos espalhados pela loja. O objetivo é pegar o consumidor por todo o ambiente na esperança de encorajá-lo a comprar mais. Talvez exista uma oportunidade para uma mercearia que coloca todos os itens de maior venda agrupados junto a um único caixa rápido, de forma que os consumidores que precisam de uma compra rápida possam fazê-la. Afinal, os consumidores que fazem as compras da semana ainda percorrerão todo o circuito. Muitas vezes, as mercearias perdem consumidores para as lojas de conveniência, mesmo sabendo que estas têm produtos mais antigos e com preços maiores – *tudo porque é mais fácil pegar um produto comum em um posto de gasolina!* Quem decidiu que as mercearias deveriam ser lojas de *inconveniência*? Parece clichê? A Old Navy está tentando descobrir maneiras de acelerar as rotas dos consumidores pelas lojas em vez de prolongá-las, reconhecendo que as mães que fazem compras para a família, um dos principais públicos, são muito ocupadas. Tornando tudo mais fácil, elas virão com maior freqüência. Tais abordagens não rejeitam a idéia de usar o *design* e o leiaute para guiar os consumidores pela loja. Pelo contrário, reconhecem que os clientes têm necessidades diferentes e precisam tomar caminhos diversos. Você será capaz de servir melhor os subsegmentos de consumidores identificando cuidadosamente quem eles são e como compram (homens e mulheres, adultos e adolescentes, e assim por diante) e atendendo essas diferenças.

A área da alimentação oferece outra oportunidade de inovação. O período de almoço costuma lotar, mas sempre há espaço para novas entradas, se a oferta for mais do que um pote de plástico e comida processada. Ninguém pode realmente dominar o conceito de jantar, que sempre será uma combinação de conveniência e conforto. Porém, existe uma brecha para reinventar o café da manhã. Os consumidores estão cansados de IHOP, Village Pancakes, Shari's, Denny's e outros conceitos de *fast-food*. Desde que a Starbucks começou sua rápida expansão há mais de uma década, nenhum conceito de café da manhã diferenciado surgiu no cenário nacional. Um exemplo de novo conceito desse tipo combinaria conforto e simplicidade. Ofereceria um máximo de cinco escolhas, incluindo alimentos como ovos orgânicos, panquecas e crepes, pães e um ótimo café. O conceito seria uma parada prazerosa de dois a oito minutos para uma pessoa que já está praticamente de saída. Poderia ser rapidamente estendido para um almoço de melhor qualidade com um cardápio pequeno. A loja seria menor do que a metade de um restaurante normal de *fast-food*, permitindo entrar e parar a partir de qualquer ponto de uma estrada. A oportunidade existe para o empreendedor certo.

Outro grande potencial para inovações reside no ramo dos eletrônicos para casa e no mundo digital. Atualmente, a Apple Computer é a única empresa verticalmente integrada com um conceito de varejo de alto contato, com uma fatia fina da demografia de clientes. Como *designer*, admiro os ambientes polidos e sofisticados das lojas da Apple, assim como a elegância de seus produtos. O mercado principal da Apple são os *designers* e os artistas, e o estilo das lojas definitivamente apela para o grupo. Mas me pergunto se o charme dos produtos terá apelo suficiente junto a consumidores-padrão para causar um grande impacto na participação no mercado. Ainda assim, julgando pelo tráfego que vejo em suas lojas e pelo seu rápido crescimento de mais de 1 bilhão de dólares em vendas, acredito que eles estejam aumentando sua fatia de mercado com o iPod e outros novos produtos similares.

Com a saída da Gateway do varejo, a abordagem de alto contato com os consumidores de aparelhos eletrônicos continua sendo uma oportunidade ainda não explorada de negócio. É um mercado multibilionário onde nenhum grande fornecedor – nem Dell, HP ou IBM – tem um processo de atendimento face a face consistente, com uma relação de alto contato com o cliente. Os maiores vendedores de PCs têm se matado na sua própria batalha de "hambúrgueres a 99 centavos". Enquanto a guerra permanecer vinculada ao preço, todos perderão. A oportunidade para um ambiente confortável e familiar – no qual a Gateway foi pioneira – ainda existe. Meu entendimento em relação a esse conceito não é apenas devido a nossa pesquisa na Gateway, mas também à experiência pessoal. Demorou quatro dias para minha esposa – com o auxílio de um entendido em áudio e vídeo – comprar um TiVo para nossa casa. Muito desse tempo foi gasto aguardando ao telefone.

A exploração desse nicho está disponível a uma empresa *high-tech* que queira tentar uma abordagem pessoal. Assim como a Williams-Sonoma não trata de potes e panelas, mas de estilo de vida, um empreendimento focado em eletrônicos de alto contato não trataria de questões técnicas, mas de qualidade de vida.

ENCONTRANDO UM CONCEITO "SOCIAL", AQUI E EM OUTROS LUGARES

Uma ótima oportunidade está no tecido social. Em um mundo onde as pessoas trabalham cada vez mais – normalmente isoladas – e sentem-se ameaçadas por atos terroristas e outros tipos de violência, a noção de comunidade torna-se muito importante. Um novo conceito, denominado The Pumping Station, abriu em Los Angeles. É um local onde as mulheres amamentam seus bebês juntas. O lugar parece um estúdio de ioga. A sala de estar fica à esquerda, onde as mulheres sentam no chão e cuidam de seus filhos juntas. Os carrinhos de bebês estão postos em filas no corredor. Uma loja de roupas de bebê fica à direita. Na parte de trás há salas de consultas, onde os pais recebem conselhos sobre como cuidar de seus filhos, aprendem a usar a bomba tira-leite, e assim por diante. A conexão entre as pessoas é especial lá; mesmo sendo homem, senti isso imediatamente. Visitei a loja quando a esposa de um amigo recém tinha tido um bebê e ele precisava buscar uma peça da bomba que extrai o lente materno. A The Pumping Station vende e aluga essas bombas. Eles vendem roupas, carrinhos, garrafas e outros acessórios. Uma idéia inteligente. O conceito não trata de amamentação, mas da necessidade das mães de conectarem-se umas às outras, e aprenderem a partir das experiências. Envolve formar um laço com as pessoas no momento da vida em que estão passando por uma grande mudança e mais abertas para estabelecer novas amizades. Esse é um exemplo de alguém que encontrou um nicho baseado no princípio de que as pessoas buscam conectar-se umas às outras em circunstâncias similares. Conceitos comunitários como esse ainda são um campo aberto.

Embora estabelecido em cada comunidade, o mercado hoje engloba um mundo maior do que no passado. Quem quiser estabelecer as tendências no negócio do varejo e estar envolvido nas próximas áreas de grande crescimento, precisa olhar para além do seu bairro e de mercados comuns, para encontrar novos mercados definidos por culturas florescentes e pelas crescente comunidade global. As oportunidades mais interessantes de varejo ocorrerão onde o intercâmbio cultural despertar o apetite por novos bens e serviços. Três novas tendências tornaram-se aparentes:

- **Hispano-América.** A primeira tendência está relacionada ao crescimento da cultura hispânica nos Estados Unidos, descrito anteriormente. Muitas pessoas falham em compreender quão grande esse impacto será, ou pensam que será localizado apenas no sudoeste e na costa oeste, onde mais de 20 milhões de méxico-americanos estão instalados. Porém, a cultura hispânica está causando impacto por todo o país. Os cubano-americanos estão concentrados no sudeste. Um milhão e meio de pessoas que fugiram da violência política em El Salvador, na Nicarágua e no Haiti estão em sua maioria na costa leste. Imigrantes sul-americanos, mais porto-riquenhos e dominicanos, no nordeste. Os hispano-americanos já superaram os afro-americanos como a maior minoria, e o total de população hispânica deve chegar a 50 milhões no ano de 2025. Diferentes grupos étnicos continuam a migrar para outras partes do país à procura de trabalho. Onde se instalam, inevitavelmente afetam o estilo de vida, a política, as escolas, a economia – ou seja, o ambiente de varejo. A população hispânica terá um impacto profundo e positivo para o varejista que identificar e atender suas necessidades como consumidores.
- **China.** Com um sexto da população mundial e uma economia que cresce a uma taxa superior a 10%, a China representa a oportunidade econômica com o maior potencial para os donos de qualquer tipo de negócio na próxima década. A China também provavelmente irá ter a classe média que mais crescerá e, depois de alguns anos, a maior classe média de todos os países. Como as restrições do governo diminuíram na última década, o comércio de varejo floresceu. Lojas de departamento e *shopping centers* proliferaram, e os primeiros sinais do comércio ocidental – McDonald's, Pizza Hut, KFC e outros *fast-foods* – ainda têm um longo caminho a percorrer. Embora o desejo da China de ter suas próprias empresas dificulte a penetração do Ocidente no mercado, existem oportunidades virtualmente para todos os conceitos, pois é crescente o número de consumidores chineses em busca das marcas mais conhecidas do mundo.
- **Rússia.** Outro país com classes média e alta emergentes e com elevado padrão educacional, a Rússia talvez seja a maior promessa *atual* de mercado fora dos Estados Unidos. O país tem laços históricos com a

Europa, e seu governo está buscando investimentos ocidentais. Recentemente, viajei a Moscou sob o patrocínio de uma empresa da cidade, a *Business Transparency and Integrity International* (BTII), dirigida por um promotor de Nova York chamado Neil Getnick. Neil já ganhou grandes casos envolvendo fraudes de executivos e foi contratado pela cidade de Nova York para comandar a limpeza do World Trade Center após os ataques terroristas de 11 de setembro de 2001. A missão da BTII é criar e promover práticas de negócios mais confiáveis na Rússia. Dado que o ambiente empresarial do país tem sido problemático desde o colapso do comunismo, a associação russa de comércio, a *Russian Union of Industrialists and Entrepreneurs*, quer um sistema no qual os estrangeiros tenham confiança de que os investimentos financeiros são seguros. O trabalho da BTII é examinar os arranjos financeiros para os novos varejos, assim como outras questões de negócios. Já nos encontramos com muitas redes dos Estados Unidos querendo fazer acordos adequados à expansão do seu negócio. A viagem para Moscou foi como uma primeira visita ao local, para avaliar tanto a economia quanto os aspectos físicos. O que impressiona é o estilo de vida urbano muito similar ao da maioria das capitais européias. Muitas marcas da Europa já têm lojas em Moscou, mas há poucas de varejistas americanos. Uma dessas, que está para abrir, é a linha de *lingerie* da atriz Jennifer Lopez, o que mostra a capacidade de alguns novos empreendedores de enxergar o todo e arriscar. O estilo dos cafés de Moscou é como a maioria dos conceitos das ruas americanas. A cidade é cercada por um cinturão parecido com os das maiores cidades dos Estados Unidos. Cada cruzamento tem uma possibilidade. Os russos adoram seus cachorros – qualquer empreendimento orientado para animais teria um mercado receptivo; assim como outros tipos de conceito.

Uma mudança brusca no ambiente político poderia obviamente afetar os negócios na Rússia e na China, e um estouro de violência nas regiões voláteis do mundo poderia reter o comércio. Mas o fato é que 95% da população mundial residem fora dos Estados Unidos, e a maioria das oportunidades de crescimento para um negócio de varejo está além das fronteiras americanas. Para o varejista que se dispõe a aprender a língua e a cultura, as perspectivas são ótimas.

Os varejistas iniciantes poderão tirar vantagem da tendência hispânica e dos *Baby Boomers* – citados anteriormente – nos Estados Unidos. É pouco provável que um varejista, com uma ou duas lojas em Milwaukee ou em Chapel Hill, Carolina do Norte, consiga expandir-se para Moscou ou Pequim (tal movimento violaria uma estratégia centro e raios por levar o varejista para uma área que não pode suportar operacionalmente!). Você saberá quando estiver pronto para esse tipo de movimento. Enquanto isso, mantenha seus olhos nos parceiros que estão interessados – e são capazes – de levar seu conceito a outros mercados. O Blue C Sushi, por exemplo, estabeleceu uma parceria com outra empresa para expandir seu conceito para fora do noroeste americano, indo para outra região do país.

SOBREVIVENDO PELA INVENÇÃO

Independente da maneira como procedem a Wal-Mart, a Costco, a Amazon e outros líderes de preço/valor, eles continuam a pressionar o "varejista geral", uma categoria que está na lista dos ameaçados e em perigo de extinção. Para ter sucesso no futuro, o pequeno varejista precisa de um nicho em que não faça concorrência às marcas nacionais e que seja atrativo para os proprietários de imóveis. Um nicho é o varejo de exclusividades, envolvendo um conceito de marca de alto valor e conhecimento. O outro nicho é o varejo de estilo de vida, com produtos pessoalmente relevantes para os consumidores, que reforçam seu estilo e estabelecem uma conexão política, social e ambiental com eles (a conexão é tão importante que alguns consumidores relacionam sua lealdade ao negócio a contribuições políticas da empresas e dos executivos). Todo varejista, especialmente aqueles em expansão, precisa focar-se em exclusividade ou estilo de vida. A essência de ambas as possibilidades é o alto contato e o engajamento humano. O alto contato não está relacionado ao tamanho, mas a detalhes e qualidade. A inovação constante em um produto e a reinvenção de um conceito são igualmente importantes para prevenir uma baixa no posicionamento, conseqüência quase inevitável do crescimento, e também dos concorrentes que copiam seu conceito de sucesso. Por mais que seja bom, um conceito estático parecerá genérico e irá falir.

Todos os conceitos genéricos já foram desenvolvidos – e até mesmo redesenvolvidos –, o mercado é receptivo somente a conceitos interessantes e distintos.

Inúmeros deles já foram vistos aqui. Lembre da sorveteria que quebrou no Capítulo 1, "Sobre seus valores". Um restaurante mexicano teve sucesso no mesmo local. E o Blue C Sushi? Em seu primeiro ano de operação, o restaurante foi considerado o melhor de Seattle pelo jornal local, e era citado no *The New York Times* como um dos quatro lugares que se deveria visitar na cidade. A Potbelly Sandwich Works, a Omaha Steaks e a Oakley permanecem com seus planos de expansão, seguindo uma estratégia de finanças disciplinada, assim como uma estratégia de localização que protegerá suas quedas e projetará suas altas. Cada um desses exemplos representa um conceito original. A necessidade da originalidade é o motivo de você ter lido repetidamente neste livro expressões como "valores centrais", "na tendência", "autêntico", "único" e "alta qualidade". A necessidade de executar esses princípios consistentemente é a razão da citação da palavra "disciplina" em várias formas. Todas essas idéias juntam-se em uma única palavra: "inovação". Um crescimento de longo prazo simplesmente não acontecerá sem a inovação como componente principal. A aceitação da marca pertencerá ao dono de loja que puder identificar a demografia certa e as tendências dentro delas, com idéias concretas. Àquele que for capaz de enxergar o mundo todo e expandir para áreas fora das comuns – seja para cidades do interior, áreas rurais ou outros países –, permanecendo relevante localmente com *design* e produtos inovadores. Os fundadores e os líderes, bem como os empregados, devem estar comprometidos e sentindo-se capazes de inovar e "empurrar o envelope" quando o assunto for criatividade. Essa inovação constante é uma das razões de certas marcas serem tão populares atualmente. Elas estão sempre evoluindo. Não têm medo de mudar; de fato, estão ávidas por mudanças. Os líderes de toda organização de varejo devem "empurrar o envelope" com inovações constantes e incutir essa idéia na empresa. Para ter sucesso, um varejista deve expandir o conceito em todas as direções, deve *empurrar* constantemente para estar à frente dos concorrentes, e nunca poupar esforços em melhorar o produto, o serviço, o *design*, e o *posicionamento de marca* diferenciado.

17 Definindo sua missão na nova era do varejo

Para mim, o varejo é mais do que um trabalho. É uma missão. Em um comércio tornando-se digital, sou ainda dos tempos antigos. Outros negócios podem ser estimulantes, mas nada se compara ao varejo. Tudo que envolve vendas têm um componente criativo ou sensorial. Criar um novo conceito tem um apelo tanto intelectual quanto visceral. O *design* de varejo excita os sentidos das pessoas e influencia seu comportamento. Arquiteto formado na prática, sou particularmente atraído por essa parte do trabalho. Todos os detalhes da abertura de uma loja – desde a escolha dos móveis e dos retoques em pequenos pontos à resolução de problemas operacionais diários – proporcionam uma satisfação que você não encontra em outros tipos de negócio. Todas as empresas lidam com números, mas acertar um modelo econômico de um conceito de varejo é especialmente recompensador. Rastrear os números com cuidado para entender a evolução do conceito resulta não apenas em novas direções para os produtos, mas também em coisas acontecendo na rua em três dimensões. Os lucros manifestam-se não apenas como números em uma planilha, mas como uma nova geração de estabelecimentos físicos.

Além disso, o varejo tem algo que nenhuma outra empresa tem – nem um empreendimento de desenvolvimento de produtos, nem uma companhia da Web, nem um atacado: um fluxo constante de pessoas, uma verdadeira interação. O varejo proporciona uma experiência de compra total, e a necessidade de tornar essa experiência especial faz com que ele seja diferente. Satisfazer o consumidor frente a frente é algo que nenhum outro negócio faz.

Estamos entrando na nova era do varejo, na qual todos os líderes, menos os de preço/valor, terão sucesso criando uma experiência única. Existem várias oportunidades de inovação. Falamos neste livro somente sobre algumas; oportunidades óbvias, prontas para serem preenchidas. Restam ainda muitos mercados a serem explorados, nos Estados Unidos e em outros países. A indústria como um todo oferece prospectos instigantes para qualquer um disposto a aproveitar essa chance.

Muitos varejistas, no entanto, continuam focados na antiga maneira de fazer as coisas. Eles não parecem ter o senso de urgência transmitido pela noção de missão. Estão presos na parte do "trabalho" de um negócio, nas dificuldades diárias de operação. Parecem nada saber sobre suas oportunidades ou, se sabem, não têm a imaginação ou a vontade de sair do padrão que define a maioria das empresas e a indústria do varejo para desenvolver novas abordagens.

Como resultado, o varejo tem muita mediocridade. Tornamos nossas expectativas mais superficiais e burras. Como indústria, não temos a paixão pelo sucesso, a vontade de ter a melhor qualidade, de investir mais – e de ter um retorno melhor. Pessoalmente, fico frustrado com pessoas que aceitam a mediocridade como um padrão sem saber que fazem isso. Não consigo aceitar esse pensamento. Mesmo quando os varejistas sabem que precisam se adaptar, quando querem aproveitar a oportunidade de crescimento e melhorar seu posicionamento de marca, geralmente hesitam. Às vezes, o custo de atualizar um conceito ou um sistema que melhoraria a tomada de decisão é muito maior do que a sua natureza conservadora comporta. O gasto é, sim, substancial. Se uma grande rede gastasse 100 mil dólares por um *redesign* e uma remodelagem de cada uma de suas lojas, o custo poderia chegar à casa dos milhões, ou mesmo milhares de milhões. Mesmo com a certeza de que essas mudanças mais do que se pagam, a decisão é amedrontadora.

Freqüentemente, porém, não são as finanças que quebram os varejistas, mas sua estrutura organizacional e as inadequações de seus gestores seniores. Algumas vezes, a equipe de gerência não têm a capacidade de repensar ou reimaginar o conceito de varejo – a parte mais difícil de um trabalho complicado –, ou está simplesmente oprimida pelas pressões diárias. Conseqüentemente, independente da vontade da empresa de ser a líder do mercado, ela nunca consegue.

O *marasmo* organizacional faz com que os varejistas atuem de maneira segura, convencional e defensiva. Focados no que os levou ao patamar onde estão, ou no que funcionou para os outros, ficam com medo de mudar a fórmula. Assim, não vêem que a "fórmula" limita seu futuro (e descartam cidades como San Francisco – quem quer mais uma loja como as outras?). Os concorrentes podem e irão copiar a fórmula – em uma corrida desenfreada. Muitas das novas idéias lançadas são conceitos antigos com um novo nome. É mais seguro vender produtos com os quais as pessoas já estão acostumadas. Não tentar mudar o comportamento humano difere de oferecer exatamente o mesmo que o seu competidor. Use o comportamento existente, mas crie uma variação interessante para estabelecer um nicho, ou possuir uma melhor qualidade de produto, serviço ou experiência. Muitos "novos" conceitos são apenas um esforço para pegar uma parte do mercado que alguém já domina.

Um dos propósitos deste livro é educar a comunidade varejista sobre as possibilidades, mostrar como um pensamento atual e uma abordagem recente podem mudar as regras para qualquer conceito de varejo. A única maneira de liderar é estando comprometido com novas maneiras de pensar o seu conceito e novos modos de executar seu plano. A única forma de sair do padrão é evoluindo. Se não o alcançarem, não poderão copiá-lo. Os varejistas devem estar dispostos a correr riscos, desde que o risco seja bem analisado e o impacto financeiro examinado de perto. Os varejistas devem atacar suas desvantagens de gestão de maneira aberta, honesta e agressiva. O caminho para o futuro não é por meio de uma fórmula, mas dos valores centrais e da missão, que garantem visão e estabilidade, e de um comprometimento com a inovação, que previne o conceito de virar uma *commodity*.

EVOLUINDO PARA ENFRENTAR TEMPOS DIFÍCEIS

Não se iluda, o mercado é difícil. Cerca de uma dúzia ou mais de varejistas com nome no mercado perderam seu espaço nos últimos anos e estão em perigo de falência. Os aluguéis para as localizações de primeira linha quase dobraram nos últimos dez anos. Essa é uma das razões que justifica a crescente dificuldade das empresas tradicionais e genéricas. Uma constatação que não é boa para ninguém além dos proprietários é que os custos de ocupação continuarão a aumentar e os comerciantes menores serão pressionados ao máximo. Os grandes varejistas têm economias de escala para absorver esses custos, e os proprietários invariavelmente continuarão buscando as redes nacionais com os melhores créditos. Os donos de imóveis esperam obter dessas empresas melhores financiamentos e um volume de vendas mais alto. Pouquíssimos proprietários trocarão as grandes redes nacionais por empresas locais, dizendo: "Sr. Smith, o senhor é um excelente *designer* de vestidos, nós acreditamos em você". Eles só procurarão conceitos vinculados a empresas menores depois que tiverem preenchido espaço suficiente com as marcas nacionais.

Essa dura realidade significa que os pequenos varejistas precisam ver o varejo de modo diferente de há 10 ou 20 anos, quando uma única loja em um bom local era uma boa alternativa. A luta por locais nota 10 será cada vez mais intensa. Para obter essas localizações, o pequeno varejista precisará utilizar uma de muitas abordagens. Ter um produto altamente diferenciado é uma delas, além de tentar complementar outros inquilinos de forma que você se torne atrativo para os proprietários. Pensar em termos de expansão de um conceito também é uma maneira – buscando pelo menos uma forte presença em nível local. De outra forma, as escolhas são financeiras: realizar depósitos maiores ou pagar aluguéis mais altos, o suficiente para acabar com as dúvidas do proprietário sobre sua atratividade.

Uma boa notícia é que alguns operadores de *shopping centers* estão investindo em conceitos iniciantes como uma maneira de diferenciar seus locais, tornando-os menos genéricos. O investimento pode ser vantajoso para ambas as partes. O varejista obtém recursos financeiros e um bom local em um *shopping*, e o operador do *shopping* investe em um negócio que poderá controlar por meio de localização, investimento de capital e aluguel. Contrastando com esse desenvolvimento positivo, há a compra de redes de varejo por desenvolvedores de *shopping centers* e a consolidação do domínio de poucas grandes empresas sobre os *shoppings*. Se um desenvolvedor tem um conceito, deixará um concorrente entrar em sua propriedade? Se um varejista rejeita um aluguel desfavorável em um *shopping*, será barrado em outros locais da mesma empresa? Os conflitos potenciais podem ser sérios, e a intervenção do governo na indústria não é descartada.

MANTENDO OS VALORES, ATUALIZANDO O CONCEITO

Os custos operacionais não são a única razão pela qual as margens da maioria dos conceitos continua a diminuir. A guerra dos hambúrgueres de 99 centavos existe entre varejistas de preço e valor em todas as categorias. A Amazon, que está começando a dar lucro, anunciou mais cortes de preços para estimular o negócio. A Wal-Mart entrou no mercado *online* agressivamente, gerando um cenário interessante: ou a briga entre a Wal-Mart e a Amazon vira um *duelo de titãs*, ou a Amazon irá tornar-se outro "pequeno varejista local" esmagado pela máquina da Wal-Mart. Mesmo antes de abrir sua loja virtual, a empresa vendeu mais DVDs do que qualquer outro empreendimento do mundo, incluindo a Amazon. Há espaço suficiente para duas das maiores empresas de desconto?

Para as lojas físicas da Wal-Mart, a questão está relacionada ao crescimento, à qualidade e à responsabilidade social. A pequena loja de Sam Walton, criada para que as pessoas mais pobres pudessem comprar bons produtos a preços decentes, enfrenta críticas por seu crescimento irrestrito, baixos salários e planos de saúde inadequados, além de muitas outras alegações referentes à contratação, discriminação e ambiente. Maior empregadora da nação, a Wal-Mart está recebendo reclamações por problemas relacionados a empregos, comércio global, competição injusta e crescimento. Mas a resistência mais feroz em todo o país é referente aos supercentros. Com o dobro do espaço das grandes lojas atuais, os supercentros utilizam de 15 mil a 20 mil metros quadrados de espaço e necessitam de mais de 80 mil metros quadrados para estacionamento. Eles às vezes são parte de desenvolvimentos de *big-boxes* que requerem 240 mil metros quadrados.

Mesmo permanecendo verdadeiros com seus valores centrais, os conceitos devem evoluir com o tempo e com as necessidades, desejos e expectativas dos consumidores. Os clientes esperam, por exemplo, um comportamento diferente do líder da indústria em relação a um iniciante qualquer. Uma coisa foi a Wal-Mart se instalar em uma cidade rural em 1962. Outra coisa é, quatro décadas depois, levar poluição visual a um pedaço de terra perto de uma cidade ou de um subúrbio. Da mesma forma, uma coisa é você pagar salários baixos quando todos os outros são ainda mais baixos. Outra é você ser a maior empresa do mundo e pagar salários e benefícios abaixo do padrão da indústria. Mais triste ainda, a Wal-Mart perde 46% dos seus 1,4 milhão de empregados por ano. Alguém na empresa precisa perceber que pagar salários e benefícios melhores custaria menos do que *treinar e contratar 640 mil pessoas por ano*. Manter os empregados experientes melhora a experiência do consumidor na loja, mais do que os amigáveis recepcionistas que ficam na entrada. A Costco, sexto maior varejo do país, tem as maiores vendas por pé quadrado, e tem 17% de rotatividade contra 46% da Wal-Mart. A Costco entende a permanência dos empregados como um diferencial competitivo.

Em vez de lutar contra as reclamações, seria melhor se a Wal-Mart usasse o processo de idealização/criação/execução descrito neste livro, reexaminando a maneira correta de aplicar seus "valores da terra natal" na nova era do varejo. Lembre que você pode estender seu conceito somente com a permissão de seus consumidores. Quantas comunidades terão de lutar contra os supercentros para a Wal-Mart perceber que os clientes gostam de seu valor mas não da loja gigante e padronizada? Sam Walton pensou grande ao oferecer os dois melhores benefícios do varejo: bens para os consumidores e trabalho para os empregados. Por 50 anos, isso foi suficiente. Mas, fornecendo bons produtos aos trabalhadores por preços baixos, Sam tentava opor-se à América? Quando as primeiras Wal-Marts foram construídas, elas eram o cartão de visitas das cidades, que ficavam mais atrativas economicamente. O tamanho corporativo e as eficiências econômicas da Wal-Mart estão de acordo com o valor central da empresa de melhorar o padrão de vida dos consumidores, mas essa não é a única maneira de melhorar, nem os preços baixos são a única medição da qualidade da vida comunitária. É hora de cumprir a terceira função do varejo: criar um senso de comunidade. A Wal-Mart deveria ser um lugar onde as pessoas se reúnem, bem como aproveitam ofertas. Com essa mudança, a Wal-Mart solidificaria sua posição como um cidadão local comprometido, em vez de ser vista como um proprietário de terras ausente.

Um *design* criativo, associado mais à noção de comunidade do que de armazém, pode fazer com que a Wal-Mart se torne em visual e aparência o "shopping-cidade" do século XXI para compras que ela já é para vendas. A engenharia de valor, a abordagem do "conjunto de partes", o poder de compra da empresa e seu sistema de estoque magnífico permitem realizar *designs* em nível de custo dentro de sua missão. Para uma empresa com os mesmos recursos que a Wal-Mart, não há dúvida de que um *design*, uma escala e uma execução voltados para a comunidade são possíveis. Da mesma forma, não existe dúvida de que esse é o próximo passo para melhorar o padrão de vida de cada comunidade. Depende apenas de imaginação e vontade.

REDEFININDO A EXPERIÊNCIA DO CONSUMIDOR

Assim como a Wal-Mart deve mudar o visual e sobretudo a experiência em suas lojas, todo operador na nova era do varejo deve encontrar maneiras diferentes de atrair consumidores. O segredo tem a ver com o tempo – a experiência do tempo real e percebido pelos consumidores. Minha esposa certa vez quis redecorar nosso banheiro para uma visita de sua mãe. Escolhemos um novo espelho e um novo armário, além de outros itens, e essas aquisições nos levaram a comprar novos artigos de cama e banho. A visita à loja foi de alto contato, e foi divertido escolher acessórios diferentes. Essa parte da experiência do varejo foi demorada, como deveria ser. Quando cheguei em casa, vi que o espelho estava quebrado. Isso levou a outra visita à loja, papelada para preencher e uma revisão das contas nas semanas seguintes para assegurar o crédito. Essa parte da experiência poderia ter sido mais rápida.

À medida que a tecnologia da informação torna-se cada vez mais utilizada pelos varejistas, os empresários mais inteligentes encontrarão maneiras de usar "cérebros internos" para desacelerar e melhorar a experiência de *compra* enquanto são *processados* os pagamentos, créditos e similares. A tecnologia não vista pelos clientes permitirá um replanejamento do estoque para reduzir os custos e garantir que os consumidores tenham os produtos que querem, customizados a seu gosto e no momento em que desejarem. Tecnologias à vista dos clientes, como realidade virtual, permitirão que os consumidores experimentem mais coisas, de roupas a leiaute de móveis a um sistema de *hometheater*. Os varejistas poderão atraí-los à loja com mensagens que despertem sua atenção para as vendas – o equivalente aos antigos anúncios *blue-light special* da Kmart. A tecnologia Wi-fi já foi um grande sucesso na Starbucks, no McDonald's e em outros varejos, permitindo que os consumidores se conectassem sem fio a seus computadores de casa ou nas horas vagas do escritório do trabalho. Oportunidades de crescimento existem para os varejistas que capacitam seus clientes a usar telefones celulares e outros dispositivos digitais para encomendar alimentos ou bebidas antes de chegarem à loja e, assim, não precisarem esperar na fila. Os consumidores já podem pedir pratos pela Internet e recebê-los prontos quando chegam ao estabelecimento. Em breve, poderão pedir qualquer *commoditie* em casa – sendo os produtos de supermercados a categoria mais óbvia. Nesse sentido, muitos supermercados estabelecidos estão testando entregas em casa; somente a tecnologia poderá levar esse serviço a um bom custo-benefício.

O processamento das compras nas lojas será cada vez mais rápido – uma questão de muita importância para os varejistas de volume. Muitas pessoas com um carrinho de compras cheio querem ir para casa o quanto antes. Por anos a fio, os consumidores tiveram de levar seus carrinhos até os caixas para o pagamento. Agora, mais e mais lojas estão aderindo ao *autochekout*, mas a maioria das pessoas só usa quando precisa, para evitar longas filas na frente dos caixas normais. Dado que a idéia dos *scanners* de pagamento leva à redução de custos de mão-de-obra, assim como a uma melhoria na qualidade do serviço, os varejistas devem considerar oferecer um pequeno desconto para os consumidores que usarem esses dispositivos. A abordagem, que não seria mais onerosa do que outras formas de promoção, atrairia clientes antigos com renda fixa que de outra maneira não usariam a nova tecnologia. Os varejistas também devem considerar redirecionar da renda economizada para a compra de *scanners* que melhorem os serviços ao consumidor.

Os esforços para facilitar o uso dos *scanners* ilustram a dificuldade de mudar o comportamento dos consumidores. Novos conceitos de sucesso devem se construir a partir de comportamentos existentes, ou expandi-los de alguma maneira, e qualquer empreendimento enraizado na idéia de mudar um comportamento tem grande probabilidade de falhar. A mudança pode envolver o local, na esperança de que os consumidores saiam do seu caminho para fazer uma compra; ou o tempo, esperando que experimentem alguma categoria em um outro período do dia; ou a cultura, na expectativa de que tentem algo diferente. Pedir que os clientes modifiquem sua rota habitual para fazer uma compra não é uma estratégia vitoriosa. Desenvolver um conceito de jantar à base de ovos, e não um de café da manhã, seria difícil – tanto quanto pedir às pessoas para comerem quiche à noite regularmente. As cafeterias americanas podem oferecer chás e broinhas, mas é pouco provável que um varejista nos Estados Unidos consiga criar um conceito somente de chá e broinhas. Os americanos simplesmente não bebem muito chá, se comparados aos ingleses e aos canadenses, para os quais é uma tradição. Se for original, assegure-se de não ser a única pessoa para quem a idéia tem algum apelo.

Um comportamento que os pequenos varejistas precisam cultivar é a interação com os clientes. Para uma experiência de varejo mais íntima, o uso da tecnologia pode afastar os consumidores. A comunicação no balcão é parte da experiência desejada, assim como a maneira de despedir-se do cliente de uma forma significativa, que reforce a marca. O desafio, então, é como utilizar mecanismos de compra sem prejudicar o intercâmbio social. Um dia, o processamento das compras será invisível. Os consumidores simplesmente passarão pela porta da loja e um *scanner* identificará suas compras, calculará o custo e automaticamente fará o débito em suas contas pessoais na loja ou no cartão de crédito. Porém, esse cenário exigirá que os varejistas sejam mais criativos e atenciosos (mas não intrusivos) durante a venda. Em outros negócios, os vendedores, livres das papeladas, logo mudam para outras atividades e análises de maior valor. O mesmo acontecerá com os empregados do varejo. Eles não ficarão mais atrás do balcão. Atuando como consultores e não como caixas, os vendedores no futuro precisarão ser melhor treinados para prestar atendimentos mais pessoais. Mais interação humana será necessária durante o processo de venda, em vez de apenas ao seu final, para fechar o negócio e encorajar o retorno. A parada no caixa não será mais necessária para fazer uma conexão pessoal, a menos que inclua serviços adicionais, como empacotamento de presentes. Todo varejista precisará saber como a tecnologia se encaixa na visão e nos valores da marca. A dinâmica é entender como conectar a tecnologia diretamente às vendas de maneira a acelerá-las ou, indiretamente, reforçando o aspecto comunitário do negócio. A tecnologia não deve ser considerada apenas em termos de eficiência, mas também em como pode moldar a experiência do consumidor.

USANDO A HISTÓRIA PARA ESTABELECER O FUTURO

No futuro, a tecnologia será uma parte pequena porém importante do varejo. A parte maior será a redefinição da missão, ou o retorno à missão original. O varejo, na forma de comerciantes vendendo para indivíduos, é tão antigo quanto as primeiras habitações humanas. Os bazares de muitas cidades hoje são pouco diferentes daqueles da Idade Média, os quais diferiam pouco daqueles das cidades da Idade da Pedra. É difícil afirmar com certeza se o varejo constitui-se em torno dos muros das cidades ou se as cidades é que foram construídas em torno dele. Sem dúvida, uma loja de departamentos na antiguidade fazia negócios na Babilônia ou em Pequim milhares de anos antes do Bon Marché, o primeiro mercado moderno, que começou a operar em Paris em meados da década de 1860. O varejo tem uma grande importância na atividade econômica de todas as nações. O gasto com compras representa 70% do PIB americano desde 2000, e nunca foi menor do que 66% durante a década de 1990. A maioria desses gastos ocorre no varejo.

Além disso, o comércio sempre foi inerente à aventura humana. A canela, que já foi a mais rara das especiarias, foi da Malásia para a Pérsia há mais de 3.500 anos, finalmente chegando à Grécia e Roma. Dois milênios depois, a grande Era da Exploração não foi um exercício científico, mas uma busca por rotas mais rápidas, baratas e seguras. Quando Colombo chegou ao Oeste em vez do Leste, não procurava o Novo Mundo, mas uma rota direta para o Velho Mundo, inconformado com as taxas e os impostos de outras nações e as propinas solicitadas por piratas, gangues e outros empreendedores pelo caminho. O relacionamento entre o comércio e o poder nacional levanta uma outra questão. Quando clãs, tribos ou culturas encontram-se, um dos dois acontece: ou trocam bens, ou trocam balas. O comércio mutuamente benéfico sempre foi uma alternativa à guerra.

O comércio é tão antigo quanto a civilização; talvez até o ímpeto principal para ela, e seus benefícios são tão simples quanto profundos. No seu cerne, o varejo trata de três fatores: oferecer produtos ou serviços às pessoas, dar empregos e construir uma comunidade nova a partir de duas distintas. Esse é o futuro do varejo.

Seja para a compra de ovos em algum vilarejo no limite do nada, ou um vestido na loja mais cara de uma grande cidade, o varejo é a forma fundamental pela qual as pessoas obtêm bens. Ele é também uma das maneiras pelas quais as pessoas entram no mundo do trabalho. Seja limpando caixas ou estocando cartões para o Sr. Levy nos finais de semana, sobrevivendo nas horas de pico no McDonald's, ou sendo vendedor em uma loja de roupas, o varejo sempre foi uma maneira de os novos trabalhadores desenvolverem um trabalho ético, aumentarem suas habilidades interpessoais e aprenderem o valor do dinheiro. Há poucos anos, um garoto conseguiu um emprego com um varejista local. Ele tinha personalidade e era responsável sempre que estava lá, mas nem sempre era pontual. Não entendia a gravidade de chegar alguns minutos atrasado, ou perder parte do turno. Quando foi promovido, seu mundo mudou. Com a função de substituir os empregados que faltavam, não se conformava que eles chegassem atrasados – ou que algumas vezes nem viessem. Pela primeira vez na vida, ele teve uma perspectiva de responsabilidade pessoal, entendendo como as ações individuais afetam todos à volta. Essa é uma velha lição que todos precisamos aprender. Além de um local de treinamento para a maioria dos profissionais, o varejo também é uma ótima carreira, seja seu interesse em vendas, operações, finanças, *design* ou na criação e desenvolvimento de conceitos novos.

O varejo também é uma das principais formas pelas quais as pessoas interagem socialmente, e é por isso que deve ser mais do que simplesmente comércio. O primeiro foro romano, um mercado de compras, evoluiu para uma grande cidade com áreas para jogos, encontros políticos e religiosos, e funções cíveis. Outros mercados urbanos serviram como um Wal-Mart da época, atraindo pessoas de muito longe para obter os bens de que precisavam e aumentando a coesão social da região. As cafeterias eram os locais de encontro dos revolucionários americanos e seus oponentes (claro que não as mesmas). A idéia do varejo criar um senso de local, de tornar-se um ponto de encontro, uma maneira de juntar pessoas, não é nem moderna nem um achado do *marketing*. É a essência da experiência de varejo. Em uma época de muitos conceitos artificiais, a criação de um senso de local é uma forma importante de diferenciar sua marca das outras, pois isso é parte da experiência humana.

MELHORANDO A VIDA DA COMUNIDADE

Não é um exagero dizer que o objetivo de todo varejista devia ser melhorar a vida da comunidade. Oferecer um sanduíche numa esquina ou permitir que uma família compre um DVD ou um litro de leite sem ter de deslocar-se por 35 quilômetros torna a vida da vizinhança mais prazerosa. Quando você vende o que as pessoas precisam, com preços justos, melhora o mundo, nem que seja só um pouquinho. Outros toques humanos também podem construir esse positivismo. Seu ato pode ser tão simples quanto um arranjo de flores na porta que ilumina o dia de seus clientes. Ou tão complexo quanto o patrocínio de concertos na comunidade, ou mesmo programas educacionais. A Ben & Jerry's Homemade, Inc., o fornecedor socialmente consciente de sobremesas congeladas, opera dúzias de PartnerShops no país que contratam adolescentes menos favorecidos. A rede doa os 30 mil dólares dos honorários das franquias para as organizações filantrópicas que operam as lojas. A PartnerShop retém seu lucro para apoiar outros programas. Os lucros são menores do que os de franquias normais devido aos custos adicionais com treinamento, mas o valor do emprego para os adolescentes e suas cidades é imensurável.

Os pequenos varejistas podem dar um retorno à comunidade de diferentes formas – grandes ou pequenas. Por exemplo, oferecendo tempo, bens e recursos financeiros para projetos; apoiando eventos comunitários, ou patrocinando atividades esportivas para crianças. Especialmente para os pequenos empreendedores, a melhor maneira de se distinguir dos concorrentes regionais ou nacionais é ajudando causas locais de alguma maneira. É bom para a comunidade, para o negócio e para o coração.

A melhoria da comunidade também envolve *designs* mais refinados que substituam os genéricos, o problema de muitos conceitos de varejo. Todos sabemos que a população continuará a crescer e a se expandir. Como varejistas, temos a grande oportunidade de remodelar a paisagen urbana e suburbana usando um pouco de criatividade. As áreas urbanas já têm muitas características arquitetônicas interessantes. A questão é como tirar vantagem delas. As cidades do centro, os locais mais visitados, têm o maior potencial estético e econômico, é só olhar. Já as áreas suburbanas deveriam ser a palheta de cores perfeita para um bom *design* de varejo, mas raramente o são. Não está claro quem decidiu que os subúrbios deveriam ser descaracterizados, ou mesmo que os moradores mais sofisticados iriam preferir que os negócios locais não possuíssem uma característica visual e arquitetônica. Um grande cruzamento em Woodinville, um subúrbio de Bellevue, Washington, ilustra bem esse ponto. Um arquiteto poderia ter construído um minicentro comercial com um design não muito diferente do que já havia. O *design* convencional teria prédios nos três lados e um estacionamento grande, visualmente indesejável, bem no meio. Seria conveniente para os carros, mas não para os pedestres. Não teria diferença dos milhares de outros pequenos centros comerciais. Uma pequena mudança no *design* inseriu uma rua funcional através do centro, encorajou as pessoas a caminharem, e criou locais de encontro, como um anfiteatro. *Voilà!* Um pequeno *shopping* tornou-se uma comunidade (veja a Figura 17-1). Porém, o *design* comunitário enfrenta mais problemas no processo de planejamento do que o comum. Como vimos em San Francisco, as regras locais que restringem o desenvolvimento inibem também a arte. O resultado é um visual padronizado, seguro, barato, e que todos conhecemos bem e infelizmente temos de aceitar. Em um mundo ideal, os planejadores deveriam receber com bons olhos todo *design* inovador. No mundo real, os desenvolvedores precisam trabalhar com – e algumas vezes desafiar – comissões de planejamento, políticos e cidadãos locais. Esses obstáculos são grandes. É difícil culpar os desenvolvedores por freqüentemente escolherem o caminho de menor resistência.

A mudança começa com os varejistas e seus *designers* empenhando-se por algo melhor e optando por alugar os espaços em centros bem-projetados e amigáveis aos pedestres. O tempo e o investimento extra valem a pena, o que se evidencia pelo sucesso dos desenvolvimentos urbanos, que oferecem espaços abertos aos pedestres, conceitos compatíveis de varejo e usos residenciais, na forma de condomínios, cidades ou moradias para uma única família. Os desenvolvimentos mistos são altamente adaptáveis aos ambientes locais. Alguns têm um uso comercial e de varejo no primeiro e no segundo pisos, e residencial nos pisos superiores de um único complexo, ou em um prédio remodelado, originalmente construído para outra finalidade. Outros têm unidades residenciais adjacentes a complexos comerciais e de varejo. Parques e áreas verdes são comuns. Esses projetos reduzem a necessidade de estacionamento e o fluxo de veículos, contribuem para a base econômica local, desenvolvem uma comunidade mais próxima e encorajam o comércio em propriedades existentes, em vez da construção em áreas vagas nos limites das zonas urbanas. Prédios de uso misto transformaram um distrito industrial amplo no vibrante Pearl District, em Portland, Oregon. Minneapolis criou desenvolvimentos mistos próximos a duas estações ferroviárias, em um quarteirão inteiro perto do depósito de trens, em um distrito histórico, e ao longo das margens do Mississippi. O desenvolvimento do rio fornece 53 locais para alugar, dos quais 12 são moradias financeiramente acessíveis; três pequenos

FIGURA 17-1 Uma planta de um *shopping center* padrão em Woodinville, Washington, cria prédios desconectados separados por estacionamentos. O *design* estimula visitas rápidas de automóvel. Um projeto mais elaborado para o mesmo centro (embaixo) inclui 150 residências, assim como *shoppings* de varejo. O acesso a pé a toda a propriedade, um anfiteatro, uma praça e outros pontos de encontro criam um senso único de local que aumenta as vendas porque a atmosfera comunitária convida as pessoas a caminhar, passear e prolongar sua permanência.

centros habitacionais urbanos à venda para pessoas físicas; e cerca de 720 metros quadrados de espaço comercial, incluindo um restaurante, uma cafeteria e uma pequena loja de varejo – um projeto em escala real. Outros dos meus favoritos incluem o Mizner Park, um recente exemplo de usos mistos em Boca Raton, Flórida; o Santana Row, em San Jose, Califórina, um desenvolvimento de um *shopping center* maior; e o The District, em Henderson, Nevada, uma área de alta densidade, onde os residentes podem caminhar até o *shopping center*. Tais exemplos ainda são incomuns, e a maioria requer algum tipo de apoio municipal na forma de descontos de impostos e recursos para o desenvolvimento. No entanto, todos esses empreendimentos incrementam a habitabilidade das cidades onde se encontram, criando locais únicos para a atividade de varejo. Planejadores de cidades – por favor, acordem!

COMEÇANDO E CONCLUINDO COM OS VALORES CENTRAIS

A criação de uma marca forte começa na visão de seu fundador. Os valores centrais do dono se traduzem nos valores da empresa (para a Oakley, a visão começou com o desejo de Jim Jannard de criar uma linha de vestimentas funcionais que combinássem tecnologia e *design*. Hoje existem vários produtos relacionados que geraram mais de 800 patentes). Raramente esses valores envolvem dinheiro, ou pelo menos não de forma rápida. Quase nenhuma das muitas empresas de sucesso no mundo menciona dinheiro como parte de sua missão. Elas entendem que o lucro vem naturalmente quando se atinge a missão. Um retorno razoável é implícito em todos os negócios, incluindo na atividade de varejo, e este livro mostrou a importância de um modelo econômico lucrativo. Mas se o lucro é a sua razão de trabalhar, em vez da recompensa de oferecer um valor aos consumidores, você está na carreira errada. Se tudo o que você deseja é um cheque grande, outros negócios serão melhores do que um de varejo. Você precisa amar o que vende – vestidos, bicicletas, plantas, remédios, carros, botes, relógios, sorvetes de chocolate, e assim por diante. O produto não importa; o que importa é você amar o conceito. Se você não ama o varejo, fique fora dele. O bom varejo é o de alto contato, alta energia, alto envolvimento. Sem o comprometimento, você, seus empregados e seus consumidores se sentirão vazios.

Os varejistas que tratam esse negócio como uma ocupação em vez de uma missão desencorajam os que vêem um significado mais rico em suas atividades. Mas então você encontra uma das pessoas criativas que abençoaram estas páginas, que tiveram a coragem e a imaginação de fazer algo novo, e a disposição de buscar os talentos certos para conseguirem. Essas pessoas reforçam minha crença de que o varejo é excitante, divertido e atual! A indústria de varejo pode ser a *commoditização* e a guerra de preços, ou uma vida de criatividade, qualidade e diferenciação. Para ir além, você precisa pilotar o navio e se engajar, embarcar em passos difíceis mas atingíveis que lhe levarão à nova era do varejo. O varejo sempre foi sobre o detalhe, mas a Nova Era trata-se de inovação e execução, com atenção aos detalhes em ambos.

Com os valores na cabeça, o futuro varejista não deve fazer planos modestos; pelo contrário, deve ir longe, ter a melhor esquina e inovar. O varejista deve idealizar seu conceito da *maior* maneira possível, tanto em termos de definição da idéia, quanto do tamanho e do local do mercado. Deve criar um planejamento cedo e trazer os líderes estratégicos que possam criar e executar o conceito. O zelo do empreendedor não deve resultar em uma abordagem confusa para construir um negócio; o varejista deve ter um modelo econômico sólido e uma estratégia de crescimento disciplinada. Parte da estratégia inclui um processo de localização com base nas análises de dados científicas mais atualizadas, começando com o mercado nacional e trabalhando pelas grandes áreas metropolitanas, para então passar às zonas dentro dessas áreas e, finalmente, ao local físico que melhor mapeie seu conceito.

O varejista da Nova Era é quem cria um local de encontros, com um toque emocional em um mundo crescentemente impessoal. O Novo Varejista consegue criar ou redefinir um conceito, dar a ele um elemento de alto contato, uma experiência íntima que volta às origens do varejo e também o lança para o futuro. O Novo Varejista engaja os consumidores com o *design* físico e o apelo visual, aumenta o nível de entretenimento, usa a tecnologia para humanizar os serviços e acelerar transações, e dá ao ato de comprar uma satisfação pessoal maior. O Novo Varejista volta-se constantemente para si próprio enquanto procura novas maneiras de expressar seu valor. O Novo Varejista cria um conceito duradouro percebendo o gosto dos seus consumidores e construindo a apresentação da marca – e de tudo que suporta essa apresentação. Todos esses passos são necessários para o varejista criar e sustentar uma marca. No mundo atual, a marca é paradoxalmente um dos valores mais fugazes e permanentes no mercado. Consumidores bem informados não têm receio de trocar para outra marca, uma vez que os produtos sejam similares em qualidade. Ao mesmo tempo, a empresa que mostrar disposição para inovar constantemente e tratar de maneira adequada seus clientes pode manter a liderança de mercado e a posição da marca. Uma conexão direta e pessoal com o consumidor – um engajamento significativo – é o tipo de diferenciação que poucos concorrentes conseguirão ter.

O varejo nunca foi o negócio mais fácil para ser bem-sucedido, nem o mais difícil. Somente quem tem valores centrais e um forte senso de missão deve encará-lo. Para os varejistas apaixonados pelo negócio, que não temem desafios e que se propõem a melhorar suas comunidades, somente uma escolha é possível, e ela vem de Goethe: "A coragem contém genialidade, poder e magia. Comece agora".

Índice

SÍMBOLO

3M, 31-32

A

Abercrombie & Fitch, 118-119
abordagem do "conjunto de partes"
acessibilidade, seleção de local, 247-248
acordos, 284-285
ADA (*American Disability Act*), 291-292
Adidas
   Dassler, Adi, 29
   valores centrais, 29, 47
   varejo de estilo de vida, 51-52
administração de pequenos negócios, 187-188
ADT (Média de Tráfego Diário), 247-248
AEC (Alliance Entertainment Corporation), 169-170
agendando uma vistoria do local, 290-293
alimentação, 313-314
Allard, James (Blue C Sushi), definindo os valores centrais, 34-35
Alliance Entertainment Corporation. *Ver* AEC
alto contato
   idealização, 54-57
   ofertas de varejo, 49-52, 54

   serviço ao consumidor, 141-142
Altoids, 60-61
alugando propriedades
   alguéis sem seguro, 277-278
   aluguéis com prazo curto, 277-278
   cláusulas
      "como é", 285-286
      início do aluguel, 285-286
      materiais perigosos, 288-289
      mesas na calçada 287-288
      metragem quadrada, 285-286
      plano do local, 286-287
      questões de sublocação, 289-290
      questões de transferência/cessão, 289-290
      questões fiscais, 288-289
      raio, 287-288
      rescisão, 278-279
      uso, 285-286
      uso exclusivo, 287-288
      vagas em excesso, 286-287
   direitos de sublocação do inquilino, 279-280
   formas legais de posse, 277-278
   locationing, 293-294
   negociações, 280, 282-285, 294-295
      aluguéis brutos, 284-285
      aumentos de aluguel, 283-284
      CI (cartas de intenção), 280, 282

contratos formais de aluguel, 280, 282
   gastos operacionais, 282-283
   pagamentos ao proprietário, 283-284
   pesquisa de locais, 290-293
   shoppings urbanos, 293-295
   versus compras, 270-272
aluguéis com prazo curto, 277-278
aluguéis sem seguros, 277-278
alvo
   design e leiaute de produtos (*merchandising*), 116-117
   varejo de preço/valor, 52, 54
Amazon, 49-50
American Disability Act. Ver ADA
análises financeiras, 186-187, 252-256
antropologia, 310-311
Apple, *design* e leiaute de produtos (*merchandising*), 116-117
apresentação, imagem da marca, 26-27
aquisição
   expansão, 206-208
   sistemas necessários (desenvolvimento organizacional), 156-159
área comum de manutenção. *Ver* CAM
áreas de comércio metropolitanas
   fluxo de tráfego, 237-240
   mercados-alvo, 233-238
   raízes, 239-243
   seleção de local, 243-247
      construção da loja em locais com marcas similares, 250-253
      vistoria no local, 247-251
Armani, 26
ascendência (modelo de centro e raios), 222-224
aspectos humanos qualitativos, valores centrais, 33-35
aumentando margens (*merchandising*), 129-131
aumento de aluguel (negociação de aluguel), 283-284
aumento de margem (*merchandising*), 129-131
autenticidade (idealização), 49-50

experiências de alto contato, 54-57
posições de varejo, 51-52, 54

B

Balance Sheet Basics: Financial Management for Non-Financial Managers (Spurga), 186-187
Baldwin, Jerry, 225-226
Banana Republic, 51-52
bar *breve*, 89-90
Barnes & Noble, 50-51
Barneys, 113-114
Behar, Howard, 154-155
Best Buy, 52, 54
Bizminer, 187-188
Bizstats, 187-188
Blue C Sushi
   declaração da missão, 38
   design e desenvolvimento, 81-86
   gestão de construção, 105-110
   investidores, 172-173
   locationing, 78-79
   software para restaurantes, 157-158
   validação da idealização com pesquisa, 65-66
   valores centrais, 34-36
BTII (*Business Transparency and Integrity International*), 316-317
Buckner, Robert W., *Site Selection: New Advancements in Methods and Technology*, 255-256
Built to Last: Successful Habits of Visionary Companies (Collins), 32-33

C

cafeteria e padaria Il Fornaio, 40-42
caixas, 117-118
CAM (Área Comum de Manutenção), 282-283
capitalistas de risco. *Ver* CR
Cargill, 47

cartas de intenção. *Ver* CI
Cartier, 51-52
Chico's FAS, Inc., 188-189
China, intercâmbio cultural, 316-317
Circuit City, 52, 54
CIs, cartas de intenção, 280, 282
Claritas (empresa de cruzamento de dados), 188-189, 234-235
cláusulas (aluguel de imóveis), 285-286
　"como é", 285-286
　aluguel inicial, 285-286
　impostos, 288-289
　materiais perigosos, 288-289
　mesas na calçada, 287-288
　metragem quadrada, 285-286
　plano do local, 286-287
　questões de sublocação, 289-290
　questões de transferência/cessão, 289-290
　raio, 287-288
　rescisão, 278-279
　uso, 285-286
　uso exclusivo, 287-288
　vagas em excesso, 286-287
clima, engajando os sentidos dos consumidores, 117-119
códigos de prédios da cidade, 75-76
códigos postais, mapeamento temático, 233-234
Coldwater Creek, 189-190
Collins, Jim
　Built to Last: Successful Habits of Visionary Companies, 32-33
　Good to Great, 167-168
colocação de produtos, *merchandising*, 125-126, 129, 133
combustível para o crescimento, 184-185
commoditização, 182-183
compensação por melhorias na loja, 292-293
compra *versus* aluguel de imóveis, 270-272
conceito de banco da Washington Mutual, *Occasio*, 311-312
conceitos *Big Box*, 52, 54

conceitos de varejo para cidadão sênior, 59-60
concorrentes *Até Mais*, 224
concorrentes *Começa a Corrida*, 224
consolidando funções para o crescimento 154-155
construção da loja em locais com marcas similiares, 250-253
consumidores
　apelo do *design* de loja, 104-106
　demografia, 312-315
　experiências, 325-328
　serviço, 135-142
　　alto contato, 141-142
　　atitude dos gerentes para com os empregados, 138-141
　　atividade do empregado, 140-141
　　conhecimento de produto, 136-137
　　família Westfield Shoppingtown, 136-137
　　Les Schwab Tire Centers, 137-138
　　processo, 138-139
　　respeito ao espaço pessoal, 135-136
contratação de empregados
　conectando motivação com valores, 168-169
　contando a história da empresa, 170-173
　planos estratégicos, 153, 155-157
　priorizando a alma, não o currículo, 163-171
contrato de aluguel formal, 280, 282
contribuição de "quatro paredes". *Ver* receita líquida
controle de qualidade, franquias, 201-202
corporações de responsabilidade limitada, 277-278
corredores de visão (*merchandising*), 123-124
corretores, imóveis
　estruturas de comissão, 275-277
　planos de mercado, 273
corretores inquilinos, 275-276
Costco

design e laiaute de produtos (*merchandising*), 116-117
engajamento de sentidos, 114-115
merchandising, 130
varejo de preço/valor, 52, 54
CR (capitalistas de risco), 173-174
Crate & Barrel, 118-119
crescimento. *Ver* expansão
cursos educacionais, expansão, 196-197
custo dos produtos vendidos, 180-182
custos de ocupação, 192-193
custos G&A (custos gerais e administrativos), 180-181

D

Dassler, Adi (fundador da Adidas), 29
decisões de vinculação inicial, 177-178
declarações de missão
  nova era do varejo, 320-322
    evoluindo para enfrentar tempos difíceis, 322-324
    mantendo os valores, 323-326
    melhoria de vida da comunidade, 330-334
    natureza histórica do comércio, 328-330
    redefinindo a experiência do consumidor, 325-328
    valores centrais, 334
  tradução dos valores centrais na ação, 35-40
    Blue C Sushi, 38
    Starbucks, 35-37
Dell, Michael, 153, 155
Dell Computers, 153, 155
demografia
  avaliação de tendência, 57-58
  crescimento, 230-238
    empresas de busca de dados, 234-235
    mapeamento temático, 233-234
    modelo viável, 234-235
    relatórios de proprietários, 233-234
  expansão da Starbucks, 216-217

inovação, 309-310
demonstração de lucros e perdas, 180
demonstrações financeiras, 185-187, 193-195
Dent, Harry, *The Roaring 2000s: Building the Wealth and Lifestyle You Desire in the Greatest Boom in History*, 58-59
desenvolvimento organizacional, 162
  conectando motivação com valores, 168-169
  contando a história da empresa, 170-173
  planos estratégicos, 153, 155-157
  priorizando a alma, não o currículo, 163-171
design, 68
  escolha de material em termos de apelo ao consumidor, 104-106
  custos *versus* estabelecimento de marca, 109-111
  design de uma loja única *versus design* de múltiplas lojas, 81-86
  gestão da construção, 105-110
  locationing, 69-79
    convencional *versus* eterna, 71-78
    senso de lugar, 78-79
  mercados-alvo, 97-100
  orçamentos, 102-105
  pontos de contato da marca, 89-94
  reinventando a marca, 86-90
  revisão de modelo e de protótipo, 100-103
  valor único, 93-94
design "coração", lojas da Gateway Computer, 43-44
design de uma loja única *versus* lojas múltiplas, 81-86
destinos locais, 265-268
diferenciação (idealização)
  autenticidade, 49-50
    experiências de alto contato, 54-57
    posições de varejo, 51-52, 54
  avaliação de tendências
    conceitos de nicho, 61-62
    demografia, 57-58

extensões da marca, 61-66
geração *Baby Boomer*, 57-60
visão sobre megatendências, 58-60
validação do conceito com pesquisa, 65-66
direitos de sublocação (aluguéis), 279-280, 289-290
"domine sua casa", primeira metodologia (expansão), 219
doppio, 89-90
Dun & Bradstreet, 187-188

E

eBay, ambiente sem contato, 49-50
Eckerd Drugs, 206
Edelstein, David, 81-82
elementos "mutáveis", *design* da loja, 83-84
Elephant Pharmacy
    cursos educacionais, 196-197
    expansão de tendências existentes, 62-63
eletrônicos, 313-314
eMáquinas (Gateway), 44, 46
emoções, indução de (*merchandising*), 113-120
    clima, 117-119
    design e leiaute de produtos, 116-118
    iluminação, 115-116
    recursos financeiros, 119-120
    teatro da experiência do varejo, 115-116
empreendimentos de cidades interioranas, 208
empregados, desenvolvimento organizacional, 162
    conectando motivação com valores, 168-169
    contando a história da empresa, 170-173
    planos estratégicos, 153, 155-157
    priorizando a alma, não o currículo, 163-171
empresas de busca de dados, análises demográficas para o crescimento, 234-235
encontrando o caminho, 123-125

Epsteen, Michael, regras de localização, 244-246
escolha de material, *design* de loja e desenvolvimento, 104-106
espaços em vitrines (*merchandising*), 112-114
ESRI BIS (empresa de combinação de dados), 234-235
"estilo caseiro" (*design*), 87-88
estoques consignados, 178-179
estratégia *Main & Main* (localização), 86-87
estruturas de comissão, corretores imobiliários, 275-277
execução para a expansão (planos estratégicos), 145
    alvos de crescimento, 152-155
    aplicando forças internas para criar resultados externos, 159-161
    aquisição dos sistemas necessários, 156-159
    desenvolvimento organizacional, 153, 155-157
    iniciativas e objetivos, 146-147
    oportunidade, 145-146
    plano de desenvolvimento de loja, 146-147
    resultados financeiros de uma expansão planejada, 147, 149
expansão (crescimento)
    análises demográficas, 230-231
    aquisição, 206-208
    ascendência (modelo centro e raios), 222-224
    avaliação da possível base de consumidores, 227-229
    cuidados, 197-199
    cursos educacionais, 196-197
    desenvolvimento múltiplo, 198-202
    disponibilidade de parceiros estratégicos, 227-228
    fontes alternativas, 196-197
    franquias, 201-203
    gestão de áreas próprias, 205
    gestão de imóveis, 156-157
    inovação, 299-319

demografia, 309-310, 312-315
demografia de consumidores, 312-315
intercâmbio cultural, 314-318
licença, 307-309
mantendo a melhor posição, 309-313
McDonald's, 304-307
oportunidade, 308-310
seguir a tendência, 302-305
joint ventures, empreendimentos conjuntos, 207-208
licenciamento, 202-204
locationing
   destinos locais e regionais, 265-268
   expansão imobiliária, 267-268
   faixas de mercado, 257-262
   mapeamento de pontos quentes, 261-266
lojas próprias da empresa, 204-205
mercados-alvo
   áreas metropolitanas de comércio, 233-238
   fluxo de tráfego, 237-240
   plano de mercado, 233
   raízes, 239-243
   seleção de locais, 233, 243-256
   vendas estimadas, 233-256
metodologia "primeiro domine a sua casa", 219
modelo de serviço, 210
modelo econômico, 209-210
negócio atacadista, 197-210
Omaha Steaks, 215-216
otimização, 220
pedidos por correio, 197-198
planos estratégicos
   aplicando forças internas para criar resultados externos, 159-161
   aquisição dos sistemas necessários, 156-159
   desenvolvimento organizacional, 153, 155-157
   iniciativas e objetivos, 146-147
   metas de crescimento, 152-155
   oportunidade, 145-146

   plano de desenvolvimento de loja, 146-147
   resultados financeiros da expansão planejada, 147, 149
receita líquida, 184-185
resumo de processo, 230-231
Sam Goody, 215-216
situação competitiva, 223-228
soldados da marca, 228-230
Starbucks
   avaliação da base de consumidores potenciais, 227-229
   avaliação da situação competitiva, 223-228
   demografia, 216-217
   disponibilidade de parceiros estratégicos, 227-228
   faixas de mercado, 218-219
   modelo de centro e raios, 222-224
   MSAs (Áreas Metropolitanas), 216-217
   soldados da marca, 228-230
vendas adicionais por meio da Internet, 196-197
Wal-Mart, 215-216
expansão, lojas próprias da empresa, 204-205
expansão do negócio de varejo, 197-198, 209-210
extensão da marca, 61-66

F

fachadas, 112-113
faixas de mercado
   expansão da Starbucks, 218-219
   locationing, 257-262
família Westfield Shoppingtown, 136-137
Fannie Mae, 47
faturamento, demonstrações financeiras *pro forma*, 186-187
FedEx, fusão com a Kinko's, 63-65
Fenker, Richard M., *The Site Book: A Field Guide to Commercial Real Estate Evaluation*, 255-256

FII (Fundo de Investimento Imobiliário), 270-271
Financial and Business Statements (*2d Edition*) (Friedlob and Plewa), 185-186
Flamholtz, Eric, pirâmide de desenvolvimento organizacional, 150-153
Flax, Leonard, 116-117
fluxo de tráfego, 237-240
Foot Candy, 120-121
formas legais de posse (aluguéis), 277-278
formatos de quiosques (Starbucks), 89-90
fornecedores de serviços, investimento em espécie, 178-179
Foundation Design (*design* da loja Blue C Sushi), 81-86
franqueamento, 201-203, 223-224
franquia da Subway Sandwich (Bend, Oregon), 140-141
Free People, 310-311
Friedlob, George Thomas, *Financial and Business Statements* (*2d Edition*), 185-186
fundação Starbucks, 36-37
Fundo de Investimento Imobiliário. *Ver* FII
Furla, 51-52

G

ganhos antes dos juros, taxas, depreciação e amortização, 186-187
gastos
    custo de vendas, 191-192
    custo dos produtos, 191-192
    custos de ocupação, 192-193
    demonstrações financeiras *pro forma*, 193-195
    projeções, 192-193
gastos operacionais, negociações de aluguel, 282-283
Gateway Computers, 42-44
geração *Baby Boomer*, avaliação de tendência, 57-60
Gerstner, Lou, 169-170
gestão

construção (*design* da loja), 105-110
desenvolvimento organizacional, 162-164
    conectando motivação com valores, 168-169
    contando a história da empresa, 170-173
    priorizando a alma, não o currículo, 163-171
    sistemas, 156-157
gestão de construção, *design* de lojas e desenvolvimento, 105-110
gestão de lojas próprias, 205
gestão sênior, desenvolvimento organizacional, 162
    conectando motivação com valores, 168-169
    contando a história da empresa, 170-173
    planos estratégicos, 153, 155-157
    priorizando a alma, não o currículo, 163-171
Gloria Jean's, 223-224
Good to Great (Collins), 167-168
Goodyear, 26
grandes mercados, 218
Growing Pains (Flamholtz), 150-153
grupos financeiros (varejo), 182-183
grupo Simon Property, 199-200

H

hambúrguer Dick's Deluxe, 304
Hislop, Mike, 100-101
Hispano-América, intercâmbio cultural, 315-316
Hoover's Online, 174-175, 187-188
Howard Johnson, 61-62
HP (Hewlett Packard), 47

I

iconografia, 302-304
idealização, 28
    alto contato

experiências, 51-57
  ofertas de varejo, 49-52, 54
  autenticidade, 49-50
    experiências de alto contato, 54-57
    posições de varejo, 51-52, 54
  avaliação de tendência
    conceitos de nicho, 61-62
    demografia, 57-58
    extensão de marca, 61-66
    geração *Baby Boomer*, 57-60
    visão de megatendências, 58-60
  mantra da Gateway Computers, 42-43
  oportunidades, 48-50
  validação de um conceito com pesquisa, 65-66
Il Mulino, 117-118
iluminações, 112-113
imagem, imagem de marca e apresentação, 26-27
imagem corporativa, 26-27
imóveis. *Ver também locationing*, seleção de locais
  aluguel, 270
    aluguéis curtos, 277-278
    aluguéis sem seguro, 277-278
    cláusulas, 285-290
    cláusulas de rescisão, 278-279
    direitos de sublocação do inquilino, 279-280
    formas legais de posse, 277-278
    locationing, 293-294
    negociação, 280, 282-285, 294-295
    pesquisas de local, 290-293
    shopping centers urbanos, 293-295
    versus compra, 270-272
  corretores
    estruturas de comissão, 275-277
    planos de mercado, 273
  expansão, 156-157, 267-268
  locationing, 69-72
    convencional *versus* eterna, 71-78
    senso de lugar, 78-79
  impressão, 29-31

In-N-Out Burger, 304
incentivando corretores imobiliários, 275-276
indicadores, 239-243
"indo longe" com o conceito de varejo, 152
  desenvolvimento organizacional, 162-164
    contando a história da empresa, 170-173
    priorizando a alma, não o currículo, 163-171
  investidores, 172-173
    consignação, 178-179
    dedicar-se ao investidor, 174-176
    desencontros entre fundadores e investidores, 175-179
    investidores igualitários, 178-179
ING Direct, 63-64
iniciativas (estratégia), 146-147
inovação, 299-319
  deixando de seguir a tendência, 302-305
  demografia, 309-310
  demografia de consumidores, 312-315
  intercâmbio cultural, 314-315
    China, 316-317
    Hispano-América, 315-316
    Rússia, 316-318
  licença, 307-309
  mantendo a melhor posição, 309-313
  McDonald's, 304-307
  oportunidade, 308-310
InsiderVC, 174-175
intercâmbio cultural, oportunidades de inovação, 314-315
  China, 316-317
  Hispano-América, 315-316
  Rússia, 316-318
Internet, expansão de vendas, 196-197
investidores
  Blue C Sushi, 172-173
  consignação, 178-179
  desencontros entre fundadores e investidores, 175-179
  imposição, 174-176

individuais, 173-174
institucionais, capitalistas empreendedores, 173-174
investidores anjos, 178-179
investidores institucionais, capitalistas de risco, 173-174
investimento em espécie, 178-179

J

Jack in the Box, 305-306
jogadores de utilidade, 169-170
Johns, Jasper, a pintura do "The Map", 268-269
Johnson, Earvin Magic, 208
Johnson Development, 208
joint ventures, empreendimentos conjuntos (expansão), 207-208
Jumpstart, 36-37

K

Keeping the Books: Basic Record Keeping and Accounting for the Successful Small Business (Pinson), 186-187
Keil, Bryant (Potbelly), 80, 162-163
Kinko's, fusão com FedEx, 63-65
Krispy Kreme, 156
Kroger, 188-189

L

ladrões, 113-114
leiaute de produtos engajando os sentidos dos consumidores, 116-118
Les Schwab Tire Centers, 137-138
Levitan, Dan, 173-174
licenciamento, 202-204
líderes de preço, 309-310
líderes de qualidade, 309-310
líderes de valor, 309-310
localizações nota 7, mapeamento de pontos quentes, 243-244

locationing, 51. Ver também seleção de locais
alugando imóveis, 293-294
considerações sobre os códigos de obras municipais, 75-76
construção da loja em locais com marcas similares, 250-253
convencional *versus* eterna, 71-78
destinos locais e regionais, 265-268
Epsteen, Michael, 244-246
estratégia *Main & Main,* 86-87
expansão de propriedades, 267-268
indicadores de mercado, 257-262
mapeamento de pontos quentes, 261-266
mercados-alvo, seleção de local, 243-247
senso de lugar, 78-79
Location, Location, Location (Salvaneschi), 255-256
logos, 112-113
loja da Bread & Circus, 237-238
lojas grandes, Adidas, 29
lojas Kate's Paperie, 116-117
lojas múltiplas
expansão, 198-202
versus design de uma única loja, 81-86
Lombard, Ken, Johnson Development, 208
Lost Arrow Corporation, 47

M

Mailboxes Etc., fusão com a UPS, 64-65
mantra da Waitt, Ted, Gateway Computers, 42-44
mantras, tradução de valores centrais na ação, 39-44, 46
cafeteria e padaria Il Fornaio, 40-42
Gateway Computers, 42-44
Omaha Steaks, 41-42
mapeamento de pontos quentes, 241-244, 261-266
mapeamento temático, 233-234
marca, 26
definindo princípios
declarações de missão, 35-40

mantras, 39-44, 46
desenvolvimento organizacional, 153, 155-157
design e desenvolvimento, 68
  custos *versus* estabelecimento de marca, 109-111
  design de lojas únicas *versus design* de múltiplas lojas, 81-86
  escolha de materiais em termos de apelo ao consumidor, 104-106
  gestão de construção, 105-110
  locationing, 69-79
  mercados-alvo, 97-100
  orçamentos, 102-105
  parâmetros para a construção da identidade visual da marca, 89-94
  reinventando a marca, 86-90
  revisão de modelo e de protótipos, 100-103
  valor único, 93-94
extensão, 61-66
imagem e apresentação, 26-27
impressão, 29-31
posicionamento único, 27
valores centrais
  aspectos qualitativos humanos, 33-35
  Blue C Sushi, 34-36
  idealização, 28
  Starbucks, 35-36
margens brutas, 180-181
  avaliação dos custos administrativos, 181-182
  commoditização, 182-183
  diferenciação, 182-185
Mary Kay, 47
Massey, Wright, 88-89
Maveron, 173-174
McDonald's
  aquisições, 206
  expansão de tendências existentes, 61-62
  iconografia, 302-304
  idéias inovadoras, 300-302
  inovações que falharam, 301-303
McKinsey, 47

média de tráfego diário. *Ver* ADT
melhoria na vida da comunidade (nova era do varejo), 330-334
mercado, 68-69
mercados-alvo
  design de loja, 97-100
  áreas de comércio metropolitanas, 233-238
  fluxo de tráfego, 237-240
  plano de mercado, 233
  raízes, 239-243
  seleção de local, 233, 243-247
    construção da loja em locais com marcas similares, 250-253
    destinos locais e regionais, 265-268
    faixas de mercado, 257-262
    mapeamento de pontos quentes, 261-266
    recursos, 255-256
    vistoria do local, 247-251
  vendas estimadas, 233, 252-256
mercados bons, 218
mercados pequenos, 218
mercearias (padarias), 182-183
merchandising, 112
  achar o caminho, 123-125
  assentos, 120-121
  aumentos de margem, 129-131
  confortos, 120-124
  corredores de visão, 123-124
  disposição dos produtos, 125-126, 129, 133
  espaços em janelas, 112-114
  fachadas, 112-113
  logotipos, 112-113
  metamerchandising, 113-119
    clima, 117-119
    design e leiaute de produtos, 116-118
    iluminação, 115-116
    recursos financeiros, 119-120
    teatro da experiência do varejo, 115-116
  observando varejistas semelhantes, 131-134

painéis de parede, 120-121
reforçando a mensagem da loja, 124-126
serviço ao consumidor, 135-142
   atitudes da administração para com os empregados, 138-141
   comportamento do empregado, 140-141
   conhecimento de produto, 136-137
   família Westfield Shoppingtown, 136-137
   Les Schwab Tire Centers, 137-138
   processo, 138-139
   respeito pelo espaço pessoal, 135-136
Merck, 31-32
Merrill Garden Intrawest, 60-61
metamerchandising, 113-119
   clima, 117-119
   design e leiaute de produtos, 116-118
   iluminação, 115-116
   recursos financeiros, 119-120
   teatro da experiência do varejo, 115-116
Miura, Shinichi, 162-163
modelo centro e raios (ascendência), 222-224
modelo de adequação, análises demográficas para o crescimento, 234-235
modelo de serviços, 210
modelo econômico, 180
   expansão, 209-210
   gastos
      custo de vendas, 191-192
      custo dos produtos, 191-192
      custos de ocupação, 192-193
      demonstrações financeiras *pro forma*, 193-195
      projeções, 192-193
   grupos de financiamento de varejo, 182-183
   margem bruta, 180-181
      commoditização, 182-183
      diferenciação, 182-185
      exame do custo dos produtos vendidos, 181-182
   receita líquida, 180-181

   análises financeiras, 186-187
   combustível para o crescimento, 184-185
   demonstrações financeiras *pro forma*, 185-187
   diferenciação, 182-185
   informes anuais, 187-189
   pesquisa de mercado fora da área, 189-192
   volume médio de vendas por loja, 188-189
modelo organizacional, Starbucks, 153-155
modelos, *design* de loja, 100-103
modelos financeiros, receita líquida, 185-187
MSAs (áreas metropolitanas), 216-217
   destinos locais e regionais, 265-268
   indicadores de mercado, 257-262
   mapeamento de pontos quentes, 261-266
MSAs, áreas metropolitanas. *Ver* MSAs

N

Natural Wonders, 310-311
Nature Company, 310-311
negociação de terrenos, 271-272
negociações (aluguel de imóveis), 294-295
   acordos de aluguel formais, 280, 282
   aluguéis brutos, 284-285
   CIs (Cartas de Intenção), 280, 282
   gastos operacionais, 282-283
   reajustes de aluguel, 283-284
   pagamentos ao proprietário, 283-284
negócios de grandes volumes, 182-183
Nevin, Joe, programa Bumps for Boomers, 58-59
   evoluindo para enfrentar tempos difíceis, 322-324
   mantendo os valores, 323-326
   melhoria da vida da comunidade, 330-334
   natureza histórica do comércio, 328-330

nova era do varejo, sentido de missão, 320-322
redefinindo a experiência do consumidor, 325-328
valores centrais, 334
Nike
　expansão de atacado/varejo, 209-210
　merchandising, 131

O

Oakley
　expansão de atacado/varejo, 209-210
　expansão para a operação de varejo, 200-201
　sistema de estoque computadorizado, 156-157
objetivos (estratégicos), 146-147
Ofertas Públicas, 200-201
Old Navy, 312-313
Omaha Steaks
　crescimento, 215-216
　encontrando o caminho (*merchandising*), 124-125
　mantra, 41-42
orçamentos, *design* e desenvolvimento de lojas, 102-105
otimização, 220

P

painéis de parede, 121
parceiros estratégicos, 227-228
parceiros limitados, 277-278
parcerias, 277-278
pedidos por correio, 197-198
Peet, Alfred, 225-226
Peet's, cafeteria e casa de chás, 225-226
Pei Wei, cadeia de restaurantes, 117-118
Pep Boys, 215-216
percentagem de aluguel, negociações de aluguel, 283-284
pesquisa de mercado, 189-192
pesquisas de local (aluguel de imóveis), 290-293
pesquisa validando a idealização, 65-66
pessoal, desenvolvimento organizacional, 162
　conectando motivação com valores, 168-169
　contando a história da empresa, 170-173
　planos estratégicos, 153, 155-157
　priorizando a alma, não o currículo, 163-171
Piecora, Danny, 196
Pike Place Market (Washington), primeira Starbucks, 68-69
Pinson, Linda, *Keeping the Books: Basic Record Keeping and Accounting for the Successful Small Business*, 186-187
pirâmide do desenvolvimento organizacional (Flamholtz), 150-153
planos de mercado
　corretores imobiliários, 273
　estabelecendo mercados-alvo, 233
planos estratégicos
　aplicando forças internas para criar resultados externos, 159-161
　aquisição dos sistemas necessários, 156-159
　desenvolvimento organizacional, 62-157
　iniciativas e objetivos, 146-147
　metas de crescimento, 152, 154-155
　oportunidade, 145-146
　planos de desenvolvimento de lojas, 146-147
　resultados financeiros da expansão planejada, 147, 149
Plewa, Franklin James, *Financial and Business Statements* (*2d Edition*), 185-186
pontos de contato com marca, 89-94
posicionamento único, imagem da marca e apresentação, 27
Potbelly Sandwich Works
　experiências de alto contato, 55-57
　locationing, 80
　merchandising, 122

ÍNDICE **349**

serviço ao consumidor, 140-141
Prad, 51-52
Prêmio SADI (*Superior Achievement in Design and Imaging*), 44, 46
Pressler, Paul, 169-170
primeira loja
   design e desenvolvimento
      custo *versus* estabelecimento de marca, 109-111
      design de uma loja *versus design* de múltplias lojas, 81-86
      escolha de materiais, 104-106
      gestão de construção, 105-110
      mercados-alvo, 97-100
      orçamentos, 102-105
      pontos de contato da marca, 89-94
      reiventando a marca, 86-90
      revisão de modelo e de protótipo, 100-103
      valor único, 93-94
   locationing, 69-72
      convencional *versus* eterna, 71-78
      senso de lugar, 78-79
princípios definidores, desenvolvimento de varejo, 31-32
   aspectos humanos qualitativos, 33-35
   Blue C Sushi, 34-36
   declaração da missão, 35-40
   mantras, 39-44, 46
   Starbucks, 35-36
produtos
   conhecimento (serviço ao consumidor), 136-137
   disposição do *merchandising*, 125-126, 129, 133
   imagem da marca, 26-27
   leiaute, 116-118
programa especial para *boomers*, 58-59
projeções (gastos), 192-193
propriedades de Rouse Company/General Growth, 199-200
proprietários únicos, 277-278
protótipos (*design* da loja), 100-103

Q

questões de tranferência/cessão (aluguel de imóveis), 289-290
Quiznos, 205

R

receita líquida, 180-181
   análises financeiras, 186-187
   combustível para o crescimento, 184-185
   demonstrações financeiras, 185-187
   diferenciação, 182-185
   pesquisa de *marketing* fora de área, 189-192
   relatórios anuais, 187-189
   volume médio de vendas por loja, 188-189
recursos, seleção de local, 255-256
recursos financeiros, *merchandising*, 119-120
redes de anjos, 173-174
refeições promocionais, aumentos de margem (*merchandising*), 130
regra 80/20 para o *merchandising*, 129
regulamentações governamentais, 76-77
relatório do censo dos Estados Unidos, 234-235
relatórios anuais, 187-189
Remlinger's Farm, 197-198
rescisão do aluguel, 288-289
responsabilidade (investidores), 174-176
restaurantes, 114-115
resumo executivo (pesquisa de locais), 290
retorno sobre o investimento, 185-186
Rosen, Steve (Blue C Sushi), desenvolvimento dos valores centrais, 34-35
Rússia, intercâmbio cultural, 316-318

S

Salvaneschi, Luigi, *Location, Location, Location*, 255-256

Sam Goody
   crescimento, 215-216
   engajamento de sentidos, 114-115
sazonalidade, geração de fluxo de caixa, 192-193
Schultz, Howard, 35-36
SCORE, 187-188
seleção de local. *Ver também locationing*, crescimento, 243-247
   construção da loja em locais com marcas similares, 250-253
   inspeções no local, 247-251
   recursos, 255-256
   estabelecendo mercados-alvo, 233
      destinos locais e regionais, 265-268
      faixas de mercado, 257-262
      mapeamento de pontos quentes, 261-266
   imóveis
sentido, engajamento (*merchandising*), 113-120
   clima, 117-119
   design e leiaute de produtos, 116-118
   iluminação, 115-116
   recursos financeiros, 119-120
   teatro da experiência do varejo, 115-116
sentido de missão, 320-322
   evoluindo para enfrentar tempos difíceis, 322-324
   mantendo valores, 323-326
   melhoria de vida da comunidade, 330-334
   natureza histórica do comércio, 328-330
   redefinindo a experiência do consumidor, 325-328
   valores centrais, 334
shopping centers urbanos, 293-295
SIG (sistemas de informações geográficas), 233-234
sistema de ponto de venda, 128
sistemas de informações geográficas. *Ver* SIG
sistemas financeiros, 156-157
sistemas operacionais, 156-157

Site Selection. New Advancements in Methods and Technology (Buckner), 255-256
situação competitiva, expansão, 223-228
Sleeth, Bill (Vizwerks), 96-97
Smith, Orin, 89-90
software de mapeamento, 243
Sony, 47
Spurga, Ronald C., *Balance Sheet Basics: Financial Management for Non-Financial Managers*, 186-187
Staples, 63-64
Starbucks
   aquisição da The Coffee Connection, 207-208
   Bar *breve*, 89-90
   conexão Lincoln Center, 74-75
   crescimento e expansão, 216-217
      avaliação competitiva, 223-228
      avaliação da base de consumidores potenciais, 227-229
      demografia, 216-217
      disponibilidade de parceiros estratégicos, 227-228
      execução, 149-154
      indicadores de mercado, 218-219
      modelo centro e raios, 222-224
      MSAs (áreas metropolitanas), 216-217
      situação competitiva, 223-228
      soldados da marca, 228-230
      tendências existentes, 61-62
   desenvolvimento da declaração da missão, 35-37
   doppio, 89-90
   estratégia de localização *Main & Main*, 86-87
   expansão de varejo/atacado, 209-210
   formatos de quiosque, 89-90
   fornecimento de café em grão para a Costco, 196-197
   imagem da marca e apresentação, 26
   mercado Pike Place, 68-69
   modelo organizacional, 153-155
   valores centrais, 31-36
   Vancouver, B.C., 73-74

varejos de estilo de vida, 51-52
Sticky Fingers Ribhouse, 197-198
Stinson, Shauna (Vizwerks), 96-97
Superior Achievement in Design and Imaging. Ver prêmio SADI

T

Taubman Company, 199-200
taxas (aluguel de imóveis), 288-289
taxas, seguro e área comum de manutenção. Ver TICAM
teatro da experiência do varejo, 114-116
tendências, idealização
 conceitos de nicho, 61-62
 demografia, 57-58
 extensão de marca, 61-66
 geração *Baby Boomer*, 57-60
 Merrill Garden Intrawest, 60-61
 visão de megatendências, 58-60
The Body Shop, 51-52
The Coffee Connection, aquisição da Starbucks, 207-208
The Home Depot, 52, 54
"The Map", pintura (Johnson), 268-269
The Pumping Station, 314-315
The Roaring 2000s: Building the Wealth and Lifestyle You Desire in the Greatest Boom in History (Dent), 58-59
The Site Book: A Field Guide to Commercial Real Estate Evaluation (Fenker), 255-256
TICAM (taxas, seguro e área comum de manutenção), 282-283
Tiffany's
 fachada sem abertura, 113-114
 varejo de exclusividades, 51-52
Tommy Bahamas, 81-82, 311-312
Top Pot Donuts, 196-197, 209-210

U

unidades de armazenagem, SKUs (*stock keeping units*), 129

UPS, fusão com a Mailboxes Etc., 64-65
Urban Outfitters, 310-311

V

valores centrais
 desenvolvimento de varejo
  Adidas, 29
  aspectos humanos qualitativos, 33-35
  Blue C Sushi, 34-36
  declarações de missão, 35-40
  mantras, 39-44, 46
  Starbucks, 31-36
 marca, 28
 nova era do varejo, 323-326, 334
valor único, *design* e desenvolvimento, 93-94
varejo
 marca
  definindo princípios, 35-44, 46
  experiência na loja, 27
  imagem e apresentação, 26
  impressão, 29-31
  posicionamento único, 27
  valores centrais, 28, 31-36, 44, 46
varejo de estilo de vida, 51-52, 182-183, 318-319
varejo de exclusividades, 51-52, 182-183, 318-319
varejo de preço/valor, 52, 54
varejo tradicional, 182-183
vendas estimadas, estabelecendo mercados-alvo, 233, 252-256
vendedores da Web, 49-51
ventilação e ar-condicionado, 291
Victoria's Secret
 merchandising, 118-119
 varejo de estilo de vida, 51-52
visão de megatendências, 58-60
visibilidade, seleção de local, 248-249
vistoria do local (seleção de local), 247-251, 264-265
Vizwerks, 96-97
volume médio de vendas por loja, 188-189

W-7

Wal-Mart
   crescimento, 215-216
   experiências de alto contato, 54-55
   valores centrais, 47
   varejo de preço/valor, 52, 54
Walgreens
   Capitol Hill location (Seattle), 77-78
   volume médio de vendas por loja, 188-189
Walt Disney Corporation, 31-32
Walton, Sam
   crescimento da Wal-Mart, 215-216
   experiências de alto contato, 54-55
Weisman, Eric, 169-170
Westfield Group, 199-200
Whole Foods Market
   inovação, 310-311
   volume médio de vendas por loja, 188-189
Williams, Chuck (Williams-Sonoma), 54-55
Williams-Sonoma
   experiências de alto contato, 54-55
   varejo de exclusividades, 51-52